U0873669

高等学校新文科教材

数字经济系列

数字营销

DIGITAL MARKETING

主　编 / 方　慧　刘　璐
副主编 / 张晓莹　李　贞
赖元薇　房　甄

中国人民大学出版社
·北京·

前言

数字化为全球经贸活动带来了破旧立新的机遇。在全球数字经贸规则亟须建立、数字化产业链和价值链亟须重构重塑的背景下，加快数字化进程势在必行。营销作为企业重要职能之一，同样面临数字化的机遇与挑战。数字营销已成为企业在数字时代重组其内外部要素资源、重塑市场竞争格局的关键力量和必然选择。

党的二十大报告作出了加快建设数字中国的重要部署。建设数字中国是数字时代推进中国式现代化的重要引擎，是构筑国家竞争新优势的有力支撑。2023 年印发的《数字中国建设整体布局规划》提出："以数字化驱动生产生活和治理方式变革，为以中国式现代化全面推进中华民族伟大复兴注入强大动力。"广泛应用数字技术是建设数字中国的应有之义和必然要求。党的二十届三中全会通过的《中共中央关于进一步全面深化改革 推进中国式现代化的决定》进一步指出，要"加快构建促进数字经济发展体制机制，完善促进数字产业化和产业数字化政策体系"。在新的历史时期，深入贯彻党的重要指示精神，与时俱进探索数字营销的新理论、新思维、新实践是践行数字中国战略的重要举措。因此，立足中国视角、彰显中国特色的系统化的数字营销图书编撰迫在眉睫。

与同类别数字营销图书相比，本书具有如下特色。

特色 1：凸显中国视角。中国是当今世界经济发展最为活跃、数字化进程最为迅速的国家之一，本书编写贯彻"关注中国问题、介绍中国故事、总结中国经验、传承中国精神、探索中国理论"的思路，在分析数字营销基础性和前沿性理论的基础上，大量融入中国元素，立足中国数字化实践与问题，梳理中国企业数字化营销案例，增加对中国数字营销成功实践的理论总结。这既是对已有理论的有益补充，又是为全球数字营销发展提供的"中国方案"。

特色 2：面向庞大读者群。本书以"系统科学、深入浅出、通俗易懂、兼顾前沿"为导向，既包含数字营销理论、数字营销前沿，也包括众多中国企业数字营销案例。我们将结合数字营销发展趋势纳入较多前沿内容，力求将系统的市场营销基础理论同数字化背景下的营销新特点结合起来、将数字营销的一般性理论同中国特色的数字营销实践结合起来、将应知应会的市场营销知识同数字化背景下的营销新思维结合起来。本书在对相关理论进行诠释时辅以中国企业数字营销案例，因此可读性强、受众广泛。鉴于此，本书不仅面向市场营销、企业管理、电子商务、国际贸易、国际商务、大数据分析等专业的本科生和研究生，还适合应用型院校师生、企业管理人员、企业培训者和对数字营销感兴趣的读者参考使用。

特色 3：融入课程素养。本书秉持“立德树人”的导向，充分挖掘和发挥中国企业数字营销案例的作用，将素养元素有机嵌入编写过程，讲好中国故事，传递中国精神，一方面帮助学生掌握数字营销理论知识，另一方面培养学生对数字营销实践问题的思考、理解和分析能力，同时还力求培养学生的爱国情怀，充分发挥本书的价值引领作用。

本书是在借鉴国内外众多专家、学者和业内人士成果与经验的基础上完成的，我们在此深表谢意！囿于编者知识水平，本书难免存在不足和疏漏之处，恳请广大读者提出宝贵意见，以便进一步修订完善。

目 录

第1章 数字营销概述

教学目标

1. 理解数字营销的背景与重要性。
2. 掌握数字营销的界定与特征。
3. 掌握市场营销与数字营销的基本理论。
4. 了解数字营销的未来发展。
5. 了解中国数字营销现状与趋势。

重点与难点

数字营销的背景与重要性，数字营销的界定与特征，中国数字营销现状与趋势。

素养目标

感受数字营销，根植民族自信。

引导案例

数字营销助力 SHEIN 扬帆出海，构建全球快时尚产业新格局

SHEIN 是一家专注于女性快时尚的出口 DTC（direct to consumer）跨境电商公司，成立于 2008 年。SHEIN 公司业务主要面向海外，包括美国、欧洲、中东、印度等市场，产品在全球多个不同语言的子网站和移动应用程序 SHEIN 上销售，服务来自超过 150 个国家和地区的用户。

SHEIN 的发展历程如图 1－1 所示，其中里程碑事件主要如下：

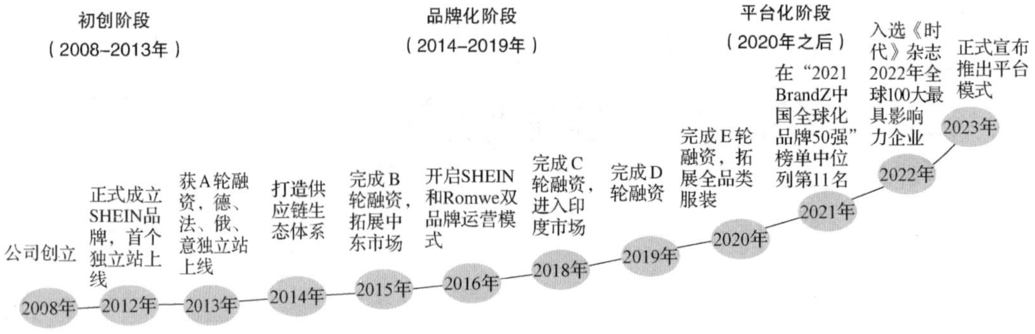

图 1－1 SHEIN 的发展历程

2008 年，公司创立，主营以低价婚纱为主的裙装，积累了行业经验。

2012 年，开启品牌化转型，正式成立 SHEIN 品牌，定位快时尚女装独立站，首个独立站在美国上线，实现品类扩张、品牌建设、供应链完善。

2013 年，获得 A 轮 500 万美元融资，用于海外独立站建设和品牌运营。随后陆续上线德国、法国、俄罗斯、意大利等国独立站。

2014 年，开始打造供应链生态体系，加大力度研发移动电商渠道，向用户推广使用移动 APP 购物。

2015 年，借助 Instagram、推特（Twitter）等社交平台营销拓展进入中东市场；完成总额逾 3 亿元人民币的 B 轮融资；通过收购深圳库尚信息技术有限公司完成了移动互联网渠道布局，收购 MAKEMECHIC 提升北美地区时尚份额占有率。

2016 年 5 月，收购跨境电商女装品牌 Romwe，开启 SHEIN 和 Romwe 双品牌运营模式，年销售额超 6 亿美元。

2018 年，完成 C 轮融资，通过移动电商渠道进入印度市场，年销售额超过 18 亿美元，成为全球知名的跨境电商时尚品牌，在 2018 年“BrandZ 中国出海品牌 50 强”榜单中位列第 24 名。

2019 年和 2020 年，分别完成 D 轮和 E 轮融资，向男装、童装、泳装等全品类服装领域拓展。2020 年，SHEIN 销售额达 100 亿美元，增长率达 110%。

2021 年，在“2021 BrandZ 中国全球化品牌 50 强”榜单中位列第 11 名。

2022 年，入选《时代》杂志 2022 年全球 100 大最具影响力企业。

2023 年 5 月 6 日，快时尚跨境电商品牌 SHEIN 正式宣布推出平台模式。2023 年 10 月，SHEIN 宣布，将从英国时尚零售巨头星狮集团（Fraser Group）手中收购位于英国曼彻斯特的互联网女性时尚品牌 Missguided。2023 年 12 月，由美国权威咨询公司 Morning Consult 发布的“全美十大增长最快品牌”调查报告显示，SHEIN 为“2023 年十大增长最快品牌总榜”第 4 名，与 ChatGPT、Zelle、OpenAI、Facebook、可口可乐等众多国际知名品牌齐名，成为唯一入选上述榜单的中国品牌。

受新冠疫情影响，2020 年以来众多行业经营业绩受到严重负面影响。然而，SHEIN 的经营业绩却逆势上扬，2023 年营业收入更是超过 300 亿美元，在过去几年中以超过 100%的年平均增长率快速增长。作为中国跨境电商独立站品牌出海的代表性企业，SHEIN 以 904 的品牌力得分在“2021 BrandZ 中国全球化品牌 50 强”榜单中位列第 11 名，超过了腾讯、安克（Anker）。截至 2021 年 5 月，SHEIN 超越全球电商平台巨头亚马逊，成为美国 Google Play 和苹果应用商店中下载数量最多的购物应用程序。

SHEIN 的快速成长得益于数字营销的强力加持。SHEIN 不仅充分利用数字平台革新性地使用了小单快返运营模式，将新服装生产周期（从设计到量产）从 2～3 周缩短到 5～7 天，而且根据数字时代消费者特征，重点选择在线广告、KOL（key opinion leader，关键意见领袖）代言、平台营销等新型数字化营销手段。

首先，KOL 代言营销。SHEIN 采用了多层次的海外 KOL 营销模式，获得了大量关注和用户参与，迅速将其品牌影响力扩展到全球。一方面，SHEIN 注重社交媒体推广，与拥有大量粉丝和影响力的海外时尚博主合作，推广迅速且效果显著，头部 KOL 代言为 SHEIN 带来了海量流量和粉丝，提升了品牌的曝光度和影响力。另一方面，SHEIN 抓住当时各大海外品牌并未十分关注的直播带货方式，全力推进 KOL 直播这一容易增强消费者参与感并且容易让消费者“上瘾”的数字化营销方式，不仅实现了低成本获客并将用户转化到 APP，也通过各种直播活动拉近了品牌与消费者的距离。特别是新冠疫情期间，大力推进数字化营销为 SHEIN 公司带来了机遇。此外，SHEIN 积极寻找了解消费者需求和喜好的 KOC（key opinion consumer，关键意见消费者）用户开展合作，通过送出奖品、举办抽奖和提供免费服装等方式，鼓励更能让消费者共情的“素人”在其社交媒体平台如 Facebook、Instagram、YouTube、TikTok 上进行分享，充分打造全员营销的氛围，群策群力呈现优质内容，对消费者产生“润物细无声”的吸引。凭借 KOC 营销模式，SHEIN 迅速打开了美国年轻人的市场。

其次，独立 APP 营销。相比其他成熟电商平台，独立站在品牌形象塑造、数据分析反馈、运营独立自主等方面有着较大的优势，是持续打造品牌影响力的最优选择。SHEIN 的独立 APP 营销模式极具特色，这为其在竞争激烈的市场中脱颖而出提供了坚实的基础。为了保障独立站的运行效果，一方面，SHEIN 构建了强大的技术支持系统。SHEIN 投入大量资源来建立自己的技术团队，技术团队专注于持续提升网站性能，打造快速加载的页面和卓越的响应能力，以确保用户可以更快速流畅地浏览产品，将产品加入购物车并完成订单，而无须长时间等待。同时技术团队开发了用户友好的移动应用程序，支持各种智能手机操作系统，为移动用户提供了便捷高效的购物方式。另一方面，SHEIN 持续构建独特的品牌形象以吸引年轻消费者。SHEIN 在品牌建设与传播方面持续努力，其设计团队与国际一线设计师合作，推陈出新，为年轻人提供多样化的时尚选择，树立独特的品牌形象。SHEIN 还通过社交媒体和线下活动积极传播品牌故事，持续赢得更多的关注和忠实粉丝。

最后，成熟电商平台营销。SHEIN 充分利用亚马逊等国外成熟电商平台。在开拓国外市场早期，SHEIN 利用亚马逊平台的流量帮助产品提升销量，巧妙地借助亚马逊起到辅助宣传、提升知名度的作用，将消费者对平台的信任迁移到自身品牌。

SHEIN 的数字营销策略扩大了品牌影响力，提高了用户参与度，保障了内容创新性。SHEIN 的成功出海是数字化背景下中国企业充分把握时代机遇、不断提升国际竞争力的一个缩影。越来越多的中国企业将发扬求新求变、开拓进取的精神，借力数字营销实现破壁增长。

问题： SHEIN公司是如何借力数字营销在竞争激烈的全球快时尚产业中迅速成长的？请进一步根据以上案例内容谈谈对中国企业数字营销的初步看法。

资料来源：

[1] 邱爽．中国跨境电商企业品牌国际化研究：以SHEIN为例．北京：商务部国际贸易经济合作研究院，2022.

[2] SensorTower官网。

[3] AppTopia官网。

[4] Shein Leading Shopping App Based on Combined Android and iOS Downloads - 17.52M in July 2021. M2 Presswire，2021.

[5] 李永华．跨境电商迅猛崛起背后是中国柔性制造的竞争力．中国经济周刊，2021（10）：74-75.

[6] 覃毅．柔性SHEIN的AB面．21世纪商业评论，2021（7）：34-37.

1.1 数字营销的背景与重要性

时代在发展，技术在进步。环顾当今世界，数字化为经济增长打开了一扇新的窗口，数字经济发展如火如荼，已成为推动国民经济增长的重要引擎。数字营销也迅速崛起并快速发展，成为赋能企业高质量成长的中坚力量。

首先，政策扶持是数字营销发展的重要引领。数字化为全球经贸活动带来了破旧立新的新机遇。在全球数字经贸规则亟须建立、数字化产业链和价值链地位亟须重构重塑的背景下，数字化进程的较量势在必行。为此，我国出台了一系列支持性文件（如表1-1所示），以期引领以“新技术、新产业、新模式、新业态”为特征的数字化新征程，推动中国经济实现高质量发展。

表1-1 2020—2024年中国经济数字化发展相关文件

发布时间	发文部门	文件名称	核心观点摘录
2020年7月	国家发展改革委等13部委	《关于支持新业态新模式健康发展 激活消费市场带动扩大就业的意见》	加快数字经济15种新业态新模式健康发展，积极探索线上服务新模式，加快推进产业数字化转型，支持微商电商、网络直播等多样化的自主就业、分时就业，大力发展微经济，培育发展共享经济新业态，拓展共享生活新空间，打造共享生产新动力，探索生产资料共享新模式，激发数据要素流通新活力。

续表

发布时间	发文部门	文件名称	核心观点摘录
2020 年 8 月	国务院国有资产监督管理委员会	《关于加快推进国有企业数字化转型工作的通知》	促进国有企业数字化、网络化、智能化发展，增强竞争力、创新力、控制力、影响力、抗风险能力，提升产业基础能力和产业链现代化水平。
2020 年 9 月	国务院办公厅	《关于以新业态新模式引领新型消费加快发展的意见》	以新业态新模式为引领，加快推动新型消费扩容提质，坚持问题导向和目标导向，补齐基础设施和服务能力短板，规范创新监管方式，持续激发消费活力，促进线上线下消费深度融合，努力实现新型消费加快发展，推动形成以国内大循环为主体、国内国际双循环相互促进的新发展格局。
2021 年 3 月	国务院	《中华人民共和国国民经济和社会发展第十四个五年规划和 2035 年远景目标纲要》	打造数字经济新优势，加快数字社会建设步伐，提高数字政府建设水平，营造良好数字生态，加快数字化发展，建设数字中国。 实施“上云用数赋智”行动，推动数据赋能全产业链协同转型。
2021 年 12 月	国务院	《“十四五”数字经济发展规划》	以数据为关键要素，以数字技术与实体经济深度融合为主线，加强数字基础设施建设，完善数字经济治理体系，协同推进数字产业化和产业数字化，赋能传统产业转型升级，培育新产业新业态新模式，不断做强做优做大我国数字经济，为构建数字中国提供有力支撑。
2022 年 6 月	国务院	《关于加强数字政府建设的指导意见》	全面贯彻新发展理念，构建新发展格局，将数字技术广泛应用于政府管理服务，推进政府治理流程优化、模式创新和履职能力提升，构建数字化、智能化的政府运行新形态，充分发挥数字政府建设对数字经济、数字社会、数字生态的引领作用，促进经济社会高质量发展，不断增强人民群众获得感、幸福感、安全感，为推进国家治理体系和治理能力现代化提供有力支撑。
2022 年 6 月	工业和信息化部等 5 部门	《数字化助力消费品工业“三品”行动方案（2022—2025 年）》	把握数字化发展新机遇，以消费升级为导向，以数字化为抓手，以场景应用为切入点，聚焦消费品工业研发设计、生产制造、经营管理、公共服务等关键环节，强化数字理念引领和数字化技术应用，统筹推进数据驱动、资源汇聚、平台搭建和产业融合，释放数字技术对行业发展的放大、叠加、倍增作用，推动消费品工业“三品”战略迈上新台阶，更好满足人民对美好生活的向往。

续表

发布时间	发文部门	文件名称	核心观点摘录
2022 年 11 月	工业和信息化部	《中小企业数字化转型指南》	从增强企业转型能力、提升转型供给水平、加大转型政策支持等三个方面分别为地方政府支持中小企业数字化转型提供方向引导。
2022 年 12 月	中共中央、国务院	《关于构建数据基础制度更好发挥数据要素作用的意见》	充分发挥我国海量数据规模和丰富应用场景优势，激活数据要素潜能，做强做优做大数字经济，增强经济发展新动能，构筑国家竞争新优势。
2023 年 2 月	中共中央、国务院	《数字中国建设整体布局规划》	夯实数字基础设施和数据资源体系“两大基础”，推进数字技术与经济、政治、文化、社会、生态文明建设“五位一体”深度融合，强化数字技术创新体系和数字安全屏障“两大能力”，优化数字化发展国内国际“两个环境”。
2023 年 12 月	国家发展改革委、国家数据局	《数字经济促进共同富裕实施方案》	通过数字化手段促进解决发展不平衡不充分问题，不断缩小区域、城乡、群体、基本公共服务等方面差距，推进全体人民共享数字时代发展红利，助力在高质量发展中实现共同富裕。
2023 年 12 月	商务部等 12 部门	《关于加快生活服务数字化赋能的指导意见》	到 2025 年，初步建成“数字+生活服务”生态体系，形成一批成熟的数字化应用成果，新业态新模式蓬勃发展，生活服务数字化、网络化、智能化水平进一步提升。
2024 年 3 月	国务院	《政府工作报告》	深入推进数字经济创新发展。制定支持数字经济高质量发展政策，开展“人工智能+”行动，加快工业互联网规模化应用，深入开展中小企业数字化赋能专项行动，以广泛深刻的数字变革赋能经济发展、丰富人民生活、提升社会治理现代化水平。

其次，技术革新是数字营销发展的重要支撑。以人工智能（AI）、区块链、云计算、大数据、数字孪生（digital twinning）、虚拟现实（VR）、增强现实（AR）等数字技术为基础，万物互联互通的时代已悄然来临，技术革新作为新时代营销活动的强大支撑，使得“数据要素、数字技术、数字平台、数字治理”得以构建，使数字营销成为可能。

【案例】 华为在智能家居领域的万物互联理念

华为创立于 1987 年，是全球领先的信息与通信技术（ICT）基础设施和智能终端提供商。华为的 20.7 万名员工遍及 170 多个国家和地区，为全球 30 多亿人口提供服务。华为的愿景和使命是把每个人、每个家庭、每个组织带入数字世界，构建万物互联的智能世界。

数字技术的发展推动了智能家居市场的迅速成长，各大科技巨头纷纷加入竞争。华为作为全球领先的ICT基础设施和智能终端提供商，凭借其强大的技术实力和创新能力成为智能家居领域的重要参与者。在这一领域，华为一直追求的是设备与设备之间的自由沟通，让每一个家庭成员都能享受到智能带来的便利。这种自由沟通的方式让用户不仅可以通过语音控制智能家居设备，还可以通过手机、平板等设备实现对家庭设备的远程控制，使用户的生活更加便利，也使用户在家庭生活中更加舒适和自在。华为的智能家居设备不仅提供了智能化的服务，还为用户提供了更加安全可靠的智能家居生态圈。

华为万物互联技术是其在智能家居领域的核心技术之一。它通过将智能设备和传感器与云计算和大数据相结合，实现了设备之间的互联互通。

华为手机是华为万物互联技术的重要组成部分，可以与华为平板实现无缝互通。用户可以通过华为手机控制华为平板上的应用程序、文件和媒体内容，实现数据的共享和同步。这种互通机制不仅提高了用户的使用便利性，还为用户提供了更加丰富和多样化的应用场景。

华为平板与电脑之间的互通也是华为万物互联技术的一大特点。通过华为云服务和共享文件夹功能，用户可以轻松地将电脑上的文件传输到平板上进行编辑和查看。这种互通功能不仅提高了工作效率，还节省了用户的时间和精力。此外，华为平板还支持与电脑之间的远程控制和共享屏幕功能，用户可以通过平板来操控电脑，进行文件的复制、粘贴、打印等操作，使得工作更加便捷高效。

在华为的生态圈中，设备之间的联通已经不再是简单的指令传递，而是形成了一种无缝衔接的流畅体验。这种多屏协同的方式让任务在手机、平板、电脑等设备之间流转自如，让用户在不同设备之间切换时拥有非常流畅的体验。这种协同方式既提高了用户的工作效率，也让用户在生活中更加便利。

思考：结合华为的万物互联理念在智能家居领域的体现，分析技术革新是如何为数字营销发展提供支撑的。

资料来源：

[1] 华为官网。

[2] 华为万物互联和小米万物互联：用户体验与便捷生活的碰撞．百度，2023－08－11.

[3] 华为万物互联技术在智能家居领域与苹果生态系统相比，有何不同点．百度，2023－11－21.

最后，观念转变是数字营销发展的重要保障。数字化进程的纵深发展同时推动了消费者观念的颠覆式变化，思想意识和工具意识迅速崛起。一方面，数字技术带来了消费者发声和接收信息渠道的变革，买卖双方信息更加均衡，消费者个性化、场景化、新颖化的需求不断增长，推动企业为细分市场上的目标顾客提供更为精细化的增值服务。另一方面，数字技术推动了智能化移动终端的广泛应用，消费者工具意识不断提升，企业推动数字营销纵深发展成为大势所趋。

政策扶持为数字营销提供了方向引领，体现了推进数字营销发展的紧迫性；技术革新为数字营销提供了技术支撑，体现了推进数字营销发展的可能性；观念转变为数字营销提供了市场保障，体现了推进数字营销发展的必要性。“数字经济发展速度之快、辐射范围之广、影响程度之深前所未有，正推动生产方式、生活方式和治理方式深刻变革”[①]，数字营销已成为企业在数字时代重组其内外部要素资源、重塑市场竞争格局的关键力量和必然选择。

1.2 数字营销的界定与特征

数字营销已成为当前市场营销发展的必然趋势，因此有必要进一步明确数字营销的概念界定与特征。

1.2.1 数字营销的界定

对于数字营销概念的界定，目前学术界尚无统一的观点，代表性的观点整理如表1-2所示。

表1-2 数字营销概念界定的代表性观点

代表性学者/机构	概念界定	资料来源
美国营销学会	利用数字技术开展的一种整合、定向和可衡量的传播，以获取和留住客户，同时和他们建立更深层次的关系。	《数字营销：理论、实务与案例》
戴夫·查菲 埃利斯-查德威克	数字营销可以简单地定义为：通过数字媒体、数据和技术实现营销目标。	《数字营销：战略、实施与实践》（第7版）
菲利普·科特勒	营销4.0，指的是在新的数字时代，连接使消费者发生了巨大的变化。消费者掌握了巨大的力量，可以和企业共创内容，共创产品，企业在发展的过程中要重视和消费者之间的互动，通过社群让消费者参与到营销过程中来，通过大数据让企业增强应对的敏捷性，通过价值观做到以人为本的营销理念的升级。	《营销革命4.0：从传统到数字》
曹虎等	数字营销策略不是微信、微博等营销工具的组合和叠加，而是在理解本质的基础上融会贯通地使用。	《数字时代的营销战略》
李永平等	数字营销是借助互联网、计算机通信技术和数字交互式媒体来实现营销目标的一种营销方式。	《数字营销》
阳翼	数字营销是使用数字媒体推广产品和服务的营销活动。主要包括社会化媒体营销、移动营销、微电影营销、短视频营销、虚拟游戏营销、搜索引擎营销和电子商务营销七种方式。	《数字营销》（第3版）

① 《“十四五”数字经济发展规划》。

续表

代表性学者/机构	概念界定	资料来源
彭英	数字营销，是指借助互联网、计算机通信技术和数字交互式媒体来实现营销目标的一种营销方式，也被称为网络营销或在线营销。	《数字营销》
冯蛟等	数字营销是指以计算机信息网络技术为基础，通过现代电子手段和通信网络技术，有效地调动企业资源开展市场营销活动，以实现企业产品和服务有效销售的一系列企业活动过程。	《数字营销：理论、实务与案例》
王永贵，项典典	数字营销就是基于数字化技术融通市场营销的“道”和“术”，深刻地将数字化基因嵌入企业的营销战略、营销资源、营销能力和营销过程，表现为在数字时代对传统营销“STP＋4P”范式的超越与升级，以便更好地服务于“数字化了的顾客”及其需求这一关键目标。	《数字营销——新时代市场营销学》

本书结合市场营销的传统定义、企业数字化的相关内容以及数字营销代表性的观点对数字营销的概念进行界定，认为数字营销是围绕企业战略规划，以数字技术（technology）为支撑，以精准营销（targeting）为核心，以共享共创（together）为特征，涉及产品、价格、渠道、促销全过程（total）的以营利为目的的企业活动。

1.2.2　数字营销的特征

（1）精准化。

数字营销推动了营销的精准化。在数字时代，数据要素成为影响企业竞争力的重要资源，并且从技术层面来看，大数据更为易得。这一方面有助于企业更及时、准确、全面地获取与追踪消费者信息，精准刻画目标顾客画像，及时调整营销策略，提高营销效率；另一方面有助于为不断细分的目标顾客群体提供实时化、个性化、定制化服务，提高顾客满意度。

（2）智能化。

数字营销的智能化是指相较于传统营销，数字营销以数字技术为支撑，在互联网、物联网、人工智能、区块链、云计算、大数据、数字孪生、虚拟现实、增强现实等数字技术的支持下，重塑了产品或服务的形式，改变了营销模式，提升了营销效率，并且可以通过对数据要素的及时处理和反馈，根据不断变化的营销环境随时做出调整和应对。

（3）共享化。

数字技术推动了数字平台的不断涌现。数字平台是一种为供需及相关主体提供连接、交互、匹配与价值创造的媒介组织，通过它可以进行基于数字化技术的新型资源配置。以数字技术为支撑的数字平台不仅发展迅速，而且形式多样。电商、社交媒体、搜索引擎、金融互联网、交通出行、物流、工业互联网等平台经济正在深刻改变各国产业格局和人们的生产生活消费模式。它正以空前的力量把人与人、人与物、物与物、服务与服务连接起来，给人们带来便利，给企业带来效率。[①] 通过平台，消费者可以更为便捷地与企业互联互通、共创共享，直接参与到企业的生产经营和营销过程中，通过价值共创赋能企业营销效果。

（4）系统化。

企业数字化不仅是数据要素和数字技术作用的凸显，更是数字化理念和数字化思维的打造。数字营销是企业数字化的重要组成，需要企业各个部门与目标客户全员参与，需要全方位使用多层次、多种类的数字营销手段，需要将数字化贯穿和渗透到企业营销的全过程，因此数字营销具有系统化的特征。

1.3 市场营销与数字营销的基本理论

在市场营销理论不断发展的过程中，相关学者从不同视角提出了不同的市场营销理论。数字营销是市场营销的新发展形态，因此依然有必要了解市场营销的基本理论。

1.3.1 营销的 4P 理论

早期的营销学者认为，企业内外部环境既包括不可控因素，也包括可控因素，市场营销的任务是在错综复杂的内外部环境中控制好可控因素以达到企业经营目标。对于企业可控因素的解释，不同学者提出了不同的观点。杰罗姆·麦卡锡（Jerome McCarthy）在其著作《基础营销学》中提出，企业的可控因素中最重要的四个方面包括产品（product）、价格（price）、渠道（place）、促销（promotion），即市场营销的 4P 理论。

1.3.2 营销的 4C 理论

不同于 4P 理论以生产者为中心进行考量，劳特朋（R. F. Lauterborn）认为在营销时需持有的理念应是“请注意消费者”而不是传统的“消费者请注意”，在此基础上，他以消费者为中心重新设定了市场营销组合的四个基本要素，即消费者（consumer）、成本（cost）、便利（convenience）和沟通（communication）。[②]

1.3.3 营销的 4R 理论

艾略特·艾登伯格（Elliott Ettenberg）在其《4R 营销》一书中提出了 4R 理论。

---

① 数字时代的平台经济．新华社客户端，2019-09-26.

② Lauterborn, R. F., “New Marketing Litany: Four P's Passe: C-words Take Over,” *Advertising Age*, 1990 (41): 26.

4R 理论既从厂商的利益出发，又兼顾客户的需求，是以关系营销为核心，注重企业与客户之间关系长期互动，重在建立客户忠诚的一种理论。4R 理论的最大特点是以竞争为导向，在新的层次上概括了营销的新框架，根据市场不断成熟和竞争日趋激烈的形势，着眼于企业与客户的互动与双赢，不仅积极地适应客户的需求，而且主动地创造需求，运用优化和系统的思想去整合营销，通过关联（relevance）、反应（reaction）、关系（relationship）、回报（reward）与客户形成独特的关系，把企业与客户联系在一起，构建竞争优势。

1.3.4　营销的 4V 理论

20 世纪 80 年代之后，随着高科技产业的迅速崛起，消费者需求日趋多元化、营销理念不断丰富，在此基础上，营销学者吴金明等提出了 4V 的营销哲学观，即关注差异化（variation）、功能化（versatility）、附加价值（value）、共鸣（vibration）的营销组合理论。4V 理论强调要培育企业的核心竞争力就必须实施差异化营销。差异化营销一方面使企业与竞争对手区别开来，树立自己的独特形象；另一方面使消费者相互区别，满足消费者个性化的需求。

1.3.5　营销的 4I 理论

4I 理论即整合营销理论，产生和流行于 20 世纪 90 年代，由唐·舒尔茨（Don Schultz）提出。4I 理论强调"以受众为中心"的传播模式，倡导更加明确的消费者导向理念。在网络时代，传统的营销理论已经难以适用。媒体是传统传播时代的"帝王"，而消费者才是网络传播时代的主导者！在传统传播时代，信息传播是"教堂式"的，信息自上而下、单向线性流动，消费者们只能被动接受。而在网络传播时代，信息传播是"集市式"的，信息多向、互动式流动，多元性增强。网络媒体带来了多种自媒体的爆炸性增长，每个消费者都有了自己的"嘴巴"和"耳朵"。面对这些变化，企业应遵循网络整合营销的 4I 原则，即趣味（interesting）原则、利益（interest）原则、互动（interaction）原则、个性（individuality）原则。

1.4　数字营销的发展前瞻①

当下，数字营销正以星火燎原之势迅猛发展。数字营销颠覆了传统营销理念与手段，取得了令人瞩目的成长，同时，展望未来，数字营销仍须应对挑战，在技术、市场、伦理等方面不断突破。

① 可参考：启洋科技-中国数字营销趋势 2023 年．启洋观察，2023-08-16.

1.4.1 数字技术持续迭代

数字技术是数字营销的基础，技术的持续迭代也为数字营销的发展带来了新的机会窗口。

一方面，大数据、机器学习等技术的不断演进日益推动数据要素成为驱动数字营销的重要因素。数字营销依赖于数据的收集，包括消费者行为数据、市场趋势数据、社交媒体数据等。这些数据可以通过网站分析、社交媒体监测、市场调研和消费者调查等途径获取。未来日臻完善的海量数据要素作为数字营销的重要基础，可以推动企业丰富和完善目标市场消费者画像，进而合理、准确预估消费者购买决策，最终实现个性化精准推送，提高转化率。

另一方面，元宇宙、数字孪生、人工智能等技术的纵深发展进一步改变了数字营销的形态。数字技术的发展推动了智能化营销的不断升级，为了给消费者带来更有代入感、更沉浸化、更具互动性的营销体验，例如 ChatGPT、VR 等带来的营销革命，企业打造了数字营销的强交互体验与多表现形式。数字技术的发展推动了数据分析水平的不断提升，企业数据采集、挖掘和分析水平的不断成熟，有助于企业及时准确地发现消费者的购买偏好与潜在市场机会，为营销内容的精准触达与营销效果的实时监测提供了技术保障。

此外，市场的发展推动数字营销生态系统的构建与重塑。数字营销不仅形成了可测量与反馈的闭环，有助于对消费者的长期消费倾向进行分析，还推动了跨平台数据共建共享。数字营销的发展呈现出全领域、全过程、全方位的新特征。

1.4.2 数字营销市场日渐更新

市场上消费者的构成正在发生重大变化，出生于 1995—2009 年的“Z 世代”消费者正逐渐成为市场消费的中坚力量。一方面，“Z 世代”自出生起就与网络信息时代的发展无缝对接，对科技的接受和应用更加自然，因此他们的消费习惯与消费心理受数字技术的影响较大，注重具有趣味、创意、互动、开放等特征的新型营销体验，多渠道＋眼耳触达的复合型、创意型营销方式更受其青睐。另一方面，“Z 世代”具有独特的文化特质和价值观，更加注重自我表达和社交互动，其文化与价值取向决定其消费行为和购买决策更注重寻求思想上的共鸣与契合，生活情境与虚拟社区的有机结合和嵌入成为值得探究的方向。“Z 世代”的崛起给数字营销带来了全新的挑战和机遇。了解并准确把握“Z 世代”的特点并制定有针对性的营销策略，成为企业在激烈竞争中取得优势的关键。

市场上消费者的特征正在发生重大变化，争夺消费者的注意力逐渐成为企业竞争的新焦点。在数字时代，面对海量数据，消费者的注意力越来越成为稀缺而宝贵的资源。商家为了吸引目标受众，必须设计更具吸引力的内容，只有持续更新的创意才能够引起用户的情感共鸣，实现目标受众的留存和互动，为品牌赢得更多的注意力和认可，从而在激烈的注意力争夺战中脱颖而出。

1.4.3 数字营销伦理面临挑战

数字营销的快速发展导致数字营销伦理问题日益突出。未来，数字营销从业者应持续关注数字营销伦理，以推动行业的创新、发展与繁荣。

第一，数字营销中的信息安全问题。数据要素是数字营销的重要基础，海量数据为数字营销的实现提供了可能性，但数据安全与所有权问题也日益突出，特别是消费者个人数据的安全与保护面临诸多挑战。数字营销从业者需要遵守相关法律法规，积极采取有效措施充分保护消费者的数据隐私权，不得滥用或泄露消费者数据，从而构建数字信任，推动数字营销有序规范发展。

第二，数字营销中的虚假宣传问题。一方面，数字营销大都借助技术手段以线上形式呈现，营销的真实性面临考验。虚假广告已成为消费者最关注的问题之一。因此，数字营销从业者应谨守伦理道德，恪守职业底线，确保营销的真实性，以保障消费者基于准确可靠的信息做出真实合理的购买决策。另一方面，企业诚信与社会责任是数字营销实现可持续发展的重要保障。企业的诚信和社会责任是数字营销伦理的重要组成部分，企业诚实透明的宣传能够赢得消费者的信任，体现企业的社会责任感，推动实现可持续发展。

第三，数字营销中的网络暴力问题。在数字营销背景下，网络信息快速传递，在具有一系列优点的同时也容易传递网络暴力信息，即通过网络对个人集中发布的侮辱谩骂、造谣诽谤、侵犯隐私，以及严重影响身心健康的道德绑架、贬低歧视、恶意揣测等违法和不良信息。为切实加大网络暴力信息治理力度，营造良好网络生态，国家互联网信息办公室等机构根据《中华人民共和国网络安全法》《中华人民共和国个人信息保护法》等法律、行政法规，制定并于2024年6月发布了《网络暴力信息治理规定》，提出：任何组织和个人不得利用网络暴力事件实施蹭炒热度、推广引流等营销炒作行为，不得通过批量注册或者操纵用户账号等形式组织制作、复制、发布、传播网络暴力信息；明知他人从事涉网络暴力信息违法犯罪活动的，任何组织和个人不得为其提供数据、技术、流量、资金等支持和协助；网络信息服务提供者应当定期发布网络暴力信息治理公告，并将相关工作情况列入网络信息内容生态治理工作年度报告。

第四，数字营销中的平台垄断问题。所谓“平台垄断”，是指平台经济中普遍存在的“赢家通吃”现象可能演化为少数垄断平台长期维持“通吃赢家”地位，对良性市场竞争和消费者福利造成损害。[①] 由于数字化的“马太效应”，一批掌控大量数据要素的数字平台企业迅速发展，并不断横向扩张到其他领域。一方面，这些数字平台企业加速了相关产业数字化转型，对提升国家创新体系效能具有一定的积极作用；另一方面，海量数据的集聚引发了数字平台垄断现象，为其治理带来了新的挑战。[②] 根据国家市场监管总局发布的《中国反垄断执法年度报告（2023）》，2023年全年查处垄断协议、滥用

---

① 熊鸿儒．我国数字经济发展中的平台垄断及其治理策略．改革，2019（7）：52-61.

② 国家创新体系视角下的数字平台垄断现象及其治理策略．全球技术地图，2023-08-03.

市场支配地位案件27件，罚没金额21.63亿元，全年审结互联网平台经营者集中申报案件16件。平台垄断容易对良性市场竞争造成损害，因此在新的发展阶段，应贯彻对平台经济发展的反垄断理念与策略，规范数据建设，坚持平台经济社会主义公有制属性，建立流量分配机制，加强对“算法＋大数据”双重垄断监管，树立动态监管理念，避免选择性执法和运动式监管，建设平台中立制度，加强平台并购和跨市场集成监管，利用我国超大型市场规模优势，通过反垄断规制实现平台经济共治共享，推进互联网平台持续健康和高质量发展。①

1.5 中国数字营销发展现状

1.5.1 中国数字营销总体状况

根据国务院《关于数字经济发展情况的报告》，近年来，我国数字经济取得了举世瞩目的发展成就，总体规模连续多年位居世界第二，对经济社会发展的引领支撑作用日益凸显，数字基础设施实现跨越式发展，数字产业创新能力加快提升，产业数字化转型提挡加速，公共服务数字化深入推进，网络安全保障和数字经济治理水平持续提升，数字经济国际合作行稳致远。

中国互联网络信息中心发布的第54次《中国互联网络发展状况统计报告》显示：截至2024年6月，我国网民规模接近11亿人，其中手机网民规模为10.96亿人，网民使用手机上网的比例为99.7%，互联网络接入设备使用情况如图1-2所示。个人互联网应用持续发展，多类应用用户规模获得增长，其中，即时通信用户规模达10.78亿人，网络视频用户规模达10.68亿人，网络支付用户规模达9.69亿人，网络购物用户规模

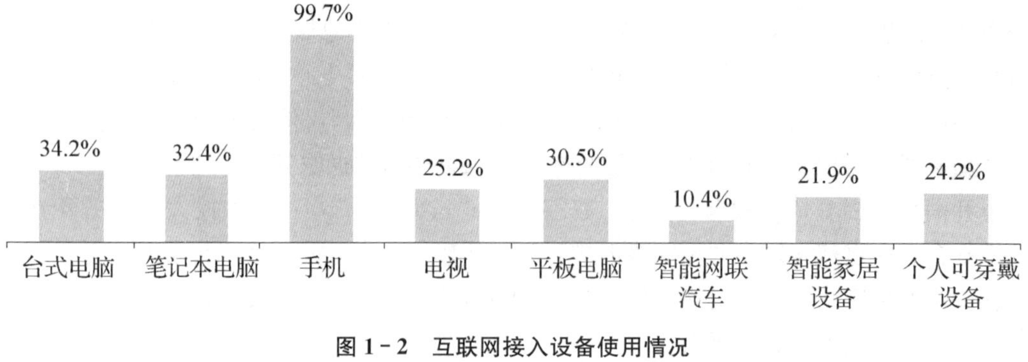

图1-2 互联网接入设备使用情况

资料来源：第54次《中国互联网络发展状况统计报告》。

① 程恩富，王爱华．数字平台经济垄断的基本特征、内在逻辑与规制思路．南通大学学报（社会科学版），2022（5）：1-10.

达 9.05 亿人，搜索引擎用户规模达 8.24 亿人，网络直播用户规模达 7.77 亿人，网络音乐用户规模达 7.29 亿人，网络文学用户规模达 5.16 亿人，网上外卖用户规模达 5.53 亿人，线上办公用户规模达 5.0 亿人，网约车用户规模达 5.03 亿人，在线旅行预订用户规模达 4.97 亿人，互联网医疗用户规模达 3.65 亿人，网络音频用户规模达 3.32 亿人。

2023 年，中国数字经济规模达到 53.9 万亿元。① 随着数字经济进程加快，中国数字营销发展迅猛。2023 年中国数字营销市场规模为 5 962 亿元②，如图 1－3 所示。

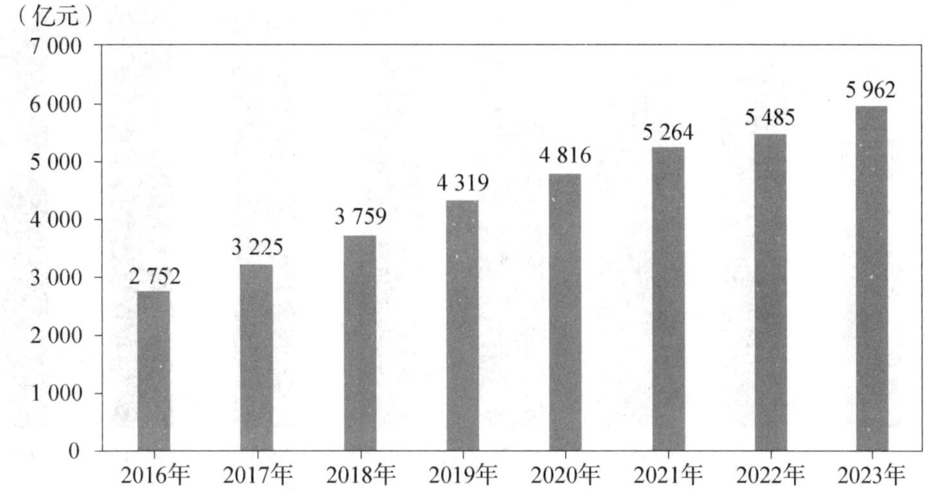

图 1－3 2016—2023 年中国数字营销市场规模趋势图

资料来源：中商产业研究院《中国数字经济行业市场前景及投资机会研究报告》。

1.5.2 新型数字营销方式发展迅速

短视频广告、网络直播、KOL 营销等新型营销方式迅速发展。

调研数据显示，2018—2025 年中国不同媒体类型网络广告市场份额实际及预测情况呈现显著变化，其中短视频广告市场份额快速增加，成为驱动数字营销市场发展的重要模式，如图 1－4 所示。

一项基于对食品饮料、美妆个护、医疗保健、服装服饰、汽车、3C 等 20 多个行业 257 位广告主的调研结果显示③，一方面，社交和短视频仍是 2024 年广告主投放重点，但直播较 2023 年选择比例下降 20%，降幅最大，热度降低。广告主选择电商、搜索、垂直媒体进行投放的比例也有不同程度的下降，降幅分别为 12%、6%、11%。另一方面，KOL 营销将是 2024 年广告主进行社交媒体营销的重点，71%的广告主表示将进行 KOL 营销，同比增加 5 个百分点，44%的广告主表示将进行直播（品牌自播），同时超三成广告主将进行搜索关键词优化或圈层营销（见图 1－5）。

① 中国信息通信研究院《中国数字经济发展研究报告（2024）》。

② 中商产业研究院《中国数字经济行业市场前景及投资机会研究报告》。

③ 秒针营销科学院、全球数字营销峰会 GDMS、营销智库 M360 联合发布的《2024 中国数字营销趋势报告》。

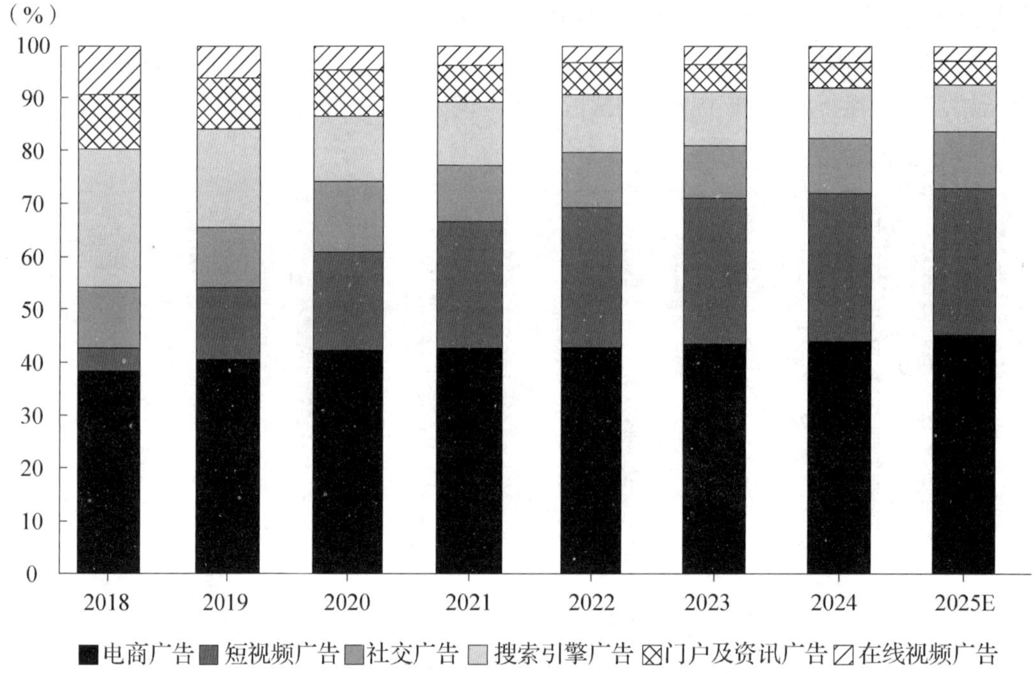

图 1-4　2018—2025 年中国不同媒体类型网络广告市场份额占比

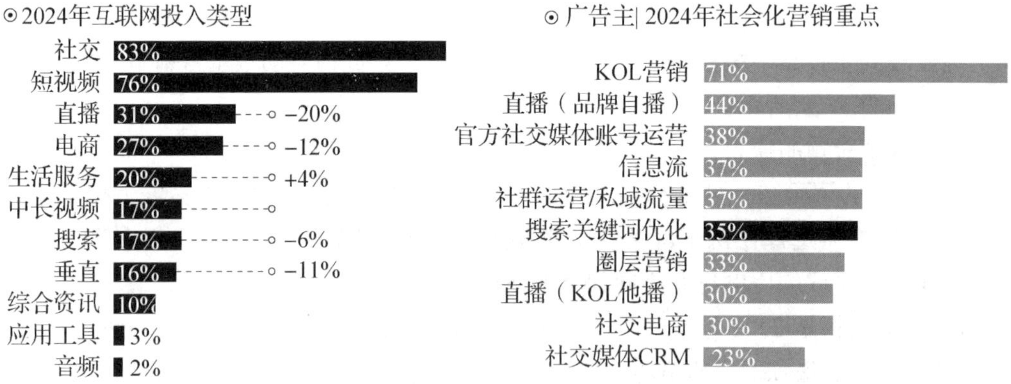

图 1-5　广告主调研结果

资料来源：《2024 中国数字营销趋势报告》。

扩展资料

短视频平台商业化发展概况

近年来，抖音、快手两大短视频平台不断延伸新业务，丰富自身的商业模式，实现营业收入稳步增长。

一是深耕电商领域，将用户流量转化为商业价值。快手重点发展“信任电商”，通过建立主播和用户之间的信任促进交易量增长。目前，电商业务已成为快手商业生态的中心，是推动其业绩增长的重要引擎之一。数据显示，第一季度快手总营业收入同比增长 19.7%，其中含电商在内的其他业务收入同比增长 51.3%。① 抖音则向传统电商网站靠拢，上线商城功能，方便用户通过商城入口直接搜索商品。随着用户养成在短视频平台购物的习惯，直接搜索更有利于促进交易和提高复购率。数据显示，2022 年 5 月—2023 年 4 月，抖音电商商品交易总额(GMV) 同比增长超过 80%，其中商城 GMV 同比增长 277%。②

二是布局本地生活业务，以获取新的业务增量。快手基于下沉市场的天然优势，以重点城市为切入点，一方面通过低价刺激销售转化，另一方面利用“达人探店”③ 吸引流量，加速布局本地生活业务。在石家庄、青岛、哈尔滨等城市，快手本地生活业务运营已较为成熟，未来将快速推广到其他城市。抖音则以餐饮美食为切入点，逐步完善本地生活业务架构。随着业务发展，抖音陆续推出本地生活分类、吃喝玩乐榜等多元入口，结合地图定位、算法推荐的方式吸引用户消费。截至 2022 年，抖音生活服务覆盖城市已超 370 个，合作门店超 100 万家，帮助超过 28 万个中小商家实现营业收入增长。④

章末案例

喜茶：一杯奶茶的数字营销

喜茶原名皇茶 ROYALTEA，2012 年诞生于广东江门江边里，2016 年 2 月 26 日全面启用注册品牌“喜茶 HEYTEA”。截至 2021 年 7 月，喜茶估值达到 600 亿元；截至 2023 年 8 月，喜茶在全球各地门店超过 2 000 家。纵观喜茶的成长历程，数字营销是其

① 快手 2023 年第一季度财务报告。

② 抖音电商第三届生态大会：深耕全域兴趣电商，GMV 同比增长 80%. 新华网，2023-05-16.

③ 达人探店：一种新型的广告宣传方式，指在某个领域积累了一定粉丝的人通过分享商家的产品、服务和店面环境等内容，提高商家曝光度。

④ 2022 抖音生活服务数据报告｜让每次心动都值得. 抖音微信公众号，2023-10-03.

快速发展的重要因素。

紧跟时代潮流开启数字营销

喜茶定位明确，主要目标客户群体分为三类：22 岁以下有消费能力的学生，也是未来消费主力军；22～30 岁的新白领，是当下客户之源；30 岁以上原本爱喝咖啡的消费者，是喜茶未来力争的对象。

由于其目标客户群体尤为关注网络社交和自我表达，因此喜茶的营销方式以数字营销为主，借助微博、微信、抖音、小红书等多元社交媒体开展数字化营销。一方面，喜茶在微博上与消费者积极互动，发布新品上市、新开店铺、节日折扣等信息，借此形成了一定规模的粉丝基础；另一方面，喜茶在 2014 年推出了官方微信公众号，随着粉丝数日益增长，公众号的功能逐渐转向介绍新品和福利互动，通过精美的海报、文案以及频繁的品牌联名互动，不仅锁定了一大波“私域铁粉”，而且可以借助关注者的分享吸引尚未关注的潜在客户。另外，喜茶积极利用快速成长的新生社交媒体进行数字营销，例如，在抖音上借助短视频进行推广，在小红书上通过视频深度展示来提高知名度和美誉度。

KOL 引领消费潮流

喜茶的数字营销非常重视发挥 KOL 的作用。在开设新店之前，喜茶往往会充分借助网络推手与网络红人的影响力，在网络大 V、流量博主、知名微信公众号、具有影响力的区域潮流栏目等备受年轻人关注的 KOL 上投放软文广告，以提前预热、造势，增加品牌曝光，充分吸引年轻消费群体的关注与积极尝试。

推陈出新玩转线上运营

2018 年，喜茶自主研发上线了“喜茶 GO”小程序，用户可以通过该程序进行外卖或者堂食的预点单。该程序推出之初主要是为了解决客户长时间排队问题，提升用户体验，而如今，其已成为喜茶数字化运营的重要体现。以小程序为基础，喜茶不断开发完善积分、会员、社群等私域基础建设。2023 年 1 月 3 日，喜茶发布《喜茶这十年》。报告显示，截至 2022 年底，“喜茶 GO”会员总数已超过 6 300 万；相比于 2018 年“喜茶 GO”小程序上线之初，2022 年，客户点单等待时长已减少超 1 000 万小时。

截至 2019 年 12 月 31 日，喜茶会员系统内已有 2 199 万名会员。2020 年 4 月，“喜茶 GO”小程序在支付宝上线，拓宽了喜茶的线上点单支付渠道。“喜茶 GO”集堂食、预约、外卖功能于一体，消费者通过微信账号、手机号等方式注册后就能远程点单，在订单结算页面会提示预估等待时间。在等待期间，消费者可通过小程序随时确认可取单时间。与此同时，线上点单、线上支付的“一站式”购买还能减轻收银员的工作负担，避免收错钱、收假钱问题。“喜茶 GO”除了线上点单、建立会员体系、抓取客户数据的功能之外，还是“百货商店”担当，贩卖喜茶周边产品。

2017 年，喜茶推出了喜茶星球会员体系，会员付费后可以在生日、会员开通纪念日、每月会员日享有赠饮券，每月固定享有满减额度、限定饮品 9 折券等。会员等级越高，优惠券数量越多，优惠额度越大。喜茶通过优惠券、会员权益等方式增强客户黏性并提高复购率，打造闭环交易，持续挖掘客户价值。

跨界合作打造营销话题

喜茶一直是跨界营销的典范，被誉为“奶茶界联名天花板”，至今已经联名超过110次。

2017年是喜茶“跨界联名”营销的试水期，其合作对象有美宝莲、贝玲妃、小黄鸭、W酒店以及爱奇艺。2018年，喜茶加快联名步伐，与乐事、百雀羚、大英博物馆、欧莱雅和塔卡沙等16个品牌牵手成功，联名品类涵盖食品、美妆、服饰鞋包等多个领域。2019年和2020年，喜茶与徐福记、阿华田、科颜氏、太平鸟、和路雪、茶颜悦色、五芳斋、回力、《江南百景图》、QQ音乐等50余个品牌和IP开展了跨界合作。2021年和2022年，喜茶进一步与《只此青绿》《甄嬛传》等经典IP联名开展活动，推出系列奶茶及限定周边，引起消费者的热烈反馈和广泛参与。如与《梦华录》联名推出的“紫苏·粉桃饮”“梦华茶喜·点茶”，上线首周销量就已突破140万杯，开创了茶饮与影视剧联名的全新风潮。

2023年，喜茶和芬迪（FENDI）联名刷屏各大社交媒体和朋友圈。同年劳动节期间，喜茶联合11个城市的文旅局推出城市文旅限定冰箱贴。富有设计感和人文色彩的冰箱贴最有效、最直接地击中了年轻人对于某个城市的体验和回忆，引发了收藏热，“喜茶城市冰箱贴引发跨城代喝现象”这一话题在新浪微博有1.3亿次的阅读量。

2024年1月31日，喜茶与热门剧集《繁花》的联名正式上线。围绕“至真至喜”联名主题，喜茶推出与剧集同名的联名饮品“繁花”（白兰香），以及包括杯贴、纪念票根、黄河路贴纸在内的特别设计联名包材、周边。

喜茶通过跨界营销不断打造热点话题，成功吸引了求新求变的年轻消费者的持续追捧。

扎根数据构建精准营销

喜茶的数字营销不仅有助于提升消费者体验和产品竞争力，还有助于通过大数据分析实现精准营销。

喜茶推出的星球会员体系意味着强大的信息数据，包括姓名、性别、出生日期、电话号码等基本信息。喜茶可以进一步利用互联网的记忆功能沉淀客户在小程序中的行为轨迹，刻画出详细的客户画像，实现精准预测、定向推荐产品。

在产品研发方面，喜茶可以根据消费者消费特征的大数据进行精准的客户喜好预测，有助于研究年轻群体的消费喜好与心理诉求，在做产品定位时可以此为参照进行研发，推出更多年轻人喜欢的新茶饮口味。

在库存管理方面，以往原料的分配都是根据每款产品每个月的营业额以及店铺运营的经验进行调整；有了数据分析以后，原材料的调配不再是随意、临时性的决定。

在个性化营销方面，喜茶打造线上“千店千面”，不同门店会根据长期积累的客户购买数据设置不同的“喜茶GO”购买界面，并且根据客户打开程序的时间段不同而提供不同的推荐组合，灵活控制库存，有效增加销售。

问题：请简要评述喜茶的数字营销，并为喜茶未来数字营销的进一步发展提出建议。

资料来源：
[1] 一杯数字化奶茶，3 500 万私域流量．亿欧网，2021－06－01.
[2] 一杯奶茶的数字化之路．人人都是产品经理，2020－01－15.
[3] 喜茶探索新式茶饮数字化深水区．网易，2023－08－25.
[4] 喜茶：我不当刺客，我有我的数字化“茶底”．HiShop 海商，2022－07－29.
[5] 从无名之辈迅速“蹿红”：网红茶饮——喜茶的数字化之道．百度，2020－11－30.
[6] 喜茶：网红茶饮数字化．云顶财说，2020－05－08.

本章小结

1. 在全球竞争日益激烈的背景下，企业可借助数字营销实现快速增长。
2. 不同学者对数字营销有不同的界定。
3. 数字营销的未来发展机遇与挑战并存。
4. 中国数字营销发展迅速、形式多元。

概念和术语

数字营销　4P 理论　4C 理论　4R 理论　4V 理论　4I 理论

思考题

1. 阐述数字营销的背景与重要性。
2. 阐述数字营销的概念与特征。
3. 分析数字营销未来发展。
4. 阐述中国数字营销发展现状。

延伸阅读

1.《2024 中国数字营销年度报告》。
2.《2024 中国数字营销趋势报告》。

参考文献

[1] 赵瑾．跨越式发展：数字时代中国服务贸易发展战略与政策．财贸经济，2023(3)：103－116.

[2] 邱爽．中国跨境电商企业品牌国际化研究：以 SHEIN 为例．北京：商务部国际贸易经济合作研究院，2022.

[3] 阳翼．数字营销．3 版．北京：中国人民大学出版社，2022.

第2章 数字营销环境分析

教学目标

1. 掌握数字营销环境的内涵和分析的内容。
2. 熟练运用数字营销环境分析的各种方法。
3. 理解数字营销外部宏观环境的新特点。
4. 理解数字营销外部微观环境的新特点。
5. 能够对企业面临的数字营销环境进行准确分析。

重点与难点

数字营销环境分析的内容和方法；政策、法律法规、社会文化、技术、购买者等因素对数字营销的影响；对企业面临的数字营销环境进行准确分析。

素养目标

引导学生关注数字中国建设、数字经济发展和扩内需促消费等的相关政策、法律法规和实践进展，分析其对营销活动的影响，培养学生主动了解世情、国情，发现问题、分析问题和解决问题的能力。

引导案例

任氏猕猴桃生态农业有限公司的数字营销探索

2019年，西安任氏猕猴桃生态农业有限公司（以下简称“任氏公司”）成立，该公司专注优质猕猴桃的培育种植，旨在将周至猕猴桃推广到全国乃至全世界。公司主营产品是黄心、红心和绿心的猕猴桃鲜果。

公司一经成立，公司总经理任总就敏锐地察觉到，尽管传统的农产品销售模式主要是关系营销，通过与采购商的稳定关系实现产品销售，但近些年来，互联网的普及以及各种电商平台的发展都表明农产品依靠网络销售实现价值增长已成为一种趋势，技术与经济的快速发展必将推进各行各业在营销布局中引入互联网平台。此外，消费者的消费习惯也在随着经济发展发生变化，他们更愿意在线上平台购物。市场变化与行业趋势时刻提醒着任总，只局限于关注传统销售渠道的营销布局毫无疑问是逆流而行，这与数字化大环境、"互联网+"的趋势背道而驰。

在数字化背景下，任氏公司内部出现了较多变化。例如，任总在代理销售时十分注重客户关系，而数字营销正是维护客户关系的绝佳手段；管理层其他成员对于新事物的态度开放，同时业内大部分企业都已将数字营销提上日程，因此，公司内部仅召开了几次讨论会，便决定拓展数字营销渠道。

资料来源：迸发鲜果魅力的秘密?：任氏猕猴桃的数字营销探索. 中国管理案例共享中心，2023-10.

党的二十大报告提出加快建设数字中国和加快发展数字经济。第 54 次《中国互联网络发展状况统计报告》显示，截至 2024 年 6 月，我国网民规模接近 11 亿人，互联网普及率达 78%，显著超过全球平均水平，我国已是全球最大的数字社会。在数字时代，消费者的行为、习惯和需求正在快速演变，从传统媒体到微博、微信、长视频、短视频，企业面临的营销环境发生了前所未有的变化。分析数字营销环境，明晰数字化背景下企业营销外部环境和内部环境的新内容、新特点、新趋势，是企业开展数字营销活动、在激烈的市场竞争中保持优势的必然选择。

2.1 数字营销环境分析概述

2.1.1 数字营销环境的内涵

环境一般是指影响管理活动的各种因素。营销环境是对企业为顾客提供产品和服务的有效性产生影响的各种因素，由营销活动以外的那些能够影响与目标顾客建立并维持良好关系的各种因素组成。

当前，数字技术正在与社会各行各业加速融合，是推动我国消费升级以及经济转型的重要力量，企业数字化转型的进程不断加快。数字化改变了企业和消费者之间的信息交换途径、互动交流模式以及数据存储方式，呈现出以下特点：一是信息交换数字化。搜索引擎、品牌网站、电子商务、移动支付、网络口碑、SoLoMo（social，local，mobile）和 APP 等成为企业传递信息和消费者获取信息的重要途径。二是客户互动数字化。企业依托社交媒体、众包或众筹、虚拟现实和增强现实等构建客户关系，与客户互动交流。三是数据存储数字化。大数据和云计算技术使得企业能够更多、更深、更快地处理数据，物联网技术使得“万物互联”成为现实。

由此可见，进入数字时代之后，企业的营销活动发生了极大的变革，究其原因，企业外部环境和内部环境的变化是重要的驱动力。数字营销环境是传统营销环境在数字时代下的新型表现形式，是影响企业利用数字化手段开展营销活动有效性的各种因素的集合。

2.1.2 数字营销环境分析的内容

大量研究显示，营销环境会对绩效产生深远的影响，因此企业需要持续监控外部环境和内部环境对数字营销有效性的作用，即对数字营销环境进行分析。从内容构成上看，如图 2－1 所示，数字营销环境由企业外部环境（external environment）和内部环境（internal environment）组成，本章主要分析数字营销的外部环境，包括外部宏观环境（macro-environment）和外部微观环境（micro-environment）两个层面。

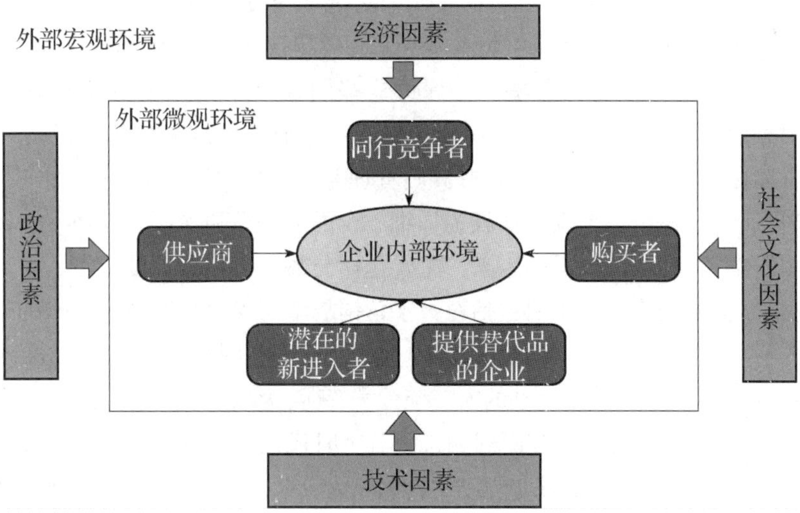

图 2－1　数字营销环境分析的内容

数字营销的外部宏观环境由可能给企业带来数字营销机会或潜在威胁的政治、经济、社会文化、技术等因素组成，是企业数字营销的间接环境，这些因素在很大程度上超出了企业的直接控制，也往往与企业不存在直接联系，但是却对企业利用数字技术开展营销活动的成败具有举足轻重的影响。例如，2023 年 7 月，《国务院办公厅转发国家发展改革委关于恢复和扩大消费措施的通知》强调“壮大数字消费”，指出“加快传统消费数字化转型，促进电子商务、直播经济、在线文娱等数字消费规范发展。支持线上线下商品消费融合发展”“打造数字消费业态、智能化沉浸式服务体验”“推动新一代信息技术与更多消费领域融合应用”等，这为数字消费的发展指明了方向，必然会对企业的市场营销活动产生较大影响。如果企业没有及时关注政策环境，就可能错失发展机会，甚至在未来的竞争中处于劣势。

数字营销的外部微观环境由直接作用于企业数字营销活动的参与者组成，包括对企业经营活动具有重要影响的同行竞争者、供应商、购买者、提供替代品的企业和潜在的新进入者等。这些参与者共同构成了企业的竞争环境，对其力量强弱的判断直接影响着企业数字营销活动的有效性。例如互联网和电子商务的发展极大地降低了企业与客户之间的信息不对称性，客户有了更广泛的选择空间，这使得客户的讨价还价能力迅速增强，企业营销人员需要了解他们的行为，并给出正确的解释，以便制定高效的数字营销战略并针对变化做出调整。

2.1.3 数字营销环境分析的主要方法

数字营销环境分析的方法有很多种，这里主要介绍常用的三种分析方法：外部宏观环境分析中常用的 PEST 分析法、外部微观环境分析中常用的波特五力模型和内外部环境综合分析中常用的 SWOT 分析法。

（1）PEST 分析法。

PEST 分析法是战略管理中用于企业外部宏观环境分析的基本工具，它通过分析政治（politics）、经济（economy）、社会（society）和技术（technology）四个维度的因素帮助企业从总体上把握宏观环境，并评价这些因素对企业战略定位和战略选择的影响。PEST 分析法既可以用于分析企业公司层战略、业务层战略的外部环境，也可以用于分析外部宏观环境对企业营销、人力资源管理等职能层战略的影响。

应用 PEST 分析法可以帮助企业较为详细、全面地列举和探讨影响数字营销的各种外部宏观环境因素：一是政治方面的因素，主要包括与数字营销相关的政策、法律法规和制度等；二是经济方面的因素，主要包括对数字营销战略与规划具有重要影响的经济增长态势、市场供需状况、就业情况、收入和消费、利率与汇率、国际贸易等；三是社会文化方面的因素，主要包括影响数字营销活动的人口统计学特征、购物偏好、社会文化和价值观、思维模式、地理分布等；四是技术方面的因素，数字时代几乎所有业务都运行在技术基础之上，技术因素是数字营销发展的核心驱动力，关注大数据、云计算、人工智能、物联网、区块链等数字技术对营销活动的影响是数字营销外部宏观环境分析中最重要的组成部分。

PEST 分析法可以按照以下步骤开展：首先，明确开展 PEST 分析的目的；其次，尽可能详尽地找出所有政治、经济、社会文化和技术方面的影响因素，分析哪些因素可能会对企业的数字营销活动产生重要的影响；最后，研究这些因素，明晰各项因素之间、因素和数字营销之间的关系，做好总结归纳并在后续数字营销战略的制定和数字营销活动的开展中加以运用。

（2）波特五力模型。

产业（行业）竞争环境是数字营销外部微观环境的核心组成部分。根据战略管理理论，竞争环境分析中最具影响力的工具是波特五力模型，由美国哈佛大学教授迈克尔·波特（Michael Porter）在 1980 年提出。该模型揭示了行业内部的竞争状况取决于五种基本竞争力量，如图 2-2 所示，即现有竞争对手之间的竞争、供应商的议价能力、购买者的议价能力、潜在的新进入者的威胁、替代产品和服务的威胁。

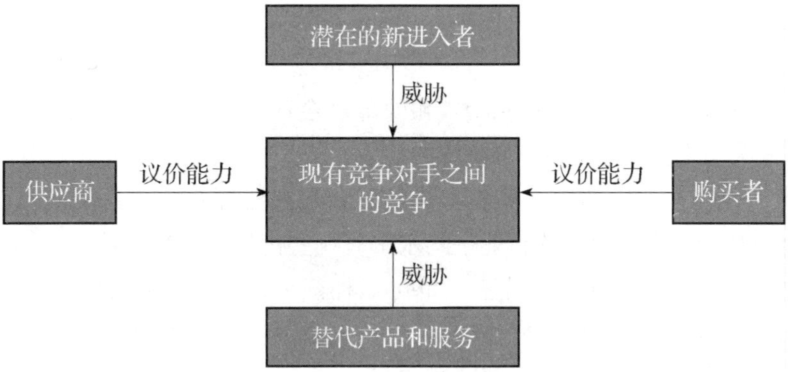

图 2－2　波特五力模型

波特和赫佩尔曼（Heppelmann）指出，智能互联产品将对产业结构产生变革性的影响，但同时也认为，成熟的波特五力模型仍然是理解技术如何重塑竞争和产业结构的坚实基础。戴夫・查菲和菲奥纳・埃利斯-查德威克（Fiona Ellis-Chadwick）在著作《数字营销：战略、实施与实践》（第 7 版）中，利用波特五力模型分析了互联网技术带来的竞争力量变化，详见表 2－1。

表 2－1　互联网技术对五种竞争力量的影响

竞争力量	影响
现有竞争对手之间的竞争	互联网鼓励商品化，从而使产品差异化不那么明显；随着产品生命周期的缩短和新产品开发周期的缩短，竞争变得更加激烈；互联网促进了企业向全球市场的转移，增加了竞争对手的数量。
供应商的议价能力	企业在采购时，其供应商的议价能力会减弱，因为电子采购和电子市场使得企业选择范围更大、商品化程度更高。
购买者的议价能力	网上购买者的议价能力增强了，因为他们有更广泛的选择，价格可能会因购买者知识的增加和价格透明度的提高而下降。对于 B2B 组织来说，与购买者建立电子联系可能会加深二者的关系，并可能增加转化成本，导致“软锁定”。
潜在的新进入者的威胁	进入壁垒降低，带来了新的竞争对手，这对于高端市场和开展移动销售的零售商或服务机构尤其重要；新进入者会受到仔细的监控，以避免市场份额被侵蚀；互联网服务比传统服务更容易被模仿，从而使“快速追随者”更容易被模仿。
替代产品和服务的威胁	替代产品是一个重大威胁，因为新的数字产品或智能产品可能随时推出；应仔细监控新的替代产品和服务的引入，以避免侵蚀市场份额；互联网技术能够更快地引入产品和服务。

资料来源：查菲，埃利斯-查德威克．数字营销：战略、实施与实践：第 7 版．北京：清华大学出版社，2022.

在当前数字营销微观环境分析的研究中，波特五力模型是最常用的分析框架，数字营销人员可以利用该模型分析竞争结构从而深入了解企业在特定市场上的竞争情况，明晰竞争对手、供应商、购买者、潜在的新进入者、替代品对数字营销的影响，进而探讨如何通过有效的数字营销战略与活动影响竞争压力，使其朝着有利于企业的方向改变。

（3）SWOT 分析法。

数字营销同时受到企业外部和内部环境因素的影响，SWOT 分析可以同时实现对内部优势（strengths）、劣势（weaknesses）和外部机会（opportunities）、威胁（threats）的分析，因而成为数字营销环境综合分析中的常用方法。

S 和 W 分别指企业内部的优势和劣势，一般是在梳理企业内部资源和能力的基础上，分析企业相较于竞争对手或行业平均水平有哪些优势或劣势。数字营销人员可以列举出一些内部要素进行定性比较分析，也可以构建内部因素评价矩阵（internal factor evaluation matrix，IFE 矩阵）进行打分，然后根据其重要程度加权，取各因素加权数之和来确定企业在比较中是处于优势还是劣势。

O 和 T 分别指企业外部的机会和威胁。多数情况下，企业是无法控制外部环境的，因此需要分析哪些外部因素有利，进而采取措施抓住机会；分析哪些外部因素不利，进而及时调整规避威胁。此外，有利的外部环境可能对所有企业都有利，威胁也不仅是针对某个企业的，在这种情况下企业还要考虑与竞争对手相比，同样的外部环境到底对谁更有利或更不利。数字营销人员可以在运用 PEST 分析法和波特五力模型分析外部宏观环境和微观环境之后，得到对数字营销活动有重要影响的关键因素，进而利用 SWOT 分析法判断其中哪些是机会，哪些是威胁，也可以构建外部因素评价矩阵（external factor evaluation matrix，EFE 矩阵）进行逐项打分，按因素的重要程度加权求和，以进一步推断机会和威胁的大小。

SWOT 分析法的最终目的是为后续制定数字营销战略提供具有借鉴意义的定位。所以在完成内部优势、劣势和外部机会、威胁的归纳总结之后，还须进一步明确适合企业的战略定位。例如，可以根据具体情况的分析结果选择适合的战略：一是 SO 战略，即以利用优势、抓住机会为导向设计一系列措施；二是 ST 战略，即围绕利用优势、规避威胁设计方案；三是 WO 战略，即抓住机会、克服劣势；四是 WT 战略，即克服劣势、规避威胁。

2.2 数字营销外部宏观环境分析

本节关注对数字营销具有重要影响的外部宏观环境因素，如前所述，主要包括政治因素、经济因素、社会文化因素和技术因素。

2.2.1 政治环境分析

各国政府和跨国组织在决定数字技术的使用和控制方面具有重要作用，它们还制定相关政策法规和数字治理的规则。数字营销人员需要及时分析政策法律环境，在抓住政策支持带来的数字营销发展机遇的同时，也要注意相关政策法律和数据基础制度对数字营销的监管作用。

（1）政策因素。

世界各国对数字经济的政策性支持是推动数字营销迅速发展的重要力量。2015 年，习近平总书记首次提出建设“数字中国”。2017 年党的十九大报告首次将“数字中国”写入党和国家纲领性文件。自 2017 年起至 2024 年，数字经济已经连续八年写入我国政府工作报告，相继提出“促进数字经济加快成长”“为数字中国、网络强国建设加油助力”“壮大数字经济”“打造数字经济新优势”“加快数字化发展”“促进数字经济发展。加强数字中国建设整体布局”“促进数字经济和实体经济深度融合”“深入推进数字经济创新发展”。国务院办公厅和国家发展改革委、工业和信息化部等国家级机构及各省级政府也发布了大量支持数字经济、企业数字化转型、数字消费的相关政策文件。据零壹智库统计，仅 2022 年 1 月—2023 年 3 月中央和地方政府网站就有 137 部数字经济相关政策发布。表 2－2 对 2020—2023 年我国数字经济发展的部分相关政策进行了归纳，主要节选了中央和国家部委发布的政策文件中对数字营销具有引领和指导作用的文件内容。

表 2－2　2020—2023 年我国数字经济发展的部分相关政策

时间	部门（会议）	政策（讲话）名称	影响数字营销的相关内容
2020 年 3 月	中共中央、国务院	《关于构建更加完善的要素市场化配置体制机制的意见》	加快培育数据要素市场；培育数字经济新产业、新业态和新模式；制定数据隐私保护制度和安全审查制度。
2020 年 7 月	国家发展改革委等 13 个部门	《关于支持新业态新模式健康发展　激活消费市场带动扩大就业的意见》	把支持线上线下融合的新业态新模式作为经济转型和促进改革创新的重要突破口，打破传统惯性思维；积极探索线上服务新模式，激活消费新市场。
2020 年 9 月	国务院办公厅	《关于以新业态新模式引领新型消费加快发展的意见》	促进线上线下消费深度融合，努力实现新型消费加快发展；实物商品网上零售额占社会消费品零售总额比重显著提高，“互联网＋服务”等消费新业态新模式得到普及并趋于成熟；鼓励实体商业通过直播电子商务、社交营销开启“云逛街”等新模式。
2021 年 3 月	十三届全国人大四次会议	《中华人民共和国国民经济和社会发展第十四个五年规划和 2035 年远景目标纲要》	促进数字技术与实体经济深度融合；加快数字化发展，打造数字经济新优势。
2021 年 12 月	国务院	《“十四五”数字经济发展规划》	推进数字技术、应用场景和商业模式融合创新；以数据流促进生产、分配、流通、消费各个环节高效贯通；到 2025 年，数字经济迈向全面扩展期，数字技术与实体经济融合取得显著成效，数字经济治理体系更加完善。

续表

时间	部门（会议）	政策（讲话）名称	影响数字营销的相关内容
2022年10月	工业和信息化部	《工业和信息化部办公厅关于发布中小企业数字化水平评测指标（2022年版）的通知》	营销管理环节是中小企业数字化水平评测的二级指标，根据企业实现营销管理数字化场景的覆盖范围进行评测，具体包括企业在销售计划动态优化、市场快速分析预测、销售驱动业务优化等方面实现数字化场景的程度。
2022年12月	中共中央、国务院	《关于构建数据基础制度更好发挥数据要素作用的意见》	以维护国家数据安全、保护个人信息和商业秘密为前提，以促进数据合规高效流通使用、赋能实体经济为主线，以数据产权、流通交易、收益分配、安全治理为重点，深入参与国际高标准数字规则制定，构建适应数据特征、符合数字经济发展规律、保障国家数据安全、彰显创新引领的数据基础制度。
2023年2月	中共中央、国务院	《数字中国建设整体布局规划》	数字中国建设按照“2522”的整体框架进行布局，即夯实数字基础设施和数据资源体系“两大基础”，推进数字技术与经济、政治、文化、社会、生态文明建设“五位一体”深度融合，强化数字技术创新体系和数字安全屏障“两大能力”，优化数字化发展国内国际“两个环境”。
2023年7月	国务院办公厅	《关于恢复和扩大消费措施的通知》	在拓展新型消费方面提出壮大数字消费。推进数字消费基础设施建设，加快传统消费数字化转型，促进电子商务、直播经济、在线文娱等数字消费规范发展。鼓励数字技术企业搭建面向生活服务的数字化平台，推进数字生活智能化，打造数字消费生态、智能化沉浸式服务体验。
2023年12月	中央经济工作会议	习近平总书记在中央经济工作会议上的讲话	大力推进新型工业化，发展数字经济，加快推动人工智能发展。培育壮大新型消费，大力发展数字消费、绿色消费、健康消费。

对国外数字化相关政策的梳理发现，不少国家都出台了大量支持数字经济发展的政策文件。如图2-3所示，美国商务部在1998年发布《浮现中的数字经济》报告，之后在数字政府和数字社会领域出台了一系列政策；英国和日本早期的政策文件也主要集中于这两个领域；德国的政策则主要发力于数字经济领域，重心在工业领域的数字化。从总体趋势看，2009年之后，世界多国陆续出台综合性的数字国家战略，而支持数字经济发展的政策文件也越来越多。

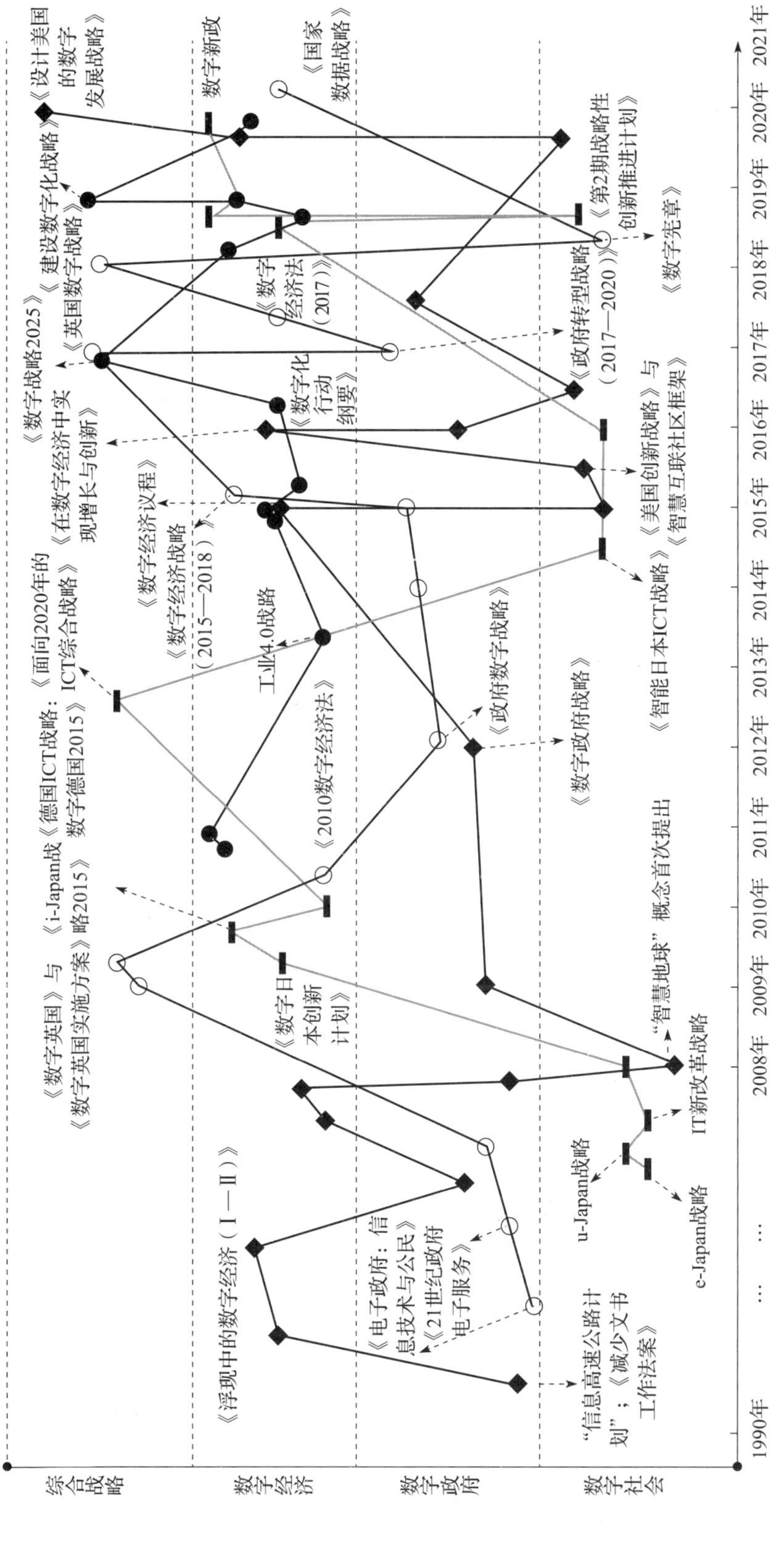

图 2-3　美英德日四国数字化发展战略演进路径

资料来源：李振东，陈劲，王伟楠．国家数字化发展战略路径、理论框架与逻辑探析．科研管理，2023（7）：1-10.

在政策引领和支持下，全球掀起了数字产业化、产业数字化、企业数字化转型的热潮，数字经济规模不断扩大、发展速度不断加快，对各行各业和企业管理的各个环节产生了深远影响。数字经济的发展改变了营销的外部环境和产业基础，丰富了营销活动的内容，拓展了营销渠道，推动了数字技术在营销领域的广泛应用。数字营销在政策支持下获得了充分的发展基础和制度保障。

（2）法律法规因素。

数字时代，数据在创造价值的同时，也存在着较高的数据安全风险和较多的合规监管需求。数据泄露、数据滥用、数据篡改、数据共享管理责任不清等风险不仅制约了数字营销活动的开展，严重的还会危害国家安全和公共利益。因此，各国都非常重视对数据安全的监管，出台了一系列法律法规，监管力度不断加大。这些法律法规促使营销人员和企业以合法和合乎道德的方式开展数字营销业务。数字营销人员必须及时学习相关法律法规，理解相关条款并在法律监管的框架内工作。

我国2016年颁布了《中华人民共和国网络安全法》，并自2017年6月1日起施行。2021年，《中华人民共和国数据安全法》和《中华人民共和国个人信息保护法》相继颁布并施行，在国家层面构筑了数据安全保护的“法律堡垒”。此后浙江、上海、山东等多个省份纷纷出台数据管理相关条例，对数据赋能产业、数据安全保护、数据共享等内容进行规制。数字营销人员要按照上述法律法规的要求开展各项业务，确保数据安全。

除数据监管方面的法律法规之外，数字营销人员还须关注税收、知识产权保护、合同、商标、广告、反垄断等法律法规中与数字营销相关的规定。例如，世界各国已经制定或正在制定税法相关补充条例，对互联网公司和其他行业公司数字化经营活动中的避税行为进行监管。再者，通过互联网和其他数字技术进行营销活动时，会产生大量的数字内容，如电子商务网站、网络广告、数字化的商标和品牌形象设计等，由于这些内容传播迅速且容易被共享和复制，出现了较多的侵权案例。数字营销人员需要熟知上述法律法规在数字化背景下的新进展和新解释，才能更好地维护自身和客户等相关主体的权益，避免因为法律意识缺失而侵权或被侵权。

（3）数据基础制度因素。

国家和区域的数据基础制度对数字营销的发展也具有较大影响。近年来，我国已初步形成了涵盖数据安全保障、用户权益保护以及数据价值释放三大板块的数据治理规则体系，并正着手构建“以数字生态为核心的数据赋能型”治理模式。2022年12月，中共中央、国务院印发《关于构建数据基础制度更好发挥数据要素作用的意见》（简称“数据二十条”），在其指引下，我国的数据产权制度、数据要素流通和交易制度、数据要素收益分配制度、数据要素治理制度等不断发展并逐步完善。

数据基础制度创建了公平竞争的市场，为数字营销提供了良好的基础制度环境，有利于数字营销在合法合规的前提下激发数据要素潜能，更好更快地可持续发展。比如，数据要素流通和交易制度的完善将会建立数据流通准入标准规则，强化市场主体数据全流程合规治理，确保流通数据来源合法、隐私保护到位、流通和交易规范，这就可以对数字营销进行多层次、全流程的动态监测，实现事前事中事后监管。再比如，数字要素治理制度的完善将会形成政府、企业、社会多方协同的治理模式；数据要素市场不断壮大，可以获取来自多元主体的海量数据开展数字营销活动；而且在政府监管之外，行业自律、社会监督、消费者联合维权等机制不断健全，企业的责任意识和自律意识持续增强，保障数字营销在正确的轨道上健康有序发展。

2.2.2　经济环境分析

经济环境影响产品和服务的市场供求关系，因而是决定企业生存和发展的关键因素。经济环境包含的因素众多，对不同的商业活动和企业行为具有差异化作用。数字营销人员需要选择与自身活动密切相关的经济环境因素进行监测和分析。这里我们主要讨论影响数字营销的三个主要因素，即经济增长态势、利率和汇率、全球贸易和经济格局。需要说明的是，在探讨经济增长态势时，可以将市场供需、就业失业、收入与消费等相关经济因素纳入综合分析。

（1）经济增长态势。

经济的总体态势对企业各项业务的繁荣程度具有深远影响。纵观世界各国的经济发展历史，往往呈现出周期性波动的特点，即经济增长与经济衰退交替出现。在经济增长时期，市场供求繁荣，就业情况良好，国民收入较高，人们热衷于消费且购买力较强。而在经济衰退时期，市场供求萧条，失业率提高，国民收入下降，消费减少。

数字营销人员面临的一个主要挑战是能否准确预测未来的经济增长态势，这决定着数字营销的需求、投资和方案设计方向等。在经济增长时期，企业要做好准备应对产品和服务的需求增加，此时可以增加在数字营销领域的投入，开辟更多的数字营销渠道，研发设计有特色的数字营销方案，吸引消费者购买本公司的产品。在经济低迷时期，随着消费者重新评估其收入和支出，企业的销售额也许会下降，但此时可能蕴藏着数字营销的发展机会，一些成本低廉和更为便利的数字技术会被引入营销领域，例如在新冠疫情影响全球经济最严重的时期，一些实体店铺从以线下销售为主转为依靠线上直播带货。与经济增长时期不同，在经济低迷时期，企业需要对自身拥有的数字营销资源和能力进行分析与整合，选择成本更低的数字技术开展精准营销。

综上所述，数字营销人员要及时收集和分析经济增长的相关数据，如果不能正确判断经济增长态势的变化，并根据经济增长态势调整数字营销的战略与规划，他们就可能会遇到困难或错失良机。

扩展资料

直播带货：经济发展的一道独特风景

“1、2、3，上链接！”

这句简洁明了的话似乎有着无限魔力，回荡在各个网络直播间内。主播自信的语调正是当前直播带货在中国风头无两的写照。

商务部数据显示，2023 年前 11 个月，全国网络零售额达 14 万亿元，同比增长 11%，实物网络零售额对社会消费品零售总额增长贡献率达 31.4%，占社会消费品零售总额比重达 27.5%，创历史新高。根据商务大数据的监测，2023 年前 10 个月，我国直播销售额超 2.2 万亿元，同比增长 58.9%，占网络零售额的 18.1%，拉动网络零售额增长 7.5 个百分点。

近年来，我国直播电商发展快速，从平台数量到从业人数，从参与行业到商品品类，从直播场次到销售金额，都呈现出快速增长势头，展现出强大的活力。作为互联网时代的新型商业模式，直播带货强势崛起，成为中国经济发展的一道独特风景。

在全球经济复苏乏力、我国经济下行压力增大的背景下，直播带货为什么能逆势成长？它在拉动消费中发挥了怎样的作用？对实体经济发展有着怎样的影响？如何才能实现持续发展？

资料来源：直播带货透析．经济日报，2024-01-04.

（2）利率和汇率。

利率是政府调控经济的关键货币工具之一。利率代表借款人在特定时间段内为使用贷款人资金而向其支付的价格。利率变化通常会导致消费者行为的变化，进而对数字营销的有效性产生间接影响。一般认为，利率下降会带来居民储蓄的减少和消费信贷的繁荣，推动更多的资金流入消费领域，导致消费者对产品和服务的需求增长，企业可以通过数字营销吸引更多的消费者。

汇率是用一种货币购买另一种货币的比率。汇率的波动意味着一个国家的消费者为某一产品支付的价格或另一个国家的供应商销售该产品所获得的资金可能会发生变化。数字营销在全球商品和服务流通中所扮演的角色越来越重要，是当前国际贸易中增长速度最快的领域。由于数字营销会直接面对世界各地的在线消费者，因此它不可避免地会受到汇率波动的影响。数字营销人员需要仔细考虑市场与汇率波动的关系，及时调整营销策略。

（3）全球贸易和经济格局。

在数字时代，经济全球化深入发展，国际分工不断深化。数字技术打破时空限制，推动全球分工合作向纵深演变。据世界贸易组织模拟测算，2021—2030 年，数字技术的应用将使全球贸易每年增长 2%，使发展中国家的贸易每年增长 2.5%，数字贸易使全球生产和贸易的“蛋糕”变大，各国经济都将获益。数字技术的应用改变了全球贸易格局，发展中国家的贸易成本显著降低、参与全球价值链的机会显著增加。未能及时开展数字化转型，仍然依赖传统经济模式或主要产业的国家将在经济规模上被其他国家甩在身后，国际经济格局可能会被进一步颠覆。

全球贸易和经济格局的变化为数字营销的发展带来了机遇与挑战。数字营销人员需要认识到数字时代国际贸易和经济全球化的新趋势、新特点，从中发现新的机会，及时规避可能存在的威胁，进而决定是否开展和如何开展国际数字营销活动。我国数字经济规模仅次于美国，拥有全球最大的数字市场，中国企业和数字营销人员要积极地“走出去”“引进来”，为深化互利共赢的国际经贸合作、扩大高水平对外开放做出贡献。

2.2.3 社会文化环境分析

数字营销还受到社会文化环境中一些因素的影响。社会文化环境是指一个国家和地区的民族特征、文化传统、价值观念、伦理规范、风俗习惯、社会结构等。经济行为是嵌在社会文化环境之中的，根据市场营销理论，对营销活动影响较大的社会文化因素主要包括价值观念和思维方式、伦理规范、人口统计学特征等三个方面。

（1）价值观念和思维方式。

在数字时代，人类的价值观念和思维方式发生了深刻变化，数字营销人员需要转变以往的传统思维模式，以适应这场急速的变革。数字时代的思维是指随着移动互联网、大数据、云计算、人工智能等数字技术的不断发展，人们对整个商业生态进行重新审视的思考方式。数字技术不仅提高了社会生产力，也改变着人类对世界的认知，即具有一定的哲学方法论属性。例如李海舰、田跃新和李文杰（2014）在梳理知名企业家和以往研究对互联网思维相关论述的基础上提出：互联网实质上是一种思维方式、一种生活方式，它是一种哲学，哲学是关于世界观的学问。互联网思维是一种哲学论，即对整个商业世界的看法产生了一种全新的认识。

数字时代下的思维之变体现在很多方面，这里主要介绍对数字营销影响较大的用户思维、简约思维、极致思维、迭代思维、流量思维、社会化思维、大数据思维、跨界思维、平台思维等。

①用户思维。这是一种站在用户角度思考，使用用户的语言表述用户关注的点，以帮助用户思考和判断，从而让用户能快速获取自己所需的事物的思维方式。在数字时代，人们可以通过多种数字技术便捷地获取更多的产品、价格、品牌信息，这扩大了消费者的选择范围，提高了其辨别产品质量的能力。企业只有将用户思维贯穿数字营销的始终，以用户为中心，做到全程用户体验至上，甚至超越用户预期，才能在激烈的竞争中获得消费者的青睐。

②简约思维。在数字时代信息爆炸的背景下，更需要专注，坚持少即是多。在做一件事情时，集中精力去实现一个目标，不陷入过多的细节和混乱，这就是简约思维。数字营销人员要避免复杂的设计影响用户体验，力争使产品看起来简洁（一目了然）、用起来简化（一键到底）、说起来简单（一说就通）。例如，直播带货快速发展的原因之一就是它满足了消费者追求简约的心理，消费者不用再花费大量的时间精力去搜索、比较商品信息，也不需要进入多家店铺去费心搭配不同的商品，而是通过一个直播间就可以便利、简单地满足购物需求。

③极致思维。在数字时代竞争加剧，更需要追求极致、精益求精方能成功。极致思维要求企业把产品和服务做到极致，把用户体验做到极致，甚至超越用户的预期。数字营销人员遵循极致思维的法则包括抓准需求、坚持创新、带来极致体验，要聚焦于解决

用户需求的痛点、痒点、兴奋点，让用户在营销活动中体会到创意、惊喜，同时精益求精地做好产品推广与服务。

④迭代思维。迭代是重复反馈的过程，不强调一步到位，允许试错和不足，在循序渐进的持续迭代中，不断改进、完善产品直至成熟。迭代思维的核心是“快”和“微”。前者是指快速反应、快速行动，发现商机要快、产品开发要快、发展用户要快，及时行动后在用户参与和反馈中逐步改进；后者是指小处着眼、细微创新，关注用户体验的细节进行单点突破，通过持续的细微创新不断完善产品和服务。例如，很多 APP 的开发和推广就践行迭代思维，发现需求后快速开发、尽快上线，吸引用户体验后，根据收集到的反馈意见迭代升级、逐步完善。

⑤流量思维。流量即用户关注度，代表着用户数量和产品在用户心中的分量。互联网时代，掌握流量才能掌握用户，才能获得其他更有利的资源。任何一种数字产品在活跃用户数量达到一定程度时就会产生质变，进而带来新的商机或价值。很多数字产品在开始时采用免费策略，吸引较多的用户使用后再开始收费，这就是流量思维的体现；像拼多多、抖音等在平台推广初期开展的拉新用户注册奖励红包等活动也是践行了流量思维。流量需要长期的运营，既要重视开发和获取流量，更要注重流量的维持和转化，通过提升产品和服务质量留住更多的用户，将流量转化为价值。

⑥社会化思维。在数字时代，人们对社会化工具和媒体的使用频率越来越高，社交网络不断扩大。社会化思维是指利用社会化工具、媒体和网络，重塑企业和用户的沟通关系和商业运作模式的思维方式。学会利用社会化思维可以更好地进行数字营销，例如小米公司利用小米社区聚集产品的使用者，与用户建立更紧密的沟通关系，不断升级用户体验，并通过用户的社交网络实现口碑营销。

⑦大数据思维。数据就是资源，通过数据挖掘与分析来创造商业价值的思维方式即大数据思维。在大数据时代，人们思维方式的转变体现在三个方面：一是从样本思维转向总体思维；二是相较于精确性更重视数据的可能性；三是与因果关系相比更关注数据的相关性。数字营销人员首先需要充分理解数据的价值，然后通过购买、共享或联合开发等方式获取营销所需的大量数据，最后应用大数据来确定营销方向和策略。

⑧跨界思维。多角度、多视野地看待问题和提出解决方案的思维方式即跨界思维。21 世纪以来，跨界思维的革命性力量已多次显现，例如苹果公司跨界进入手机行业颠覆了诺基亚，微信跨界进入通信领域颠覆了运营商的语音和短信业务。数字技术的应用使得很多业务和组织的边界变得模糊，企业需要学会运用跨界思维去看待和理解问题，勇于尝试颠覆性创新。例如，数字营销人员可以打破传统的营销思维模式，寻求非业内的合作伙伴，发挥不同类别品牌的协同效应，基于用户体验的互补实现多个品牌从不同角度诠释同一个用户特征。

⑨平台思维。坚持开放共享、打造多方共赢的生态圈是平台思维的核心内涵。传统的产品思维强调降低成本、增加收入、最大化自身利润，而平台思维的逻辑则是设计一套完整的商业模式、打造平台型组织，让更多的人依托平台赚取利润或实现价值。在数字经济时代，平台型企业和企业内部的平台型组织不断涌现，数字营销的平台化趋势日渐明显。

（2）伦理规范。

企业要认识到除了遵守法律法规还要承担社会责任，当个人和组织的营销行为影响到自然环境、社会环境和公众利益时，应该遵守市场营销伦理规范，即在市场营销活动中约束个人和集体行为及遵守道德准则。在数字时代，数据在创造巨大价值的同时，也存在着数据安全方面的风险，这对营销人员提出了更高的道德要求。例如，个人信息的泄露和盗用已成为数字时代突出的社会问题，互联网、大数据、人工智能等技术在营销活动中的广泛应用使得数字营销人员可以获得海量的顾客个人信息，数字营销人员要严格要求自己，在符合法律准则和道德标准的范围内使用这些信息，恪守保护顾客信息的职责。

（3）人口统计学特征。

人口因素一直是影响市场营销活动的重要社会力量。例如，过去 200 多年世界人口的急剧增长带来了市场的繁荣，产生了大量的消费需求，为市场营销人员提供了更多的机会。人口的数量、质量、结构、增长率等统计学特征影响着数字营销的战略与规划。据估计，世界总人口数量仍将继续增长，但国与国之间的差异日趋明显，一些国家已经出现了人口负增长，数字营销人员一方面需要关注人口大量增长的市场，抓住机会，另一方面也要考虑调整在人口负增长区域的数字营销策略，例如可以从重量向重质的方向转变。

数字营销人员需要重视人口年龄结构的变化，特别是老龄化不断加深带来的影响。如表 2-3 所示，根据我国第七次人口普查数据，60 岁及以上人口占比已达 18.7%，且处于快速增长的态势，老年人口已成为重要且开发潜力巨大的消费群体。与“00 后”等新生代群体不同，老年人口并非“数字原住民”，其对互联网等数字技术的应用有独特的代际特征，数字营销人员需要关注这些差异，设计适合老年消费群体的数字营销渠道和活动方案，从而抓住银发经济迅速发展的机遇。

表 2-3　我国第七次人口普查年龄结构数据

年龄段	人口总数	占比	与第六次人口普查相比的变化
0～14 岁人口	253 383 938	17.95%	上升 1.35%
15～59 岁人口	894 376 020	63.35%	下降 6.79%
60 岁及以上人口	264 018 766	18.70%	上升 5.44%
其中，65 岁以上人口	190 635 280	13.50%	上升 4.63%

资料来源：国家统计局网站。

2.2.4　技术环境分析

数字时代几乎所有业务都运行在技术底座之上，技术环境成为影响数字营销的关键力量。首先，技术进步推动产品和服务不断创新，让消费者更快地接触到更丰富、更高技术含量的产品，产品的重塑和颠覆式创新不仅满足了消费者的新需求，也使得原本已经成熟的品类重新焕发活力，创造了新的市场空间。其次，数字技术为企业细分市场、精准定位目标客户等提供了良好的技术支撑，基于消费数据挖掘与行为分析，企业实现了对客户的追踪和开发，从而可以进行个性化推荐和精准营销，通过数字技术快速响应市场机会和威胁。再次，营销信息线上传递从传统的图文形式迅速向全面视频化过渡，各种沉浸式和交互式新技术在线上线下营销活动中的广泛使用不断提升客户体验，激发了客户的购物欲望。最后，数字技术突破时空限制，极大地丰富和拓展了营销渠道。

在一定意义上，目前企业间竞争的重点已不再是规模和效益，而是更加强调数字技术方面的赛跑。只有将数字技术与实体业务有效融合的企业才能抢占市场先机，获得更加有利的成长空间。因此，营销人员需要深入了解数字技术，及时追踪数字技术的发展动态，探索数字技术在营销活动中的应用方式，从而推动数字营销向纵深发展。所谓数字技术，是指信息、计算、沟通和连接技术的组合，包括大数据、云计算、物联网、人工智能、区块链、虚拟现实技术和增强现实技术、移动支付等，下面对影响数字营销的主要技术进行简要介绍和分析。

（1）大数据。

麦肯锡全球研究院（MGI）将大数据定义为“一种规模大到在获取、存储、管理、分析方面大大超出了传统数据库软件工具能力范围的数据集合，具有海量的数据规模、快速的数据流转、多样的数据类型和价值密度低四大特征”。大数据技术的战略意义不在于掌握大量的数据信息，而在于对这些有意义的数据进行专业化处理，即数字营销人员利用大数据的关键在于提高对数据的“加工”能力，通过“加工”实现数据的增值。不同类型和规模的企业在使用大数据技术方面存在差异：一方面，对于能够为大量消费者提供产品或服务的大型企业或平台型企业，可以利用大数据进行精准营销。例如每年的“双十一”购物节，淘宝、京东等电商平台基于大数据对用户进行个性化推荐。另一方面，中小微企业和处于互联网冲击下的传统企业可以充分利用大数据进行转型。

（2）云计算。

云计算早期是一种分布式计算技术，发展到现在已成为将硬件、软件、互联网统一起来的一种全新的网络服务。其核心是指以互联网为中心，在网站上提供快速且安全的计算服务与数据存储，让每个使用互联网的人都可以使用网络上的庞大计算资源与数据。最简单的云计算技术在营销领域已经应用多年，例如消费者使用搜索引擎获取大量信息。云计算与大数据等技术结合，改变了传统的营销模式，例如企业可以在线上搜集用户的行为喜好，洞察其购买需求，在适当的时候给予他们最想要的产品或服务。近年来，云营销逐步发展，即依托云计算，通过网络把多个成本较低的计算实体整合成一个具有强大营销能力的系统云平台，用户只需要一台计算机终端或移动终端，就可以得到大量优质商品的信息，实现“云逛街”“云购买”。

（3）物联网。

物联网即“万物相连的互联网”，是按照约定的协议，将射频识别、红外感应器、全球定位系统等各种信息传感设备与互联网结合形成的巨大网络，实现了人、机、物在任何时间和地点的互联互通，以便进行对物品的智能识别、定位、追踪、监控和管理。其核心在于物与物、人与物之间的通信和信息交换。物联网设备的增加有效地帮助企业打开了“数据之门”，使其能获取更多一手的消费者数据，也帮助企业打通了设备间的传输壁垒，方便其打造更多的产品应用场景。

（4）人工智能。

人工智能是研究人类智能活动规律，研究如何应用计算机来模拟人类某些智能行为的基本理论、方法和技术。正如美国麻省理工学院温斯顿（Winston）教授所说，“人工智能就是研究如何使计算机去做过去只有人才能做的智能工作”。人工智能是计算机科学的一个分支，它企图了解智能的实质，并生产出一种新的能以与人类智慧相似的方式做出反应的智能机器。近年来，人工智能发展迅速，一场由人工智能赋能的数字营销变革悄然兴起。在营销领域，利用人工智能技术可以让人从庞杂的选词流量匹配中解放出来，从智能感知到理解、决策，再到优化流量的分配，人工智能技术大幅提升了用户体验。利用人工智能技术，营销人员将加快实现一对一营销活动的自动化，不仅使营销内容更有针对性，而且沟通的时机、频率和渠道都更有针对性。

（5）区块链。

区块链是一种按照时间顺序将数据区块以顺序相连的方式组合成一种链式数据结构，并以密码学方式保证其不可篡改和不可伪造的分布式账本。区块链具有去中心化、不可篡改、全程留痕、可以追溯、集体维护、公开透明等特点。数字技术在促进经济发展的同时，也带来了数据安全方面的风险，区块链的上述特点使得其能够通过提高数据和信息的透明度以及改善隐私和安全性来实质性地改变消费关系。例如，消费者可以通过真实且经过验证的产品或服务评论来回应企业的营销活动。

（6）虚拟现实技术和增强现实技术。

虚拟现实技术是一种可以创建和体验虚拟世界的计算系统，是由计算机生成，通过视、听、触、嗅等作用于用户，使用户产生身临其境的感觉的交互式视景仿真。增强现实技术是一种实时计算摄影机影像的位置及角度并加上相应图像，将真实世界信息和虚拟世界信息“无缝”集成的新技术。虚拟现实技术和增强现实技术被不少企业应用在与消费者的营销互动场景之中，消费者可以在虚拟现实世界体验到身临其境的感觉，从而对企业提供的产品或服务形成更为深刻的认知，这有利于消除营销人员和消费者之间的沟通障碍，从而显著提升营销效果。例如，贝壳等房产销售信息平台的在线看房系统就应用了虚拟现实技术，购房者可以通过虚拟现实看房看到房屋实况和所在小区的实景，与房产经纪人在线沟通，从大量房源中筛选出意向较强的房产再进行线下带看，这样做提高了沟通效率、节约了营销成本。

（7）移动支付。

移动支付（mobile payment）是指用户利用手机等移动终端进行电子货币支付，是将互联网、终端设备、金融机构等有效联合而形成的新型支付体系。近年来，我国移动支付快速发展，深度融入交通、餐饮、购物、医疗、教育等各个民生领域，在提高交易效率、降低交易成本和促进金融普惠等方面发挥了重要作用。我国是世界上最大的移动支付市场，移动支付用户规模已超过 9 亿人，移动支付已经成为新的营销切入点。一些企业尝试开展“移动支付＋营销”的数字营销活动，轻松拉新、蓄流，突破了传统的经营瓶颈。例如，不少企业通过移动支付平台推出满减、优惠券、发红包等活动，不仅在短时间内吸引了大量消费者，而且提高了品牌的曝光度和用户黏性。

2.3 数字营销外部微观环境分析

本节关注对数字营销具有重要影响的外部微观环境因素，如前所述，主要包括购买者、同行竞争者、供应商、潜在的新进入者和提供替代品的企业等。

2.3.1 购买者

购买者处于营销活动的中心位置，其议价能力的强弱直接影响着企业的营销决策。在数字时代，购买者是外部微观营销环境中变化最大的因素，也是数字营销人员需要重点关注和分析的因素。数字技术的应用极大地丰富了购买者获取信息的渠道，购买者可以更全面和主动地分析不同产品、服务和企业品牌的优劣，从而提高与企业讨价还价的能力。此外，在数字经济背景下，购买者的价值主张和购买行为模式也呈现出新的特点，这些都给企业的数字营销带来了巨大挑战。

（1）购买者获取信息的渠道和方式。

哈佛商学院的约翰·戴顿（John Deighton）教授曾对20世纪和21世纪影响购买行为的力量进行了比较分析，如图2-4所示。过去，购买者通过广告和“逛街”获取商品信息，电视等广告媒介、购物中心和交通工具就成为决定购买行为的关键力量。进入21世纪之后，随着数字技术应用的日趋广泛，购买者利用移动搜索随时随地主动获取商品信息，不再依赖广告，转而更多依赖口碑效应、社区效应，从社交网络中获得更真实、准确的信息，进而通过电子商务平台在线上比价、浏览评论、征询意见，最终完成购买。

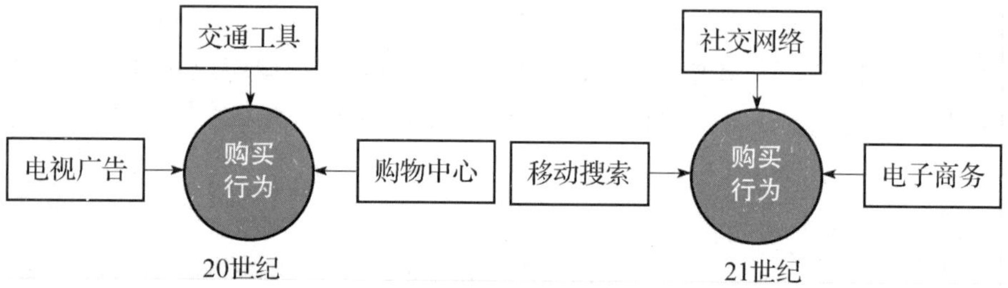

图2-4 20世纪和21世纪影响购买行为的力量

资料来源：曹虎，等．数字时代的营销战略．北京：机械工业出版社，2017.

由此可见，在数字时代，购买者获取信息的渠道和方式发生了颠覆性的变化。一方面，购买者获取信息的渠道极大地丰富，过去他们单一地依靠企业发布的单向广告或商场促销获取信息，现在则可以通过手机、电脑、平板、电视等多个终端主动搜索和在线互动，搜集来自企业、新闻媒体、第三方机构、专家、用户等多方面的信息。另一方面，购买者获取信息的方式由被动转为主动，除了利用各类搜索引擎主动检索搜集信息之外，社交网络的迅速发展给购买者提供了可以自由发布个人观点的渠道，而产品、服务和企业的网络口碑也成为购买者关注的重要信息。科特勒咨询集团（KMG）的调查数据显示，90%的消费者会在与别人进行社交互动后推荐品牌，83%的消费者表示用户评论经常或有时会影响他们的购买决策，80%的消费者在阅读负面评论之后会改变购买产品的意向。

因此，数字时代信息传播的主导权不再由大众媒体和传统权威机构掌控，而是转向了购买者。购买者不再完全被动地接收信息，而是主动检索、搜集和传播信息，这使得购买者在数字营销活动中具有更强的话语权，传统的营销法则和策划思路被颠覆。例如，与过去更为重视广告设计和线下推广不同，数字营销人员需要熟知各类数字媒介（尤其是移动数字媒介）的信息传播特点，设计能够激发购买者兴趣的数字接触点和数字营销内容，需要实时关注社交网络动态，重视网络口碑的管理等。

（2）购买者的价值主张。

价值主张即消费动机或消费需求，表征了购买的理由。如今，购买者的价值主张较以往有很大不同。过去，人们购买产品时往往看重产品具备满足自身某种需求的功能。但随着经济的发展和收入的提高，人们的消费需求变得多元化和个性化，除了关注产品功能这一最基本的属性，购买者更期望能够在购买产品的过程中获得情感和精神方面的良好体验。人们倾向于购买那些能够给自己带来个性化生活、实现心理自主的产品和服务，更愿意从那些品牌形象良好、重视社会责任、能够与自己产生共鸣的企业购买产品或服务。

随着数字时代的来临，购买者获取信息的渠道不断丰富，这就为其创造了比较、评估、选择的空间。只有在数字营销活动中体现出其能够满足购买者价值主张的企业，才能获得购买者的青睐。因此，数字营销人员需要深入分析购买者的价值主张，在设计营销内容和开展活动时注重满足其消费需求。

（3）购买行为模式。

消费者的购买行为模式是影响营销活动的重要因素。大量研究表明，数字时代购买行为模式发生了转变，由传统的 AIDMA 模式（attention 引起注意，interest 引起兴趣，desire 唤起欲望，memory 留下记忆，action 购买行动）转变为早期互联网时期的 AISAS 模式（attention 引起注意，interest 引起兴趣，search 进行搜索，action 购买行动，share 分享），并随着移动互联网的发展，进一步形成了 ISMES 模式（interest 引起兴趣，interact 产生互动，search 进行搜索，mo-payment 移动支付，experience 体验消费，show 展示），如图 2-5 所示。

在互联网应用于商业领域之前，企业对消费者的购买决策具有主导作用。企业依托电视、广播、报纸、杂志等传统媒体来宣传其产品，通过反复不断地播放广告，引起消费者的注意，进而激发其兴趣和购买欲望，让消费者记住产品，产生购买行为，即 AIDMA 模式。由于信息的严重不对称性，此时购买者的议价能力偏弱，且缺乏方便快捷的反馈渠道，企业在营销活动中拥有更强的话语权。

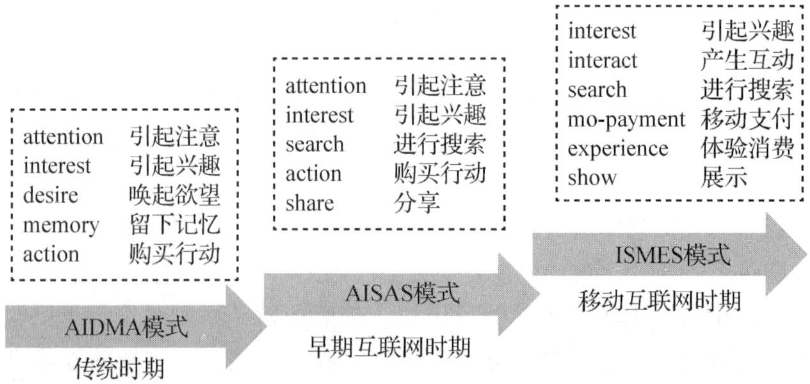

图 2-5 数字时代购买行为模式的转变

随着互联网的广泛应用，交互式的新媒体改变了消费者的行为习惯，一种全新的购买行为模式即 AISAS 模式应运而生。互联网的搜索和分享功能被消费者广泛应用，成为决定购买行为的关键力量。在某种产品或服务引起消费者的注意和兴趣之后，他们不再被动地接受产品或服务信息，而是会去品牌网站、电子商务平台等主动搜索和分析信息。而社区、网络论坛（BBS）、QQ、微博、社会性网络服务（SNS）等社交网络的发展，使得分享成为购买行为模式的重要环节，越来越多的消费者将购物经历与体验通过社交网络与其他消费者交流，希望提供有用信息来帮助其他消费者做出理性决策。

移动智能终端的出现使得移动互联网开始全面介入人们的生活，人类进入多屏时代，手机、平板、电脑、电视、智慧屏、腕表等多种设备加快互联互通、共用共享。第 54 次《中国互联网络发展状况统计报告》显示，截至 2024 年 6 月，我国手机网民规模达 10.96 亿人，网民使用手机上网的比例高达 99.7%，人均每周上网时长多达 29 个小时。在移动互联网时代，消费者不再首先被广告吸引注意力，而是会根据自己的兴趣去主动使用媒体，与感兴趣的信息发布者互动，通过智能手机等移动终端搜索信息，进行移动支付，在体验消费之后依托社交媒体展示自己的购买体验，即 ISMES 模式。移动智能终端的便捷性和社交网络的繁荣使消费者乐于展示、分享自己的体验，这种展示往往比企业的直接宣传更具说服力，更能引起其他消费者的兴趣，成为新购买行为的源头。

购买行为从 AIDMA 模式到 AISAS 模式和 ISMES 模式的转变颠覆了传统营销模式，推动了数字营销的发展。企业意识到数字渠道已成为营销的重点，因此更关注品牌网站和品牌社区的建设，在各大平台开通官方账号，注重线上宣传和社交网络互动，重视维护其在各类公共平台上的网络口碑。

2.3.2 同行竞争者

数字营销人员要考虑的一个关键问题是如何比同行竞争者更好地满足消费者的需求，同行竞争者是数字营销外部微观环境分析的重要因素。数字技术的发展一方面便利了企业获取同行竞争者的信息，提高了企业对同行竞争者进行分析的能力；另一方面也加大了同行竞争的激烈程度。数字营销人员需要从整体上把握同行竞争的态势，并着力对主要竞争对手进行分析，从而明晰同行竞争者对自身数字营销活动的影响。

（1）同行竞争的激烈程度。

不同行业的竞争态势存在差异，其激烈程度在很大程度上取决于市场参与者的数量及其相对规模、成本和定价结构、产品差异化程度和进入退出壁垒等。当市场中买者和卖者众多、单个企业对价格的影响有限、产品差异化程度和进入退出壁垒偏低时，竞争会更激烈，企业会感受到来自同行竞争者的较大压力，进而对其营销活动产生影响。

数字技术打破了距离和空间限制，使得消费者可以在更大范围的同行企业间选择产品或服务，企业面对着更多的竞争者，而信息获取的便利性降低了企业对价格的影响力和以往依靠信息不对称形成的产品差异化，使得数字经济时代的企业竞争更加激烈。这种竞争态势给企业的数字营销活动带来了更大挑战，企业一方面需要提供相较于同行竞争者更为优质的数字营销服务以赢得消费者青睐，另一方面还要意识到自身行动可能产生的后果，例如其开展的数字营销活动可能被竞争对手快速模仿或反击。

（2）主要竞争对手分析。

数字时代企业间竞争的加剧要求数字营销人员必须关注企业的主要竞争对手，及时收集和分析相关信息。对于数字营销人员而言，分析和学习竞争对手如何通过数字营销获取并留住顾客非常重要。正如波特和赫佩尔曼所说，“营销组合的要素（如产品、价格、渠道和促销）在数字时代的改变更为频繁，行业内概念和方法的相互借鉴很普遍”。数字营销人员需要持续关注主要竞争对手的动态，开展竞争者标杆管理（competitor benchmarking）。

竞争者标杆管理是指将主要竞争对手作为基准，和市场中同行竞争者提供的产品、服务和数字营销方法进行结构化比较，其目的是识别竞争对手产品或服务变化带来的威胁，同时通过观察标杆企业的创新方法来识别增强企业数字营销能力的机会。通过开展竞争者标杆管理，数字营销人员能够及时了解主要竞争对手的产品、服务和数字营销方案，取其精华为己所用；同时对一些风险点进行提前规避，从而不断优化自身，提高数字营销效能。

2.3.3　供应商

数字营销外部微观环境分析中的供应商是指那些向行业提供产品（如原材料、零部件等）或服务的企业、群体或个人，也包括提供数字技术和媒介的供应商。供应商的威胁手段主要有两种：一是提高供应价格；二是减少所供应产品或服务的数量和降低其质量，这些手段可以使下游行业利润下降或生产中断。当供应商比较集中或者从原来的供应商转向其他供应商所涉及的转换成本比较高时，供应商的议价能力较强，对企业经营和数字营销活动的影响较大。

许多因素会增强供应商在行业中的议价能力，从而降低企业在行业中的盈利性。这些因素包括：（1）市场中没有其他替代品；（2）供应商提供的产品或服务独一无二；（3）供应商数量较少；（4）供应商的产品对企业很重要；（5）企业购买量占供应商总产量比例较低；（6）供应商能够并购企业，实现前向一体化。

数字营销人员在分析供应商的影响时，可以将其划分为非数字产品或服务的供应商（如原材料、零部件等供应商）和数字产品或服务的供应商分别探讨。一方面，对许多行业而言，数字技术的应用能够帮助企业在更大范围内（如全球）寻找到更多的原材料或零部件供应商，且数字时代信息获取的丰富性极大地降低了信息的不对称性，这些都降低了非数字产品或服务的供应商的议价能力，企业在双方交易中的话语权增强。另一方面，很多企业在进行数字化转型和数字营销活动时会寻求数字产品或服务供应商提供专业服务，由于数字技术具有专业性和数字化人才存在较大缺口，这类供应商的议价能力往往较强。例如，通用、奥迪等知名汽车制造商在生产的汽车中使用了谷歌安卓操作系统，由于操作系统供应商数量少且难以替代，谷歌在与这些汽车制造商的交易中就具备了更强的议价能力。

2.3.4 潜在的新进入者

潜在的新进入者由于当前没有对企业构成直接威胁，因此容易被企业所忽视，但是，这类企业一旦从事与企业相竞争的业务，往往会给企业带来较大冲击。潜在的新进入者一般包括有能力进行前后向整合的供应商和客户、有能力进行并购的大型企业等。其威胁主要取决于行业进入壁垒的高低和在位企业对新进入者的反应，当行业进入壁垒较低、在位企业较少采取措施阻止新进入者时，企业会受到较大威胁，进而影响其数字营销活动。

关于数字化对行业进入壁垒的影响，目前存在两种不同的观点。一些学者认为，与传统产品或服务相比，数字产品或服务的公开透明程度更高，因而更容易被模仿，这降低了行业进入壁垒，吸引了大量的新进入者。例如，少数人通过直播销售产品获得收益后，很多企业、群体和个体会复制模仿其行为，加入直播带货行业。另外一些学者则认为由于开发复杂互联和集成产品及服务的成本很高，数字化提高了行业进入壁垒，特别是当高度敏感的技术公司能够利用先发优势（基于其卓越的能力和资源）时，潜在的新进入者将更难以进入该行业。

尽管存在上述争议，但理论界和实践界普遍认为潜在的新进入者是数字营销外部微观环境分析的影响因素之一。数字营销人员需要仔细监控潜在的新进入者，分析其进入的可能性与可能带来的挑战，以避免市场份额被侵蚀。

2.3.5 提供替代品的企业

替代品指和本行业产品（服务）起相同作用的那些产品（服务）。在数字经济时代，替代品是一个重大威胁，因为新的数字产品（服务）或智能产品（服务）随时可能推出，对企业经营产生巨大影响，因此数字营销人员需要仔细监控新的替代品的引入，以避免市场份额被侵蚀甚至丧失。

从广义上来讲，一个行业中的所有企业都在与生产替代品的其他企业竞争。替代品威胁的强弱取决于五个因素：替代的程度、价格比、用户的转换费用、替代品的盈利能力、生产替代品的企业所采取的战略。当替代品具备与当前产品（服务）相同甚至更好的功能和体验、价格更低、用户能够很容易转换使用时，它会极大威胁当前产品（服务）。例如，相较于家用摩托车，电动车同样能够提供代步功能且价格更低、驾驶更为简便，所以电动车的上市大幅减少了家用摩托车的市场需求，大量家用摩托车生产企业倒闭。此外，当替代品的利润较高或生产替代品的企业采取积极的成长战略时，替代品也会对当前产品（服务）产生较大威胁。

大量实例揭示了替代品对行业发展和企业经营的威胁，例如智能手机的上市替代了 MP3、MP4，并一度引发笔记本电脑和数码相机销量下滑，而数字技术的快速迭代和人工智能的飞速发展加速了替代品的生产。在此背景下，数字营销人员一方面需要做好市场分析与预测，关注可能对企业经营产生重要影响的替代品，提前做好应对预案；另一方面要积极看待替代品的影响，当出现新的数字媒介、数字渠道、数字内容、数字服务时，要在科学分析的基础上积极尝试，及时更新自身的数字营销方案和活动。

章末案例

数字时代中国移动的营销服务改革之路

发达的网络突破了时间和空间的限制，打破了人群和知识的界限，同时也带来了互联网经济的崛起。运营商曾经靠广铺线下渠道和地毯式代理获得了飞速增长，然而当初的线下发展模式已经无法满足当前人们的需求。当网络成为用户的基本消费需求，单纯的低价优惠已无法满足他们日益丰富的服务需求。更多的权益、更优的服务才是增强用户黏性、提升用户价值的最佳途径。移动通信历经二十年发展，运营商之间的用户“增量”之争逐渐转化为“存量”之争，激烈的市场竞争推动中国移动的营销服务改革。

在数字技术和数字经济不断发展的时代，消费者的购物行为发生了很大的变化。越来越多的人选择在网上购物，面对个人消费者越来越多的个性化需求和互联网社交应用的市场威胁，中国移动的压力不断加剧。为解决这些问题，集团于 2014 年 10 月成立了全资专业子公司——中国移动在线服务有限公司（以下简称“中移在线”），通过社交媒体、搜索引擎优化、电子邮件营销等方式，将产品和服务推广给更多的潜在用户；通过数据分析、用户调研、市场研究等方式，了解用户的需求和偏好，降低营销成本，提高营销效率，达到更好的营销效果。

随着技术的不断发展和用户需求的不断变化，中移在线跟随时代的步伐，不断提升用户体验。2020 年，为适应“线上化、智能化、云化”的变化趋势，加快推动营销服务体系数字化转型，中国移动整合中移在线和中国移动通信有限公司销售分公司成立在线营销服务中心，负责中国移动全国线上营销服务的统筹运营，定位为中国移动“线上渠道的生产运营者、在线服务的全网提供者、全网生态合作运营的支撑者、智能化营销服务能力的构建者”。

近年来，在线营销服务中心坚持以党建引领改革发展，充分发挥触点规模优势，以

“多媒体智能交互、一体化线上运营”为抓手，以“创世界一流在线营销服务，打造数智体验新门户和价值经营主渠道”为目标，不断做大触客规模、做优交互体验、提高服营转化、提升触点价值，在线服务品质保持高位，线上销售能力不断增强，数智创新能力持续提升。

一方面，将未来数字化营销的重点放在注重用户体验和互动性上。通过多元化的互动体验来吸引和留住用户，利用 AR、VR、音频、视频等多种形式的数字化内容和娱乐将成为数字化营销的主流。用户能够参与互动，实现与品牌之间的交流，提升品牌的知名度和美誉度。

另一方面，加强移动互联网营销服务能力。随着移动设备的不断普及，大量用户已习惯使用移动设备进行在线购物和娱乐，通过优化移动端的网站、应用程序及用户体验，提供更加便捷的移动化营销服务。

问题：

1. 请运用本章学习的知识和方法，分析哪些环境因素引发了中国移动的营销服务改革。

2. 你认为未来中国移动在线营销服务中心应该朝哪些方面继续发展？

资料来源：

[1] 中国移动在线营销服务中心官方网站。

[2] 中国移动这两个部门要合并了？改革已经开始了．运营商有话说，2020－11－29.

[3] 数字营销兴，狂沙始到金：中移在线陕西分公司数字营销之路．中国管理案例共享中心，2024.

本章小结

数字营销环境是传统营销环境在数字时代的新型表现形式，是影响企业利用数字化手段开展营销活动有效性的各种因素的集合。从内容构成上看，数字营销环境由企业外部环境和内部环境组成，本章主要分析外部环境，包括两个层面：外部宏观环境和外部微观环境。

数字营销环境分析的方法有很多种，常用方法有外部宏观环境分析中常用的 PEST 分析法、外部微观环境分析中常用的波特五力模型和内外部环境综合分析中常用的 SWOT 分析法。

在外部宏观环境方面，影响数字营销的政治环境主要包括政策因素、法律法规因素和数据基础制度因素等；经济环境主要包括经济增长态势、利率和汇率、全球贸易和经济格局等因素；社会文化环境主要包括价值观念和思维方式、伦理规范、人口统计学特征等因素；技术环境主要涉及各种数字技术的更新迭代与应用。

在外部微观环境方面，购买者是影响数字营销的关键因素，购买者获取信息的渠道和方式、价值主张、购买行为模式在数字时代均发生了颠覆性的变化。此外，同行竞争者、供应商、潜在的新进入者和提供替代品的企业等在数字时代也呈现出与以往不同的特点，对数字营销活动产生了不同程度的影响。

概念和术语

数字营销环境　外部宏观环境　外部微观环境

思考题

1. 简述数字营销环境分析的主要内容。
2. 简述哪些外部宏观环境因素对数字营销活动具有重要影响。
3. 简述哪些外部微观环境因素对数字营销活动具有重要影响。
4. 数字时代的思维模式有哪些变化？论述这些变化对营销活动的影响。
5. 数字时代购买者有哪些变化？论述这些变化对营销活动的影响。
6. 以某企业为例，对其数字营销环境进行详细分析。

延伸阅读

1. 第 54 次《中国互联网络发展状况统计报告》. 中国互联网络信息中心，2024-08-29.
2.《中华人民共和国数据安全法》。
3.《中华人民共和国个人信息保护法》。
4. 直播带货：经济发展的一道独特风景 . 中国经济网，2024-01-04.

参考文献

[1] 查菲，埃利斯-查德威克 . 数字营销：战略、实施与实践：第 7 版 . 北京：清华大学出版社，2022.
[2] 冯蛟，张淑萍，李国鑫 . 数字营销：理论、实务与案例 . 北京：清华大学出版社，2023.
[3] 李海舰，田跃新，李文杰 . 互联网思维与传统企业再造 . 中国工业经济，2014 (10)：135-146.
[4] 李振东，陈劲，王伟楠 . 国家数字化发展战略路径、理论框架与逻辑探析 . 科研管理，2023 (7)：1-10.
[5] 曹虎，等 . 数字时代的营销战略 . 北京：机械工业出版社，2017.
[6] 辛勇飞 . 中国数据治理规则体系构建：现状、挑战与展望 . 人民论坛·学术前沿，2023 (6)：6-12.
[7] 王永贵，张思祺，张二伟，等 . 基于互动视角的数字营销研究：整合框架与未来展望 . 财经论丛，2024 (5)：5-16.

第3章 数字时代的消费者

教学目标

1. 理解消费者的决策过程，并识别每个阶段的关键因素。
2. 分析情感与认知的交互作用。
3. 分析社交媒体在现代消费者决策中的作用，理解其对品牌认知和购买行为的影响。
4. 识别影响消费行为的个人特征，并能够利用这些特征进行市场细分。

重点与难点

消费者决策过程的各个阶段，以及每个阶段的关键影响因素；社交媒体对消费行为的复杂影响，在数字时代消费者个性化体验的需求与实现。

素养目标

引导学生理解数字技术对消费者行为的深刻影响，培养其批判性思维和社会责任感，使其能够在数字化浪潮中坚守道德底线，尊重消费者隐私，倡导诚信营销，同时关注技术发展对社会公平和消费者权益的影响，成为具有社会责任感和伦理意识的数字营销人才。

引导案例

消费者行为分析方案——优化购物体验，提高满意度

Zenus是美国得克萨斯州奥斯汀的一家初创公司，它为实体零售市场提供完整的消费者行为安全数据捕获解决方案，利用人工智能的力量创建热图并进行消费行为分析，

而不会产生数据被盗或个人身份识别的风险。时尚消费品牌可以根据消费者的面部表情更准确地分析消费行为。

在商场或超市，货架上下不同区域总是陈列着大量的商品，改变商品的展示位置或展示时间可能会改变消费者的购买意愿。可以通过面部表情分析更好地收集消费者的消费行为信息，从而判断影响其购买意愿的因素，所以需要相关公司为商场或超市提供解决方案。

为了更好地处理这种情况并管理复杂的信息系统，零售行为分析解决方案提供商Zenus将先进的人工智能模型与NVIDIA Jetson SoM和与Jetson Nano/Xavier NX/TX2模块兼容的A206载板结合使用。整个管理系统统计了实体店消费者的消费行为并进行分析，然后将分析数据发送到云端以生成报告。管理用户可以从仪表板访问所有指标，或通过应用程序编程接口（API）构建自己的应用程序。利用机器学习和数据挖掘技术对这些数据进行分析，以揭示消费者的购买偏好、消费习惯等信息。

NVIDIA Jetson具有行为识别和强大的图像或视频处理能力＋人工智能模型的完整系统，包括与NVIDIA Jetson Nano/Xavier NX/TX2模块兼容的NVIDIA Jetson SoM和A206载板。它还结合了高分辨率相机和易于使用的界面来展示结果。

Zenus通过本地分析视频流来保护隐私，将带宽和云处理成本大大降低，以高性能和卓越的效率来为清晰的预测和决策收集各种数据指标，如行人流量信息、人口统计、情感分析等。

3.1 消费者心理洞察

3.1.1 消费者的决策过程

在数字时代，消费者的决策过程经历了显著的变化，主要体现在信息获取的便捷性和决策的复杂性上。消费者的决策过程可以分为以下几个阶段：

（1）认知阶段。

消费者的决策过程始于认知阶段。在这一阶段，消费者首先意识到某种需求，这可能是由于生活中的各种刺激，例如广告、朋友的推荐、社交媒体的影响，或是由于自身的需求变化。认知阶段的关键在于消费者的内心感受和需求的清晰度。此时，消费者可能会对某种产品或服务产生好奇心或渴望，促使他们进一步探索。

例如，一个人在社交媒体上看到朋友分享的某款新手机，这种刺激可能激发他对新手机的需求。此时，消费者的情感和认知因素交织在一起，形成了对产品的初步印象和期望。

（2）信息搜索阶段。

一旦消费者意识到需求，他们通常会通过多种渠道进行信息搜索。这包括搜索引擎、社交媒体、电子商务平台、朋友和家人的推荐等。根据一项研究，约70%的消费者在购买前会进行在线搜索，且社交媒体的影响力日益增强，成为消费者获取信息的重要来源。

在信息搜索阶段，消费者会主动寻找与其需求相关的信息，评估不同产品的优缺点。此时，信息的准确性和可信度显得尤为重要。许多消费者会参考用户评价和专业评测，以帮助他们做出明智的选择。此外，品牌的在线形象和社交媒体的互动也在此阶段起到了重要的作用，消费者可能会关注品牌的社交媒体账号，以获取最新的产品信息和促销活动。

（3）评估选择阶段。

在收集了足够的信息后，消费者会对不同的产品或品牌进行比较。在这一阶段，消费者通常会考虑产品的功能、价格、品牌声誉、用户评价等因素。研究表明，消费者在做出评估时，往往会受到认知偏差的影响，例如锚定效应，即在决策时过于依赖初始信息。

在评估选择阶段，消费者可能会使用比较工具或应用程序来帮助他们分析不同产品的优劣。此时，消费者的情感、理性和社会影响因素交织在一起，影响他们的决策。例如，某款手机的高用户评分可能会提升其在消费者心中的地位，而品牌的知名度和市场口碑也会对消费者的选择产生重要影响。

（4）购买决策阶段。

经过评估后，消费者会做出购买决策。此时，促销活动、用户评论和品牌形象等因素可能会对决策产生关键影响。数字时代的消费者往往会受到即时折扣、限时促销和免费送货等因素的影响，从而加快决策。

此外，消费者在做购买决策时也可能会受到“社会认同”的影响，即他们希望购买的产品能够获得他人的认可。在社交媒体上，消费者可能会关注他人的购买决策和评价，以此作为参考。因此，品牌在社交平台上的互动和反馈也成为影响消费者购买决策的重要因素。

（5）购后评估阶段。

购买后的满意度对消费者的品牌忠诚度至关重要。满意的消费者更可能进行重复购买，并向他人推荐该品牌。相反，如果体验不佳，消费者可能会通过社交媒体表达不满，从而影响其他潜在消费者的决策。

在购后评估阶段，消费者会对购买的产品进行反思，评估其是否满足了他们的需求和期望。如果消费者感到满意，那么他们不仅会继续购买该品牌的产品，还可能在社交媒体上分享正面体验，进一步推动品牌的口碑传播；而不满意的消费者则可能在网上留下负面评价，影响品牌的声誉和未来的销售。

3.1.2 情感与认知的交互

在现代消费环境中，消费者的决策过程不仅依赖于理性分析，还深受情感因素的影响。

情感与认知的交互作用形成了复杂的决策机制，影响着消费者的态度、偏好和购买行为。

（1）情感驱动。

情感在消费者决策中扮演着至关重要的角色。研究表明，消费者的情感反应能够显著影响他们对产品的态度和购买意图。例如，品牌故事和情感营销的有效性在奢侈品牌的推广中得到了充分体现。当品牌能够通过故事传递情感价值时，消费者往往会产生更强的品牌认同感和购买欲望。这种情感驱动的购买行为不仅限于奢侈品，日常消费品同样可以通过情感营销来提升消费者的忠诚度和购买频率。

情感还能够通过影响消费者的记忆和信息处理方式来影响决策。当消费者对某个品牌或产品产生积极情感时，他们更可能记住与之相关的信息，并在未来的决策中优先考虑这些品牌。这种情感记忆的增强效果使得品牌在激烈的市场竞争中脱颖而出。

（2）认知偏差。

在消费者的决策过程中，认知偏差是影响选择的重要因素。认知偏差是指人们在处理信息时常常出现的系统性错误，这些错误会导致决策的不理性。例如，确认偏误使消费者倾向于寻找和接受支持自己观点的信息，而忽略与之相悖的证据。这种偏差在消费者选择产品时尤为明显，消费者往往会选择那些与自己已有观点一致的品牌或产品，从而形成一个信息过滤的“回音室”。

锚定效应是另一种重要的认知偏差。在面对价格信息时，消费者往往会受到初始价格的影响，导致其对后续价格的判断出现偏差。例如，当消费者看到一款产品的初始价格为1 000元，随后价格降至800元时，他们可能会认为这个价格非常划算。然而，如果初始价格是1 200元，那么价格降至800元时，消费者的反应可能会有所不同。这种锚定效应在促销和折扣策略中被广泛利用，商家可以通过设定高初始价格来增强折扣的吸引力。

（3）情感与认知的交互。

情感与认知的交互作用使得消费者的决策过程更加复杂。情感不仅影响认知偏差的产生，还会在决策的不同阶段起到不同的作用。例如，在信息搜索阶段，消费者的情感状态会影响他们对信息的关注和选择；在评估选择阶段，情感则可能影响他们对产品特性的重视程度。

情感也可以作为一种“捷径”，帮助消费者在信息过载的环境中快速做出决策。当面临大量选择时，消费者可能会依赖情感反应而非理性分析来减少决策的复杂性。这种情感驱动的决策方式在快速消费品市场中尤为常见，消费者往往会选择那些能够引发积极情感的品牌，而不是进行深入的比较和分析。

【案例】 数字时代的消费者在想些什么？

数字时代消费者行为模式的改变根源于其心态的改变。

数字时代社交媒体用户的心理需求是什么？

1943年，美国心理学家马斯洛（Maslow）提出需求层次理论（hierarchical theory of needs），认为人有生理、安全、归属与爱、尊重及自我实现五个等级的心理需求。

在此理论上，可以扩展得到消费者使用社交媒体的需求层次理论，认为社交媒体用户也有基本需求、安心、社交、自尊与自我实现五个等级的心理需求。

基本需求是指人们需要通过社交媒体了解世界与周遭社会的进程。根据英国的一项研究，成年人每隔 8.6 分钟就会看一次手机，一天下来，成年人要看约 120 次手机。而这种对手机的依赖，根源于人类的错失恐惧症（fear of missing out，FOMO）心理——人类害怕错过社交媒体上发生的事情。“社交媒体之于现代人类，就像水之于鱼般不可或缺，这逐渐变成了一种生理本能，”窦文宇教授总结道。

安心是指人们常利用互联网获得更透明的信息，从而降低生活的不确定性。互联网各大平台都驻有大 V、品牌、企业等权威或官方账号，人们期待掌握更专业、准确的信息与知识。例如，知名时装电商 Everlane 常在社交平台接到用户咨询，因此于每周二定时在 Instagram 上推出“透明星期二”（Transparency Tuesday）栏目，邀请相关负责人出镜解答用户的困惑，使用户安心。

社交则是指人们可以在社交媒体上自嘲、恶搞、寻找共鸣、跟风等等，满足与人交互的需求。例如，一旦有重磅新闻，新媒体上就会涌现层出不穷的热点文章。由于人类的跟风心理，热点文章总能比普通文章获取更高的阅读量。在微博上，有时电影的花絮比正片播放量更高，这则是人类的窥视心理在作祟。

自尊则是指社交媒体能使人更加相信自身能力与价值，获得自信。比如，朋友圈的点赞能带给我们成就感；再比如，常有健身 APP 在微博上分享其用户健身前后的对比照，给用户赋能。

自我实现则是指社交媒体有鼓励、分享之功效，帮助他人成长，促进企业发展。比如，美妆博主通过分享美妆视频让更多人学习化妆，健身博主则通过分享健身饮食技巧让粉丝更健康，在帮助他人的过程中实现了自我价值。

做好社交媒体营销的根本问题只有一个：能否抓住用户的心。任何营销手段都必须从用户的心理需求出发，多考虑用户感受，才有可能成功。

3.1.3 社交媒体的影响

在数字时代，社交媒体已经成为消费者决策过程中不可或缺的一部分。它不仅改变了消费者获取信息的方式，也深刻影响了他们的购买行为和品牌忠诚度。

（1）在线评论的力量。

在线评论在消费者决策中扮演着极为重要的角色。研究显示，约 84%的消费者在做出购买决策前，会查阅他人的在线评论。这些评论通常来自其他消费者，而非品牌本身，因此被视为更真实可信的意见。正面的评论能够显著提升消费者的信心，促进购买决策的形成。例如，如果一款新发布的智能手机在社交媒体上获得了大量的好评，则消费者更愿意相信这款产品的质量和性能，从而增加购买的可能性。

相对而言，负面的评论则可能对品牌造成严重的影响。一项研究指出，消费者在看到负面评论后，可能会选择放弃购买，甚至对品牌产生负面印象。这种影响不仅限于个别产品，负面的评论还可能对品牌的整体形象造成伤害。因此，品牌需要积极管理在线评论，及时回应消费者的反馈，尤其是负面的评论，以维护其声誉。

(2) 社交媒体营销的兴起。

随着社交媒体的普及，品牌通过这些平台与消费者互动的方式也日益多样化。社交媒体营销已经成为一种重要的营销策略，能够有效提高品牌知名度和消费者参与感。成功的社交媒体营销不仅仅是发布广告，更是与消费者建立情感联系的过程。

许多品牌通过社交媒体发起挑战或活动，鼓励用户生成内容（user-generated content，UGC）。例如，某运动品牌可能会发起一项鼓励消费者分享自己运动成果的挑战，参与者可以在社交媒体上发布自己的照片和视频，使用特定的标签。这种方式不仅提高了品牌的曝光率，还提升了消费者的参与感和忠诚度。消费者在参与活动的过程中感受到品牌的关怀和互动，从而更愿意成为品牌的忠实支持者。

社交媒体平台的算法在不断优化，越来越多的品牌能够通过精准的广告投放触达目标受众。这种精准营销不仅提高了广告的转化率，也使得品牌能够更有效地与消费者进行沟通。例如，某化妆品品牌可以根据用户的浏览历史和兴趣爱好，向他们展示符合其需求的产品，从而提高购买的可能性。

(3) 社交媒体的双刃剑效应。

虽然社交媒体带来了许多机遇，但是它也存在一定的风险。由于信息传播的快速性和广泛性，一旦出现负面事件或危机，品牌就可能在短时间内遭受重大损失。消费者的负面反馈可以迅速传播，甚至引发公众的广泛关注和讨论。因此，品牌需要具备危机管理能力，制定相应的应对策略，及时处理负面信息，维护品牌形象。

社交媒体的影响力促使消费者变得更加理性和挑剔。他们不仅关注产品的质量和价格，还会关注品牌的社会责任和价值观。越来越多的消费者希望品牌能够在环保、社会公益等方面做出贡献。因此，品牌在进行社交媒体营销时，不仅要关注产品本身，还要展示其在社会责任方面的努力，以赢得消费者的认可和支持。

3.1.4　个性化体验的需求

在数字时代，消费者对个性化体验的需求日益增强。这一趋势不仅反映了消费者对独特性和个性化的渴望，也推动了市场营销和产品设计的变革。个性化体验不仅限于产品本身，还涵盖了服务、沟通和整体购物体验的各个方面。

(1) 定制化产品。

随着消费者对个性化需求的重视，定制化产品逐渐成为市场的重要组成部分。现代消费者希望能够根据自己的喜好和需求来选择和定制产品。例如，运动品牌如耐克和阿迪达斯提供定制化鞋款的服务，消费者可以选择鞋子的颜色、材料和设计，甚至可以在鞋上添加个人标识。这种个性化的选择不仅增强了消费者的参与感，也提升了品牌忠诚度。

根据一项调查，约60%的消费者表示他们愿意为定制化产品支付更高的价格。这一趋势促使许多品牌推出个性化的产品和服务，以吸引消费者。除了传统的服装和鞋类，家居用品、化妆品甚至食品行业也开始探索定制化选项。例如，一些化妆品品牌允许消费者根据肤色和肤质选择最适合自己的产品配方，而某些食品品牌则提供个性化的营养配餐服务。这种定制化的趋势不仅满足了消费者的独特需求，也为品牌创造了新的收入来源。

（2）数据驱动的推荐系统。

随着大数据和人工智能技术的发展，许多电商平台能够根据消费者的历史行为和偏好进行精准推荐。这种数据驱动的推荐系统通过分析用户的购买历史、浏览记录和社交媒体活动，能够预测用户可能感兴趣的产品或内容。例如，亚马逊和网飞（Netflix）等平台利用算法分析用户的观看和购买历史，向用户推荐其可能感兴趣的产品或内容。这种个性化的推荐不仅优化了消费者的购物体验，也显著提升了转化率。

数据驱动的推荐系统依赖于强大的数据分析能力和机器学习算法。通过不断学习和优化，这些系统能够提供越来越精准的推荐，进而提升用户的满意度和忠诚度。此外，个性化推荐还可以帮助品牌更好地理解消费者的需求，从而优化产品和服务的设计。这种双向的互动不仅提升了消费者的体验，也为品牌的长期发展奠定了基础。

（3）个性化沟通与服务。

个性化体验不仅限于产品和推荐，个性化的沟通和服务同样至关重要。现代消费者希望在与品牌互动时，能够感受到被重视和理解。例如，许多品牌开始采用个性化的电子邮件营销策略，根据消费者的购买历史和兴趣，发送定制化的促销信息和产品推荐。这种个性化的沟通方式能够提高邮件的打开率和点击率，从而推动销售。

客服领域也在向个性化服务转变。通过分析消费者的历史交互记录，客服代表能够更好地理解客户的需求，提供更具针对性的解决方案。许多企业还开始利用聊天机器人和人工智能助手提供24/7的个性化服务。这种技术的应用不仅提高了服务效率，也提高了消费者的满意度。

【案例】 激活数字化浪潮：抖音营销带来新体验

在数字经济的浪潮下，抖音电商作为一种新兴的电子商务模式，已经迅速成为品牌与消费者之间沟通的重要渠道。随着消费者行为的转变和技术的进步，传统的电商平台正面临着创新的挑战。在这种背景下，抖音以其独特的社交媒体属性和强大的算法推荐系统，为电商领域带来了颠覆性的变革。它通过结合短视频内容创作和直播功能，不仅为用户提供了一种全新的购物体验，也为商家和品牌打开了一个以内容驱动销售的新时代。

抖音电商的崛起标志着“兴趣电商”的兴起，即通过分析用户行为和偏好，精准推送相关产品，从而激发用户的潜在购买需求。这种模式的成功依赖于强大的数据分析能力和高度个性化的内容推荐系统，它不仅能够提升用户的购物体验，还能够提高转化率和顾客忠诚度。此外，抖音电商还鼓励和利用用户生成内容，进一步增强了品牌与消费者之间的互动和连接。

随着抖音平台的用户基数不断扩大，其电商功能也越来越受到各行各业品牌的重视。无论是国际知名品牌还是本土创业公司，它们都在积极探索如何利用抖音电商平台进行品牌推广和实现销售增长。抖音电商的成功案例不胜枚举，从美妆、时尚到家居、食品等各个领域，都有品牌通过抖音电商实现了销售额的显著增长。

3.2 影响消费行为的个人特征

在数字时代，消费者的行为受到多种个人特征的影响。理解这些特征不仅能够帮助企业制定更有效的市场策略，还能提升消费者的购物体验。以下将详细探讨年龄、性别、收入水平、教育背景和个性特征对消费行为的影响。

3.2.1 年龄

年龄是影响消费行为的重要因素之一，不同年龄段的消费者在技术接受度、品牌忠诚度和产品偏好上存在显著差异。随着社会的快速发展和技术的不断进步，各个年龄段的消费者在购物习惯、品牌选择和消费心理上都展现出独有的特征。

（1）年轻消费者。

年轻一代，尤其是Z世代和千禧一代，通常对新技术持开放态度，乐于尝试新产品和新品牌。这一代消费者在成长过程中伴随着互联网和移动设备的普及，因此他们在信息获取和消费决策上更加依赖数字化渠道。社交媒体和网络营销对他们的影响尤为显著，品牌通过Instagram、TikTok等平台与年轻消费者互动，能够有效提升品牌的曝光率和吸引力。

年轻消费者的品牌忠诚度较低，他们更倾向于追求新颖和独特的消费体验。这种现象在快时尚品牌和新兴科技产品中尤为明显，消费者往往会因为品牌的创新和个性化而选择尝试新的产品。与此同时，年轻消费者也表现出对可持续性和社会责任的关注，他们更愿意支持那些能够传达社会价值观的品牌。因此，品牌在营销策略中应注重传达其社会责任感与环保理念，以吸引这一群体的关注。

（2）中年消费者。

中年消费者（通常指35～55岁的人群）在消费时更加注重品牌信誉和产品质量。他们往往经历过多次消费选择，积累了丰富的购物经验，因此更倾向于选择那些拥有良好口碑和高品质的产品。中年消费者的经济状况通常较为稳定，购买力较强，他们更愿意投资于高价值的商品。

中年消费者在家庭消费中扮演着重要角色，他们的购买决策往往考虑到家庭成员的需求。在选择产品时，他们不仅关注个人的使用体验，也重视其他家庭成员的意见和需求。这种家庭导向的消费行为使得品牌在营销时须强调产品的多功能性和适用性，以满足不同年龄段家庭成员的需求。此外，中年消费者更关注售后服务和对品牌的信任度，品牌应通过提供优质的客户服务来增强与这一群体的联系。

（3）老年消费者。

老年消费者（55岁及以上的人群）在消费时更偏好简单易用的产品。随着年龄的增长，他们可能对新技术的接受度较低，因此在购物时更倾向于选择那些操作简单、易于理解的产品。这一群体在消费时常常需要额外的帮助和支持，企业应考虑为他们提供更直观的用户界面和详细的使用说明，以提升他们的购物体验。

老年消费者在品牌选择上通常更为保守，他们倾向于选择那些自己熟悉的品牌，或是通过亲友的推荐来决定购买。品牌在营销时应注重建立信任感，例如通过提供真实的用户评价和案例，增强老年消费者的信心。此外，考虑到老年消费者可能面临的身体健康问题，企业在产品设计上也应关注舒适性和安全性，以满足他们的特殊需求。

3.2.2 性别

性别作为影响消费行为的重要因素，深刻地影响着消费者的购物心理和行为模式。研究表明，不同性别的消费者在购物时展现出显著的差异，这种差异不仅体现在消费习惯上，还体现在品牌偏好、购买决策过程以及对广告内容的反应等多个方面。

（1）男性与女性的消费习惯。

男性和女性的购物目的和方式存在明显的差异。男性消费者通常表现出更强的目标导向，他们在购物时往往会提前规划，明确自己需要购买的商品，并迅速找到目标商品以完成购买。这样的消费行为使得男性在购物时更倾向于使用网络购物，尤其是在购买电子产品、工具等功能性强的商品时，男性更喜欢通过线上渠道进行快速对比和下单。

相比之下，女性消费者则倾向于将购物视为一种社交活动和体验过程。她们在购物时不仅关注商品本身，还会考虑购物的环境、氛围以及与朋友或家人一起购物的乐趣。研究显示，女性在购物时更容易受到情感因素的影响，往往会在选择商品时考虑其美观性、品牌故事和情感价值。例如，女性可能会被某个品牌的情感营销打动，从而更倾向于购买该品牌的产品。此外，女性在浏览商品时的时间通常较长，更愿意进行细致的比较，享受试穿和试用的乐趣。

（2）性别对品牌偏好的影响。

性别差异还体现在消费者对品牌的偏好上。男性通常更倾向于选择那些强调功能性、科技感和品牌实力的产品，而女性则更关注品牌的情感价值、设计美感和社会认同。在服装、化妆品和家居用品等领域，女性对品牌的忠诚度往往高于男性，她们更愿意为那些能够提供独特购物体验和情感联结的品牌支付溢价。

（3）市场定位与营销策略。

针对性别差异，企业在市场定位和营销策略上应采取不同的策略。了解性别特征后，企业可以根据目标消费者的性别特征制定相应的营销策略。例如，针对女性消费者的广告可以强调情感联结、社交价值和生活方式，使用温馨的色调和细腻的画面来传递品牌的情感故事。同时，广告中的女性形象应多元化，展现出不同年龄、职业和生活方式的女性，以增强消费者的共鸣。

而对于男性消费者，广告则可以突出产品的功能性、效率和科技感，使用简洁明了的语言和视觉元素来传达产品的核心优势。例如，男性消费者在选择汽车、电子产品或运动装备时，更加关注产品的性能、技术参数和使用效果。因此，营销活动应强调这些方面，以吸引男性消费者的注意力。

（4）产品设计与包装。

在产品设计和包装方面，企业也应考虑性别偏好的差异。女性消费者往往偏爱色彩丰富、设计独特的包装，而男性消费者则可能更喜欢简约、功能性强的设计。例如，在化妆品行业，女性消费者更倾向于选择那些包装精美、品牌形象鲜明的产品，而男性消费者则可能更关注产品的成分和使用效果。因此，品牌在设计产品时应充分考虑目标消费者的性别特征，以提升市场竞争力。

3.2.3 收入水平

收入水平直接影响消费者的购买能力和消费偏好。在数字时代，消费者的收入水平不仅影响他们的消费选择，还影响他们对品牌的忠诚度和对市场趋势的反应。

（1）高收入消费者。

高收入消费者通常具有更强的购买能力，对奢侈品牌和高端品牌的偏好显著。他们愿意为品牌的独特性、质量和服务支付更高的价格。这一群体通常追求个性化和独特的消费体验，他们的消费行为往往与社会地位、生活方式和个人价值观紧密相关。高收入消费者不仅关注产品本身的功能和性价比，更关注品牌的形象和故事。

为了吸引高收入消费者，企业可以采取以下策略：

一是推出限量版产品。推出限量版产品可以增强产品的稀缺性和独特性，吸引高收入消费者的兴趣。例如，奢侈品牌常常通过发布限量版手袋、鞋履等产品来满足这一群体对独特性的追求。

二是提供个性化服务。高收入消费者通常希望获得个性化的购物体验，企业可以通过提供定制服务来满足他们的需求。例如，某些奢侈品牌提供定制化的产品设计服务，消费者可以根据自己的喜好选择材料、颜色和款式。

三是提供高端体验。除了产品，企业还可以通过提供高端的购物体验来吸引高收入消费者。例如，奢侈品牌可以举办私密的品牌活动，邀请高收入客户参加专属的时尚秀或产品发布会，以增强品牌与消费者之间的联系。

四是进行数字化互动。在数字时代，高收入消费者越来越倾向于在线购物和社交媒体互动。企业可以通过社交媒体平台与消费者建立联系，分享品牌故事和产品信息，增强品牌的影响力。

（2）低收入消费者。

相较于高收入消费者，低收入消费者更关注产品的性价比和实用性，他们在购物时往往会进行价格比较，倾向于选择那些性价比高的产品。低收入消费者的消费行为受到经济条件的限制，他们通常会更加谨慎地管理自己的消费预算。

针对低收入消费者，企业可以采取以下策略：

一是推出促销活动。定期推出促销活动和折扣可以有效吸引低收入消费者的关注。例如，企业可以通过限时折扣、买一送一等促销方式来刺激消费。

二是设计实用性强的产品。低收入消费者更倾向于选择实用性强的产品，企业可以通过设计功能性强、价格合理的产品来满足这一需求。例如，家居用品、日常生活用品等实用性强的产品往往更受低收入消费者的青睐。

三是注重口碑和推荐。低收入消费者在做出购买决策时往往依赖于口碑和推荐，因此企业需要重视消费者的评价和反馈。通过积极回应消费者的评论和建议，企业可以增强消费者的信任感，进而提升品牌的口碑。

四是进行社区营销。低收入消费者通常更注重社区关系，企业可以通过参与当地社区活动或与社区组织合作来提高品牌的知名度和美誉度。例如，企业可以在社区举办义卖活动或赞助地方活动，以增强与消费者的联系。

（3）收入水平的变动。

值得注意的是，随着经济的发展和社会结构的变化，消费者的收入水平可能会发生变动。中产阶级的崛起使得越来越多的消费者在购物时开始追求高性价比和品牌价值的平衡。企业在制定市场策略时，须关注这一趋势，灵活调整产品和服务，以适应不同收入水平消费者的需求。

3.2.4 教育背景

教育背景对消费者的消费行为和决策过程有着深远的影响。教育背景不仅影响消费者对产品的理解和评估，也在很大程度上决定了他们在购买过程中的信息搜索方式、品牌选择及消费心理。

（1）高学历消费者的特征。

高学历消费者通常具备较强的分析能力和信息处理能力，他们在消费决策时往往表现出较强的理性和逻辑性。以下是高学历消费者的一些主要特征：

一是理性消费。高学历消费者倾向于通过详细的市场调研来做出购买决定。他们会对比不同品牌产品的性能、价格、用户评价等，确保选择最符合自己需求的产品。高学历消费者在购买前可能会查看专业评测网站、消费者报告、论坛讨论等，以获取更全面的信息。

二是技术导向。高学历消费者通常对产品的技术含量和性能有较高的要求。他们关注产品的创新性、功能性以及使用体验，因此在面对新兴科技产品时，就会优先考虑那些具有先进技术和良好性能的品牌。

三是品牌忠诚度。虽然高学历消费者倾向于理性选择，但他们一旦对某个品牌建立了信任，就会表现出较高的品牌忠诚度。这意味着企业在赢得这类消费者的信任后，能够通过持续的优质产品和服务来保持他们的忠诚。

（2）低学历消费者的特征。

与高学历消费者相对，低学历消费者在消费决策中往往受到情感和社会因素的影响。以下是低学历消费者的一些主要特征：

一是品牌认知。低学历消费者通常更依赖品牌的知名度和口碑。他们深入分析产品性能的能力可能较弱，因此在选择产品时，更倾向于选择那些在市场上具有较高知名度的品牌。品牌的广告宣传和社会影响力往往在这一群体的决策中起到关键作用。

二是情感驱动。低学历消费者的消费决策往往受到情感因素的驱动。他们可能更容易受到促销活动、广告情感诉求或是朋友推荐的影响。在营销策略上，企业可以通过情感营销和故事化传播来增强与消费者的情感联系，从而提升他们的购买意愿。

三是社会影响。低学历消费者的购买决策往往受到周围人群的影响，包括家人、朋友和同事的意见。这意味着，企业可以通过社交媒体和口碑营销来增强品牌在这一群体中的影响力。例如，鼓励消费者分享他们的购买体验和产品评价，可以有效提升品牌的可信度和吸引力。

（3）教育背景与消费行为的互动。

教育背景不仅影响消费者的个体决策，还可能在不同的社会文化背景中形成特定的消费模式。例如，在一些发展中国家，受教育程度较低的消费者可能会更倾向于购买低价产品，而高学历消费者则可能追求更高的生活品质和更好的服务。

随着信息技术的发展，消费者获取信息的渠道变得更加多元化，即使是低学历消费者，也能够通过网络获取大量的产品信息，逐渐提升他们的消费理性。这种变化意味着企业在制定市场策略时，必须考虑到教育背景与信息获取能力之间的关系。

（4）企业的应对策略。

针对不同教育背景的消费者，企业应采取差异化的营销策略。

针对高学历消费者，企业应提供详细的产品信息、技术参数和专业评测，满足他们对理性消费的需求。此外，企业可以通过举办技术讲座、研讨会等形式，增强与高学历消费者的互动，提升品牌形象。

针对低学历消费者，企业应注重品牌形象的塑造和情感营销的运用。通过生动的广告、真实的用户故事和社交媒体的互动，来增强与这一群体的情感联系。同时，企业可以通过促销活动和口碑传播来吸引低学历消费者的注意，提升他们的购买意愿。

3.2.5 个性特征

个性特征在消费者的消费行为中扮演着至关重要的角色。个性不仅影响消费者的选择和偏好，还决定了他们的购物方式和品牌忠诚度。随着市场竞争的加剧，了解不同个性特征的消费者对于企业制定有效的营销策略尤为重要。

（1）个性与消费行为的关系。

个性特征如开放性、责任心、外向性、宜人性等都会直接影响消费者的购买决策。研究表明，开放性较高的消费者通常对新事物持开放态度，他们更愿意尝试新产品和新品牌。这类消费者往往会关注创新性和独特性，因此，企业在推出新产品时，可以通过强调其独特性和创新性来吸引这类消费者。

责任心较强的消费者则表现出对品牌的信任和忠诚。他们更倾向于选择那些经过验证的、可靠的品牌，通常会在购买前进行充分的调研，以确保所购产品的质量和价值。因此，企业应注重品牌形象的建设，提供透明的信息和可靠的客户评价，以满足这类消费者的需求。

外向性较强的消费者通常喜欢社交购物，倾向于与朋友或家人一起购物，享受购物过程中的互动和分享。他们可能更容易受到他人推荐的影响，因此，社交媒体营销和用户生成内容对他们的购买决策有显著的影响。相对而言，内向性较强的消费者则更倾向于独自购物，喜欢在安静的环境中做出购买决策。他们可能更注重产品的功能和实用性，而非品牌的社交认可度。

（2）个性化营销策略。

在数字时代，企业可以通过个性化营销策略来吸引具有不同个性特征的消费者。利用大数据分析和消费者画像，企业可以深入了解消费者的个性特征，从而定制个性化的推荐和促销信息。例如，针对开放性较高的消费者，企业可以推出限量版或创新产品，并通过社交媒体进行推广，以激发他们的好奇心和购买欲望。

对于责任心较强的消费者，企业可以提供详细的产品信息、用户评价和售后服务保障，以增强他们的信任感。此外，企业还可以通过忠诚度计划和会员制度来吸引这些消费者，提升他们的品牌忠诚度。

对于外向性较强的消费者，企业可以组织线下活动或社交媒体互动，鼓励消费者分享他们的购物体验和产品使用感受。这不仅能增强消费者的参与感，还能通过口碑传播吸引更多潜在客户。而对于内向性较强的消费者，企业则可以提供个性化的在线购物体验，例如推荐系统和虚拟试衣间，以满足他们在购物时对隐私和舒适度的需求。

（3）个性特征的未来趋势。

随着科技的不断进步，消费者个性特征的分析将变得更加精准。人工智能和机器学习技术的应用使得企业能够实时监测消费者的行为和偏好，从而提供更加个性化的服务和产品推荐。此外，消费者对个性化体验的期待也在不断提升，企业需要不断创新，以满足这一需求。

在未来，企业还须关注个性特征与社会文化背景的结合。在不同地区和文化背景下，消费者的个性特征可能会表现出不同的消费行为和偏好，了解这些差异将有助于企业在全球化市场中制定更有效的营销策略。

3.3 消费群体分析

在数字时代，消费行为和消费群体的特征发生了显著变化。随着社会文化、技术和经济水平的不断演变，消费者的需求和偏好也呈现出多样化的趋势。本节将从多个维度对消费群体进行深入分析，以便更好地理解数字时代的消费者。

3.3.1 按生活方式划分的消费群体

（1）环保消费者。

随着全球环保意识的提升，环保消费者逐渐成为市场中不可忽视的一部分。这一群体不仅关注产品的功能和价格，更加注重其对环境的影响。他们倾向于选择使用可再生材料、无害化学成分以及经过认证的环保产品。研究显示，约有70%的环保消费者在购买时会优先考虑那些具有环保认证的品牌和产品，这要求企业在产品开发和营销策略上必须更加注重可持续性。

环保消费者通常具备较高的教育水平和社会责任感，他们愿意为环保产品支付更高的价格，以支持可持续发展。因此，品牌在推广产品时，应强调其环保特性和可持续发展理念，展示产品在生产、使用和回收过程中的环保优势。此外，品牌可以通过透明的信息传递过程，增强消费者对其环保承诺的信任。利用社交媒体和数字平台，品牌可以与消费者互动，分享其环保实践和成就，从而吸引更多的环保消费者。

值得注意的是，环保消费者的消费行为不仅限于产品选择，还体现在他们的生活方式上。他们往往会参与环保活动，如植树、清理海洋垃圾等，也会在日常生活中采取减少塑料使用、节约能源等措施。因此，品牌可以通过与环保组织合作，开展公益活动，进一步提升品牌形象和消费者忠诚度。

（2）奢侈品消费者。

奢侈品消费者是追求高端品牌和独特消费体验的群体。他们通常具备较高的经济水平，愿意为奢侈品支付溢价。对于这一群体来说，品牌的独特性、稀缺性以及背后的故事和文化背景是影响购买决策的重要因素。奢侈品牌不仅仅是产品，更是一种身份和地位的象征。

奢侈品消费者往往注重个性化和定制化的体验。他们希望通过独特的产品和服务展示自己的品位和生活方式。因此，奢侈品牌在营销时应注重塑造品牌的独特形象，传递品牌价值，展现其独特的文化背景和历史传承。例如，奢侈品牌可以通过限量版产品、私人定制服务以及高端活动来增强消费者的参与感和归属感。

奢侈品消费者也越来越重视品牌的社会责任感和可持续发展。许多消费者希望其购买的奢侈品不仅具备高品质，还能体现出品牌对社会和环境的关注。因此，奢侈品牌应在产品设计、生产和营销中融入可持续发展的理念，展示其在环保和社会责任方面的努力。这不仅能够吸引环保意识强的奢侈品消费者，还能提升品牌的整体形象。

在数字时代，奢侈品牌也应利用社交媒体和数字营销来吸引和维护与消费者的关系。通过与消费者的互动，品牌可以更好地理解消费者的需求和偏好，从而提供更具个性化的产品和服务。此外，奢侈品牌可以通过虚拟现实和增强现实等技术提升消费者的购物体验，使其在购买过程中感受到奢华和独特。

3.3.2 按技术接受度划分的消费群体

在数字时代，消费者的技术接受度差异显著，这种差异不仅影响他们对新产品的接受程度，也直接影响品牌的市场营销策略和产品开发方向。根据消费者对新技术的接受程度，可以将其划分为三大类：技术拥护者、技术适应者和技术回避者。

（1）技术拥护者。

技术拥护者是对新技术和新产品表现出极大热情的消费群体。他们通常具有较高的科技素养和较强的探索精神，乐于尝试新事物，愿意在新产品刚刚发布时就购买和使用。根据市场调查，约有40%的消费者属于这一群体。技术拥护者不仅关注产品的最新功能和设计，还乐于分享自己的使用体验，通常会通过社交媒体平台传播他们的观点和评价。因此，品牌在推出新产品时，应当制定针对这一群体的市场营销策略，利用他们的影响力进行口碑传播。同时，品牌可以通过发售限量版商品、早鸟优惠等方式吸引技术拥护者的关注，让他们感受到参与新科技的独特体验。

（2）技术适应者。

技术适应者是那些对新技术持开放态度，但在接受新产品时更加谨慎的消费者。他们通常在观察到他人使用新技术并获得积极体验后，才会考虑尝试。这一群体在做出购买决策时往往会关注产品的实用性、可靠性以及性价比。他们更倾向于选择那些已经经过市场验证的产品，而非冒险尝试全新的技术。因此，品牌在面对技术适应者时，应当通过教育和信息传播来消除他们的疑虑。例如，可以通过线上线下的产品演示、用户评价和使用案例来帮助他们理解新技术的优势和实际应用场景。此外，品牌可以提供试用服务，让适应者在没有风险的情况下体验新产品，从而逐步建立信任感。

（3）技术回避者。

技术回避者是对新技术持保留态度的消费者，他们通常更倾向于使用传统产品。这一群体可能由于对新技术的担忧、不信任或缺乏了解而拒绝尝试新产品。技术回避者的存在对市场来说是一个挑战，因为他们的消费观念较为保守，通常需要更多的时间和信息来考虑是否接受新技术。品牌在推广产品时需要特别关注这一群体，强调产品的安全性、可靠性和易用性，以减少他们的心理障碍。例如，可以通过提供详细的产品说明、用户手册和技术支持帮助他们克服对新技术的恐惧。同时，品牌还可以利用消费者的真实反馈，展示其他消费者的成功案例，以增强技术回避者的信心。

3.4 消费行为分类

在数字时代，消费者的行为变得愈加复杂和多样化。理解这些行为的分类不仅有助于企业制定更有效的市场策略，也有助于消费者更好地认识自身的消费习惯。本节将探讨理性消费、冲动消费、习惯性消费和社交消费四种主要的消费行为类型，并分析其形成机制及影响因素。

3.4.1 理性消费

（1）决策过程中的理性分析。

理性消费是一种基于分析和评估的购买决策过程，旨在实现消费者效用的最大化。消费者做出购买决策时，往往会综合考虑多种因素，包括价格、质量、品牌声誉、功能、售后服务等。以电子产品为例，消费者在选择时可能会对比不同品牌的产品规格、用户评价、价格以及产品的技术支持等。通过各方面的对比，消费者能够更清晰地了解每个选项的优缺点，从而做出更为理性的选择。

在这一过程中，消费者通常会经历几个步骤：首先，识别需求；其次，收集信息；再次，评估选项；最后，做出决策。每个步骤都需要消费者进行理性的分析，以确保其所做的选择能够带来最高的满意度和效用。例如，一位消费者在决定购买一款新手机时，可能会考虑其拍照性能、续航能力、操作系统的流畅性以及与其他设备的兼容性等因素。通过对这些因素的综合分析，消费者能够选择出最符合自己需求的产品。

（2）影响理性消费的因素。

一是价格。价格是影响消费者决策的最直接因素。消费者在购买时通常会设定一个预算范围，他们倾向于选择那些价格合理且符合其预算的产品。研究表明，价格敏感度因消费者的经济状况和心理预期而异。对于一些消费者而言，价格可能是唯一的考虑因素，而另一些消费者则可能愿意为品牌或质量支付更高的价格。

二是质量。产品的质量直接影响消费者的满意度和复购意愿。高质量的产品不仅能够满足消费者的基本需求，还能带来更好的使用体验。消费者在购买时，往往会通过查看产品评价、参考专业评测以及询问朋友的意见等方式来评估产品质量。质量的好坏不仅体现在产品本身，还包括售后服务和品牌的承诺。

三是品牌声誉。品牌的知名度和声誉在消费者决策中起着重要作用。知名品牌通常会通过长期的市场营销和用户口碑建立起良好的品牌形象，消费者在选择时往往偏好那些在市场上有良好口碑的品牌。品牌声誉不仅影响消费者的购买决策，还会影响他们对产品质量的预期。消费者通常认为知名品牌的产品质量更有保障，因此愿意为此支付溢价。

四是信息获取。在数字时代，信息的获取变得更加便捷，消费者有更多的渠道了解产品信息。社交媒体、在线评论、专业评测网站以及电子商务平台的用户反馈都为消费者提供了丰富的信息来源。这些信息帮助消费者进行理性分析，使他们能够更全面地了解产品特性和市场反馈。消费者在做出购买决策时，往往会参考他人的使用经验和评价，从而降低决策风险。

五是心理因素。消费者的心理状态在理性消费中也扮演着重要角色。情感、认知偏差、从众心理等都可能影响消费者的决策过程。例如，消费者在面对促销活动时，可能会因为“限时抢购”的心理而冲动购买，从而忽视了产品的实际价值和性价比。因此，理性消费不仅仅是信息分析的过程，还需要消费者具备一定的自我控制能力，以减小情感因素的干扰。

六是社会文化因素。消费者的购买决策受到社会文化背景的影响。例如，某些文化可能更加重视品牌和奢侈品消费，而另一些文化则可能更重视实用性和性价比。在不同的文化环境中，消费者的价值观和消费观也会有所不同，从而影响他们的理性消费行为。

3.4.2 冲动消费

（1）冲动消费的心理机制。

冲动消费是指消费者在没有经过深思熟虑的情况下，因情感驱动或瞬时欲望而进行的购买行为。这种消费行为往往是突发的，缺乏理性分析，容易使消费者后悔并给其带来经济负担。心理学研究表明，冲动消费往往与情绪状态密切相关。例如，消费者在感到快乐、兴奋、焦虑或沮丧时，更可能进行冲动消费。这种行为背后的心理机制可以归结为以下几个方面：

一是情绪驱动。情绪是冲动消费的主要推动力。积极情绪可能使消费者更容易忽视价格和必要性，而追求即时的满足感；而消极情绪也可能促使消费者通过购物来缓解压力和焦虑。

二是社会影响。社会环境和他人的行为对冲动消费有显著影响。朋友或家人的推荐、社交媒体上的消费趋势，甚至是购物场所的氛围，都可能激发消费者的购买欲望。这种社会认同感和归属感，使得消费者更容易做出冲动消费的决定。

三是营销策略。商家常常利用消费者的心理特点，通过限时促销、捆绑销售等手段来刺激冲动消费。例如，打折、特价商品、买一送一等策略能够在消费者心中引发“错过机会”的恐惧，从而促使他们做出快速购买的决策。

四是自我控制能力。研究表明，个体的自我控制能力与冲动消费行为密切相关。自我控制能力较强的消费者更能抵御冲动消费的诱惑，而自我控制能力较弱的消费者则容易被突发的购买欲望所左右。

（2）如何管理冲动消费。

虽然冲动消费在一定程度上可以带来短暂的快乐，但从长远来看，它可能导致经济上的困扰和心理上的负担。因此，学会管理冲动消费尤为重要。以下是一些有效的策略：

一是设定预算。消费者可以通过设定每月的消费预算来限制冲动消费的发生。在制定预算时，建议将固定支出和可支配收入进行明确划分，并在可支配收入中留出一部分用于非计划性消费。这种方法不仅能够帮助消费者控制支出，还能提高他们的理财能力。

二是延迟满足。在面临冲动消费时，消费者可以尝试延迟购买决策。例如，制定“24 小时规则”，即在决定购买之前，先等待 24 小时再做决定。这一策略能够给消费者时间来冷静思考，评估该商品是否真的必要，从而减少不必要的消费。

三是环境控制。避免进入那些容易引发冲动消费的环境，如购物中心或特卖会，这样可以有效降低冲动消费的发生率。此外，消费者可以选择在购物时携带购物清单，确保只购买清单上的物品，从而减少随意购买的机会。

四是情绪管理。了解自己情绪变化的规律，并寻找其他方式来应对情绪波动，而不是通过购物来缓解。例如，可以通过运动、阅读、与朋友交流等方式来释放压力和负面情绪，从而减少因情绪而产生的冲动消费。

五是自我反思。在每次购物后，消费者可以对自己的购买决策进行反思，分析哪些是冲动消费，哪些是理智消费。通过记录消费行为，消费者能够更清晰地认识到自己的消费模式，从而在未来做出更明智的决策。

六是寻求支持。与家人或朋友分享自己的消费计划和目标，可以获得他们的支持和监督。他们的建议和反馈能够帮助消费者更好地管理自己的消费行为，避免冲动消费。

3.4.3　习惯性消费

（1）品牌忠诚度的形成。

习惯性消费是指消费者在长期的购买过程中，逐渐形成对某一品牌或产品的忠诚度。这种忠诚度通常是通过多次的正面体验和品牌认同感建立起来的。习惯性消费不仅仅是对某一品牌的偏好，更是一种潜意识中的行为模式。例如，某消费者在多次购买某品牌的洗发水后，因其效果良好而形成习惯性消费，甚至在面对其他品牌的促销活动时，仍然选择坚持使用该品牌。这种现象不仅反映了消费者对产品的信任，也体现了品牌在消费者心中的地位。

（2）影响习惯性消费的因素。

一是品牌营销。有效的品牌营销策略能够提高消费者的品牌认知度和忠诚度。品牌通过广告、社交媒体、内容营销等多种渠道与消费者进行互动，能够增强品牌的亲和力。例如，某品牌通过在社交媒体上与消费者分享使用技巧、产品背后的故事或用户生成内容，不仅能提高曝光率，还能让消费者感受到品牌的关怀和价值认同。此外，品牌的故事性和情感共鸣也能有效吸引消费者，增强他们的归属感，从而促进习惯性消费的形成。

二是产品质量。高质量的产品能够留住消费者，促使其形成习惯性消费。消费者对产品质量的满意度直接影响其复购率。若消费者在使用某品牌的产品时感受到明显的效果或较高的满意度，则他更可能在未来继续选择该品牌。例如，某护肤品牌因其产品成分天然、效果显著而获得了消费者的高度评价，进而形成了强大的忠诚用户群体。此外，品牌在产品质量上的持续改进和创新也能进一步巩固消费者的忠诚度。消费者往往会对那些不断推出新产品或改进现有产品的品牌给予更高的认可度。

三是个性化体验。在数字时代，个性化体验成为提高消费者品牌忠诚度的重要手段。通过数据分析，品牌可以深入了解消费者的偏好和行为，从而提供量身定制的购物体验。例如，某电商平台通过分析用户的购买历史和浏览记录，向用户推荐相关产品或个性化的优惠券，这种贴心的服务不仅提高了购物的便利性，也让消费者感受到品牌的重视。个性化体验的提升能够使消费者在购物过程中感受到独特的价值，从而更容易形成习惯性消费。

四是情感连接。品牌与消费者之间的情感连接也是影响习惯性消费的重要因素。品牌通过讲述感人的故事、传递正能量等方式，能够与消费者建立深厚的情感纽带。例如，一些品牌在广告中展示了家庭、友情和爱情等主题，触动了消费者的情感，使他们在购买时不仅仅是为了产品本身，更是为了品牌所传达的情感价值。这种情感上的认同感能够使消费者在选择品牌时更加坚定，从而形成习惯性消费。

五是社会影响。社会环境和同伴影响也会对消费者的习惯性消费产生重要影响。消费者在选择品牌时，往往会受到朋友、家人和社会群体的影响。如果某品牌在社交圈中受到广泛认可，消费者就更可能选择该品牌。此外，品牌的口碑和评价也会对消费者的决策产生重要影响。消费者在购买前往往会参考其他用户的评价和反馈，这种社会影响能够加速习惯性消费的形成。

3.4.4 社交消费

（1）社交影响的作用。

社交消费是指消费者在做出购买决策时受到他人意见和社会环境的影响。社会心理学研究表明，消费者在选择产品时，往往会考虑他人的看法和推荐，这种现象被称为社会认同。例如，当一款新上市的手机在朋友圈中频繁出现时，消费者可能会受到朋友和家人的影响，倾向于购买同款产品。社交影响不仅限于直接的口头推荐，还包括观察他人使用产品的行为。消费者在购物时，常常会对周围人的选择产生共鸣，尤其是在社交场合中，群体的意见能够显著影响个体的决策。

社交影响也体现在消费者对品牌形象的认知上。品牌的社会地位、公众形象以及与消费者的情感连接都可能影响消费者的购买意愿。例如，一些奢侈品牌通过塑造独特的社会形象，将其产品打造成身份的象征，进而吸引那些希望通过消费来提升社会地位的消费者。因此，社交消费不仅基于产品本身的功能和价格，更深深植根于消费者的社会关系和自我认同中。

（2）社交媒体在社交消费中的角色。

在数字时代，社交媒体成为影响消费者决策的重要平台。社交媒体的兴起使得信息传播的方式发生了根本性变化，消费者能够更方便地获取产品信息、阅读他人评价并分享自己的购物体验。平台如 Instagram、TikTok、Facebook 和推特等，不仅是社交互动的场所，更是品牌与消费者沟通的重要渠道。

通过社交媒体，消费者能够接触到大量的用户生成内容，这些内容通常被认为比传统广告更具可信度。消费者在浏览社交媒体时会看到朋友、家人或 KOL 对某一产品的真实评价和使用体验，这些信息能够有效影响其购买决策。例如，Instagram 上的美妆博主通过分享化妆品的使用效果和技巧，能够让粉丝对产品产生强烈的购买欲望。此外，TikTok 的短视频使得产品展示更加生动有趣，用户在观看这些视频时容易进行冲动消费。

社交媒体还提供了互动的机会，消费者可以在评论区与其他用户交流，分享使用心得，甚至向博主提问。这种互动不仅增强了消费者对产品的了解，也增加了其购买的信心。品牌可以利用社交媒体进行精准营销，通过分析用户的行为和兴趣，推送个性化的广告，从而提高转化率。

（3）社交消费的未来趋势。

随着社交媒体的不断发展，社交消费的模式也在不断演变。未来，社交电商将成为一种重要的消费趋势。许多品牌已经开始在社交媒体平台上直接销售产品，消费者可以在观看视频或浏览帖子时，直接点击链接进行购买。这种无缝的购物体验大大缩短了消费者的决策时间，提高了购买的便利性。

同时，虚拟现实技术和增强现实技术的应用也将改变社交消费的方式。消费者可以通过虚拟现实技术在社交媒体上试用产品，体验产品的效果，从而增强购买的信心。此外，随着人工智能的发展，个性化推荐将变得更加精准，消费者将能够接收到更符合其需求和偏好的产品信息。

3.5 消费行为分析

在数字时代，消费者的行为变得愈加复杂，数据分析、市场调研、心理分析及趋势预测等方法为我们提供了深入理解消费者的工具。通过这些方法，我们可以更好地把握消费者需求，制定有效的市场策略。

3.5.1 数据分析

（1）大数据在消费行为分析中的应用。

随着大数据技术的迅猛发展，企业在收集和分析消费者数据方面的能力显著提升。这些数据不仅包括传统的购买历史，还包括消费者的浏览行为、社交媒体互动、在线评价、搜索记录等多维度信息。通过对这些海量数据的挖掘与分析，企业能够深入了解消费者的偏好、需求和行为模式，从而实现更加精准的个性化营销。

以亚马逊为例，该公司的推荐系统是基于消费者的浏览和购买数据进行深度学习和分析的。通过分析消费者的历史行为，亚马逊能够向消费者推荐他们可能感兴趣的商品。这种个性化的推荐不仅提升了消费者体验，还显著提高了销售额。研究表明，推荐系统可以为电商平台带来高达30%的销售增长。这一成功案例展示了大数据在消费行为分析中的巨大潜力。

社交媒体的崛起为企业提供了新的数据来源。消费者在社交平台上的互动行为，如点赞、分享和评论，能够反映他们的真实感受和偏好。企业可以利用社交媒体分析工具，实时监测消费者对品牌和产品的反馈，从而及时调整市场策略。例如，某知名饮料品牌通过分析社交媒体上的讨论，发现消费者对某一新口味的反响热烈，随即决定加大该产品的生产和推广力度。这种基于实时数据的决策能力，使企业能够在竞争激烈的市场中迅速反应，抓住商机。

（2）消费者行为模式的识别。

为了更有效地进行市场细分，企业需要借助数据分析工具，如聚类分析和回归分析。这些工具可以帮助企业识别出不同消费者群体的特征，从而制定有针对性的营销策略。聚类分析通过将消费者按照相似的行为和特征进行分组，使企业能够清晰地了解各个细分市场的需求。例如，通过对消费者的年龄、性别、收入水平和购买偏好的分析，某品牌发现年轻消费者更倾向于通过社交媒体获取产品信息，而中老年消费者则更依赖于传统广告。这一发现促使品牌调整了广告投放策略，增加了在Instagram和TikTok等社交平台上的广告预算，以更好地触达年轻消费者。

回归分析则可以帮助企业理解不同因素对消费者购买决策的影响程度。通过建立数学模型，企业可以量化各种变量（如价格、广告支出、促销活动等）对销售额的影响。

这种分析能够为企业的定价策略、促销活动和产品开发提供数据支持。例如，一家服装零售商通过回归分析发现，当促销活动的折扣率达到20%时，消费者的购买意愿显著增强。基于这一发现，该零售商决定在特定的购物季推出20%的折扣促销，以最大化销售额。

（3）数据隐私与伦理考量。

在利用大数据进行消费行为分析的同时，企业也面临着数据隐私和伦理问题的挑战。随着消费者对个人数据隐私的关注度不断提升，企业在收集和使用消费者数据时必须遵循相关法律法规，如《通用数据保护条例》（GDPR）等。同时，企业还须建立透明的数据使用政策，让消费者了解其数据的收集和使用方式，赢得消费者的信任。

例如，某大型零售商在进行消费者行为分析时，主动向消费者说明数据使用的目的和范围，并提供退出的选项。这种做法不仅符合数据隐私法规，也增强了消费者的信任感，提升了品牌形象。

3.5.2 市场调研

市场调研是现代企业了解消费者需求、市场趋势和竞争环境的重要手段。在数字时代，市场调研的方法和工具日益丰富，企业可以通过定量与定性研究相结合的方式，全面深入地获取市场信息。

（1）定量与定性研究方法。

定量研究主要通过问卷调查、在线调查、数据分析等方式，收集大规模的、可量化的数据。这种方法的优势在于能够提供统计分析和趋势预测，帮助企业了解市场规模、消费者偏好和行为模式等。例如，通过在线问卷调查，企业可以快速收集成千上万的消费者反馈，并利用统计软件进行数据分析，得出有效的市场洞察。

定性研究则侧重于深入了解消费者的心理和态度，通常采用焦点小组、深度访谈、观察法等方法。定性研究的优势在于能够挖掘消费者的潜在需求和动机，提供更为丰富的背景信息。例如，通过与消费者进行一对一的深度访谈，企业可以了解消费者对品牌的情感联结、购买决策过程中的考虑因素，以及对产品的具体期望。这种深入的见解能够为产品开发、品牌定位和市场营销策略提供重要的指导。

结合定量与定性研究的优势，企业可以设计出更有效的市场调研方案。例如，在推出新产品前，企业可以先进行定性研究，了解目标消费者的需求和痛点，然后通过定量研究验证这些发现的普遍性，最终形成科学的市场决策。

（2）消费者反馈的重要性。

消费者反馈在市场调研中占据了重要的位置。它不仅可以帮助企业改进产品和服务，还能提高客户忠诚度。通过积极收集和分析消费者的意见，企业能够及时发现问题并做出调整，从而提升客户满意度和品牌形象。

例如，某餐饮品牌在推出新菜品后，积极通过社交媒体和消费者调查收集消费者反馈。结果发现，部分消费者对新菜品的口味表示不满。该品牌迅速采取行动，调整了菜品的配方，并在社交平台上向消费者传达了这一变化。经过调整，消费者的满意度显著提升，销售额也随之增长。这一案例充分说明了消费者反馈在产品优化和市场竞争中的重要作用。

消费者反馈还可以帮助企业在激烈的市场竞争中保持优势。通过定期进行市场调研，企业可以识别行业趋势和消费者偏好的变化，从而及时调整市场策略。例如，随着健康饮食趋势的兴起，许多食品企业通过消费者反馈发现，消费者对低糖、低脂、高纤维产品的需求增加。及时对这一趋势做出反应，企业就能够在市场中占据有利位置，获得更多的市场份额。

企业还可以利用社交媒体和在线平台，实时获取消费者的反馈。这种即时性和互动性使得企业能够更快地响应市场变化，进行产品和服务的优化。例如，通过监测社交媒体上的评论和讨论，企业可以及时了解消费者对品牌的看法，发现潜在问题，并进行相应的调整。

【案例】 步步高集团：以消费者为中心的全方位数字化转型

如今，在步步高超市，一些人性化的购物体验越来越普遍。二维码购物、微信自助收银等方式实现了“买、用、走”，省去了排队等候。距离门店3千米以内的消费者，通过小程序在线下单或现场下单，也可享受1小时内闪电送达服务。

步步高超市借助一系列数字化工具，正在脱去传统超市的外衣，全面转型为智慧零售。两者最大的区别在于从商品思维向客户思维的转变。用步步高集团董事长的话来说，“伴随着数字化，盈利模式会发生很大变化，我们要从过去依赖商品的买卖差价盈利，转变为在客户的全生命周期盈利。”这可能是步步高集团成立以来的最佳选择。

步步高集团的核心竞争力应该立足于消费者，回归零售业的本质，不断挖掘人的价值。为此，步步高集团确立了自己的数字化转型战略：产品数字化、客户数字化、运营数字化，并与腾讯智慧零售达成战略合作，借助腾讯在接入、数据、流量等方面的优势，开展全方位的数字升级，在最大程度上为客户提供优质的新消费体验。

对于数字化转型的具体路径，步步高集团有自己清晰的规划。2017年，步步高集团构建了数字化蓝图，即实现客户、产品、运营的全面数字化。具体而言，借助平台化数据中心，实现在客户层面可识别、可访问、可洞察、可服务，在商品层面可描述、可搜索、可跟踪、可预测，在运营层面可量化、可追溯、可评价、可优化。

2018年是步步高集团数字化战略正式落地的一年。由于步步高集团拥有超市、百货、电器城、便利店等丰富的业态，且各地发展水平存在差异，该集团决定采取稳扎稳打的策略，整合智慧零售的各项能力先进入超市业态，等整个超市业态成功后，再逐步推广到其他业态。

步步高梅溪湖超市成为步步高集团与腾讯联手打造的首家智慧零售旗舰店。在这家改造后的店内，数字消费场景随处可见。例如，顾客只须使用集扫码购买、微信支付、会员码券等功能于一体的“步步高购物”小程序，即买即用，让购物体验更加便捷顺畅。刷脸支付也是一大亮点。顾客可先为微信支付设置“刷脸”功能，选好商品后，只须在人脸识别自助收银机进行人脸识别认证，无须掏出手机即可完成支付，实现离店

“不停留，不感知”，整个过程仅需 5～8 秒。顾客购物后，在门店小程序中输入车牌，即可与车辆建立导航路线，找到自己的爱车。该店还开通了 O+O（线上线下）购物送货服务，距离门店 3 千米以内的消费者，通过在线下单或现场下单，即可享受 1 小时内闪电送达服务。

小程序为步步高门店沉淀了大量客户资产。截至 2021 年底，步步高集团数字化会员数量达到了 3 089 万，其中年内纯新客为 610 万。在步步高梅溪湖智慧零售旗舰店，数字化会员增长了 898%，会员月度复购率同比增长了 37.9%。数字化会员已成为吸引新客户的最强驱动力，会员销售额增长显著，数字化会员动销率达到 60%。此外，步步高集团的线上交易额达到了 18.8 亿元。在业绩增长方面，步步高梅溪湖智慧零售旗舰店的订单量同比增长 20%，业绩增长 27%。这一增长势头得益于数字化战略的实施，显示了数字化转型对步步高集团业务的积极影响。

当零售业举步维艰时，步步高集团选择回归零售业本质，进行以消费者为中心的全方位数字化转型：从会员数字化到产品数字化再到运营数字化。步步高集团的转型实践给了零售业一个很好的启示：数字化只是手段，提升消费体验才是最终目的。

3.5.3 心理分析

（1）心理学理论在消费行为分析中的应用。

心理学理论在理解消费者行为方面提供了深刻的洞察，尤其是在数字时代，消费者的心理需求变得越发复杂。马斯洛的需求层次理论指出，人的需求从基础的生理需求到自我实现的需求逐层递进。在消费行为中，企业可以利用这一理论来细分市场，识别不同消费者在不同层次上的需求。例如，基础产品如食品和衣物主要满足生理需求，而奢侈品则更多地满足尊重和自我实现的需求。

赫茨伯格（Herzberg）的双因素理论则进一步强调了影响消费者满意度的因素，包括激励因素和保健因素。在消费决策中，激励因素如品牌形象、产品质量和创新性能够直接提升消费者的满意度，而保健因素如价格、服务质量和可用性则是消费者选择产品的基础条件。企业应当通过提升激励因素来提高消费者的忠诚度，同时确保基本满足保健因素。

消费者的消费决策不仅受到个人心理因素的影响，还受到社会文化背景的制约。社会认同理论表明，个体的行为往往受到其所处群体的影响。消费者在选择产品时，往往会考虑他人的看法和评价，尤其是在社交媒体盛行的今天，用户生成内容和网络口碑对消费者的决策过程有着显著的影响。因此，品牌在营销策略中应当注重塑造积极的社会认同，以增强消费者的购买意愿。

（2）情感与消费决策的关系。

情感在消费决策中扮演着不可或缺的角色。研究表明，情感驱动的消费行为往往比理性分析更为强烈且持久。消费者在面对产品选择时，情感的影响常常超过了理性的考虑。例如，当消费者感受到某种情感共鸣时，他们更可能选择与之相关的品牌和产品。这一现象在情感营销中得到了充分的体现。

情感营销策略的核心在于通过情感故事和视觉传达来引发消费者的情感共鸣。企业可以通过讲述品牌故事、展示用户体验以及制作感人的广告来唤起消费者的情感。例如，某知名汽车品牌通过一则感人的广告，讲述了一个关于家庭团聚的故事，展示了品牌与家庭价值观的紧密联系。这种情感的传达不仅提升了品牌形象，也成功吸引了大量消费者的关注和购买。

情感的即时性和持久性也在消费决策中起着重要作用。消费者在购买过程中所体验到的瞬间情感，如愉悦、惊喜或感动，往往会影响他们的消费决策和品牌忠诚度。企业可以通过创造积极的购物体验，如提供个性化的服务、举办互动活动等，来增强消费者的情感体验，从而提升购买转化率。

社交媒体的兴起使得情感营销的传播更加广泛和迅速。消费者在社交媒体上分享自己的消费体验和情感反应，形成了口碑效应，进一步影响其他消费者的决策。因此，品牌在进行情感营销时，必须关注社交媒体的动态，及时回应消费者的反馈，营造良好的品牌形象。

3.5.4　趋势预测

（1）市场趋势的识别与预测。

在数字时代，消费者行为的变化越来越迅速，企业若想在竞争中立于不败之地，就必须具备敏锐的市场洞察力。通过分析消费者的购买习惯、社交媒体互动、产品评价等数据，企业能够识别出潜在的市场趋势并进行有效预测。数据分析工具的运用使得企业可以从大量的数据中提取有价值的信息。例如，随着健康意识的提升，越来越多的消费者倾向于选择低糖、低卡、无添加的食品。对此，食品企业迅速反应，推出了一系列健康食品以满足消费者的需求。

科技的进步也为趋势预测提供了新的可能。人工智能和机器学习算法可以用于分析历史数据，识别出消费者的行为模式，从而预测未来的消费趋势。这种数据驱动的方法不仅提高了预测的准确性，还使得企业能够在竞争激烈的市场环境中迅速调整战略。

（2）应对消费趋势变化的策略。

面对快速变化的消费趋势，企业需要灵活调整策略，以适应市场的变化。例如，某知名服装品牌在发现消费者对环保材料的偏好逐渐增加后，迅速推出了一系列可持续时尚产品。该品牌不仅使用环保材料生产这些产品，还强调生产过程的透明性和公平贸易，成功吸引了越来越多关注环保的消费者。此外，这一策略还提升了品牌形象，使其在消费者心中树立了具有较强社会责任感的形象。

企业还可以通过建立消费者社区及时获取市场反馈，快速响应消费者的需求变化。通过社交媒体、在线论坛等渠道，企业能够与消费者进行直接互动，了解他们的需求和期望。例如，一些品牌通过社交媒体开展互动活动，鼓励消费者分享他们的使用体验和建议，从而在产品开发和市场推广中更好地满足消费者的需求。

创新也是应对消费趋势变化的重要策略。企业可以通过研发新产品、改善服务质量、提升用户体验等方式，迅速适应市场变化。例如，随着数字化和在线购物的普及，许多传统零售商开始转型，推出线上购物平台和配送服务，以满足消费者的便利需求。同时，利用大数据分析，企业能够精准定位目标客户，制定个性化的营销策略，从而提高客户的满意度和忠诚度。

在应对消费趋势变化时，企业还应注意保持灵活性和适应性。市场环境瞬息万变，企业需要定期评估其市场策略，及时调整以应对新的挑战和机遇。通过建立灵活的组织结构和决策机制，企业能够更快地响应市场变化，抓住消费趋势变化带来的机遇。

章末案例

沃尔玛：所有创新都将围绕个性化客户体验展开

在沃尔玛中国门店，一些新零售场景频频出现：顾客在货架前拿出手机，扫描一袋薯片或一袋烤鸭背面的条码，边扫边买，结账时不用排长队，只须拿出手机轻点几下，即可快速结账并通过“扫一扫”专用通道。

上述过程非常流畅。如果只购买一件商品，最快不到3分钟即可实现愉快的购物。这是沃尔玛中国的“扫一扫”微信小程序（Scan Mart）。沃尔玛“扫一扫”通过解决顾客排队结账痛点，提升顾客购物体验，上线后短时间内成为零售行业首款千万级用户小程序。

熟悉沃尔玛历史的人都知道，沃尔玛一直以科技创新引领零售变革。作为一家以“质优价廉”为卖点的连锁零售企业，沃尔玛之所以能够力压石油、汽车等行业的企业，11年蝉联《财富》世界500强榜首（截至2024年），是因为它将成本控制作为经营中的规律。成本控制的关键在于先进的数字化物流供应链管理系统下的高效运作能力。

早在20世纪80年代，沃尔玛就斥巨资购买了自己的商业卫星，实现了全球联网。此后，沃尔玛首先建立了全球零售大数据网络，与全球数千家门店合作，自动记录每件商品的库存、货架、销售、运输和订购等实时数据，并连接所有采购供应商，整合整个上下游产业链，千方百计降低整个供应链的成本，以最低的价格锁定产品。

此外，沃尔玛还率先实施射频识别技术（RFID技术，无须人工干预，自动识别商品结账的无线电技术）和24小时物流网络监控系统，最大限度地节约物流成本。而对于所有节省下来的成本，沃尔玛都选择让利于消费者，从而真正实现“为顾客节省每一分钱”。

在电子商务和物流发达的今天，网络购物和移动支付彻底改变了中国的零售商业生态。例如，与RFID技术相比，中国消费者显然更倾向于移动支付。这是因为与欧美长期流行的信用卡支付习惯相比，手机支付是不可替代的。随着线下租金和人力资源成本的上升，沃尔玛近年来采取了一条更适合中国的进化路径——大力拓展电子商务，发展全渠道零售，包括与京东到家在渠道、数据、物流等方面的合作。2018年，沃尔玛开始与腾讯智慧零售在购物体验、营销、支付创新、会员体系等方面进行深度合作。

之所以全面推出"扫一扫"，是因为这款小程序可以对接沃尔玛大量的线下流量，提高门店运营效率，为沃尔玛积累更多的数字化用户，从而为消费者提供个性化的购物体验。"扫一扫"小程序本质上是一个虚拟购物车。消费者可通过小程序扫描商品上的条码，将商品加入"购物车"，然后使用微信支付自助结算，生成离店二维码，无须等待排队结账。

如果想节省更多时间，消费者还可以直接在线下单并选择送货上门。一方面，沃尔玛推进线下门店数字化转型，拓展线上订单拣选区域空间。另一方面，沃尔玛在门店无法覆盖的地方部署云仓网络。通过与达达-京东到家的合作，只要消费者所在区域 3 千米内有沃尔玛门店或云仓，他就可在线下单购买沃尔玛商品，1 小时内送货上门。截至 2019 年，沃尔玛中国已在深圳、上海、成都、北京等地建立了 50 多个云仓。

由于沃尔玛大卖场店面面积大，很多人在购物时"迷路"，因此，沃尔玛小程序特别推出了"查找商品"功能，不仅可以帮助消费者快速找到商品在店内的位置，还可以在某个商品库中搜索某商品的库存。更重要的是，通过"扫一扫"、云仓等线上积累的数据，沃尔玛可以更好地进行消费数据分析，满足更多消费者的个性化需求。消费者浏览、添加、搜索、最终购买的内容都被汇总到数据终端并被反馈到相关部门，帮助沃尔玛更好地了解中国消费者的消费行为。

同时，小程序也可以帮助运营部门更精准地触达消费者。例如，2018 年"88 购物节"期间，沃尔玛通过"扫一扫"在全国发放了 1 200 万张电子优惠券，即针对不同消费者的购买习惯的个性化优惠券。优惠券线上发放和线下使用的便利性深受消费者欢迎。在"88 购物节"的第一周，沃尔玛的扫码购物者数量翻了一番。

越来越多的外资企业意识到了解中国消费者的重要性。通过放权，沃尔玛正在中国寻找更多的合作伙伴，共同开拓中国市场。这种开放的态度不仅意味着沃尔玛中国数字化转型的加速，也向中国的零售生态系统和合作伙伴发出了积极的信号：更加开放的沃尔玛将更加适应中国市场。

问题：

（1）沃尔玛为什么要推出"扫一扫"小程序？

（2）结合案例，探讨数字时代下新零售的新模式。

本章小结

在数字时代，消费者行为和心理特征经历了显著变化。本章首先综合分析了消费者的决策过程、情感与认知的交互、社交媒体的影响以及个性化体验的需求；接着探讨了个人特征和消费群体划分对消费行为的影响，并进行了系统分类和分析。消费者的决策过程包括认知、信息搜索、评估选择、购买决策和购后评估五个阶段。情感与认知的交互对决策有深刻影响，情感驱动在冲动消费中尤为明显。社交媒体作为信息传播平台，极大地影响了消费者的决策过程，使消费者的选择越来越多地受到他人意见和反馈的影响。

在个性化体验方面，数字时代的消费者期待获得量身定制的服务和产品。企业需利用数据分析和消费者行为研究来提供个性化购物体验。消费者的个人特征如年龄、性别、收入水平、教育背景和个性特征等都会影响其消费行为。不同消费群体在生活方式和技术接受度上的差异为市场细分和精准营销提供了依据。本章还对消费行为进行了分类，包括理性消费、冲动消费、习惯性消费和社交消费，分别强调了理性分析、情感驱动、品牌忠诚度和社交影响在消费决策中的作用。通过数据分析、市场调研、心理分析和趋势预测等方法，企业能够更深入地理解消费者行为，进行市场细分，优化产品和服务，提升市场竞争力。

概念和术语

消费者的决策过程	情感驱动	社交媒体的影响
个性化体验	消费行为分类	定量与定性研究方法

思考题

1. 在消费者的决策过程中，情感因素如何影响消费者的认知和购买决策？请结合具体案例进行分析。

2. 在数字时代，个性化体验的需求日益增强。企业应如何利用数据分析和市场调研来满足消费者的个性化需求？

3. 冲动消费和理性消费在消费者行为中扮演着不同的角色。请探讨如何通过营销策略引导消费者的购买决策，以减少冲动消费带来的负面影响。

延伸阅读

[1] 任颖．数字时代隐私权保护的法理构造与规则重塑．东方法学，2022（2）：188－200.

[2] 王清，陈炫伯．数字时代版权技术保护措施与隐私权的冲突及协调．学习与探索，2019（5）：63－68.

参考文献

[1] 李文欣．数字时代真实主体性消解探析：基于社交平台消费者用户．经济研究导刊，2021（14）：27－30.

[2] 姚君宛．数字时代下崔字牌香油推广创新：基于青年消费群体视角．市场周刊，2020（8）：67－68，124.

[3] 谷慧慧．数字时代消费者生成广告对品牌传播的影响研究．品牌，2015（12）：4.

[4] 王暖．数字时代下零售业顾客忠诚度管理研究．现代商业，2016（8）：105－106.

[5] 丁家永．数字时代下消费者心理与行为变化分析．科技智囊，2012（6）：26－30.

[6] 刘春．基于 Web2.0 数字时代的消费者网络媒介接触研究．南昌：江西师范大学，2010.

第4章 数字营销战略规划

教学目标

1. 理解数字营销战略规划的基础，包括目标设定和资源分析。
2. 掌握数字营销战略规划的关键要素，包括定位策略、市场营销策略和市场沟通策略。
3. 熟悉数字营销战略规划的实施与评估过程，包括实施计划制订、实施过程管理和效果评估。
4. 了解数字营销战略规划的相关概念和方法。

重点与难点

深入分析人力、财力和技术资源，为制定策略提供基础；考虑市场需求、竞争情况和资源限制，制定符合市场定位和推广目标的综合策略。

素养目标

引导学生树立正确的价值观和战略思维，培养其社会责任感和可持续发展意识，使其在制定数字营销战略时能够兼顾经济效益与社会效益，注重诚信经营、公平竞争，尊重消费者权益，推动数字技术与营销实践的深度融合，助力企业实现高质量发展，同时为社会创造长期价值。

引导案例

东鹏饮料的“工具”与“模式”

2021年，东鹏饮料成功推出超级大单品东鹏特饮，其销售额接近70亿元，以吨位计算超越了红牛，在国内排名第一。这一成绩的取得离不开东鹏饮料的数字化战略。

东鹏饮料通过数字化手段打通了整个渠道链路，其中 B2C（business to customer）一体化是核心关键。他们利用一物一码和小程序等基础工具，通过红包、一元换购等手段吸引消费者参与，激励终端推销，实现数字化的动销，并改善数字化的分销。

与其他企业不同的是，东鹏饮料从一开始就将数字化作为商业模式来实施，而不仅仅将其视为一个工具系统。该企业一步步迭代实施数字化战略。在第一个阶段，东鹏饮料上线了企业资源计划（enterprise resource planning，ERP）、销售能力自动化（sales force automation，SFA）等系统来实现内部的信息化。第二个阶段是数字化的渠道营销，该企业推出了一物一码的营销推广模式。第三个阶段是渠道数字化，该企业通过不同系统平台的协同，包括消费者的互动平台、终端的商户会员系统以及经销商管理系统（dealer management system，DMS）或配送小程序的整合，实现整个渠道的数字化。

一个真实的例子是，一位研究者在安徽某县进行调研时发现，一家小店在进行扫码赢红包的活动中，只有东鹏特饮成功吸引了消费者的参与，而其他品牌并未能将活动持续下去。这是因为东鹏饮料将数字化作为商业模式的一部分，将其整合到整个系统优化中，而其他品牌通常仅将数字化视为一种促销手段。

值得一提的是，东鹏饮料最初推出二维码营销时，由于存在“薅羊毛”的情况，一年损失了约 2 000 万元。然而，东鹏饮料并没有放弃数字化，反而将其视为教训进行总结，继续推进数字化。这种决心和态度在其他公司中或许很少见。

4.1 数字营销战略规划的基础

数字营销战略规划是企业在数字时代制定和实施营销战略时的重要内容，主要包括目标设定和资源分析两个方面。

在目标设定方面，企业需要明确短期和长期的目标。短期目标是指企业在短期内想要达到的具体目标，例如提升销售量、增加市场份额等。而长期目标则是指企业在长期发展中所追求的目标，如打造强大品牌、成为行业领导者等。

而资源分析是指企业对自身资源的评估和分析。这包括人力资源、财力资源和技术资源等方面。人力资源是指企业在数字营销方面所拥有的员工的能力和知识，包括市场营销人员、数据分析师等。财力资源则是指企业在数字营销方面的预算和资金投入情况，包括广告费用、技术设备投资等。技术资源则是指企业所拥有的数字营销技术和平台，包括社交媒体、搜索引擎优化等。

通过目标设定和资源分析，企业可以为数字营销战略规划奠定基础，明确其想要达到的目标，并评估自身在数字营销方面的优势和不足。这为企业后续的数字营销策略的制定和实施提供了重要的参考和指导。

4.1.1　目标设定

数字营销战略规划的基础之一是目标设定。在制定数字营销战略时，企业需要明确短期和长期的目标。

（1）短期目标设定。

在短期目标设定中，每个方面都有其具体的目标和实施策略。提高品牌知名度是为了让更多的潜在客户了解和认可企业的品牌。在数字营销中，可以通过社交媒体营销来提升品牌曝光度，如通过发布有趣的内容、与客户互动、参与社交媒体话题等方式吸引客户关注和分享。同时，也可以通过搜索引擎优化（SEO）来提高品牌在搜索结果中的排名，增加被客户发现的机会。

提升销售量是短期目标中的重要指标之一。企业可以通过数字营销策略来增加销售渠道和促进销售额的增长。例如，利用电子商务平台提供方便快捷的购物体验，同时通过在线广告、搜索引擎营销等方式，吸引消费者来购买产品或服务。此外，也可以通过促销活动、优惠券等营销手段来刺激消费者的购买欲望，提高销售量。

建立精准营销是短期目标中的关键一步。通过数字营销的数据分析能力，企业可以了解目标客户的特征、需求和偏好，并基于这些数据进行个性化的营销活动，提高转化率和销售效果。例如，通过实时数据分析，可以发现客户的购买路径和行为模式，从而根据客户的兴趣和需求向其推送相关的信息和产品。

增加市场份额是企业在激烈的市场竞争中的一个重要目标。通过数字营销手段，企业可以拓展新的市场和客户群体，提高市场占有率。例如，可以通过数字广告投放、联合营销等方式，扩大品牌的覆盖面和影响力，吸引更多的潜在客户。

加强客户关系管理（customer relationship management，CRM）是数字营销中非常重要的一环。通过数字营销的客户数据分析和互动沟通，企业可以与客户建立更紧密的关系，提高客户忠诚度和满意度。例如，通过定期发送个性化的电子邮件、提供专属优惠等方式，保持与客户的有效沟通，并及时回应客户的需求和反馈。

短期目标应该是具体、可衡量和可实现的。通过设定明确的数字营销指标和实施策略，企业可以在短期内有效地提升品牌知名度、销售量，增加市场份额和优化客户关系管理，为长期目标的实现奠定基础。同时，对于每个短期目标的达成情况，企业还需要进行数据分析和评估，及时调整和优化数字营销策略，保持市场的竞争优势。

【案例】　驴妈妈与 IBM：从 CRM 到 VRM 带来的挑战

IBM 智慧商务解决方案事业部技术总监杨旭青先生指出，当前商家与客户对接的规则正发生着彻底的改变，商家必须清楚客户想要什么。客户希望自己被当成独特的个体，而不是群体的一部分；希望简化操作，但是依旧由自己来做决定；希望整个采购过程的体验是欢愉的，而且当自己想要购买某些物品时正好赶上大促销。最重要的是，客户希望自己在购物之前是上帝，之后也还是上帝。

高德纳咨询公司（Gartner）公布的一组调查数据显示：对于由企业发起的营销活动，只有1%～5%的客户会做出回应；而对于由客户触发的商业活动，则有5%～25%的客户会做出回应；而如果商家能够发起一对一实时的个性化营销活动，则10%～50%的客户都会做出回应。很显然，消费者普遍不喜欢被没有明确对象的商家营销活动所打扰，但是，他们非常愿意接受一对一个性化营销。

驴妈妈对旅客个性化营销的追求从来没有停止过。如今，驴妈妈的运营团队不满足于对业务数据和客户行为的分析，他们还希望对首次或多次浏览网页的访客进行细化分析，把握访客的个性化需求以做进一步的数字化营销，最终提高从访客到用户的转化率。魏娟表示，从访客到注册成用户这个过程的转化率非常低，而访客从再登录到产生消费行为，甚至点评的比例就更低了。多年来，驴妈妈一直在探究访客流失率的问题。哪怕是提高千分之一的转化率，都将给驴妈妈的业绩带来很大幅度的提升。

不过，从CRM到VRM（visitor relationship management，访客关系管理）虽然只是一个词的差别，在技术实现过程中却给驴妈妈的运营团队带来了不小的挑战。

由于Google Analytics（GA）提供的是免费服务，驴妈妈一开始就引入了GA服务。最初，GA确实能够为驴妈妈显示网站当前的用户情况，比如当前网站上有多少活跃访客、访客的地理位置和网站的流量来源等。2010—2012年，驴妈妈的运营团队一直在数据分析的底层、支撑层寻找解决方案，通过GA进行数据去噪、数据清洗等简单分析，也可以提高访客的转化率。

后来，魏娟逐渐发现了GA存在的缺陷：报表固化，且不能细化到每个用户的信息。而驴妈妈希望真正把每一个访客和每一个用户的信息打通。考虑到驴妈妈本身的状况，魏娟也引入了一些营销工具，虽然对于转化率有所提升，但是始终不是最优的解决办法。

在这个时候，IBM数字营销优化（digital marketing optimization，DMO）解决方案进入了驴妈妈的视线，在短期的考查之后，驴妈妈最终选择了该解决方案。

驴妈妈是一个数据驱动型互联网公司，希望每一分钱都有很好的产出，更要求清楚地知道每一分钱到底产生了多少收益。这一点给魏娟所在的运营部提出了更高的技术要求。“IBM数字营销优化解决方案的确帮了我们很多。”魏娟感慨，它为驴妈妈化解了诸多自己难以解决的难题。首先是帮助驴妈妈获取用户浏览行为的相关数据，包括路径转换统计，以及用户行为特性、个人信息和偏好。其次是了解营销转换流程，便于对SEO或搜索引擎营销（SEM）专题、站外推广、社交媒体等市场推广营销渠道进行分析统计，进行投资回报率（ROI）评估。再次是帮助进行产品转化分析，对交叉销售情况进行分析。最后是通过API与驴妈妈的CRM、精准营销相关执行系统对接，完成监控数据汇总、精准营销数据处理和完成后的效果评估。

2014年，驴妈妈开始落地应用IBM数字营销优化解决方案，现在已经可以通过邮件、微信、短信、站内信件等方式接触各种渠道。而从2014年第三季度开始，驴妈妈陆续做一些新尝试，即使访客没有访问过驴妈妈，也可以通过他在其他网页上的一些记录获取部分电话和推荐服务，而无须登录驴妈妈。魏娟表示，数字营销优化解决方案在真正意义上打通了 VRM 各环节的信息。

值得一提的是，驴妈妈此次采用的是 IBM 数字营销优化解决方案的软件运营服务(SaaS)。杨旭青介绍说，IBM 现在可以通过数字营销优化解决方案以 SaaS 模式提供服务，也可以将其构建在企业自己的数据中心上。

(2) 长期目标设定。

长期目标设定在数字营销战略规划中至关重要，因为它可以指导企业在数字时代的持续发展和竞争优势的建立。长期目标设定主要有以下内容：

一是建立品牌信任和忠诚度。通过数字营销手段，企业可以建立起品牌信任和忠诚度。这可以通过提供优质的产品和服务、加强与客户的互动和沟通以及制定营销活动和策略来增强客户对品牌的认知和提高好感度。建立起品牌信任和忠诚度可以帮助企业在市场中树立良好的声誉和形象，吸引更多的客户。

二是探索新的市场和客户群体。在数字时代，市场和客户需求不断变化，企业需要及时发现和把握新的市场机会和客户群体。通过数字营销的数据分析和市场调研，企业可以更好地了解客户需求和市场趋势，针对不同的市场和客户群体制定相应的营销策略，以实现增长和市场份额的增加。

三是提高客户满意度和投资回报率。数字营销战略不仅可以帮助企业增加销售和市场份额，还可以提高客户满意度和投资回报率。通过数据分析和客户反馈，企业可以了解客户的需求和偏好，并有针对性地改进产品和服务。同时，数字营销也可以帮助企业提高市场推广的效率和效果，减少成本，提高投资回报率。

四是建立持续创新和发展的能力。在数字时代，市场竞争激烈，技术和业务模式不断更新换代，企业需要建立持续创新和发展的能力。通过数字营销，企业可以紧跟市场变化，与时俱进地推出新产品和服务，挖掘新的商机。同时，数字营销还可以促进企业内部的文化创新和团队合作，提高创新的效率和成功率。

长期目标设定在数字营销战略规划中起到了指导和决策的重要作用。企业应根据自身的竞争优势和市场环境，制定适合的长期目标，并相应地制定数字营销策略，以实现企业的战略目标和持续发展。

4.1.2　资源分析

数字营销战略规划是一个复杂而综合的过程，其中资源分析是一个重要的基础要素。在数字营销战略规划中，人力资源、财力资源和技术资源都起着关键作用。通过深入分析这三种资源，组织可以更好地了解自身的优势和不足，并制定相应的策略和措施来实现长期目标，打造强大的品牌，成为行业领导者，实现可持续发展和创造用户价值。

1. 人力资源

人力资源是组织最宝贵的资产之一，对于数字营销战略规划来说也至关重要。一个强大的团队可以帮助组织实现长期目标、打造强大的品牌和成为行业领导者。在人力资源分析中，以下几点需要深入考虑：

（1）人力资源发展计划。根据团队成员的技能和专长，制订个人的人力资源发展计划，促进他们在数字营销领域进一步成长。该计划包括提供培训机会、指导和导师支持，以及参与项目和跨职能团队合作等。

（2）绩效评估和激励措施。建立有效的绩效评估体系，定期对团队成员的工作表现进行评估和反馈。通过设定明确的目标和指标，以及制定奖励和激励措施，激发成员的工作动力和创造力。

（3）组织文化和价值观。了解团队成员对于组织文化和价值观的认同程度，以及他们与数字营销战略规划之间的相关性。倡导并营造一个积极向上、创新和协作的工作环境，以吸引和留住具有相同价值观的人才。

（4）人力资源流动管理。评估团队成员的潜力和发展机会，制订流动管理计划，通过跨部门或跨项目的机会帮助他们拓展技能和经验，同时提供组织内部晋升的渠道，提高员工的凝聚力和归属感。

（5）员工关系和沟通。建立良好的员工关系和沟通渠道，使团队成员能够充分参与数字营销战略规划，并能够分享意见、提出建议或对挑战进行反馈。透明的沟通过程和有效的反馈机制可以增强团队的凝聚力和提高工作效能。

2. 财力资源

财力资源分析在数字营销战略规划中起着至关重要的作用。通过评估现有预算，预测投资回报、评估风险，投资于人才、技术和工具、渠道和媒体，以及测试和优化预算，可以确保数字营销战略规划的成功实施，并为组织带来最佳的结果。财力资源分析主要涉及以下方面。

（1）人才投资。除了人力资源分析中提到的培训和发展计划，还需要考虑投资于招聘和雇佣具有数字营销专业知识和技能的人才。优秀的人才是数字营销的重要驱动力，所以在财力预算中要确保有足够的资金用于吸引和留住优秀的数字营销人才。

（2）技术和工具投资。数字营销需要借助先进的技术和工具来实施。财力资源分析要考虑是否需要投资于新的数字营销技术和工具，并评估其预计实施成本和潜在回报。这些技术和工具可能包括数据分析软件、社交媒体管理平台、电子邮件营销工具等。

（3）渠道和媒体投放。数字营销的一个重要方面是在适当的渠道和媒体上进行广告投放和推广。财力资源分析需要评估在各个渠道和媒体上进行广告投放的预算，并根据目标受众和预期效果来优化投放策略。此外，还要考虑是否需要与媒体达成合作伙伴关系，以降低广告投放成本和增加曝光。

（4）测试和优化预算。数字营销是一个不断迭代和优化的过程。财力资源分析要考虑到在预算中安排一定的资金用于测试和优化不同的数字营销策略和活动。通过测试和优化，可以找到最有效的策略和活动，并逐步提高投资回报率。

3. 技术资源

技术资源在数字营销中扮演着至关重要的角色。通过评估现有技术能力，了解技术趋势，建立合作伙伴关系，提升数据分析能力，优化网站和应用程序，关注移动技术和安全隐私，以及投资技术支持和维护，可以确保组织拥有强大的技术基础以支持数字营销战略规划的实施，并取得优异的成果。技术资源分析主要涉及以下方面。

（1）数据分析能力。数字营销依赖于数据分析来了解用户行为、识别市场趋势和优化策略。技术资源分析应该评估组织的数据分析能力，并确定是否需要投资于数据分析工具、培训员工或寻找合作伙伴来提高数据分析能力。

（2）网站和应用程序优化。在数字营销中，一个高效的网站和应用程序可以提升用户体验、提高转化率。技术资源分析需要考虑是否投资于网站和应用程序的开发和优化，以确保其能够支持数字营销战略规划的实施。

（3）移动技术和响应式设计。随着移动设备的普及，移动技术在数字营销中扮演着越来越重要的角色。技术资源分析需要评估组织的移动技术能力，并确定是否需要投资于开发移动应用程序、优化移动网站或采用响应式设计，以确保在移动设备上提供出色的用户体验。

（4）安全与隐私。在数字营销中，保护用户数据的安全和隐私是非常重要的。技术资源分析应该考虑投资于数据安全和隐私保护措施，以确保组织遵守相关法规和标准，并获得用户的信任和忠诚。

（5）技术支持和维护。数字营销技术需要持续的支持和维护。技术资源分析应该考虑投资于技术支持团队或与外部供应商订立维护合同，以确保数字营销技术的稳定运行和问题的及时解决。

【案例】 C&I Engineering的数字化战略：视频

C&I Engineering公司为其客户提供一系列工艺设计和安全解决方案。然而，由于这些解决方案的复杂性，该公司在向潜在客户传达信息时遇到了困难。该公司需要以简明扼要的方式向潜在客户和员工解释C&I Engineering的服务，但同时不能将其影响轻描淡写。

C&I Engineering的服务对象是工程师，也聘用了一大批工程师，因此该公司的目标是帮助客户了解这个具备全局思维的品牌如何处理技术性强的复杂问题。该公司想让人们明白，它会从整体的角度看问题，提供全局解决方案，而不是仅仅关注一个非常具体的症结。

“我们认识到，”雷恩沃特（Rainwater）说，“我们需要表达这种‘全局’解决方案的概念。根据我们的研究，我们知道这一信息对C&I Engineering来说是正确的选择，所以我们才思索如何向客户呈现这个故事。”考虑到这一目标，该公司决定在公司的营销计划中应用视频。该公司需要一些展现个性的内容，告诉人们“我们热爱自己的工作”。视频的开头直白地呈现了人们对工程师的期望，但很快就打破了这个模式，过渡到一个关于公司文化、社区和愿望的故事。它的特点是将一个大的想法划分为路径上的多个小步骤——象征着C&I Engineering想要描绘的“全局工程”的信息。

视频是一种高明且简洁的手段，可以用来讲述品牌故事，并以潜在客户和员工都认可的逻辑探索公司所能提供的好处。“视频已经不再是过去成本高昂的‘吞金兽’，制作起来更加容易。C&I Engineering的视频的美妙之处在于，它是如此真实地反映了品牌，”贾尔斯（Giles）说，“它准确地反映了公司的实情——一群试图打破刻板模式的工程师。”

人们常常误以为许多数字化战略只适合 B2C 企业，而不适合 B2B 企业。对于任何企业来说，想要准确地传达出既定的信息，视频都是一个非常有效且有力的营销工具。视频专注于展开品牌背后的故事，并将你的企业人性化，使其更有亲和力或更鼓舞人心。无论你的企业侧重 B2B 还是 B2C，在数字化战略中加入视频都是一招妙棋，这可以清晰地简化你的任务，而且对你达成目标没什么副作用。

资料来源：数字化营销战略：4 个成功的 B2B 案例．世界经理人，2020－12－28.

4.2 数字营销战略规划的关键要素

在这个数字化的时代，营销策略需要紧跟环境变化和消费者需求的演变，以便提供个性化的产品和服务。在数字营销战略规划中，定位策略是重要的一环，包括品牌定位和消费者定位，通过精确定位来建立与目标市场的紧密联系。此外，市场营销策略也是数字营销成功的关键，其中包括产品策略、价格策略、促销策略和渠道策略，通过这些策略来满足消费者的需求并提高产品的市场竞争力。另外，市场沟通策略也是数字营销必不可少的一部分，包括内容营销策略、社交媒体营销策略、搜索引擎优化策略和电子邮件营销策略，通过这些策略来传递目标市场的信息并引导消费者进行购买决策。

4.2.1 定位策略

定位策略分为品牌定位和客户定位两个方面。品牌定位通过建立独特的品牌形象和核心价值主张，吸引目标受众的关注和认同；客户定位通过市场细分和目标群体定位，提供个性化的营销方案和体验，提高客户忠诚度和回购率。在数字营销中，品牌定位和客户定位相互关联和影响。

（1）品牌定位。

品牌定位是指企业通过有效塑造自身的品牌形象和定位，在市场竞争中脱颖而出，吸引目标受众的策略。在数字营销中，品牌定位是指借助互联网和数字渠道，通过建立品牌口碑、传播品牌理念和价值观，塑造独特的品牌形象，让目标受众对品牌产生认同感和忠诚。

品牌定位的核心要素包括目标受众、竞争对手、差异化和核心价值主张。首先，企业需要明确目标受众，即了解自己的目标消费群体，包括他们的特征、偏好和需求。其次，企业需要了解竞争对手的品牌定位和市场地位，寻找差异化的竞争优势。再次，企业应该确定自身的核心差异化，即独特的品牌个性和价值主张，以在竞争中脱颖而出。

最后，企业需要通过数字营销手段，例如网站、社交媒体和内容营销等，传达品牌的核心理念和价值观，吸引目标受众的关注和认同。

（2）客户定位。

客户定位是指企业通过精确的市场细分和目标群体定位，将资源和营销投入集中在具有潜力和价值的客户群体上，提供个性化的营销方案和体验。在数字营销中，客户定位依托于大数据和人工智能等技术，通过分析和挖掘海量数据，洞察客户需求和行为，实现精细化的个性化营销。

客户定位的核心要素包括市场细分、目标市场和关键受众。首先，市场细分是指根据客户特征和需求将整个市场划分为小的独立市场片段，主要可以依据地理位置、年龄、性别、收入水平、兴趣爱好等因素进行划分。在数字营销中，可以通过官方网站、社交媒体和客户行为数据等渠道获取客户细分的相关信息。其次，企业需要确定目标市场，即确定最具潜力和价值的市场细分群体，将资源和精力集中在这些细分市场上。最后，企业需要进一步挖掘关键受众，即在目标市场中，找出最具有影响力和购买力的核心客户群体，以提供个性化的营销方案和体验，提高客户忠诚度和回购率。

4.2.2　市场营销策略

数字营销战略规划中的市场营销策略包括产品策略、价格策略、促销策略和渠道策略。这四个策略共同构成了数字营销中的市场定位，帮助企业实现目标市场的定位和推广。

（1）产品策略。

产品策略是企业在市场竞争中制定和执行的一系列战略决策，旨在实现其产品或服务的长期目标。它涉及产品定位、特点、包装、定价、推广和生命周期管理等方面的决策，以满足客户需求、实现市场份额增长和创造利润。

产品策略的目标是创造和提供价值，与竞争对手形成差异，满足目标市场的需求，并在市场中建立品牌形象和竞争优势。它通过对产品的设计、开发、定位和传播策略的制定来实现这些目标。产品策略的制定需要对目标市场的需求进行深入了解，包括目标客户的特点、偏好和行为习惯。此外，还需要了解竞争对手的产品和市场定位，以找到差异化的机会并制定相应的策略。

另外，产品策略还需要关注产品的生命周期管理。产品的生命周期包括市场导入期、成长期、成熟期和衰退期。企业需要根据不同的生命周期阶段制定相应的策略，包括产品改进、市场推广、价格调整等，以延长产品寿命和最大化利润。

通过产品策略，企业可以确定其要开发和推广的产品或服务，并确定如何满足目标市场的需求。一个成功的产品策略能够帮助企业在激烈的市场竞争中脱颖而出，并建立起强大的品牌形象。

在产品定位方面，企业需要明确自己的目标市场并研究其需求。了解目标市场的人口统计数据、偏好和行为习惯至关重要。通过深入了解目标市场的需求，企业可以开发出适合的产品。例如，如果目标市场是年轻人群体，那么企业可以设计出时尚、创新、价格合理的产品来满足他们的需求。

产品特点是产品策略的核心。企业需要明确产品的独特性及其与竞争对手的差异性。通过提供与竞争对手具有不同特点的产品，企业可以在市场上脱颖而出。这些特点包括产品的设计、功能、性能、质量、便利性等。例如，苹果公司的 iPhone 凭借其独特的设计、用户友好的操作系统和高质量的摄像头等特点，成功地与其他手机品牌区分开来。

品牌包装也是产品策略中不可忽视的一部分。品牌包装不仅指产品的外观设计，还包括品牌故事、品牌声誉和品牌传播。一个成功的品牌包装可以为产品赋予独特的个性和情感元素，使消费者能够与产品产生情感共鸣。例如，可口可乐通过品牌故事和广告宣传，成功地将其产品与快乐、友谊和分享等情感联系在一起。

产品生命周期管理也是产品策略的重要组成部分。企业需要关注产品不同阶段的市场表现，并采取相应的措施来延长产品的生命周期或推出新产品。例如，在产品成熟阶段，企业可以通过改进产品特性、进行促销活动或寻找新的市场来延长产品的生命周期。

（2）价格策略。

价格策略是指企业为产品或服务确定价格的决策和方法。价格策略是市场营销策略中的一个重要组成部分，它是在考虑市场需求、竞争状况和成本等因素的基础上，制定出合适的价格以实现营销目标的一种手段。

价格策略的目标是找到一个既能满足消费者的购买意愿，又能保证企业的利润最大化的平衡点。通过巧妙运用价格策略，企业可以影响消费者的购买决策、塑造产品或服务的市场形象、增加市场份额，并在市场竞争中获得优势。

价格策略的制定需要综合考虑市场需求、成本、竞争对手的定价策略、消费者支付能力以及企业的营销目标等因素。企业需要不断关注市场变化并灵活调整价格策略，以适应不同的市场环境，提升产品的竞争力和销售效果。

价格策略涉及企业如何定价产品或服务，其目标是最大化企业的利润并满足目标市场的需求。在数字营销中，企业可以通过不同的价格策略来实现这一目标，如市场定价策略、差异化定价策略、折扣和促销策略。

市场定价策略是企业常用的定价策略之一，它基于市场需求和竞争对手的价格来决定产品的价格。市场定价需要对目标市场进行充分研究和了解，包括消费者对产品的需求、对价格的敏感程度以及竞争对手的定价策略。通过确定产品的市场价值和消费者对产品的价格认可度，企业可以制定一个合理的市场定价策略。

差异化定价策略则是根据产品的不同特点和市场需求来设定不同价格，以满足不同消费者的需求。这种策略通常应用于涉及多个产品版本、不同的产品包装或功能升级的情况。通过差异化定价，企业可以满足消费者对多样化和个性化需求的追求，并提供不同价值层次的选择。

折扣和促销策略也是数字营销中常用的定价策略。通过折扣和促销活动，企业可以吸引消费者并促进销售量的增长。这些策略可以采用不同的形式，如满减、买一送一和打折券等。折扣和促销策略可以激发消费者的购买欲望，提高产品的知名度和增加市场份额。

除了上述定价策略，企业还可以考虑其他因素来制定价格策略。例如，成本导向的定价策略根据产品的生产成本和利润目标来设定价格。这种策略可以确保企业在销售产品时能够覆盖成本，并获得合理的利润。动态定价策略也是一种有效的营销工具，特别是在电子商务领域。通过根据需求和供给的变化来动态调整产品的定价，企业可以更好地应对市场竞争和需求波动。

企业在制定价格策略时需要不断关注市场变化和竞争对手的定价策略。价格是市场上的一种重要竞争工具，只有在深入了解目标市场和竞争环境的基础上，企业才能制定出有效的价格策略。此外，与其他营销策略相结合，价格策略可以进一步增强企业的市场竞争力和盈利能力。

（3）促销策略。

促销策略是指企业为了增加销售额和市场份额而采取的一系列活动和计划。它涉及在产品推广、定价、渠道选择等方面的决策和执行，旨在吸引更多的消费者、增加销售额并提升品牌知名度。

促销策略的目标是刺激消费者购买产品或服务，并确保其忠诚度。常见的促销策略包括打折、赠品、购买返利、抽奖活动、促销套餐等。通过这些策略，企业可以吸引消费者的注意力，增加他们对产品的兴趣，从而增加销售量。

在制定促销策略时，企业需要考虑产品的特点、目标市场、竞争对手的策略以及消费者的需求和购买习惯等因素。促销策略包括各种营销活动和推广方式，旨在吸引消费者并增加销售额。在数字营销中，促销策略可以通过多种渠道和方式实施，如社交媒体、搜索引擎营销、电子邮件营销和内容营销。

社交媒体是数字营销中最常用的促销渠道之一。通过社交媒体平台，企业可以与消费者进行互动，并通过发布有吸引力的内容来提高品牌知名度和产品认知度。例如，企业可以在社交媒体平台上发布有趣的视频、精美的图片或有价值的信息，吸引消费者的注意力并促使他们与品牌互动。此外，企业还可以通过社交媒体进行抽奖、优惠券发放等，进一步促使消费者购买产品。

搜索引擎营销是另一种重要的促销渠道。通过搜索引擎广告和搜索引擎优化，企业可以将自己的产品或服务展示在搜索引擎结果页面的显眼位置，吸引消费者点击。搜索引擎广告通常以关键词竞价的形式实现，企业可以投放与其产品相关的关键词广告，提高品牌曝光率。而搜索引擎优化则是通过优化网站内外部的各项因素，使其在搜索引擎自然搜索结果中排名靠前，增强可见性和提高可信度。

电子邮件营销是一种直接向潜在客户发送个性化推广信息的促销方式。通过收集客户的电子邮件地址，并进行细分和定制化推送，企业可以将产品或服务的特点和优势直接传递给目标受众。电子邮件营销的优势在于能够直接与潜在客户建立联系，并提供个性化的购买建议和促销信息。然而，企业需要注意避免过度发送广告邮件，以免被客户视为垃圾邮件或过度推销。

内容营销是通过发布有价值的内容来吸引和保留客户，并建立品牌的口碑和信任。内容营销可以采用多种形式，如博客文章、视频教程、白皮书等。通过为受众提供有益、有趣的内容或解答问题，企业可以吸引潜在客户的注意力，并将他们转化为忠实客户。内容营销的关键在于质量和相关性，企业应该深入了解目标受众的需求和兴趣，提供有针对性的内容。

折扣和促销活动也是数字营销中常用的手段。通过打折、满减、捆绑销售等促销方式，企业可以刺激消费者的购买欲望，增加销售量和市场份额。这些促销活动可以在线上平台或线下实体店进行，通过广告推广和宣传来吸引消费者的注意力。

【案例】 大型互联网公司并购数字广告公司

大型互联网公司并购优秀的数字广告公司可以实现双赢，一方面，大型互联网公司自身的数字广告营销能力得到迅速提升；另一方面，借助大型互联网公司的大数据资源，数字广告公司可以迅速提升专业实力。大型互联网公司并购数字广告公司的目的主要表现在两个方面：

一是迅速提升互联网公司的数字营销能力。例如，2014 年 12 月，凤凰传媒全资子公司凤凰数媒拟投资约 3.465 亿元收购上海传漾广告公司 66%的股权，上海传漾广告有限公司是一家互联网广告行业的纯精准营销公司（大数据平台＋乙方代理模式），已经形成互联网精准营销、技术服务、程序化广告交易平台三大业务板块，此次收购有利于凤凰传媒迅速进入互联网广告领域，实现凤凰传媒数字出版产业及互联网广告板块的跨越式发展。

二是利用双方优势合作建立大数据营销平台。例如，2015 年 1 月，阿里巴巴宣布将战略投资并控股易传媒。依托易传媒的 TradingOS 平台以及阿里巴巴的大数据和云计算能力，通过打通数据，双方将合作建立端到端的数字广告技术和大数据营销基础设施平台，帮助网络媒体更好地提升流量变现能力，向广大商家及第三方专业机构提供领先的技术和数据产品。有学者指出，阿里巴巴的大数据是对中国程序化购买发展的改进与加速，开创了中国程序化购买的三级跳模式，即从 Cookie 数据到账户系统、从单枪匹马到数据全打通、从隐私争议到友好体验。

（4）渠道策略。

渠道策略是指企业在产品销售过程中选择合适的渠道方式和渠道伙伴并进行管理的计划和活动，它是为了确保产品能够高效地传递到最终消费者手中而制定的。渠道策略包括选择不同类型的渠道、确立渠道层次结构、与渠道伙伴建立合作关系，以及管理和协调渠道中各方的活动。

渠道策略的主要目标是提供便捷的销售渠道，使产品能够迅速到达目标市场，并最大限度地满足消费者的需求。渠道策略还可以帮助企业拓展市场份额，增加销售额，并建立稳定的销售网络。

渠道策略的选择应考虑产品特点、目标市场、竞争环境以及企业自身资源和能力等因素。每种渠道策略都有其优缺点，企业需要综合考虑并根据实际情况做出选择。常见的渠道策略包括直销渠道策略、间接渠道策略和多渠道销售策略。

在数字营销中，企业可以选择直销渠道（企业直接与最终消费者进行交易，没有中间商参与）或间接渠道（企业通过中间商、经销商或批发商等进行产品销售和分销）来销售产品。直销渠道策略包括企业直接与消费者进行交易，如公司网站、在线商城和电话销售等。这种渠道策略有助于企业直接掌控和管理销售环节，与消费者建立紧密的联系，提供个性化的服务。通过直销渠道，企业可以更好地了解消费者的需求，调整产品和营销策略，从而增强市场竞争力。

间接渠道策略则涉及企业与分销商、批发商和零售商建立合作关系，以推广和销售产品。这种渠道策略适用于市场覆盖面广和大规模销售的情况。通过与渠道合作伙伴的合作，企业可以利用它们的销售网络和分销能力，将产品推向更远的市场，并提供更多的销售机会。在间接渠道中，渠道合作伙伴扮演着重要角色，它们负责产品存储、物流配送、促销和售后服务等环节，从而确保产品能够及时到达消费者手中。

企业还可以选择多渠道销售策略（同时采用直销渠道和间接渠道的组合策略），通过同时使用多个销售渠道来扩大市场覆盖面和增加销售机会。例如，企业可以在线上和线下同时销售产品，从而满足更多消费者的需求。多渠道销售策略可以帮助企业拓展销售渠道，提高产品的曝光度，增加销售额。然而，多渠道销售策略也需要企业有效地管理不同的渠道，确保产品定位和销售策略的一致性，避免渠道间的竞争和冲突。

在制定渠道策略时，企业需要考虑多个因素。首先是目标市场和消费者特征，不同的市场和消费者有不同的购买习惯和渠道偏好，企业需要选择最适合的销售渠道来满足其需求。其次是产品特点和竞争环境，不同的产品对渠道要求不同，企业需要选择能够提供最佳销售和分销支持的渠道。此外，企业还需要考虑渠道成本和效益，选择最具经济效益的渠道组合，并管理好与渠道合作伙伴的关系，确保渠道的持续发展和合作共赢。

4.2.3 市场沟通策略

通过有效的沟通和互动，企业可以增强与受众之间的连接，提高品牌知名度和用户参与度，从而达到营销目标。在数字营销战略规划中，市场沟通策略可以分为内容营销策略、社交媒体营销策略、搜索引擎优化策略和电子邮件营销策略。

1. 内容营销策略

内容营销策略是指通过创作和传播有价值的内容，吸引和留住目标受众，达到品牌宣传、影响力提升和销售转化的目标。内容营销策略的核心是以故事、信息和娱乐等形式提供有用的内容，满足受众的需求和兴趣，激发他们的情感共鸣和参与。

通过内容营销策略，企业可以建立与受众之间的稳定互动关系，提高品牌的知名度和信任度。而且，内容营销可以满足各个阶段的消费者需求，从而促进销售转化。内容营销策略可以通过各种渠道来实施，如社交媒体、博客、视频平台、影音媒体等，以便深入触及目标受众并与他们建立联系。

内容营销是一种通过生产和分享有价值、有意义的内容来吸引和维持目标受众的注意力，从而建立和提升品牌形象，并最终促成消费行为的营销方式。为了实施内容营销策略，需要进行受众定位、内容创作、内容推广、内容优化和结果评估等一系列活动。这些活动需要综合考虑目标受众的特点、市场环境的变化以及企业的资源和目标，并进行持续的优化和调整。利用有效的内容营销策略，企业可以吸引更多的目标受众，增强品牌影响力，并促进销售增长。

（1）受众定位。企业需要明确目标受众的特征和需求，了解他们的关注点和兴趣爱好，从而为他们提供有针对性的、有价值的内容。目标受众的特征可以通过市场调研、用户反馈等方式获取，通过这些信息，企业可以将目标受众分成不同的细分群体，并为每个群体量身定制内容。

（2）内容创作。企业需要根据目标受众的需求和关注点，创作相关的内容。内容可以以文章、视频、图片等多种形式呈现，以吸引和保持目标受众的关注。内容创作既要具备吸引力、独特性和有用性，也要与品牌形象和产品特点相匹配。通过有趣、有深度、有技术含量的内容，企业可以赢得目标受众的信任和兴趣，从而建立起稳定的互动关系。

（3）内容推广。企业需要选择合适的渠道和方式，将创作好的内容推送给目标受众。社交媒体平台是内容推广的重要渠道之一，通过在社交媒体上发布内容、与用户互动，企业可以扩大内容的传播范围，吸引更多的受众。此外，电子邮件推送、用户订阅等方式也可以用于内容推广，以确保内容触达目标受众。

（4）内容优化。通过对已发布的内容进行数据分析和优化，企业可以了解受众的反馈和参与情况，从而不断改进和优化内容。监测内容的阅读量、分享量、评论量等指标可以帮助企业了解受众的喜好和需求，基于这些数据进行调整和优化，将更符合受众需求的内容呈现给他们。

（5）结果评估。企业需要根据所设定的目标，对内容营销的效果进行评估。通过评估目标受众的参与度和品牌知名度的提升情况，可以判断内容营销策略的效果是否达到预期。评估结果可以为后续的内容策略调整提供指导和依据。

2. 社交媒体营销策略

社交媒体营销策略是指利用社交媒体平台来推广和营销产品或服务的一系列计划和方法。这种策略旨在通过社交媒体的广泛传播能力和用户参与度来提高品牌知名度、扩大市场份额、增加销售量和利润。

社交媒体营销策略的核心是建立和维护与目标受众的互动和沟通。通过发布有吸引力的内容、参与讨论、回应用户反馈和提供定制化的服务等方式，企业可以与潜在用户建立联系，并提供有价值的信息和体验。

社交媒体营销策略的实施过程可以细分为以下几个关键步骤：

第一，选择适合企业目标和受众特征的社交媒体平台。不同平台的用户特征和受众群体有所差异，因此企业需要根据自身情况选择合适的社交媒体平台，如微博、微信、Facebook 等。选择平台后，企业需要在平台上建立官方账号，并完善企业资料和品牌信息，以提高用户对企业的信任度和认可度。

第二，通过定期分享有价值的内容来吸引用户的关注和参与。为了提高用户互动性和转化率，企业需要为目标受众提供有趣、实用且具有吸引力的内容，如新闻、故事、图片、视频等，以吸引用户点击、分享和评论。此外，及时回答和解决用户的问题也是关键，这能够增强用户对企业的信任并形成良好的口碑效应。

第三，利用社交媒体平台提供的广告工具进行精准推送。社交媒体平台通常提供广告投放的功能，企业可以利用这些工具来选择适合的受众群体，并通过精准推送广告来提高品牌的曝光度和参与度。通过调整广告投放策略和内容，企业可以实时监测广告效果并优化推广效果。

第四，通过社交媒体分析工具来监测受众反馈和参与情况。社交媒体分析工具可以帮助企业了解目标受众的兴趣偏好、行为习惯等信息，从而更好地了解受众需求并进行策略调整。通过监测社交媒体数据，企业可以分析受众的参与度、转化率、品牌知名度等指标，并据此进行社交媒体营销策略的优化和改进。

在实施社交媒体营销策略的过程中，企业需要注意以下几点。首先，建立个性化的品牌形象和声音。社交媒体是一个充满个性和互动性的平台，企业需要在社交媒体上展示出与众不同的品牌形象和声音，以吸引用户的注意并与其建立连接。其次，关注用户体验和参与度。在社交媒体上，用户体验和参与度是最重要的因素之一。企业需要确保用户的互动体验流畅、有趣，并积极鼓励用户参与品牌活动和话题讨论。最后，保持持续的更新和互动。社交媒体是一个快节奏的平台，企业需要定期更新内容、回答用户的问题，并与用户进行互动，以保持用户的关注和参与。

3. 搜索引擎优化策略

搜索引擎优化是一种通过优化网站内容和结构，提高网站在搜索引擎中的排名，增加有意向访问者和潜在客户流量及收益的在线营销技术。在数字营销战略规划中，搜索引擎优化策略的目标是通过提高网站在搜索引擎中的排名，增加目标受众的点击和转化。实施搜索引擎优化策略的过程主要包括关键词研究与优化、网站内容优化、网站结构优化、外部链接建设和性能优化。

关键词研究与优化是搜索引擎优化策略的关键一环。它通过研究目标受众的搜索习惯和行为，确定适合的关键词，并对网站内容进行优化。关键词应该与目标受众的需求和搜索意图相关，并且具有一定的搜索量和商业价值。一旦确定了关键词，就需要将其合理地分布在网站的标题、描述、正文等位置，以提高网站在搜索引擎中的可见度。

网站内容优化是搜索引擎优化策略的重要环节。优质的内容不仅可以向目标受众提供有价值的信息，还能吸引其他网站的引用和链接，提高网站的权威性和可信度。在进行网站内容优化时，需要关注关键词密度、标题的概括性和合理的段落分布，以及网站内容的原创性和独特性。此外，定期更新和发布新的高质量内容也是持续吸引搜索引擎和用户的重要手段。

网站结构优化是提高网站可导航性和用户体验的关键。优化网站的内部链接结构和导航结构，可以帮助搜索引擎有效抓取和理解网站的内容，提高网站的可见度和排名。

同时，合理的网站结构也可以帮助用户快速找到所需信息，提升用户体验和转化率。为了实现网站结构优化，网站应该有清晰的目录结构和层次，内部链接应该是有关键词的锚文本，还应该合理使用站内导航和面包屑导航等。

外部链接建设是提高网站权威性和可信度的关键一环。与其他相关性高的网站建立外部链接，可以为网站带来更多的流量和链接权重，有助于提高网站在搜索引擎中的排名。建立外部链接的方式包括参与社交媒体平台的讨论，撰写高质量的行业相关的博客文章并引用自己的网站以及与其他行业影响力强的网站进行合作推广等。此外，需要特别注意避免低质量或非相关的外部链接，以免对网站的排名产生负面影响。

性能优化是提高网站用户体验和搜索引擎收录效果的重要手段。优化网站的加载速度和响应时间，能够提高用户访问网站的体验，而且搜索引擎也更倾向于快速响应的网站。为了实现性能优化，可以采取压缩网页文件大小、使用格式和大小合适的图片、避免冗余的代码和插件以及选择高速和可靠的服务器等方法。

除了以上关键步骤之外，个性化品牌形象和声音也是搜索引擎优化策略中需要注意的要点。形成个性化的品牌形象和声音能够帮助企业在激烈的市场竞争中脱颖而出，并与目标受众建立起良好的关系。通过提供有价值的、个性化的内容和用户体验，企业可以提高用户黏性和忠诚度，并将其转化为品牌的忠实支持者。

搜索引擎优化策略需要持续更新和互动。随着搜索引擎算法的不断更新和用户搜索行为的变化，优化策略也需要进行相应的调整和优化。要定期监测和分析网站的数据和指标，了解用户需求和搜索趋势，及时优化网站的内容和结构；与目标受众进行积极互动，了解他们的需求和反馈，并根据其反馈进行改进和优化。

4. 电子邮件营销策略

电子邮件营销策略是指通过向目标受众发送电子邮件，进行品牌推广和营销活动的一种营销方式。在数字营销战略规划中，电子邮件营销策略的目标是通过给目标受众发送有针对性的电子邮件，提高品牌忠诚度和销售转化率。

电子邮件营销策略是一种有效的数字营销方式。为了实施成功的电子邮件营销策略，需要正确地定位目标受众、建立良好的邮件列表，并设计吸引人的电子邮件内容。通过测试和优化，可以不断改进策略，提升电子邮件营销的效果。

（1）目标受众定位。在制定电子邮件营销策略之前，首先需要明确目标受众的特征和需求，这可以通过市场调研和数据分析来实现。了解目标受众的关注点和兴趣爱好，可以帮助我们为他们定制个性化的电子邮件内容。不同的受众群体可能对不同类型的信息感兴趣，因此，根据受众特征的不同，可以制定不同的营销策略。

（2）邮件列表建设。建立和维护一个有质量、有数量的邮件列表是电子邮件营销策略的基础。一个好的邮件列表应该包括现有客户和潜在客户。现有客户可以通过购买记录、注册信息等途径获取，而潜在客户可以从各种渠道收集，例如网站注册、活动参与等。为了吸引更多的订阅者，可以提供一些有价值的内容或优惠活动，鼓励他们注册。

（3）电子邮件设计。设计有吸引力和效果好的电子邮件是电子邮件营销的关键。优秀的电子邮件设计应该包括以下几个方面：一是主题行。主题行应该简洁明了、引人入胜，能够吸引目标受众的注意力。同时，主题行还应该与邮件内容相关，让受众能够清楚地知道邮件的内容和目的。二是内容。电子邮件的内容应该有足够的信息量，并且简洁明了，易于理解。同时，内容应该与受众的需求和兴趣相关，并提供有价值的信息。此外，邮件内容还应该易于阅读，可以使用标题、段落和列表等格式，使内容更加清晰。三是行动呼吁（CTA，call to action）。电子邮件中应该包含明确的 CTA。这可以是一个链接到特定网页的按钮或文本链接，也可以是一个要求受众回复邮件或填写调查问卷的请求。CTA 应该清晰明了、有吸引力，并能够促使受众采取行动。四是移动优化。随着智能手机的普及，越来越多的人使用手机查看电子邮件。因此，电子邮件应该在移动设备上能够良好显示和便于浏览。邮件的布局应该简洁明了，字体大小和按钮大小等元素应该适合移动设备的触屏操作。

（4）测试和优化。在实施电子邮件营销策略之后，需要进行测试和优化。通过分析邮件的打开率、点击率和转化率等指标，可以了解受众对邮件的反应。根据反馈结果，调整邮件的主题行、内容或设计，以提高邮件的效果和转化率。此外，还可以进行 A/B 测试，比较不同邮件版本的效果，找到最佳的电子邮件营销策略。

4.3 数字营销战略规划的实施与评估

在数字营销战略规划实施过程中，实施计划制订是必要的，其中包括时间计划和资源分配，通过明确的时间计划和合理的资源分配，确保数字营销策略的按时、高效实施。同时，实施过程管理也是实施数字营销战略规划的重要一环，其中包括监控指标的设定和风险管理，通过设定合适的监控指标和及时进行风险管理，可以及时发现问题和调整策略，确保数字营销活动的顺利进行。

此外，效果评估也是数字营销战略规划中不可或缺的一部分，包括数据分析、绩效评估和优化策略。通过对数据进行分析，了解数字营销活动的效果和消费者反馈，评估数字营销活动的绩效，并根据评估结果制定相应的优化策略，来进一步提升数字营销活动的效果和投资回报率。

4.3.1 实施计划制订

实施计划制订包括时间计划和资源分配两个方面。时间计划涉及明确目标和里程碑、确定关键步骤和活动、估计时间、排定优先级，以及建立监控和调整机制的过程。资源分配涉及明确资源需求、评估资源可用性、优化资源利用，以及建立资源监控和调整机制的过程。这样的实施计划制订可以确保数字营销战略的顺利执行和有效评估。

1. 时间计划

数字营销战略规划的实施与评估需要一个清晰的时间计划，以确保各项任务和活动能够按时完成，项目得以顺利推进。以下是制订数字营销战略规划时间计划的步骤和要点：

（1）明确目标和里程碑。明确数字营销战略的目标和阶段性里程碑是制订时间计划的首要任务。目标应该具体清晰，比如提升网站流量、提高社交媒体曝光率等。里程碑则可以是完成市场分析、确定目标受众、制定策略等。明确目标和里程碑有助于确定实施计划的时间框架和关键节点。

（2）确定关键步骤和活动。在明确目标和里程碑的基础上，需要确定关键的步骤和活动。比如，进行市场调研、分析竞争对手、定位目标受众、制定数字营销策略等。这些步骤和活动的顺序和时长对整个实施计划的成功至关重要。

（3）估计时间。对每个步骤和活动进行时间估计，包括其开始时间和结束时间。这需要结合团队成员的能力和资源可用性以及预期的实施效果估计。在估计时间时，应该留出一定的合理缓冲时间，以应对潜在的延误和调整。

（4）排定优先级。在完成时间估计后，需要根据每个步骤及活动的重要性和紧迫性来排定它们的优先级。这有助于确保关键和紧急的任务能够得到优先处理，从而保证数字营销战略的顺利进行。

（5）建立监控和调整机制。制订时间计划后，需要建立监控和调整机制来跟踪实施进展，并及时进行调整。可以利用项目管理工具来监控和记录每个步骤和活动的完成情况，并与实际进展进行比较。如果发现计划落后于预期，就需要及时调整时间计划或者资源分配，以确保数字营销战略规划的实施进度和效果。

2. 资源分配

合理的资源分配可以为数字营销战略规划的有效实施提供有力的支持，提升数字营销效果和组织竞争力。同时，需要注意动态地监控资源利用情况，及时进行调整和优化，以适应市场环境和策略实施的需要。

以下是进行数字营销战略规划资源分配的步骤和要点：

（1）明确资源需求。首先要明确数字营销策略实施所需要的各类资源。这包括人力、财力、技术设备、市场数据和信息等。在明确资源需求时，需要从数字营销策略的目标出发，明确各项活动和步骤所需要的资源支持。明确资源需求可以为后续的资源分配提供依据。

（2）评估资源可用性。在明确资源需求后，需要评估当前组织的资源可用性。这包括现有的人员构成、财务状况、技术设备等方面。评估资源可用性需要全面考虑现有资源的质量和数量，包括员工的技能和经验水平、财务状况的健康程度、技术设备的性能和可靠性等。通过评估资源可用性，可以判断是否需要额外投入资源或者进行资源整合。

（3）优化资源利用。根据资源需求和可用性评估的结果，进行资源的合理配置和优化利用。资源优化利用的目标是最大限度地满足数字营销战略的实施需要，同时避免资源的浪费和过剩。在优化资源利用时，可以考虑内部资源的调配、外部资源的引进和合作，以及资源的共享和协同使用等方式。例如，可以通过内部培训和人员调动来提升员工的技能和经验，同时也可以与合作伙伴共享市场数据和信息。

（4）建立资源监控和调整机制。资源分配不是一次性的决策，还需要建立资源监控和调整机制，以随时根据策略实施需要进行资源的调整和优化。在数字营销战略的实施过程中，可能会出现一些意料之外的情况，例如某项活动的效果超出预期或者资源需求发生变化。通过建立资源监控和调整机制，可以及时发现和解决资源短缺或过剩的问题，并调整资源分配的优先级和方式。例如，一些活动可能需要额外的人力支持，可以通过临时（兼职）招聘或者外包来满足需求。

4.3.2 实施过程管理

通过设定合适的监控指标，可以及时了解数字营销战略实施效果，并进行相应的调整和优化。而通过风险管理，可以降低数字营销活动的风险，并确保战略的顺利实施和目标达成。因此，在数字营销战略规划中，要注重实施过程管理，做好监控指标和风险管理工作，以确保战略的顺利实施和最终的成功。

1. 监控指标的设定

在数字营销战略的实施过程中，设定合适的监控指标是非常重要的。监控指标可以帮助我们测量和评估战略的实施效果，并提供必要的数据来支持和调整决策。

（1）营销成本指标包括以下三种：

广告投资：监测广告投资的成本效益，包括每次点击或每千次展示的广告费用，用于评估广告的投放效果。

渠道费用：计算渠道成本并与收入进行比较，以评估市场推广活动的绩效。

人力资源成本：监控数字营销活动所需的人力资源成本，并对其进行评估，以确保资源的有效利用。

（2）用户参与指标包括以下三种：

网站访问量：监测网站的访问量，包括浏览次数和独立访问者数量，用于评估数字营销活动的吸引力和用户参与度。

页面浏览量：跟踪用户在网站上浏览的页面数量和时间，以了解用户对内容的兴趣和参与度。

点击率：监测广告和邮件的点击次数与投放次数的比率，用于评估广告和营销信息的吸引力。

（3）销售指标包括以下三种：

销售额：监测数字营销活动带来的实际销售额，以评估营销策略对销售业绩的影响。

订单量：跟踪订单数量，并与数字营销活动的投入进行比较，以评估策略的效果和回报率。

新增用户：监测通过数字营销活动获得的新用户数量，以评估数字营销活动的吸引力和潜在市场规模。

（4）品牌指标包括以下两种：

品牌知名度：调查和监测目标市场对品牌的认知和认可程度，以评估数字营销活动对品牌知名度的提升效果。

品牌形象指数：通过市场调研和调查问卷等方式，评估品牌在目标市场中的形象和印象。

除了以上监控指标，还可以根据数字营销战略的特点和目标，设定有针对性的其他指标。例如，如果目标是提高社交媒体影响力，则可以监测社交媒体平台上的粉丝数量、转发次数和分享率等。如果目标是增加注册用户，则可以关注注册转化率和用户留存率等指标。

通过设定这些监控指标，我们可以及时了解数字营销活动的效果，并根据数据分析的结果对战略进行调整和优化。同时，建立定期的报告和反馈机制，能够及时跟踪数字营销战略的实施情况，并根据反馈的数据进行决策和优化。总体来说，设定合适的监控指标是数字营销战略规划实施和评估的重要一环，能够为决策者提供有力的数据支持，确保战略的成功和效果的最大化。

2. 风险管理

在数字营销战略的实施过程中，确实需要充分考虑和制定相应的风险管理策略。有效的风险管理可以最大限度地降低数字营销活动的风险，并确保战略的顺利实施和达成预期目标。风险管理不是一次性的工作，而是一个持续不断的过程，需要不断地识别、评估、应对和监控风险，以及与相关方进行有效的沟通和管理。以下是进一步细化和完善风险管理的过程和步骤。

(1) 风险识别和分析。在实施数字营销战略前，需要分析可能的风险因素，识别潜在的风险和障碍。这些风险包括竞争对手的反击、技术问题、市场变化、法律法规变化等。通过对各个方面评估和分析，为后续的风险评估和优先级排序提供依据。同时，还可以通过行业分析、市场调研、竞争分析等手段来获取关于潜在风险的信息。

(2) 风险评估和优先级排序。对识别出的风险进行评估，确定风险发生的概率和影响程度。根据评估结果，对风险进行优先级排序，对高影响度的风险给予更高程度的关注，以便后续风险应对策略的制定和实施。

(3) 风险应对策略的制定。根据风险发生的概率和影响程度，制定相应的应对策略。这些策略包括备用方案、应急预案、团队调整、资源调配等。例如，针对市场竞争的风险，可以制定灵活的定价策略，以适应竞争环境的变化；针对技术问题，可以建立相应的技术支持团队或寻求专业的技术咨询服务。

(4) 风险监控和应对。在数字营销战略规划实施过程中，要及时监控风险的变化和演化，并采取相应的应对措施。可以设立定期的风险评估和监控机制，及时收集外部和内部的信息，识别新的风险点，并根据需要调整和改进战略规划。此外，还可以建立跟踪和分析营销活动效果的机制，定期评估目标的实现情况，从而及时发现并解决潜在的问题。

(5) 风险沟通和管理。风险管理不仅仅是某个项目经理或营销团队的责任，还需要与利益相关者进行有效的沟通和管理。在风险识别、评估和应对策略的制定过程中，应该与内部团队、供应商、合作伙伴、顾问等利益相关者及时沟通，共同分析和解决潜在的风险问题。

【案例】 数字营销项目中的进度管理

明确定义项目目标和关键绩效指标（KPI）至关重要。在开展数字营销项目之前，确保您清楚地定义了项目目标和成功标志。这将有助于为整个项目提供方向，并确保团队朝着共同的目标努力。

具体来说，一是制订详细的项目计划，包括项目阶段、任务分配和时间表。这有助于确保项目按计划推进，减少延误和不确定性。二是持续监测和调整。数字营销项目可能会受到市场变化和竞争情况的影响，因此，持续监测项目进展并灵活调整策略至关重要。定期审查项目 KPI，根据数据做出决策，以确保项目在正确的轨道上运行。

一个数字营销项目管理成功案例是红牛（Red Bull）的“红牛跃”活动。该公司明确定义了项目目标：通过极限运动赛事和创意视频内容，吸引年轻观众。红牛使用社交媒体（如 YouTube）和赛事直播等多种渠道来推广活动。通过不断监测数据，该公司根据观众反馈迅速调整、改进营销策略，实现了卓越的项目成果。

4.3.3 效果评估

数字营销战略规划的实施与评估中的效果评估可以分为数据分析、绩效评估和优化策略。数据分析可以帮助企业了解市场表现和挑战，发现潜在机会；绩效评估可以让企业了解自己的市场适应能力和竞争力，为决策提供依据；优化策略则是持续进行的过程，通过不断优化营销策略和活动来提高市场表现和实现营销目标。

（1）数据分析。

数据分析是数字营销效果评估的核心组成部分，它涉及对大量数据的收集、处理和解释，以了解营销活动的表现和效果。在数字营销中，数据不仅包括传统的营销指标，如销售额和市场份额，还包括用户在线行为数据、社交媒体互动数据、网站流量和用户参与度等。

数据收集是数据分析的第一步。企业需要从多个渠道收集数据，包括网站分析工具（如 Google Analytics）、社交媒体平台、客户关系管理系统和营销自动化工具。这些数据包括但不限于用户访问量、页面浏览量、点击率、转化率、用户留存率和用户参与度等。

第二步是数据处理，即将收集到的原始数据转换成有用信息的过程。这包括数据清洗（去除错误和重复的数据）、数据整合（将不同来源的数据合并）和数据转换（将数据转换成适合分析的格式）。数据处理的目的是确保数据的质量和一致性，为后续的分析打下坚实的基础。

第三步是数据解释。它涉及对处理后的数据进行深入分析，以提取有价值的洞察。这可能包括趋势分析、相关性分析、预测分析和用户行为分析等。通过这些分析，企业可以了解哪些营销活动最有效，哪些需要改进，以及用户的需求和偏好如何变化。

第四步是数据可视化，即将数据分析结果以图形或图表的形式展示出来，使非专业人士也能轻松理解。这包括使用仪表板、热图和信息图表等工具。数据可视化不仅能帮助企业快速识别问题和机会，还可以作为沟通工具，帮助团队成员和利益相关者理解复杂的数据。

第五步是数据驱动的决策。数据分析的最终目的是支持数据驱动的决策。企业需要将分析结果转化为具体的行动计划，如调整营销策略、优化广告投放、改进产品或服务等。通过持续的数据分析，企业可以不断优化其营销活动，提高投资回报率。

（2）绩效评估。

绩效评估是衡量数字营销活动成功与否的过程。它涉及设定明确的绩效指标、收集相关数据，并根据这些数据评估营销活动的表现。

首先是绩效指标设定。绩效指标是衡量营销活动效果的关键。企业需要根据其营销目标设定具体的绩效指标，如品牌知名度、用户参与度、转化率、客户获取成本（CAC）和客户生命周期价值（CLV）。这些指标应与企业的整体战略目标相一致，并能够量化和跟踪。

其次是数据收集与分析。与数据分析类似，绩效评估也需要收集和分析数据。企业需要定期收集与绩效指标相关的数据，并使用统计和分析工具进行分析。这可能包括时间序列分析、因果分析和比较分析等。

再次是绩效评估报告，即将分析结果以书面形式呈现的过程。报告应包括关键绩效指标的趋势、与目标的对比、成功和失败的原因分析以及改进建议。报告应定期更新，并分发给所有利益相关者。

然后是绩效改进。绩效评估的目的是不断改进营销活动。企业需要根据评估结果调整其营销策略和活动，以提高绩效。这可能包括优化广告投放、改进内容营销、提高用户体验或调整产品定价等。

最后是持续监控与调整。绩效评估是一个持续的过程，企业需要不断地监控其营销活动的表现，并根据市场变化和内部目标进行调整。通过持续监控和调整，企业可以确保其营销活动始终保持最佳状态。

（3）优化策略。

优化策略是数字营销效果评估的最终环节，它涉及根据数据分析和绩效评估的结果，调整和改进营销活动。

一是策略调整。企业需要根据数据分析和绩效评估的结果，识别营销活动中的问题和机会，并据此调整其营销策略。这可能包括改变目标市场、调整营销信息、改进产品或服务等。

二是 A/B 测试。通过对比两个或多个版本的营销活动，企业可以确定哪个版本更有效，并据此优化其营销策略。A/B 测试可以应用于广告文案、网页设计、邮件营销等多个方面。

三是个性化营销。个性化营销是根据用户的行为和偏好定制营销信息和内容。通过使用数据分析工具，企业可以了解每个用户的需求和偏好，并据此提供个性化的营销信息。个性化营销可以提高用户的参与度和转化率。

四是技术应用。企业需要利用最新的技术，如人工智能、机器学习和大数据分析，来提高其营销活动的效率和效果。这些技术可以帮助企业更好地理解用户行为、预测市场趋势和优化营销活动。

五是持续学习与改进。优化策略是一个持续的过程，企业需要不断地学习和改进。企业需要定期评估其营销活动的效果，并根据市场变化和用户反馈进行调整。通过持续学习和改进，企业可以不断提高其营销活动的效果。

章末案例

碧浪的数字营销策划方案

据了解，为了更好地重新塑造碧浪在数字世界中的形象，彻底从之前的“微创新”解决方案策略转为“颠覆式”创新的满足式需求策略，碧浪需要一家对数字营销战略有足够创新能力、思维更具颠覆性和突破性的代理商来协助其完成任务。针对碧浪的需求，基于对品牌、客户的充分理解与认识，从品牌特性和客户关联的角度出发，时趣互动科技有限公司（简称“时趣”）采用数字化营销推广的策略，以创意设计为辅助配合手段，为碧浪洗衣液制定了精准匹配不同客户属性的活动策划及推广运营的营销解决方案。

碧浪携手时趣是因为后者一向重视在数字营销领域对新商机的把握，具有较强的数字营销整合服务能力和丰富的经验，能够为合作伙伴提供全方位的服务支持；此外，时趣团队拥有高超的执行能力，能为碧浪提供高质量的服务，对客户的需求做到快速响应。这也再次证明，时趣借助大数据分析平台，可以深入洞察客户需求，为客户提供更加全面、精准、前瞻性的数字化支持；还可以为客户提供成熟的产品，能够通过广告、运维、软件的整体搭配实现社交数字营销的整体需求。

碧浪相关负责人表示，在简短的 2～3 次沟通中，时趣展现了非常强的数字营销战略思维和不同寻常的创意，不仅迅速把握住了碧浪的品牌精神，为产品建立高端、科学的形象，而且为其提供了清晰的数字营销策略、极具创意的高质量多形式传播内容，以及深刻洞察客户的整合媒介平台策略。

问题：

（1）碧浪为何要进行“颠覆式”创新？

（2）结合案例，探讨数字营销战略规划的新趋势。

本章小结

数字营销战略规划是企业实施数字营销活动的基础和指导。本章重点介绍了数字营销战略规划的基础、关键要素以及实施与评估。在数字营销战略规划的基础中，目标设定和资源分析是关键要素，它们为数字营销战略的制定提供了指导和依据。而在数字营销战略规划的关键要素中，定位策略、市场营销策略和市场沟通策略扮演着重要的角色，它们共同构成了数字营销活动的核心。最后，数字营销战略规划的实施与评估需要合理的实施计划制订、实施过程管理和效果评估，以确保战略的顺利执行和最终的成功。

概念和术语

数字营销战略规划	短期目标设定	长期目标设定
资源分析	人力资源	财力资源
技术资源	定位策略	市场营销策略

思考题

1. 在数字营销战略规划中，为什么目标设定是一个重要的基础要素？如何确定短期和长期目标？

2. 资源分析在数字营销战略规划中的作用是什么？为什么人力资源、财力资源和技术资源是关键资源？

3. 在数字营销战略规划中，市场营销策略和市场沟通策略起着怎样的作用？它们之间有何区别和联系？

延伸阅读

万木春，星亮，胡振宇．中国数字营销传播企业“软实力”测评：以数字营销传播服务提供商为研究范畴．现代传播（中国传媒大学学报），2017（3）：110-118.

参考文献

[1] Chaffey, D., and Ellis-Chadwick, F. *Digital Marketing: Strategy, Implementation and Practice*. London: Pearson, 2019.

[2] Kotler, P., and Armstrong, G. *Principles of Marketing*. London: Pearson, 2017.

[3] Kotler, P., and Keller, K. L. *Marketing Management*. London: Pearson, 2016.

[4] Smith, P. *Digital Marketing Strategies: An Integrated Approach to Online Marketing*. London: Kogan Page Publishers, 2017.

[5] Zahay, D., and Roberts, M. *Internet Marketing: Integrating Online and Offline Strategies*. London: Routledge, 2018.

[6] 陈华．数字营销的发展和变革．淮海工学院学报（人文社会科学版），2018（10）：91-93.

[7] 尚妍．新媒体时代传统企业品牌营销传播策略探析．商场现代化，2017（1）：73-74.

[8] 朱逸，赵楠．数字营销的多重关键性面向．商业经济研究，2021（15）：72-76.

第5章 数字营销组合策略

教学目标

1. 掌握数字营销组合策略的理论框架。
2. 理解数字营销组合策略的实施。
3. 熟悉数字营销组合策略的评估与优化的方法和步骤。
4. 掌握数字营销中市场细分、产品开发、定价策略、促销策略和渠道策略的相关概念、方法和工具。

重点与难点

在实施数字营销组合策略时，需要考虑不同的因素和要素，并做出相应的决策和调整。

素养目标

强调数字营销策略对于企业经营决策和市场营销的重要性，培养学生的战略思维和创新意识。强调数字营销策略的可持续发展和社会责任，培养学生的道德伦理观念。

引导案例

视频的作用

2022年北京冬季奥运会不仅通过传统的电视转播，还依托5G+8K超高清远程传输、云转播平台、Press+网络专线传输服务等新技术，实现了全面“云转播”。这使得北京冬奥会成为第一届“云上奥运”。云技术的应用让媒体工作者能够在线上进行远程报道工作，打破了时空限制。尽管受到新冠疫情的影响，全球仍有超过 2 万名记者参与报道，线上互动量不断攀升。在社交媒体上，构建了以北京冬奥会为主题的网络共在场景，推特推出了 20 个北京冬奥会的表情符号，体育明星在 TikTok 上分享冬奥村的生活日常，为无法参加冬奥会的观众提供了身临其境的参与感，与奥运相关的视频浏览量超过 21 亿次。此外，冰墩墩的火爆也为冬奥会的热度锦上添花，微博上相关话题浏览量达到 60 亿次。北京冬奥会在数字技术的加持下，使网民参与度达到空前规模，通过社交媒体进行整合传播，成为全球瞩目的体育盛会。这个案例展示了数字营销组合策略在大型国际赛事中的成功应用，通过技术创新和社交媒体的结合，实现了全球范围内的品牌曝光和用户参与。

5.1 数字营销组合策略的理论框架

数字营销组合策略是实现数字营销目标的重要手段。在数字时代，企业需要从市场细分和目标市场、产品组合、定价、促销和渠道等多个方面进行策划和实施，以实现营销目标。市场细分和目标市场策略能帮助企业确定适合的目标市场和消费者群体，产品组合策略关注如何优化产品组合，定价组合策略涉及产品的定价策略，促销组合策略是通过各种营销手段来吸引客户，渠道组合策略则需要选择适当的渠道去推广产品。在本节中，我们将详细探讨这些数字营销组合策略的理论框架和关键要素，以帮助企业制定有效的数字营销策略。

5.1.1 市场细分和目标市场策略

市场细分是将整个市场按照不同的特征和需求分成若干个细分市场的过程。通过市场细分，企业可以更好地了解不同细分市场的消费者群体，满足其个性化需求，提供更精准的产品和服务，从而提高市场份额和增强竞争优势。

市场细分可以基于不同的维度进行，包括人口统计学特征、行为特征和心理特征等。根据人口统计学特征进行市场细分时，可以考虑消费者的年龄、性别、地理位置、收入水平等因素。例如，一家健身房可以将年轻人作为一个细分市场，然后根据不同年龄段、地区等特征进一步细分，以针对不同细分市场推出特定的健身计划和促销活动。根据行为特征进行市场细分时，可以考虑消费者的购买偏好、兴趣爱好、消费习惯等因素。通过数据分析，发现不同细分市场的消费者需求和行为特点，从而有针对性地进行营销。根据心理特征进行细分时，可以考虑消费者的价值观、生活方式和态度等因素。通过了解消费者的心理特征，更好地设计产品和推广策略，吸引目标细分市场的消费者。

市场细分的内容特点是多样性和可操作性。市场细分需要根据实际情况选择合适的细分维度和变量，并进行数据分析和调研，以获取准确的细分市场信息。不同的细分市场在需求、购买行为和消费习惯等方面存在差异，企业可以根据这些差异进行产品定位、价格策略和推广活动的优化。市场细分的可操作性强，企业可以根据不同细分市场的特点和需求，制定相应的营销策略和沟通方案，提供更加个性化的产品和服务。

在数字营销中，可以更精细化地实施市场细分。通过数据分析和人工智能技术，企业可以获取大量的消费者行为数据和偏好信息，更加准确地识别和划分不同细分市场。数字营销平台提供了更加精准的定向广告和个性化推荐功能，使得企业能够向目标细分市场传递更加精准和个性化的信息，提高广告的点击率和转化率。此外，数字营销还可以通过社交媒体、搜索引擎优化和电子邮件等渠道与目标细分市场进行有效的互动和沟通，提升品牌形象和促进消费者关系的建立。

目标市场策略是选择一个或多个细分市场作为目标市场，并制定相应的定位和推广策略。选择目标市场时，需要考虑细分市场的规模、增长潜力、竞争程度和企业资源等因素。目标市场策略的核心是满足目标细分市场的需求，为其提供有价值的产品和服务，并与竞争对手形成差异化竞争优势。

在数字营销中，可以更精准地实施目标市场策略。通过数据监测和竞品分析等手段，企业可以获取市场趋势和竞争对手的信息，及时调整目标市场策略，以保持竞争优势。数字营销平台提供了精准的定向广告和个性化推荐系统，使得企业能够实现对目标市场的精准营销。企业可以根据目标细分市场的特点和需求，制定相应的定位策略、产品组合和沟通方案，提供个性化的体验和服务。通过与目标细分市场的互动和沟通，企业可以与其建立更加紧密的关系，提高客户忠诚度和增强口碑传播。

5.1.2　产品组合策略

产品组合策略是企业根据市场需求和竞争环境，有目的地选择一些相互关联的产品以满足消费者需求，提供差异化的竞争优势。这一策略旨在通过产品的组合和定位，提高销售量、用户满意度和竞争力。

产品组合策略的核心概念是将不同产品组合在一起，形成一个整体来满足消费者的需求。企业需要考虑产品之间的相关性，以确保它们能够互相补充和支持。通过产品组合策略，企业可以满足不同消费者群体的多样化需求，提供更全面的解决方案，并增加销售机会。此外，产品组合策略还可以实现差异化竞争优势，使企业在竞争激烈的市场中脱颖而出。

产品组合策略除了系统性、灵活性和定制化之外，还有以下几个重要的特点。

第一，产品组合策略是市场导向的。企业的产品组合应该根据市场的需求和竞争对手的策略来确定。通过市场调研和竞争分析，企业可以了解到消费者的偏好和需求，从而有针对性地设计产品组合，满足消费者的需求，同时与竞争对手形成差异化竞争。

第二，产品组合策略需要考虑产品之间的关系和协调。企业的产品组合应该是相互关联、相互补充的，以形成协同效应。例如，一个企业可以推出多款功能不同但相互兼容的产品，通过产品之间的横向组合，提供更完整的解决方案，提高消费者的购买意愿和忠诚度。

第三，产品组合策略需要考虑产品的生命周期。不同产品的生命周期存在差异，有些产品可能处于成长期，而有些产品可能处于成熟期或衰退期。企业需要根据不同产品的生命周期来调整产品组合，及时淘汰低效或衰落的产品，引入新的产品，以保持组合的竞争力。

第四，产品组合策略需要考虑消费者的购买行为和决策过程。不同消费者有不同的购买需求和偏好，企业需要通过市场细分和目标市场选择来确定有针对性的产品组合。同时，产品组合还需要考虑消费者的购买决策过程，例如通过一系列产品组合引导消费者从低价位产品逐渐转向高价位产品，以提高销售额和利润。

在数字营销中，可以通过产品定位和个性化推荐来实现产品组合策略。首先，产品定位是产品组合策略的关键步骤。企业需要明确产品的定位和目标市场，以便更好地满足消费者的需求。通过市场调研和分析，企业可以确定产品的目标消费者、竞争优势和差异化特点，并据此制定相应的产品组合策略。其次，个性化推荐是数字营销中的重要手段，通过分析消费者的历史购买记录、兴趣偏好和使用习惯，企业可以向他们推荐相关的产品或服务。个性化推荐可以提高消费者的购买意愿和忠诚度，同时也可以提高销售量和利润。

数字营销还可以借助数据分析和跟踪来不断改进和优化产品组合，提高消费者满意度和产品竞争力。通过跟踪消费者的使用反馈和行为数据，企业可以了解消费者的需求和偏好，并根据这些数据进行产品组合的调整和优化；企业可以利用数据分析技术，深入挖掘消费者的消费行为和需求特点，从而更好地满足他们的需求，提高其满意度和忠诚度。

5.1.3 定价组合策略

定价组合策略是企业在制定产品或服务的价格时所采取的一系列决策和行动步骤。在市场经济中，定价组合策略是企业经营和发展中至关重要的一环。它不仅关系到企业的利润和竞争力，还直接影响企业与消费者之间的关系。

定价目标是定价组合策略的重要组成部分之一。企业的定价目标通常包括市场份额目标、利润目标和销售目标等。例如，一些企业可能希望通过低价策略吸引更多的消费者，从而获取更大的市场份额；而另一些企业则可能更注重利润，通过高价策略追求较高的利润率。定价目标的制定需要考虑企业自身的竞争力、市场需求以及消费者心理等方面的因素。

定价方法是指企业在制定定价组合策略时所采取的具体方法和决策手段。常见的定价方法包括成本加成法、市场需求法、竞争导向法和价值导向法等。成本加成法是指根据产品的成本加上一定的利润率来制定价格；市场需求法是指根据市场对产品的需求情况来制定价格；竞争导向法是指根据竞争对手的定价情况来制定价格；价值导向法是指根据产品的实际价值和消费者对产品的认可程度来制定价格。不同的定价方法适用于不同的市场环境和产品特性，企业需要根据自身情况选择合适的定价方法。

定价组合策略的执行是确保其成功实施的重要环节。企业在执行定价组合策略时需要考虑产品生命周期、市场竞争情况以及消费者的反馈等因素。定价组合策略的执行包括定价策略的实施、价格调整的时机和方式以及定价策略的监控与调整等。企业需要通过市场调研、定价模型和数据分析等手段来实时监控市场变化和消费者需求，并根据情况对定价组合策略进行调整和优化。

数字营销在定价组合策略中发挥着重要的作用。通过数据分析和实时竞价等方式，企业可以更好地了解市场需求和竞争情况。例如，企业可以通过数据分析了解消费者的购买行为和偏好，从而准确把握市场需求，制定合理的定价组合策略。同时，企业还可以通过实时竞价和动态定价等方式，根据市场供求情况灵活调整产品价格，以更好地满足消费者需求，提升自身的竞争力。

数字营销通过大数据分析和市场调研，为企业提供了更准确的市场信息和消费者需求洞察。企业可以利用数字营销的手段，通过精确的定位和个性化的定价组合策略，满足不同消费者的需求并获得更高的市场回报。

在数字营销中，定价组合策略应用广泛且复杂。首先，通过数据分析和实时竞价等手段，企业可以更准确地了解市场需求和竞争情况，从而确定最佳的定价组合策略。其次，数字营销提供了个性化定价和促销活动的可能性，企业可以根据用户特征和行为数据，给予不同用户不同的定价优惠和奖励，以吸引和留住用户。例如，对于新用户，可以提供优惠价格和奖励，提高他们的购买意愿和忠诚度；对于老用户，可以通过定期促销和个性化优惠来提高他们的购买频率和订单价值。

数字营销还可以通过定价组合策略来实现产品定位和品牌形象的塑造。定价组合策略不仅影响产品的价格区间，也对产品品质和差异化起到一定的引导作用。通过合理的定价组合策略，企业可以根据产品定位和目标市场的需求，塑造出符合用户期望的产品形象，提升品牌的美誉度和市场竞争力。

定价组合策略在数字营销中的应用也可以带来诸多好处。首先，适当的定价组合策略可以帮助企业提高销售量和市场份额。根据市场需求和竞争情况制定的优惠定价和促销活动可以吸引更多的用户购买，提升产品的销售量。其次，个性化定价和促销活动可以提高用户的满意度和忠诚度。根据用户的特征和行为数据进行个性化定价，可以更好地满足用户的需求，提高用户对产品的认同感和忠诚度。最后，定价组合策略还可以增强企业的竞争力。通过合理的定价和促销策略，企业可以在市场竞争中占据优势地位，抢占竞争对手的市场份额，提升自身的竞争力。

5.1.4　促销组合策略

促销组合策略是企业通过综合运用产品、价格、渠道和推广等多个要素来促进销售增长和市场份额提升的一种市场营销手段。它在数字时代尤为重要，因为数字营销可以为企业提供更多的机会和渠道来实施促销组合策略。

促销组合策略是企业在市场营销中运用的一种重要策略，其内容特点主要体现在综合性、灵活性和市场导向性三个方面。

促销组合策略具有综合性。它综合考虑了产品、价格、渠道和推广等多个要素，通过这些要素的有机组合来实现市场营销的目标。综合性意味着企业在制定促销组合策略时会综合考虑各个要素之间的互动关系，并进行系统性的规划和安排。例如，在产品的定价策略中，促销组合策略会综合考虑产品的定价、促销折扣和优惠活动等因素，以提高产品的吸引力和销售额。

促销组合策略具有灵活性。市场环境和消费者需求都是不断变化的，企业需要根据实际情况灵活调整促销组合策略。灵活性意味着企业需要定期评估和调整促销组合策略，以适应市场的变化和满足消费者的需求。例如，在电子商务领域，企业可以根据用户数据和行为分析，灵活调整促销策略的组合和形式，以提高消费者的转化率和购买意愿。

促销组合策略具有市场导向性。市场导向性意味着企业制定促销组合策略时以市场需求和消费者需求为导向。市场导向性是企业制定促销组合策略的关键，它要求企业了解市场的需求和趋势，并通过产品创新、价格竞争和渠道布局等方式来引导市场需求和消费行为。数字营销在促销组合策略中发挥了重要作用，通过数据分析和市场监测，企业可以更好地了解和把握市场需求，从而制定有针对性的促销策略。

数字营销可以通过直接沟通和交易的方式发挥作用。企业可以利用电子邮件、社交媒体和短信等方式与消费者直接互动，传达产品信息、提供促销信息和回答消费者的问题。这种直接的沟通方式可以提高消费者的参与度和忠诚度，促使他们购买产品。

数字营销可以通过与第三方平台合作来扩大市场覆盖面和提高产品曝光度。企业可以与电商平台、社交媒体平台和搜索引擎等合作，通过这些平台的广告投放和合作推广，将产品信息传达给更多的潜在消费者。这种合作可以提升企业的品牌知名度和市场影响力，促进销售增长。

数字营销可以通过提供便捷的服务来增强消费者的购买欲望。企业可以通过网络和移动应用等渠道提供在线购物和即时配送等服务，使消费者能够更加方便地购买产品。这种便捷的服务可以提高消费者的购买意愿，促进销售增长。

数字营销还可以通过个性化定价和促销活动来吸引消费者和促进销售。企业可以通过数据分析和市场洞察，了解消费者的购买偏好和消费习惯，制定个性化的定价和促销策略，从而激发消费者的购买欲望，促进销售增长。

数字营销在促销组合策略中扮演着重要的角色。数字营销可以通过多种方式来实现促销策略的目标。首先，通过搜索引擎优化和搜索引擎营销，企业可以增加网站的曝光和流量，提高潜在消费者的认可度。其次，通过社交媒体营销和电子邮件营销，企业可以与消费者互动和进行推广，促进消费者购买。通过移动应用和微信公众号等渠道提供优惠券和折扣信息，可以提升消费者的购买意愿和促销活动的效果。同时，数字营销还可以通过数据分析和 A/B 测试等方式来评估不同促销活动的效果，并及时调整策略，提高促销组合策略的效果和效率。

个性化定价是数字营销中常见的促销手段之一。个性化定价是根据不同消费者的需求和购买行为进行差异化定价，以提高销售量和消费者满意度。通过数据分析和消费者行为追踪，企业可以了解消费者的购买偏好和付款能力，并针对不同的消费者群体进行差异化定价。个性化定价既可以提升消费者购买产品的积极性，也可以提高企业的竞争力。

促销活动在提高销售量、消费者满意度和企业竞争力方面起着重要的作用。通过打折、送礼、抽奖等促销活动，企业可以吸引更多的消费者购买产品，增加销售量和市场份额。促销活动还可以提升消费者的满意度、忠诚度和复购率。此外，促销活动还可以帮助企业在竞争激烈的市场中脱颖而出，提高其竞争力。

5.1.5　渠道组合策略

渠道组合策略是企业在销售产品或服务时选择和组合最适合自身情况的销售渠道和交付方式的策略。这些渠道包括传统渠道如直销、经销商，以及数字渠道如互联网和移动设备等新兴渠道。通过精心选择和组合不同的渠道，企业可以更好地与消费者沟通和交易，提高销售量、增加收益，并提升消费者满意度和竞争力。

渠道组合的选择和设计应结合企业的产品属性、目标市场、消费者需求和竞争环境等因素。传统渠道如直销和经销商能够提供面对面的销售和服务体验，适用于重要、高价值的产品或服务。而数字渠道则具有全天候、全球化的特点，能够快速传播信息并迅速响应消费者需求，尤其适用于快速消费品和互联网服务。因此，在制定渠道组合策略时，企业需要综合考虑产品性质和市场需求，以及渠道的成本、效果和竞争力等因素。

数字营销在渠道组合策略中扮演着重要的角色。数字渠道如互联网和移动设备提供了各种各样的推广工具和机会，包括搜索引擎营销、社交媒体营销、电子邮件营销等。通过数字营销，企业可以精准定位目标受众，提供个性化的营销信息和服务，提高营销效果和转化率。此外，数字营销还可以实时跟踪和分析销售数据，为企业提供更强的市场洞察，帮助企业优化渠道组合和营销策略，提高销售量和市场占有率。

个性化定价和促销活动也是渠道组合策略中的重要组成部分。通过个性化定价，企业可以根据不同渠道的成本和效益，以及消费者的需求和支付能力，制定不同的价格策略。例如，在传统渠道中，可以通过区域性定价来应对不同地区的市场特点和竞争环境。而在数字渠道中，可以通过折扣、优惠券等促销活动来吸引消费者和提高销售量。个性化定价和促销活动的合理运用可以提高销售量、消费者满意度和企业竞争力。

渠道组合策略是企业在市场营销过程中选择并整合不同的销售渠道，以达到最佳市场覆盖和销售效果的战略性决策。它具有以下几个特点：

（1）多元化。渠道组合策略可以将多个渠道进行整合和协调，以满足不同的市场需求和消费者偏好。例如，通过线上渠道（如电商平台、社交媒体）和线下渠道（如实体店、经销商）的组合，企业可以达到全方位的市场覆盖，满足不同消费者的购买习惯和需求，提高产品的曝光率和知名度。不同渠道之间的互补性可以进一步拓展销售覆盖面和增加销售机会。

（2）个性化。不同的渠道组合可以针对不同的消费者群体提供个性化的营销和销售服务。企业可以通过分析消费者行为和偏好，针对不同渠道的消费者设计定制化的推广和交易方式，提高消费者的满意度和购买体验。例如，针对年轻群体，可以通过社交媒体等线上渠道进行营销活动；针对年长群体，可以通过传统媒体和实体店等线下渠道进行推广和销售。个性化的渠道组合策略可以提升消费者体验和忠诚度，进而促进销售增长。

（3）效率化。通过合理配置不同渠道的资源和功能，企业可以提高销售和服务的效率。数字营销在渠道组合策略中扮演着重要的角色。数字营销通过自动化和智能化的方式，使企业能够更好地理解消费者、定位市场和管理销售渠道，减少了人力资源的浪费，提高了运营和管理的效率。企业可以通过数字渠道进行精准推送和定向广告宣传，提升市场营销的效果。同时，通过数字渠道的数据分析和反馈，企业可以及时了解市场反馈和消费者需求，灵活调整渠道组合策略，提升企业的竞争力和适应市场变化的能力。

渠道组合策略还与个性化定价和促销活动密切相关。通过根据市场需求和消费者偏好采用差异化定价策略，企业可以进一步提高销售量、消费者满意度和竞争力。在渠道组合中，促销活动的策划和执行也是重要的一环。企业可以通过促销活动吸引消费者，提高产品曝光率和销售量，同时加强消费者对品牌的认知，提高其忠诚度。促销活动可以与不同渠道相结合，通过线上线下的相互配合，最大限度地发挥渠道组合的效果。

数字营销在渠道组合策略中的作用不仅限于直接推销产品和服务，它还具有更深层次的价值，可以通过数据分析和市场研究等方式，为企业提供关键的市场洞察，帮助企业制定更加精准和有效的渠道组合策略。

数字营销通过反馈和数据分析，可以帮助企业更好地了解消费者的需求和偏好。通过社交媒体、在线调研和消费者行为分析等手段，企业可以获取大量关于消费者的数据，包括他们的兴趣爱好、购物习惯、产品偏好等。这些数据可以为企业提供宝贵的市场洞察，帮助企业准确把握目标消费者的需求，优化产品设计和渠道组合策略。

数字营销可以帮助企业进行市场定位和目标市场选择，以及确定适合的渠道组合策略。通过数字营销的渠道分析和市场研究，企业可以了解不同渠道的特点和目标受众群体的特征。基于这些信息，企业可以选择最适合自己产品和目标市场的渠道组合策略，以提升销售效果和市场占有率。

除了帮助企业了解消费者需求和市场动态，数字营销还可以帮助企业优化渠道组合策略和提升市场表现。通过分析和监控不同渠道的效果和效益，企业可以了解各个渠道对销售量、市场份额和利润的贡献程度。基于这些数据，企业可以调整和优化渠道组合策略，增加对效果较好的渠道的投入，减少对效果不佳的渠道的投入，以实现更高的销售效益。

数字营销还可以帮助企业进行竞争情报分析和对手监控。利用数字营销的市场竞争分析工具和技术，企业可以了解竞争对手在不同渠道上的活动和表现。通过对竞争对手的分析和监控，企业可以及时调整自己的渠道组合策略，以提升自身的竞争力和市场份额。

5.2 数字营销组合策略的实施

一旦确定了数字营销组合策略，接下来就需要考虑如何有效地实施这些策略。数字营销组合策略的实施涉及市场细分和目标市场的选择、产品组合的开发和管理、定价策略的制定与实施、促销策略的选择和执行以及渠道策略的设计和管理等多个方面。市场细分和目标市场的选择是根据市场需求和消费者特征来确定适合的目标市场，产品组合的开发和管理则关注如何优化产品的组合以满足消费者需求，定价策略的制定与实施则需要考虑市场定位和竞争环境，促销策略的选择和执行则是通过各种营销手段来引起消费者的注意，渠道策略的设计和管理则需要选择适合的渠道来推广产品。在本节中，我们将探讨这些数字营销组合策略的实施步骤和要点，以帮助企业有效地将数字营销策略付诸实施并取得良好的效果。

5.2.1 市场细分和目标市场的选择

通过市场细分的研究和分析，企业可以更精确地了解市场的特点和需求，进而选择最具有潜力的目标市场。目标市场的选择需要考虑市场规模、增长率、竞争情况以及消费者需求等因素。在确定目标市场后，企业需要制定相应的市场定位策略，包括产品特点、差异化优势以及与目标市场的沟通方式。在实施数字营销组合策略时，企业需要将有限的营销资源合理地分配到各个目标市场上，包括资金、人力资源和各种营销手段的分配和使用。

（1）市场细分的研究和分析。

通过深入了解市场的规模、增长率、竞争情况以及消费者需求等重要信息，企业可以更加精确地找到适合自己的目标市场，并制定针对该市场的营销策略。

市场调研可以通过问卷调查、访谈、观察等方法来收集大量的数据和信息。通过市场调研，企业可以了解到不同细分市场的人口统计学特征、购买力、消费习惯等关键因素，从而为市场细分提供依据。

企业可以通过监测竞争对手的产品、定价策略、促销活动等来了解竞争环境和市场趋势。通过分析竞争情报，企业可以找到自身的竞争优势，并结合细分市场的需求来制定差异化的营销策略。

企业可以通过消费者调查了解消费者的购买意愿、偏好、态度等，从而深入了解市场细分的消费者需求。消费者调查可以采取在线调查、面对面访谈、社交媒体分析等方式。通过对消费者调查数据的分析，企业可以得到消费者的反馈意见和建议，并根据这些数据制定精准的营销策略。

企业可以通过挖掘和分析大量的市场数据来寻找市场细分的规律和趋势。数据分析可以通过统计分析、数据挖掘、机器学习等技术手段进行，使企业发现潜在的市场机会和细分市场的特点，从而更好地制定有针对性的营销策略。

（2）确定目标市场。

确定目标市场是在市场细分的基础上，根据市场细分的结果选择最具有潜力和适合自身发展的市场。在目标市场的选择过程中，企业需要综合考虑市场的规模和增长率、竞争情况以及消费者需求等多个因素，以确保选择的目标市场能够实现商业成功。

一个具有较大规模和快速增长的市场往往意味着存在更多的商机和更大的潜力。这样的市场通常可以为企业提供稳定的客户群体，并为企业的产品或服务提供更大的市场份额。因此，企业在确定目标市场时应该优先考虑规模较大且增长率较高的市场。

如果一个市场竞争激烈，竞争对手众多，那么对于中小企业而言，进入该市场可能会面临很大的竞争压力和市场份额争夺。因此，中小企业更适合选择竞争相对不激烈的市场作为目标市场。企业可以通过分析竞争情报来了解市场的竞争情况，评估自己在该市场中的竞争优势和地位，从而选择合适的目标市场。

企业需要了解消费者的需求和偏好以及他们对产品和服务的期望。通过调研和分析消费者行为、消费心理和消费趋势，企业可以了解消费者的细分需求和差异化需求，并据此选择与自身产品或服务最匹配的目标市场，制定相应的营销策略。重点关注消费者需求的目标市场往往能够更好地满足消费者的期望，从而使企业在市场中获得竞争优势。

（3）制定市场定位策略。

市场定位是企业在目标市场上建立自己的品牌形象和市场地位的过程。在确定目标市场后，企业需要制定相应的市场定位策略，以实现市场竞争优势并获得更大的市场份额。

企业需要明确产品和服务的特点以及其在目标市场上的差异化优势。了解产品和服务的特点是市场定位的基础，只有准确地了解产品和服务的特点，才能有针对性地定位。企业可以通过市场调研和分析来了解目标市场的需求和竞争环境，从而确定自己的产品和服务的特点与优势。例如，如果企业的产品具有创新的功能和设计，就可以将其作为差异化优势，在同类产品中突出产品的独特之处。

差异化优势是企业在目标市场上与竞争对手区分开来的重要依据。在竞争激烈的市场环境中，企业需要找到与竞争对手不同的独特之处，以吸引目标市场的消费者。这可以通过提供更高质量的产品、更便捷的售后服务、更具竞争力的价格等方面来实现。企业还可以利用技术创新、品牌形象建设、市场推广等方式来凸显差异化优势，以增强市场竞争力。

企业需要选择适合目标市场的沟通方式和渠道，以确保市场定位的准确传达和有效推广。在数字时代，互联网和社交媒体成为重要的沟通工具，企业可以通过建立网站、开展社交媒体推广、发布线上广告等方式来与目标市场进行有效沟通。此外，传统的市场营销手段如广告、促销活动、公关活动等也是市场定位中的重要手段，企业可以综合运用多种沟通方式，以增强目标市场对自己品牌的认知和了解。

企业在制定市场定位策略时还应考虑目标市场的特点和消费者的需求。不同的目标市场有不同的文化、价值观和消费习惯，企业需要根据目标市场的特点来调整市场定位策略。同时，要充分了解目标市场的消费者需求，通过市场调研和分析，确定产品和服务的定位，以满足目标市场的需求。

（4）营销资源的分配。

在实施数字营销组合策略时，营销资源的适当分配对于企业的成功至关重要。针对不同的目标市场，企业需要合理分配有限的资源，以最大限度地增加市场份额和利润。这包括资金、人力资源和各种营销手段的选择和使用。

首先，资金分配是营销资源分配的关键方面之一。企业需要根据目标市场的潜力、竞争环境和市场规模来合理配置资金。企业应将更多的资金投入具有更大市场潜力的目标市场，以提高品牌知名度、增加市场份额和销售额。此外，企业还需要考虑投资回报率，即选择投资回报率高且风险可控的市场。

其次，人力资源的分配也是数字营销策略的重要组成部分。不同的目标市场可能需要不同的人力资源支持。例如，对于一个新兴市场，企业可能需要派遣更多的销售人员和推广团队，以建立品牌形象和扩大市场份额。而在成熟市场上，企业可能需要更多的客户服务和售后支持人员，以保持客户忠诚度和满意度。因此，企业需要根据目标市场的特点和需求，合理规划人力资源的配置。

最后，选择和使用合适的营销手段也是资源分配的重要考虑因素。不同的目标市场可能需要不同的营销手段来实现最佳效果。例如，在年轻群体中，企业可以借助社交媒体、在线广告和明星代言来提高品牌曝光度和影响力。而对于高端市场，企业更倾向于利用精心安排的线下活动、高端杂志和专业展览来提升品牌形象和销售额。因此，企业应深入了解目标市场的消费者特征和购买行为，以选择最适合的营销手段。

除了上述资源分配，企业还需要考虑市场定位策略的重要性。市场定位是指企业将自身产品或服务与竞争对手区分开来，并满足目标市场的特定需求和愿望。在选择目标市场时，企业可以依据目标市场的大小、增长潜力、竞争程度和可利用资源等因素来确定。然后，在市场定位时，企业需要将重点放在产品或服务的特点、差异化优势以及与目标市场的沟通方式上。

企业需要明确产品或服务的特点，包括功能、性能、质量、设计等方面。这些特点可以满足目标市场的特定需求，并将企业的产品或服务与竞争对手区分开来。例如，如果目标市场注重环保和可持续发展，则企业可以突出产品的环保特性和可再生材料使用。

企业需要找到差异化优势，即在目标市场上与竞争对手不同的特点。这可以是产品的独特功能、个性化定制、独特的品牌形象或出色的客户服务等。通过差异化优势，企业能够在激烈的市场竞争中脱颖而出，并吸引目标市场的消费者。

企业需要选择适合目标市场的沟通方式，以有效地传达产品或服务的特点和差异化优势。沟通方式包括广告、促销、公关、网络营销等。根据目标市场的消费者特征和媒介使用习惯，企业应选择合适的沟通渠道和媒介，以最大限度地传达产品或服务的价值和优势。

5.2.2 产品组合的开发和管理

通过产品开发和改进、产品定位、产品组合的全面管理，企业可以在市场上获得竞争优势，提升消费者体验，实现销售增长和市场份额的扩大。

（1）产品开发和改进。

产品开发不仅是对现有产品进行评估和改进，还需要洞察市场的需求和趋势，积极进行新产品的研发和创新。

首先，在产品开发的过程中，对现有产品进行评估和改进至关重要。企业需要对产品的性能、功能、质量、设计等方面进行全面的检查和优化。通过对现有产品的改进，企业可以提高产品的竞争力和市场占有率，从而实现持续增长和盈利。

其次，企业需要密切关注市场的需求和趋势，以充分满足消费者的需求。通过市场调研和分析，企业可以了解消费者的偏好和购买习惯，抓住市场机遇，及时推出符合市场需求的新产品。同时，企业还需要关注市场竞争情况，了解竞争对手产品的优势和劣势，有针对性地进行产品创新，以实现差异化竞争优势。

再次，新产品的开发需要综合考虑消费者需求、竞争情况以及技术和资源条件等各个方面。企业需要借助市场调研和消费者洞察，了解消费者的真实需求，设计和开发出符合消费者期望的产品。同时，企业还需要考虑技术的可行性和资源的可用性，确保新产品的开发能够顺利进行。

最后，企业在产品开发中还应注重创新和持续改进。创新是推动企业发展的关键动力，通过创新和持续改进，企业可以不断推出更具竞争力的产品，满足消费者不断变化的需求。企业可以借助技术创新、设计创新、市场创新等手段，不断提升产品的附加值和竞争力。

（2）产品定位。

通过确定产品的竞争力和差异化优势，结合目标消费者的需求和市场趋势，充分了解竞争对手的特点，并充分利用企业的资源和能力，企业可以实现差异化定位，吸引目标消费者的关注，增加销售量和市场份额。

产品定位的核心是确定产品的竞争力和差异化优势。企业需要准确地了解产品的特点和优势，并将其与竞争对手的产品进行对比。通过对产品进行差异化定位，企业可以确定产品的独特卖点，以此来吸引潜在消费者的注意力。

企业需要了解目标消费者的特征、购买行为和消费习惯等信息，以此为基础来确定产品定位。通过将产品定位与目标消费者的需求紧密结合，企业在市场上建立起产品和消费者之间的紧密联系。

企业还需要充分考虑市场需求和趋势。市场需求的不断变化决定了产品定位需要具备灵活性和时效性。企业需要时刻关注市场动态，把握市场趋势，根据市场需求的变化调整产品定位，以适应市场的变化并保持竞争优势。

竞争对手分析也是产品定位的重要内容。了解竞争对手的产品特点、定位和销售策略，可以帮助企业更好地确定自身产品在市场上的定位和差异化优势。通过分析竞争对手，企业可以更好地规划产品的定位策略，避免与竞争对手在市场上发生直接的冲突和竞争。

产品定位需要考虑企业的资源和能力。企业需要评估自身的研发、生产、营销等资源和能力，以确定产品定位的合理性和可行性。同时，企业需要确保能够充分利用自身的资源和能力来支持产品的开发和推广。

（3）产品组合的全面管理。

产品组合的全面管理是企业在市场竞争中保持竞争力和地位的关键。企业应该全面考虑产品的上市和退市、产品的生命周期管理、产品品质和服务的管理等多个方面，制定相应的策略和措施，以确保产品能够在市场上获得成功并持续发展。

在产品上市阶段，企业需要制定有效的推广和销售策略，以确保产品在市场上获得良好的曝光度和销售业绩。首先，企业可以通过数字营销手段进行广告宣传，如在社交媒体平台进行推广、通过搜索引擎优化提高产品的搜索排名等，从而提高产品的知名度和曝光度。其次，企业需要通过线上线下渠道进行产品的推广和销售，通过电子商务渠道、实体店铺等多种销售渠道来满足不同消费者的购买需求。

在产品的生命周期管理方面，企业需要根据产品所处的不同阶段采取相应的策略。创新是产品生命周期管理的重要一环，企业应该不断进行产品创新，以满足不断变化的消费者需求。此外，产品的升级和改进也是产品生命周期管理的重要手段，通过产品功能的改进和优化，企业可以延长产品的生命周期并提高其市场竞争力。

产品组合的全面管理还包括产品品质和服务的管理。产品品质是产品竞争力的基础，企业应该重视产品品质管理，不断提升产品质量。同时，企业还应该关注产品的售后服务，建立健全的售后服务体系，提供优质的客户服务，以提升客户体验和满意度。优秀的产品品质和服务可以帮助企业建立良好的品牌形象和客户口碑，从而提高客户忠诚度和形成口碑传播效应。

5.2.3　定价策略的制定与实施

定价策略是指企业根据市场需求和竞争情况，确定产品的价格水平的方法。在数字营销组合策略的实施过程中，需要从以下几个方面制定与实施定价策略。

（1）了解市场需求和消费者行为。

在制定定价策略之前，企业需要进行深入的市场需求和消费者行为调查与分析。这些信息是制定有效的定价策略的基础。了解市场需求和消费者行为可以帮助企业确定适当的价格水平，并了解消费者对价格的敏感度，进而制定合理的定价策略。

企业需要研究并分析市场的规模和增长趋势、消费者群体以及消费习惯。通过了解市场需求，企业可以确定潜在的消费者数量和他们对产品或服务的需求程度。这有助于企业把握市场的发展方向，为定价策略提供参考依据。

企业需要了解消费者对价格的敏感度以及其对产品或服务的需求弹性。通过市场调研和分析，企业可以确定消费者对产品价格的反应，并据此制定灵活的定价策略。例如，对于价格敏感的消费者群体，企业可以考虑制定更具竞争力的价格策略以吸引更多消费者；而对于价格不敏感的消费者群体，企业可以灵活调整价格以提高利润。

了解市场上竞争对手的定价策略也是制定定价策略的重要参考因素。企业需要研究竞争对手的产品定价和市场份额，以及它们对消费者的影响程度。通过了解竞争对手的定价策略，企业可以确定自身与竞争对手之间的差异化定位，并制定相应的定价策略。企业应考虑产品的独特性、品质以及附加值等因素，在市场竞争中获得竞争优势。

（2）确定定价目标。

在制定定价策略之前，企业需要确定定价目标。定价目标是企业在制定定价策略时所追求的目标和意图，可以根据企业的战略和市场情况来确定。不同的定价目标将引导企业采取不同的定价策略，以实现与目标相符的结果。

企业通过制定高价格来获取更高的利润，这对于提高企业的经济效益非常重要。在追求高利润的情况下，企业可以采取高价策略，但价格应与产品的价值和竞争力相匹配，以避免消费者的反感和市场份额的减少。

企业可以通过制定低价格来吸引更多的消费者，从而扩大其市场份额。在追求市场份额扩大的情况下，企业可以采取低价策略、促销活动或套餐销售等手段来提高产品的市场竞争力，吸引更多的消费者选购自己的产品。

与竞争对手进行价格竞争也是一种常见的定价目标。企业可以制定与竞争对手相近或稍低的价格，以吸引更多的消费者。在与竞争对手进行价格竞争时，企业需要格外关注成本控制和效率提升，以确保在价格战中取得竞争优势。

（3）确定定价方法。

确定定价方法是企业营销管理中不可或缺的一环。在确定定价方法之前，企业需要进行市场调查与分析，了解市场需求和消费者行为的重要性。市场调查和分析可以帮助企业更好地了解消费者对产品或服务的需求，以及他们对价格的敏感度和支付能力。这有助于企业确定适当的价格范围，并制定出具有竞争力的定价策略。

企业可以通过市场调研和分析，获取关于目标市场的详细信息，包括消费者的偏好、购买习惯、需求变化等。了解市场需求可以帮助企业把握市场趋势，预测市场需求的变化，并据此调整定价策略，以满足消费者的需求，保持竞争力。

企业需要研究竞争对手的定价方式，在竞争中保持竞争优势。充分了解竞争对手的定价策略可以帮助企业调整自己的定价策略，与竞争对手进行价格竞争，并选择适当的价格战略，如价格领导战略、价格跟随战略等。

不同的定价目标对应着不同的定价策略。例如，如果企业追求高利润，则它可以选择高价策略，以实现更高的利润率；如果企业打算扩大市场份额，则它可以选择低价策略，以吸引更多的消费者；如果企业决定与竞争对手进行价格竞争，则它可以选择拟合定价策略，即以竞争对手的价格为基准进行定价。

企业还需要考虑价格的灵活性和调整机制。市场需求和竞争状况会发生变化，因此企业需要灵活调整价格，以适应市场变化。企业可以考虑采用差异化定价策略，根据不同的细分市场和消费者群体制定不同的价格。此外，企业还可以考虑引入定价弹性，根据产品或服务的不同特性和价值调整价格水平。

（4）实施和监控定价策略。

在实施数字营销组合策略时，企业需要充分考虑定价策略，并对价格进行监控和调整。定价策略对企业的数字营销活动具有重要影响：既影响消费者的购买决策，也直接影响企业的盈利能力。

为了有效实施定价策略，企业需要时刻了解市场变化和竞争对手的动态。市场环境常常发生变化，包括市场需求、消费者行为和竞争压力等。企业应定期进行市场调查和分析，以获取关于市场趋势和消费者偏好的信息。这些信息对于制定和调整定价策略至关重要。此外，了解竞争对手的定价策略和行为也非常重要。企业可以搜集竞争对手的定价信息，并进行比较和分析。这有助于企业了解竞争对手的价格水平和策略，从而在定价时做出更明智的决策。

企业需要根据市场变化和竞争对手的动态及时调整和优化定价策略，这涉及定价策略的灵活性和调整机制。企业可以根据市场需求的变化，对不同的产品或服务采用不同的定价策略。例如，对于热销产品或市场份额较大的产品，企业可以制定较高的价格；而对于新产品或市场份额较小的产品，企业可以制定较低价格以吸引消费者。此外，企业还可以根据产品的不同特征和价值制定差异化定价策略，以满足不同消费者群体的需求。

定价策略的调整和优化也需要紧密关注消费者的反馈和市场反应。企业可以通过市场反馈机制，如市场调研、消费者反馈和销售数据分析等，了解消费者对价格的敏感度、接受度和支付能力。根据消费者反馈和市场反应，企业可以及时调整价格，以提高市场竞争力和盈利能力。

5.2.4 促销策略的选择和执行

促销策略是指企业为了增加销售量和市场份额而采取的各种销售促进手段和方法。在实施数字营销组合策略时，需要从以下四个方面选择和执行促销策略。

（1）促销目标的确定。

企业确定促销目标是制定促销策略的前提和基础。不同的目标需要选择不同的促销策略来实现。增加销售额、提高产品知名度、改善市场形象和提高客户忠诚度等都可能是企业的促销目标。企业在确定促销目标时，应该综合考虑自身实际情况和市场需求，并选择相应的促销策略来实现这些目标。

一是增加销售额。销售额的增加直接影响企业的经济效益。通过促销活动，企业可以吸引更多的消费者购买产品或服务，从而增加销售额。为了达到这个目标，企业可以采取降价促销、满减活动、赠品促销等策略。

二是提高产品知名度。产品知名度的提高可以帮助企业吸引更多的潜在客户并增加市场份额。为了提高产品知名度，企业可以选择广告宣传、公关活动、赞助活动等策略。通过在媒体上展示产品的优势和特点，企业可以增强消费者对产品的认知和兴趣。

三是改善市场形象。企业的市场形象直接影响消费者对产品的态度和购买意愿。通过塑造积极的市场形象，企业可以增强消费者对产品的信任和好感，增加销售额和市场份额。为了达到这个目标，企业要注重产品质量、提升售后服务、参与公益活动等，从而提升企业的公信力和形象。

四是提高客户忠诚度。忠诚的客户能够为企业带来更多的重复购买和口碑宣传。为了提高客户忠诚度，企业可以制定会员制度，开展积分兑换、折扣优惠等活动，以激励客户对企业的长期支持。

（2）促销手段和策略的选择。

企业在选择促销手段和策略时，需要综合考虑目标市场和产品特点，以及预算和资源等因素。广告、促销活动、促销品等都是有效的促销手段和策略。

通过在媒体上投放广告，企业可以向大众传达产品的信息和优势，提高产品知名度并吸引潜在客户。在选择投放广告的渠道时，企业需要考虑目标市场的特点和消费者的媒体偏好。例如，如果目标市场主要是年轻人群体，则企业可以选择在社交媒体平台上进行广告投放。

促销活动可以帮助企业吸引消费者购买产品，并增加销售额。根据产品特点和目标市场，企业可以选择不同的促销活动，如满减、折扣、买赠等。此外，企业还可以组织限时限量的促销活动，增强消费者的购买欲望。

企业可以设计和生产具有品牌标识的促销品，如 T 恤、水杯、笔记本等，并通过赠送或销售的方式将其传递给消费者。促销品不仅可以提升产品的曝光度，还可以提高消费者对产品的好感度和忠诚度。

联合促销和线上促销也是企业可以考虑的促销策略。联合促销是指企业与其他相关企业携手合作，通过双方资源共享，协同推广产品，达到共同促销的目的。例如，企业可以与同行业的其他企业合作举办联合促销活动，通过合作推广、共同参与广告等方式互利共赢。而线上促销则是指通过互联网渠道进行促销活动，如通过电子商务平台进行打折促销、团购、秒杀等。线上促销具有成本低、受众广等优势，可以进一步扩大促销活动的影响范围。

（3）促销活动的执行。

在执行促销活动时，企业需要考虑时间、地点、方式等方面，并结合数字营销手段进行传播和宣传，以最大限度地提升促销活动的效果。

企业需要合理安排促销活动的时间。选择适当的时间开展促销活动可以更好地吸引目标消费者的注意力。例如，在节假日、周末或特定的购物季开展促销活动，可以利用人们的闲暇时间，增强他们的购买意愿。企业还应考虑竞争对手的活动时间，避免产生冲突或被淹没。

选择合适的地点也是执行促销活动的关键。应该选择目标消费者经常出入的地方，比如购物中心、超市、商场等，这样可以确保促销活动的目标受众范围更广，提高接触概率，进而增加销售机会。此外，企业还可以根据不同产品的特点选择不同的销售渠道，比如通过线上渠道开展促销活动，抑或是选择线下渠道进行实地体验。

在促销活动的方式上，企业需要灵活运用各种手段，如折扣、满减、赠品等。这些促销手段可以有效诱导消费者购买，激发他们的购买欲望。此外，企业还可以通过推销员的推销、群发短信、电话推销等方式来直接接触消费者，向他们传递促销信息。

数字营销手段在促销活动的执行中扮演着重要角色。通过互联网、社交媒体等渠道进行传播和宣传，企业可以提升促销活动的曝光度和传播效果。例如，企业可以在社交媒体平台上发布促销信息，通过分享、点赞、评论等方式扩散信息，吸引更多的消费者参与活动。

（4）促销效果的评估和调整。

通过设定明确的目标、收集相关数据、选择合适的评估方法，企业可以及时了解促销活动的实际效果，并进行相应的调整和优化。

在促销活动开展的初期，企业需要设定明确的目标。这些目标包括销售额增长、市场份额增加、客户忠诚度提高等等。在设定目标的同时，企业还需要确定合适的指标来评估目标的达成情况。例如，通过销售额的增长和市场份额的增加来评估促销活动的成效。

企业需要收集相关数据来评估促销效果。可以通过销售数据、市场调研、客户反馈等方式来获取必要的数据。这些数据可以帮助企业了解促销活动对销售和市场份额的实际影响，并评估促销手段的有效性。此外，还可以将数据与其他数据对比，如历史销售数据、竞争对手的销售数据等，来判断促销活动的贡献度。

评估促销活动效果的指标有很多种，比如销售额增长率、市场占有率、客户满意度等。企业可以根据实际情况选择最适合的指标进行评估。基于评估结果，企业需要及时调整和优化促销策略。如果促销活动的效果不如预期，则企业可以考虑调整促销手段、提升活动的吸引力，以及改进活动的开展方式。例如，如果线下促销活动的销售额增长率不理想，则可以考虑增加促销人员的数量或者改变促销方式，如加大宣传力度或者增加特价商品的种类。

联合促销和线上促销是促销效果的评估和调整中常用的策略。联合促销可以通过与其他品牌合作，共同开展促销活动，扩大影响力和销售渠道。联合促销的成功与否可以通过合作伙伴的销售数据、市场份额的提升等指标来评估。线上促销则可以通过电子商务平台、社交媒体等渠道进行，通过数据分析和客户反馈来评估促销活动的效果，并进行相应的调整。

【案例】 喜茶×FENDI：奢侈品牌平民化引热议

2023 年 5 月 17 日，喜茶携手意大利奢侈品牌 FENDI 推出的“FENDI 喜悦黄”联名饮品在各大社交媒体平台刷屏，让喜茶再一次出圈爆火，也将“喜茶 FENDI 联名”的话题送上微博热搜，让许多网友调侃“这可能是这辈子离奢侈品最近的距离”。此次联名产品单杯售价为 19 元，38 元买两杯还能选一个杯垫或者徽章周边。同时，不同于门店自提的纸质袋子，外卖配送用的是保温袋的包装，通体主色是 FENDI 喜悦黄，一面是喜茶的标志，另一面是 FENDI ROMA 字样，很多人提到似乎有一种提着奢侈品的“幻觉”。

在营销推广方面，喜茶充分利用社交媒体平台不断提升活动热度，在正式官宣联名前，喜茶发布了一条“5 月的喜茶，属于?”的微博，又把各大官方社交媒体账号纷纷换成了黄底、黑色正反“阿喜”侧面半身像标志的头像；同时，不少社交媒体 KOL 也陆续披露了自己被品牌方邀请的信息，纷纷为这一联名助力，一个个传播小热点随之而来，直至 5 月 17 日达到高潮。而更多衍生传播来自消费者们的二次创作，有买不到喜茶而自己做同类手工的，也有二次利用杯身当花瓶的……这类似于此前喜茶和藤原浩联名引发的一轮灵感二次创作风潮。

喜茶此次联名的效果也非常显著。在微博上，“喜茶 FENDI 联名”话题阅读次数达到 4 079 万，超过 9 000 人参与讨论；在小红书上，以喜茶和 FENDI 为关键词进行搜索，“人生第一件 FENDI 是喜茶给的”此类评论火热出圈。

5.2.5 渠道策略的设计和管理

合理的渠道策略可以有效提升销售业绩、增加市场份额和增强品牌的影响力。企业在进行渠道策略的设计和管理时，需要综合考虑多个方面的因素，包括渠道选择、渠道合作、渠道推广和渠道评估。

（1）渠道选择。

企业在选择销售渠道时，应综合考虑产品定位、市场需求以及企业资源情况，选择最适合自己的销售渠道。不同销售渠道有不同的特点、优势和劣势，企业需要根据自身情况做出权衡和决策，以实现最好的销售效果和利润最大化。

直销作为一种销售模式，可以实现对客户的直接沟通和销售。企业可以通过自己的销售团队或专属销售渠道，与客户直接接触，了解客户需求并提供个性化的解决方案。直销模式可以帮助企业建立更加密切的客户关系，提高客户对产品和服务的满意度。此外，直销模式还可以更好地推动销售，快速传递信息，提高销售速度和市场反应能力。然而，直销模式也存在一些挑战和限制。首先，企业采取直销模式时需要投入大量的人力、物力和财力去建立销售团队和销售网络，成本较高。其次，直销模式对于企业的销售能力和销售团队的建设要求较高，销售团队需要具备一定的销售技能和销售经验，企业也需要有效管理和维护销售团队，确保销售效果的稳定和持续。

代理商作为另一种销售渠道，可以为企业提供更好的区域拓展和售后服务。通过与代理商的合作，企业可以将产品推广到更多的区域，扩大市场覆盖范围。代理商可以借助自身的销售网络和资源，快速推广和销售产品。同时，代理商也可以为客户提供更便捷、更专业的售后服务，提高客户满意度。然而，与代理商合作也存在一些风险和挑战。首先，代理商对于产品的控制力较低，企业需要与代理商保持密切的沟通并进行管理，以确保产品和服务质量的稳定和提升。其次，代理商可能会面临自身利益和企业利益的矛盾，企业需要与代理商建立良好的合作关系和利益共享机制，以保持长期稳定的合作。

分销商也是一种销售渠道，可以为企业提供更大的市场覆盖面。企业通过与分销商合作，可以将产品快速地推向多个市场和渠道，提高产品的知名度和增加市场份额。分销商可以借助自身的销售渠道和渠道资源，有效拓展市场并提高产品销售量。然而，与分销商合作也存在一些问题。首先，分销商一般会要求一定的利润空间，对企业的利润水平有一定的压缩作用。其次，分销模式可能会导致企业与终端客户之间的距离进一步拉开，企业需要通过其他方式与客户保持良好的关系，了解市场需求和产品反馈。

（2）渠道合作。

渠道合作能够帮助企业与渠道伙伴建立长期稳定的合作关系，共同开发市场和推广产品。在进行渠道合作时，企业需要明确合作方的责任和权益，并建立有效的合作机制和沟通渠道。双方应该相互支持，共同制定推广计划和销售目标，并定期进行业绩评估和激励。

建立良好的合作关系是渠道合作的基础。企业和渠道伙伴应该相互信任、理解和支持，建立良好的沟通渠道，及时解决合作中的问题和纠纷，这样，企业才能获取更多的销售机会和利润。

共同制订推广计划和确定销售目标是渠道合作的核心。企业和渠道伙伴应该共同研究市场需求和竞争情况，制订切实可行的推广计划和确定合理的销售目标。双方应该明确各自的责任和权益，并按照合作协议的约定来履行。

定期进行业绩评估和激励也是渠道合作的重要环节。企业和渠道伙伴应该建立有效的绩效评估机制，定期对合作业绩进行评估和激励。企业应有针对性地奖励优秀的渠道伙伴，同时也要对业绩不佳的渠道伙伴采取合理的激励措施或调整合作关系。

渠道合作也需要注意合作方的专业能力和资源情况。企业需要根据产品定位和市场需求来选择合适的渠道伙伴，并了解其销售能力、渠道覆盖范围和资源投入情况。只有与实力强大和资源丰富的渠道伙伴合作，企业才能更好地实现销售目标和利润最大化。

（3）渠道推广。

企业可以通过不同的渠道推广策略来吸引更多的目标客户，并提升品牌知名度和销售业绩。渠道推广可以分为线上渠道推广和线下渠道推广两个方面。

线上渠道推广是通过互联网渠道进行推广的一种方式。企业可以通过在线广告投放、搜索引擎优化、社交媒体推广等手段吸引更多的网站访问和线索生成。在线广告投放包括在搜索引擎、社交媒体平台、网站等地方购买广告位，通过精准的广告定向和创意设计，将广告展示给潜在客户。搜索引擎优化是通过优化网站的内容和结构来提高网站在搜索引擎中的排名，增加网站的曝光和流量。社交媒体推广是通过在社交媒体平台上发布有吸引力的内容，与用户进行互动和交流，提升品牌知名度和用户参与度。

线下渠道推广是以传统的方式进行市场推广。企业可以通过展览、促销活动和公关活动等手段来吸引更多的线下客户和增加销售机会。展览是企业将产品和服务展示给目标客户和行业观众的一种方式，企业可以通过参加行业展会和举办企业展览来吸引潜在客户了解和购买产品。促销活动包括打折、发放优惠券和赠品等，可以增强客户的购买意愿。公关活动是通过媒体关系和事件策划来提升企业品牌形象和影响力，吸引更多的目标客户和合作伙伴。

在进行渠道推广时，首先，要明确推广目标和目标客户。企业应该明确自己的推广目标是提升品牌知名度还是增加销售量，同时也要明确自己的目标客户是谁，他们的特点和需求是什么。只有明确了推广目标和目标客户，企业才能制定出有效的推广策略和措施。其次，要选择合适的推广渠道。企业应该选择与目标客户行为和兴趣相符的推广渠道，以最大化推广效果。例如，如果目标客户主要在线上购物和社交，那么企业应该更多地进行线上渠道推广；如果目标客户主要在线下购物和社交，那么企业应该更多地进行线下渠道推广。最后，要编制完整的推广计划和预算。企业应该根据自身资源情况和推广目标编制详细的推广计划和预算。推广计划包括推广目标、推广策略、推广渠道、推广内容等方面的详细规划和安排。推广预算则包括推广费用和资源投入等方面的预估和分配。只有在编制完整的推广计划和预算的基础上，才能对推广活动进行有效的监控和评估。

（4）渠道评估。

渠道评估是指通过监测和评估渠道销售和市场反馈，对渠道效益和销售业绩进行提升和优化。渠道评估指标的选择涉及销售额、市场份额、渠道覆盖面和客户满意度等多个方面。除此之外，与渠道伙伴的合作关系也是渠道评估的重要方面。

渠道评估的重要性在于及时发现问题和调整策略。通过持续监测销售和市场反馈，企业可以了解渠道运营中存在的问题和挑战。根据评估结果，组织可以及时进行调整和改进，以提升渠道效益和销售业绩。例如，如果某个渠道的销售额出现下滑，则企业可以通过调整促销策略或改善产品陈列来刺激销售额增长。通过定期评估，企业可以快速响应市场需求和变化，保持竞争优势。

评估指标对于渠道管理至关重要。销售额是最直接的评估指标之一，它反映了渠道的销售能力和市场需求。此外，市场份额也是评估渠道效益的重要指标，它可以帮助企业了解自身在市场中的竞争地位。通过定期评估市场份额的变化，企业可以调整渠道策略，增加市场份额，提高品牌知名度和忠诚度。此外，渠道覆盖面也是一个重要的评估指标，它反映了企业产品或服务所涉及的市场范围。通过评估渠道覆盖面，企业可以识别存在的漏洞并拓展新的销售渠道，从而扩大市场份额。

与渠道伙伴的合作关系对于评估和提升渠道效益至关重要。定期的会议和数据分享可以促进沟通和协作，帮助企业与渠道伙伴建立良好的合作关系。渠道伙伴是企业渠道销售的重要一环，通过共享数据和信息，企业和渠道伙伴可以更好地了解市场需求和变化，共同寻找提升渠道效益的方法和机会，通过协作和合作实现共赢的目标。

5.3 数字营销组合策略的评估与优化

数字营销组合策略的实施不仅需要做好实施的工作，还需要进行评估和优化。数字营销组合策略的评估与优化是企业持续获得市场竞争优势的关键。在评估过程中，需要设定适当的绩效评估指标来衡量数字营销组合策略的效果，还需要进行数据分析和评估，以了解市场反馈和消费者行为。在确定数字营销组合策略的弱点和改进的方向之后，优化策略的制定便成为一个关键的环节。在本节中，我们将探讨数字营销组合策略的评估与优化的方法和步骤，以帮助企业不断提升数字营销组合策略的效果，并取得更好的市场效果和业绩。

5.3.1　绩效评估指标的设定

绩效评估是对数字营销组合策略的效果进行量化分析的过程。在设定绩效评估指标时，需要考虑以下几个方面：

（1）目标与指标对齐。

在进行数字营销组合策略规划时，企业应该把整体营销目标与数字营销目标对齐。数字营销目标是企业在数字时代追求的具体数字化结果，既可以是实际销售额、市场份额的增长，也可以是品牌知名度的提升等。而整体营销目标则是企业通过数字营销实现的大目标，包括提高品牌价值、增加市场份额、增加销售额等等。

在设定绩效评估指标时，需要确保指标与目标之间的一致性。指标应该与数字营销目标相匹配。企业应根据数字营销组合策略的目标来设定相关指标：如果设定销售额增长的目标，则可以设定销售额指标；如果设定市场份额增长的目标，则可以设定市场份额指标；如果设定品牌知名度提升的目标，则可以设定品牌知名度指标；等等。这样一来，企业就可以通过设定的指标来评估数字营销组合策略对实际目标的影响。

（2）指标的可衡量性。

可衡量性是绩效评估指标的基本要求。数字营销组合策略的目标可以是销售额的增长、市场份额的增加、品牌知名度的提升等，而这些目标都可以通过具体的数据指标来衡量。例如，销售额作为一个指标能够直接反映数字营销对于企业销售业绩的影响；点击率能够评估数字广告的曝光效果；转化率能够评估数字营销组合策略中营销活动的转化效果。通过采集、分析和比较这些数据指标，企业可以对数字营销组合策略的效果进行量化评估。

指标的衡量方法需要明确。在设定指标时，企业应明确指标的计算方法和衡量标准，以确保数据的准确性和可比性。例如，销售额的衡量方法可以是累计销售额或每月销售额等，转化率的衡量方法可以是用广告点击次数除以转化次数等。同时，衡量标准也应根据企业的具体情况制定，比如，与上年同期相比的增长率、市场平均水平等。只有明确了衡量方法和标准，企业才能准确把握数字营销组合策略的效果。

（3）指标的时效性。

时效性是绩效评估指标设定过程中需要考虑的一个重要因素。数字营销组合策略的效果往往随着时间的推移发生变化，因此，设定绩效评估指标时，需要考虑指标的时间范围。可以将指标设定为日、周、月或季度等频率，以便及时捕捉数字营销组合策略的效果变化，并进行调整和优化。通过及时监测和评估，企业可以更好地了解数字营销组合策略在不同时间段的效果，并根据具体情况做出相应的调整和改进。

5.3.2 数据分析和评估方法

数据分析和评估是数字营销组合策略评估的重要环节。通过对数字营销活动所产生的数据进行深入分析和评估，企业能够发现问题、了解用户需求，并做出相应的优化调整。

（1）数据采集与整理。

企业通过采集与整理数字营销活动所产生的数据，可以深入了解用户行为、评估营销效果，为业务决策提供科学依据。

首先，需要明确需要采集的数据内容。根据企业的具体需求和数字营销活动的目标，确定需要采集的数据类型，如用户访问数据、交互数据、转化数据等。例如，对于一个电商企业而言，它可以采集用户的浏览记录、购买行为、支付情况等数据。

其次，选择合适的数据采集工具和分析平台。根据企业的需求和预算，在市场上选择合适的数据采集工具和分析平台。常见的数据采集工具包括 Google Analytics、百度统计等，这些工具可以在企业网站上添加相应的跟踪代码，实时采集用户的访问数据。而分析平台则可以对采集的数据进行清洗、整理和存储，以方便后续的分析和评估。

再次，进行数据采集。通过在企业网站上添加跟踪代码或插件，企业可以获取用户访问数据，如用户的地理位置、设备类型、访问时间等。同时，企业还可以采集用户的交互数据，如点击、浏览页面次数和停留时间等。另外，电商企业还可以通过电商平台的 API 获取订单数据、销售数据等。

然后，进行数据清洗和整理。采集的原始数据可能存在噪声和错误，需要进行数据清洗。数据清洗主要包括去重、去噪、纠错等操作，确保数据的准确性和可靠性。在清洗完成后，整理数据，按照一定的规则和格式存储，以方便后续的分析和使用。

最后，进行数据存储和备份。采集到的数据通常是海量的，需要选择合适的存储方式。可以选择云存储服务，如 AWS S3、阿里云对象存储服务（OSS）等，可以根据需要灵活扩展存储空间。同时，为了数据的安全性和可靠性，需要进行数据备份，避免数据丢失和损坏。

（2）数据分析方法。

数据分析是数字营销的核心环节之一。通过对采集的数据进行深入的探索和分析，数据分析可以揭示潜在的问题和机会，并提供优化策略和建议。在进行数据分析时，可以采用各种方法和技术，如数据挖掘、统计分析、机器学习等。

数据挖掘是一种从大量数据中发现潜在模式和知识的过程，它可以揭示数据背后的隐藏规律和趋势。常用的数据挖掘方法包括分类、聚类、关联规则挖掘等。例如，在数字营销中，可以使用分类算法对用户进行分群，将用户划分为不同的细分市场，以便针对不同的用户群体制定个性化的营销策略。

统计分析是对数据进行描述、推断、预测和控制的方法。利用统计分析，可以对数据进行可视化展示，找出数据之间的关系和趋势。常用的统计分析方法包括描述统计、假设检验、回归分析等。例如，在数字营销中，可以通过统计分析方法来评估广告活动的效果，判断广告投放对销售额是否产生了显著的影响。

机器学习是一种基于数据构建模型并进行预测或决策的方法。机器学习可以通过对大量数据的学习和训练，自动发现数据中的模式和规律，并对未知数据进行预测和分类。常用的机器学习方法包括决策树、支持向量机、神经网络等。例如，在数字营销中，可以使用机器学习算法建立用户购买意愿预测模型，根据用户的行为和属性预测其是否会进行购买行为。

（3）数据可视化与报告。

数据可视化是将数据转化为可视化图表和报告的过程，以视觉化的方式呈现数据分析结果，可以使数据更加直观和易于理解。可视化用简单直观的方式来展示数据的趋势、关联性和规律，从而帮助人们更好地洞察和理解数据。

在数字营销活动中，数据可视化可以帮助营销团队更好地了解数字营销组合策略的效果和结果。通过可视化分析，我们可以直观地看到各种数字营销活动的关键指标，如网站流量、转化率、广告点击率等。这样的视觉化呈现不仅有助于快速理解，还能帮助决策者迅速发现问题和机会。

为了实现数据可视化，我们需要选择合适的工具和平台。常见的数据可视化工具包括 Tableau、Power BI 和 Google Data Studio 等。这些工具提供了丰富的图表和可视化组件，用户可以根据需要选择合适的图表类型，如折线图、柱状图、饼图等，来呈现数据。此外，这些工具还提供了交互式功能，用户可以通过交互操作来深入了解数据。

除了选择合适的工具，对数据进行清洗和整理也是数据可视化的重要一步。在数据分析过程中，我们可能会遇到数据缺失、异常值和重复数据等问题。针对这些问题，我们需要对数据进行清洗和预处理，以确保数据的准确性和一致性。只有经过合理的整理和处理，才能准确地展示数据的图表和可视化结果。

数据存储和备份也是数据可视化需要考虑的重要问题。为了方便后续的数据可视化分析，我们需要选择合适的数据库或数据仓库来存储大量数据。此外，为了防止数据丢失或损坏，我们还需要定期进行数据备份，以便在出现意外情况时能够及时恢复数据。

在数据可视化过程中，我们可以运用不同的数据分析方法，如数据挖掘、统计分析和机器学习等，来揭示数字营销组合策略的潜在问题和机会。数据挖掘可以帮助我们发现数据中的隐藏模式和规律，从而提供更深入的分析和洞察。统计分析可以通过假设检验和回归分析等方法来分析不同因素对数字营销结果的影响。机器学习可以应用在预测和优化问题上，通过构建模型来预测用户行为和优化数字营销组合策略。

数据可视化还可以帮助我们整理和报告数据分析结果并提供优化建议。通过制作数据报告，我们可以将数据分析的结果和优化建议进行汇总和分享，以便与相关部门和人员进行讨论和决策。数据报告可以清晰地呈现数字营销的效果和问题，并提供相应的解决方案和优化策略，从而帮助业务团队更好地制定数字营销组合策略和做出决策。

5.3.3 优化策略的制定

基于数据分析和评估的结果，可以制定相应的优化策略，以提高数字营销组合策略的效果和效益。优化策略的制定可以从以下几个方面考虑：

（1）优化目标的设定。

优化目标的设定是在进行数据分析和绩效评估之后，明确需要优化的方向和目标。根据分析结果和评估指标的表现，我们可以确定需要改进的方面，并设定相应的目标来指导优化工作。一个清晰的优化目标可以帮助团队聚焦于关键问题，并制定明确的优化策略。

在设定优化目标时，我们首先需要关注数据分析的结果。通过对数据进行深入的分析，我们可以找出当前存在的问题和瓶颈。例如，我们可以通过分析网站的用户行为数据来发现转化率较低的原因，或者通过对广告投放效果的评估来发现广告投资回报率较低的问题。这些数据分析结果可以帮助我们确定需要优化的方向。

除了数据分析，绩效评估也是设定优化目标的重要依据。根据当前绩效评估指标的表现，我们可以找出绩效不佳的领域，并设定具体的优化目标。例如，如果发现广告点击率较低，我们就可以将优化目标设定为提高广告点击率。如果发现网站的平均访问时长较短，我们就可以将优化目标设定为增加用户的停留时长。

在设定优化目标时，我们需要确保目标具有一定的可行性和可衡量性。可行性是指设定的目标在实际操作中能够达到。我们需要根据团队的能力和资源情况，合理设置目标的难度和挑战度。可衡量性是指设定的目标能够通过具体的指标进行衡量和评估。我们需要明确设定相应的评估指标，以便在优化过程中量化目标的完成情况。

优化目标的设定也需要考虑组织的长期战略和目标。我们需要将优化目标与组织的整体发展相结合，确保优化工作能够对实现组织的长期目标产生积极的影响。例如，如果组织的长期目标是提升用户体验，那么我们可以将优化目标设定为改善网站的用户体验指标。

（2）优化策略的制定。

在设定了优化目标之后，确定相应的优化策略和计划是非常重要的。优化工作是一个持续不断的过程，需要不断迭代和改进，以确保达到设定的目标。

在制定优化策略时，我们应该综合考虑市场和竞争情况、用户需求和行为特征，以及自身资源和能力等因素。只有有针对性地制定优化策略，才能更好地满足用户的需求，提升企业的竞争力。

我们可以考虑改进营销内容和推广渠道。通过分析市场和竞争情况，我们可以了解目标用户的喜好和消费习惯，从而制定更加精准的营销内容。同时，我们还可以探索新的推广渠道，如社交媒体和个性化推荐等，提升品牌曝光度，吸引更多的潜在用户。

提升用户体验和购买便利性也是一项重要的优化策略。通过对用户行为特征的深入分析，我们可以发现用户在使用产品或接受服务时可能遇到的问题和痛点。我们应积极解决这些问题，优化产品的功能和性能，提升用户体验。此外，我们还可以优化用户的购买流程，缩短购买时间，提升购买的便利性，从而促进用户的转化率和二次购买率的提升。

提升品牌形象和口碑也是一项重要的优化策略。通过提升品牌形象和口碑，我们可以增强消费者对于品牌的认知和信任，从而在激烈的市场竞争中脱颖而出。我们可以通过提供优质的产品和服务、与用户保持良好的互动和沟通、积极参加行业活动和展会等方式来加强品牌建设。

(3) 优化效果的评估。

在制定优化策略之后，对其效果进行评估是非常重要的。通过评估优化策略的效果，我们可以知道策略是否达到了预期的目标，并根据评估结果进行进一步的调整和优化，以达到更好的效果。

优化效果的评估依赖于合适的指标和数据分析。我们需要明确设定可衡量的指标，这些指标应该与优化目标及战略方向相一致。例如，如果我们的优化目标是提升用户转化率，则可以将指标设定为每月新增用户数量或每月订单量等；如果我们的优化目标是改善用户体验，则可以将指标设定为用户满意度或页面访问时长等。选择适当的指标可以帮助我们更加准确地评估优化策略的效果。

我们需要进行跟踪和监测，以收集相关的数据。我们可以使用数据分析工具和技术来收集用户行为数据、市场数据和竞争数据等，以了解当前的情况并对优化策略进行评估。我们可以使用工具来追踪关键指标并监测其变化趋势，例如使用 Google Analytics 来跟踪网站流量和用户转化率，使用社交媒体分析工具来评估品牌曝光度和用户参与度等。通过不断地收集和分析数据，我们可以了解到优化策略的效果，并发现可能存在的问题和改进空间。

评估结果的分析和解读是评估优化效果的关键步骤。我们需要仔细分析收集到的数据，从中获取有关优化效果的洞察和结论。例如，如果我们发现用户转化率有所提升，我们就可以进一步分析数据，了解是哪些优化策略对转化率的提升起到了重要作用，并为未来的优化工作提供指导。同时，我们还需要将优化效果与设定的优化目标进行对比，判断优化策略是否达到了预期的效果。如果没有达到，则应进一步探索原因并制定相应的改进措施。

基于评估结果，我们可以进一步调整和优化策略。根据评估结果分析，我们可以确定哪些优化策略有效，从而继续推进这些策略并加以强化。同时，我们也可以识别出哪些策略效果不佳，需要进行调整或尝试新的策略。通过不断迭代和改进，我们可以提升优化策略的效果，并逐步实现设定的优化目标。

章末案例

瑞幸×茅台："酱香拿铁"火爆出圈

2023 年 9 月 4 日，瑞幸咖啡与贵州茅台跨界联名，推出了年度重磅新品——"酱香拿铁"。此次联名产品一经上市就迅速成为网红爆款，火速出圈，消费者纷纷抢购，在社交媒体平台上打卡。"酱香拿铁"与一般新茶饮联名款不同，不仅在包装上融合了两个品牌的特色，还在产品研发方面诚意十足。贵州茅台提供了当家的经典产品“53度飞天茅台”，为了把高度白酒带有的浓烈刺激感变得更柔和，瑞幸和贵州茅台双方的研发团队从口感质地、风味融合等多个维度反复考量，最终选定用质地更为浓郁的厚乳作为奶基底打底，搭配瑞斯奇托精粹工艺，将茅台酒的酱香风味与咖啡风味充分结合，既没有酒精的刺激感，整体口感也更加香甜柔顺。每一杯“酱香拿铁”都含有贵州茅台酒，并融入金奖咖啡。美酒加咖啡的产品组合，也符合当下社交媒体的传播话题，呼应了职场人“早C晚A”的需求，“一边清醒，一边醉”。

在产品宣发方面，品牌也是做足了功夫。微醺状态的瑞幸标志，预热海报融合酒文化暗语，用酒香描述新产品口味，商业电视广告从不同场景展现年轻人的新型“酱香文化”。最终，“酱香拿铁”日销量达542万杯，单品销售额超过1亿元；微博、抖音、小红书等各平台热搜霸榜；上线首日品牌微信指数环比上涨1 535%；“亲爱的瑞”文体爆火，引来各大品牌集体告白，引起了第二波网友讨论热潮。

问题：“酱香拿铁”为何火爆？

本章小结

数字营销是企业在数字时代实现营销目标的重要手段。本章详细介绍了数字营销组合策略，具体包括市场细分和目标市场策略、产品组合策略、定价组合策略、促销组合策略和渠道组合策略。在实施数字营销组合策略时，企业需要进行市场细分和目标市场的选择、产品组合的开发和管理、定价策略的制定与实施、促销策略的选择和执行以及渠道策略的设计和管理。数字营销组合策略的评估与优化是企业获得市场竞争优势的关键，需要设定适当的绩效评估指标、进行数据分析和评估，以及制定优化策略。

概念和术语

数字营销组合策略　目标市场策略　产品组合策略
定价组合策略　促销组合策略　渠道组合策略

思考题

1. 在数字营销中，如何进行市场细分与目标市场的研究和分析？
2. 在数字营销中，定价策略的制定与实施对于企业的市场竞争力和销售业绩有什么影响？如何确定定价目标和方法？

延伸阅读

赵玮，廖四成，廖波．面向用户体验的“社交+电商”全场景营销策略分析．商业经济研究，2021（15）：68－71.

参考文献

［1］Evans，D. *Social Media Marketing：The Next Generation of Business Engagement*. New Jersey：Wiley，2010.

［2］Ryan，D.，and Jones，C. *Understanding Digital Marketing：Marketing Strategies for Engaging the Digital Generation*. London：Kogan Page Publishers，2019.

［3］彭筱星．基于大数据的快时尚服装品牌数字营销策略研究．商业经济研究，2020（14）：81－83.

［4］屈娟娟．人工智能及大数据技术在数字营销中的应用．商业经济研究，2020（10）：78－80.

［5］王赛．数字时代营销战略的转型方法论．清华管理评论，2016（9）：39－45.

第6章 技术支撑与数字营销实践

教学目标

1. 掌握数字营销相关技术的概念与特征。
2. 了解数字营销相关技术的兴起与发展。
3. 分析各种新兴技术在数字营销中的应用场景。

重点与难点

各种新兴技术在数字营销中的应用。

素养目标

正确认识数字营销相关技术应用可能带来的伦理挑战。

引导案例

数字时代上海家化“佰草集”的营销投资策略

快速消费（简称“快消”）品行业主要涵盖日常消费的基础商品，如食品、饮料、家居和个人护理产品。该行业的特点是产品周转率高、生命周期短。鉴于消费者对快消品的购买频率较高，因此品牌知名度、品牌价值观和消费者互动至关重要。

在数字时代，消费者的购买行为发生了深刻变化。他们越来越多地通过互联网获取信息和消费，购买行为更加碎片化和个性化。这对快消行业的营销提出了新的挑战。

上海家化是一家拥有完善的品牌矩阵的美妆日化公司。该公司坚持全渠道、全覆盖式发展，集研发、生产、销售于一体。该公司根据2022年的战略部署，确定了“以消费者为中心、品牌创新、渠道进阶、文化、系统流程和数字化”的经营方针。

2022年，上海家化持续加强核心品牌建设，通过营销创新来提升品牌影响力和市场竞争力，其营销策略主要包括以下三个方面：

（1）品牌创新。公司紧扣市场趋势和消费者需求进行产品开发和品牌升级，打造高端化、年轻化和功效化的美妆品类、多场景应用和细分化的个护品类、专业性和安全性兼具的母婴品类。公司通过多维度的营销活动提升品牌的流量、声量和口碑，实现品效合一，促进招新和复购。

（2）渠道进阶。公司持续推进渠道发展和转型，优化电商渠道的精细化运营，提升全渠道用户运营的效果，推动特殊渠道的零售化转型，提升线下渠道的动销、服务体验和招新能力。

（3）文化、系统流程和数字化。公司注重人才梯队的建设，对流程和数据进行优化和治理，通过数字化转型提升爆品打造、营销投放、销售费用投放等方面的效率和效果，并推动仓储网络优化和提升供应链效率。

上海家化的营销策略体现了该公司对市场变化的敏锐洞察和对消费者需求的深刻把握。品牌升级、产品创新、渠道拓展和营销活动等多维度的举措提升了公司的品牌价值和市场份额，为公司的可持续发展奠定了坚实的基础。

上海家化的美妆品牌佰草集是一家专注于中草药护肤的民族品牌，以抗衰老、纯天然中草药为卖点，主打30岁以下年轻女性敏感肌市场。该品牌凭借独特的中草药护肤理念，在“国潮热”的背景下，专注打造“特色草本×科技赋能”的核心竞争力，将研发资源大部分投放在中草药研究上，力争成为化妆品中高端市场的头部品牌。

佰草集在品牌发布后的前13年都处于亏损状态，直到第14年才开始盈利并逐渐稳定。上海家化2021年、2022年的品牌费用投入约为15%，其中佰草集的营销费用投入在平均水平之上。

佰草集采取线上线下全渠道融合的营销模式。2022年，佰草集的4大功能线全面布局，在营销方面继续夯实品牌高端化、年轻化、高功效、高安全性的科研级本草形象。品牌持续聚焦“太极”系列打造爆品，该系列用户画像显示，超过60%的用户是年轻白领，初步实现了品牌消费客群的迭代升级。同时品牌升级“新七白”系列，扶植美白潜力赛道；上市“双石斛”保湿系列，吸引更年轻的消费者。

佰草集将营销投资结构与用户价值驱动因素相结合，重点投资于产品价值。佰草集不断提升产品品质，推出了一系列契合消费者需求的产品，获得了消费者的认可。同时，佰草集还加强了品牌建设，提升了品牌知名度和美誉度。佰草集的营销实践取得了显著成效。2022年，佰草集实现营业收入200亿元，同比增长20%。佰草集的Z世代用户占比上升了62%，复购率也显著提高。

案例研究结果表明，产品价值方面的投资对用户价值核心因素的影响最大，回报最显著。因此，快消企业应优化营销投资结构，重点投资于产品价值，以提升短期营销效果。同时，企业也需要加强品牌价值和关系价值投资的针对性，以缩短其见效时间，增强投资效果。此外，企业还需要加强内容管理，利用数字化技术提升内容创作效率。

问题：请根据以上案例内容和结论谈谈对快消企业的营销投资建议。有哪些可以采取的具体措施？

资料来源：徐浩萍，朱振梅，韩敏，等．基于客户价值理论的快消企业数字营销投入决策及回报分析：以上海家化佰草集为例．2023．

6.1 元宇宙与数字营销

6.1.1 元宇宙的相关定义与特点

“元宇宙”一词最早出现在 1992 年的科幻小说《雪崩》（*Snow Crash*）中。元宇宙的英文 metaverse 由 meta 和 verse（universe）组成，meta 在希腊语中的意思是超越，universe 在英语中的意思是宇宙，两者合起来就有超越现实宇宙的含义。以下是一些关于元宇宙的定义：

一种起始于游戏平台、奠基于数字货币，并由一系列集合式数字技术和硬件技术同步涌现所支持的、人类生活深度介入其中的虚拟世界及生存愿景。[①]

一个具有沉浸式功能的虚拟世界，可以提供用户预期能够与真实世界相媲美的体验。[②]

一种基于技术建构的网络，由可扩展且具有潜在互操作性的扩展现实环境组成，融合了物理和虚拟现实，以其沉浸程度、环境保真度和社交性为特征，为用户提供体验。[③]

以上定义都强调了元宇宙是一个虚拟的、可以与现实世界交互的空间，它是由现有的一系列相关技术（如 5G、云计算、人工智能、虚拟现实、区块链等）集成的。

2022 年，代表我国国家审定、公布科技名词的权威性机构——全国科学技术名词审定委员会（简称“全国科技名词委”）定义元宇宙为：人类运用数字技术构建的，由现实世界映射或超越现实世界，可与现实世界交互的虚拟世界。[④] 本书也采用该定义。

全国科技名词委将英文“avatar”对应为中文“化身”，释义为：用户在元宇宙中的身份映射和虚拟替身，具备形象自定义、动作驱动等功能。

---

① 袁园，杨永忠．走向元宇宙：一种新型数字经济的机理与逻辑．深圳大学学报（人文社会科学版），2022（1）：84－94.

② Dwivedi，Y. K.，Hughes，L.，Wang，Y.，et al.，“Metaverse Marketing：How the Metaverse will Shape the Future of Consumer Research and Practice，” *Psychology & Marketing*，2023（4）：750－776.

③ Barrera，K. G.，and Shah，D.，“Marketing in the Metaverse：Conceptual Understanding，Framework，and Research Agenda，” *Journal of Business Research*，2023，155（3）：113420.

④ “元宇宙”等如何定名释义？全国科技名词委研讨会形成共识．中国新闻网，2022－09－14.

元宇宙并不等同于虚拟世界，它是现实世界与虚拟世界的融合，将虚拟世界与现实世界互联互通。目前，元宇宙的应用主要采用数字孪生的方式。[①]

数字孪生指将物理实体镜像映射到虚拟空间，生成一个"数字克隆体"，在虚拟空间中的克隆体可以通过物联网实现数据实时双向互联互通，反映对应物理实体的全生命周期过程，在整合底层数据信息的基础上进行仿真预测，为优化决策赋能。

数字孪生要求在虚拟世界中构造一个和真实世界一样的数字化世界，两个世界实时相互关联。数字孪生技术在城市管理（智慧交通、零碳园区以及城市应急）、智慧工业（流程型工业、离散型工业）、自动驾驶测试以及医疗场景（智慧医院、精准医疗及药物研发）等领域广泛应用。

元宇宙具有以下特点：

（1）沉浸式体验。用户通过扩展现实（XR）设备或更先进的脑机接口技术，深度进入元宇宙世界，并参与现实和虚拟世界中的各项社会活动。用户具象化的虚拟形象深刻反映了用户的虚拟人格和行为意识。

（2）去中心化。元宇宙中用户话语权的增强体现了去中心化的思维理念。这一理念贯穿了元宇宙项目的设计，包括内容创作、货币发行、公共服务等各个方面。

（3）跨界连接。真正意义上的跨界连接应包含两个层面。一是指元宇宙内不同项目之间的互联互通，例如不同代币之间的兑换流通。二是指虚拟世界与现实世界的互联互通，例如元宇宙代币与主权货币之间的双向兑换。

（4）产权回归。在元宇宙中，产权是进行一切交易的基础。近期的元宇宙项目基本都建立在区块链技术基础上，整个产权体系也应用了区块链技术。区块链技术具有非中心化交易、不可篡改等特点。可追溯历史的数字产权证保证了各类数字资产的交易安全，并进一步降低了陌生用户之间的信任成本，促进了用户之间的高效协作。[②]

6.1.2 元宇宙的发展

元宇宙是新一代信息技术的集成应用，具有广阔的市场空间和巨大的潜力，其发展仍需依赖基础技术的不断进步。现阶段，元宇宙的发展主要依赖扩展现实技术、5G通信技术、区块链技术和云计算技术。其他关键技术包括人工智能技术、数字化映射技术、脑机接口技术和机器人技术。目前，各国都在积极发展元宇宙产业，并持续加强政策支持和资源投入。

（1）中国。

2022年，中国元宇宙产业规模约为425亿元，元宇宙上下游产业产值超过4 000亿元。[③] 2023年，中国工业和信息化部等五部门共同印发《元宇宙产业创新发展三年行动计划（2023—2025年）》，旨在推动元宇宙产业的发展。2024年1月19日，中国工业和

---

① Lv, Z., Xie, S., Li, Y., et al., "Building the Metaverse by Digital Twins at All Scales, State, Relation," *Virtual Reality & Intelligent Hardware*, 2022 (6): 459-470.

② 元宇宙，人类数字生存新纪元．高力国际，2022-02-28.

③ AIGC时代下，元宇宙行业拐点将至？．澎湃新闻，2023-12-19.

信息化部召集 60 名专家组建新的工作组，为元宇宙领域制定标准。工作组成员主要来自工业和信息化部、学术机构以及中国头部科技公司——华为、腾讯、网易、百度、蚂蚁集团和联想集团等。[①]

（2）美国。

2022 年，美国国会研究服务局（CRS）发布了题为《元宇宙：概念和国会应考虑的问题》（The Metaverse：Concepts and Issues for Congress）的报告，介绍了元宇宙相关概念、关键技术和重点企业布局，并指出当下元宇宙所面临的风险。Meta 和罗布乐思（Roblox）等美国科技公司正在大力投资元宇宙技术。2023 年，Facebook 的母公司 Meta 发布的研究报告《元宇宙及其对美国的潜力》（The Metaverse and Its Potential for the United States）称，到 2035 年，元宇宙对美国 GDP 的贡献将达到 7 600 亿美元，占比约为 2.4%，而美国拥有领导全球建设元宇宙的诸多优势。

（3）欧洲。

欧洲议会、欧盟成员国和欧盟委员会三方在漫长谈判后，于布鲁塞尔当地时间 2023 年 12 月 8 日晚，就《人工智能法案》（Artificial Intelligence Act）达成协议。这一法案将成为全球首部人工智能领域的全面监管法规。目前，还没有一家欧洲大型科技公司布局元宇宙，但是一些拥有百年历史的时尚品牌已经开始在元宇宙中销售虚拟商品，例如古驰（Gucci）和路易威登（Louis Vuitton）等。[②]

（4）日本。

日本经济产业省于 2021 年 7 月发布《关于虚拟空间行业未来可能性与课题的调查报告》，明确体现了政府积极拓展虚拟空间应用场景、规范元宇宙建设等意图。虽然与美国等其他国家相比，日本的元宇宙市场仍然很小，但是根据预测，日本元宇宙产业的价值将在 2026 年达到 75 亿美元，而这个规模是 2021 年的 10 倍以上。[③]

（5）韩国。

首尔市政府大力推广数字新政，耗资 39 亿韩元建立元宇宙平台“元宇宙首尔”（Metaverse Seoul），计划在虚拟世界提供城市公共服务，持续为各方资源汇聚拓宽途径。由政府牵头成立“元宇宙联盟”，汇聚 SK 电讯、现代汽车等 200 多家公司或机构，旨在通过政府和企业的合作，由民间主导构建元宇宙生态系统。[④]

总的来说，元宇宙已经成为全球科技产业的下一个风口，毫无疑问，元宇宙生态的建立激发了科技产业的新一轮创新，带动了数字产业的新一轮基础设施建设的投入。因此，元宇宙行业未来发展重点或将持续落足至底层技术和相关基础设施建设领域。[⑤]

---

① 元宇宙又要火了？工信部召集华为、腾讯、百度起草元宇宙标准．InternetLawReview，2024-01-25.

② “偏科”的欧洲元宇宙．MetaPost，2022-10-21.

③ 刘晓燕．日本元宇宙发展现状．全球科技经济瞭望，2023（7）：49-52，76.

④ 赛迪智库｜发达国家争夺元宇宙先机，中国该如何参与博弈．澎湃新闻，2022-08-15.

⑤ 预见 2023：《2023 年中国元宇宙产业全景图谱》（附市场规模、竞争格局和发展前景等）．前瞻经济学人，2022-12-31.

6.1.3　元宇宙在数字营销中的应用

（1）元宇宙数字营销演进。

从个人电脑（PC）互联网（Web1.0）开始，人类就已经开始了物理生存和数字生存的混合生存状态。电脑端的社交软件、社群分享和游戏扮演是最初的数字生存状态。最早的数字营销策略没有数据的支持，更多地依赖广告、网站内容和基本的用户反馈。

随着移动互联网（Web2.0）的到来，随处可见的数据开始扮演重要角色。越来越多的人开始接入、延长和多样化其数字生存状态。移动互联网带来的数据收集和分析让营销变得更加精准和个性化。

在 Web3.0 元宇宙时代，数字营销策略将更加依赖先进的技术和深度数据分析。与前两代互联网相比，元宇宙最明显的一点是用户数据权价值将觉醒。新增加的价值维度使得信息和价值都能在元宇宙中自由流动。明确的数据产权将促进陌生人之间低成本、实时、高效的互联互通协作，甚至最终形成新的社会协作组织结构。因此，元宇宙不仅仅是下一代互联网技术的应用集合，也是跨越物理世界和虚拟世界的一种新型社会形态。

（2）元宇宙数字营销的关键要素。

元宇宙数字营销的关键要素包括虚拟角色、智能空间、沉浸式体验和数字权益。在这一框架中，虚拟角色扮演着关键角色，为用户提供身临其境的虚拟体验。智能空间则创造了数字化的环境，使用户能够参与和互动。沉浸式体验通过各种技术手段丰富用户感知，增强用户与虚拟环境的连接。数字权益则为用户提供了参与元宇宙的权利和利益，提高了其参与度和忠诚度。这四个要素共同构建了元宇宙数字营销的基础，为品牌与用户创造了更深层次的互动体验。

因为其独特的沉浸式体验，元宇宙在数字会展营销方面可以拓展多个场景，包括博览会、交易会、团队年会、行业峰会、虚拟演唱会、主题研讨会、产品发布会、产品展、艺术展、作品展、博物馆、天文馆、藏品馆、体验馆以及科技馆等。这些场景覆盖了多个领域，从商业活动到文化艺术，再到科技和教育，为企业提供了多样化的展示和互动机会。元宇宙展览不仅将传统展览转化为虚拟形式，更为参与者提供了全新的沉浸式体验，拓宽了数字会展营销的空间。

【案例】　古驰的元宇宙品牌营销

罗布乐思是一个大型多人在线游戏创作平台，该平台不仅提供丰富的游戏创作工具，还允许用户设计个性化的游戏、物品、T 恤和衣服。在元宇宙的概念下，罗布乐思扮演着连接用户和虚拟世界的角色，使用户能够在这个数字化的空间中创作和共享各种不同类型的数字体验。

罗布乐思于 2004 年由大卫·巴斯祖奇（David Baszucki）和埃里克·卡塞尔（Erik Cassel）创立，最初名为 DynaBlocks。2005 年，该平台更名为罗布乐思，并于 2006 年首次向公众开放。罗布乐思在全球拥有超过 5 亿注册用户，其中 40%的用户年龄在 13

岁以下。该平台在美国、英国、加拿大、澳大利亚和巴西等国家深受欢迎。

2021 年，古驰与罗布乐思合作，共同打造了古驰花园体验的虚拟活动。在活动期间，古驰邀请知名游戏开发者创作了一系列以古驰为主题的游戏，包括“古驰花园迷宫”“古驰花园冒险”“古驰花园竞赛”等。这些游戏都采用了古驰的品牌元素和风格，让用户在游戏中可以体验到古驰的独特魅力。此外，活动期间古驰还发布了几款限时购买的虚拟服饰和道具，用户可以通过 Robux（罗布乐思平台的虚拟货币）购买。

这一系列活动取得了巨大的成功，在活动期间吸引了超过 100 万名玩家参与。在活动期间发布的虚拟服饰和道具也被迅速抢购一空，其中一个手提包的价格甚至达到了 35 万 Robux。该活动不仅让古驰在年轻人中获得了更高的知名度，也为罗布乐思平台带来了巨大的流量。

问题：请根据以上案例内容谈谈古驰花园体验成功的经验。

资料来源：Roblox（2023）. The Gucci Garden Experience Lands on Roblox. roblox，2021-05-17.

（3）元宇宙营销创新。

元宇宙营销创新在六个关键维度展现出独特的策略：第一，通过元宇宙手段强化品牌体验，使品牌在虚拟空间中更引人注目。第二，运用元宇宙工具深入市场和消费者，实现对市场的更深层次洞察。第三，通过设计元宇宙虚拟产品，提升企业的核心价值，创造出更具吸引力的产品体验。第四，在创新元宇宙思维的指导下，优化实体产品的营销策略，融合虚拟和实际的元素，提高产品在市场中的竞争力。第五，通过元宇宙化交易，挖掘电商中的新价值空间，创造更高效的交易模式。第六，统筹元宇宙化投资资源，确保企业在数字时代的可持续发展。这六个维度为企业在元宇宙时代探索新的市场和创新策略提供了方向。

研究前沿

品牌正在呼唤消费者在元宇宙中的“化身”

艾丽娅（Arya）等人①的一项研究基于亚洲和非洲两个新兴国家的跨文化数据的概念模型，采用了 PLS-SEM 和神经网络建模的两阶段混合机制，确定了“营销活动的游戏化”在元宇宙中对消费者品牌资产的影响。

该研究发现，元宇宙为品牌提供了新的营销机会，品牌可以通过提供沉浸式、交互性和个性化的体验来增加其资产。研究还指出，虚拟品牌参与和品牌喜爱是影响基于消费者的品牌资产的重要因素。

根据该研究，品牌在元宇宙中的营销应注意以下几点：

---

① Arya, V., Sambyal, R., Sharma, A., et al., “Brands Are Calling Your AVATAR in Metaverse: A Study to Explore XR-based Gamification Marketing Activities & Consumer-based Brand Equity in Virtual World,” *Journal of Consumer Behaviour*, 2023 (2): 556-585.

首先，品牌应专注于提供具有娱乐性、互动性、时尚性、亲密性和新奇性的游戏化营销活动。这些活动将有助于提升消费者在元宇宙中的体验，并直接影响基于消费者的品牌资产。

其次，品牌应利用消费者在元宇宙中的虚拟品牌参与和品牌喜爱来鼓励消费者做出有利决策。这可以通过提供独特的虚拟体验、奖励和其他激励措施来实现。

最后，品牌应在元宇宙中提供沉浸式互动、增强沟通感和建立社区的体验，以建立品牌的真实性和可信度。

该研究的发现为品牌在元宇宙中营销提供了重要的指导。品牌应积极探索元宇宙的潜力，并制定有效的营销策略来利用这一新兴平台。

问题： 请根据以上文献的研究发现，为企业提供具体的元宇宙营销建议。

6.2 人工智能与数字营销

6.2.1 人工智能的相关定义与分类

人工智能被定义为一种能够正确解释外部数据，从这些数据中学习，灵活适应，并将这些学习成果用于实现特定目标和任务的系统能力。① 这是一门全新的技术科学，其研究范畴包括理论、方法、技术以及应用系统，旨在模拟、延伸和扩展人类智能。作为计算机科学的一个分支，人工智能致力于深刻理解智能的本质，并创造一种能够以类似人类智能的方式做出反应的智能机器。

人工智能模型可依据其功能分为两大类，即分析式人工智能（analytical AI）和生成式人工智能（generative AI）。分析式人工智能主要用于对已有数据进行分析、处理和推理，以发现隐含的规律或趋势。生成式人工智能则主要用于生成新的内容或形式，例如文字、图像、音乐等。

分析式人工智能，又称决策式人工智能，是指通过学习数据中的条件概率分布，根据已有数据进行分析、判断、预测的人工智能。其主要应用包括：

（1）推荐系统：用于为用户推荐商品、服务或信息，以提高用户满意度。

（2）风控系统：用于评估用户的信用风险或欺诈风险，以降低企业的损失。

（3）自动驾驶：用于实现汽车的自主感知、决策和控制。

（4）机器人：用于实现机器的自主感知、学习和行动。

---

① Kaplan，A.，and Haenlein，M.，“Siri，Siri，In My Hand：Who’s The Fairest in the Land? On the Interpretations，Illustrations，and Implications of Artificial Intelligence，” *Business Horizons*，2019（1）：15－25.

分析式人工智能在各个领域发挥着重要作用。例如，推荐系统驱动了电商、视频等行业的飞速发展；图像识别技术推动了智能驾驶和汽车行业的迭代。

字节跳动、亚马逊、特斯拉等公司之所以能够快速发展为全球领先的科技和数字化公司，正是由于其在分析式人工智能领域的领先性。例如，字节跳动在推荐系统领域具有领先优势，其推荐算法能够为用户提供更精准、更个性化的推荐；亚马逊在计算机视觉领域具有领先优势，其图像识别技术能够实现更准确、更高效的商品识别和人脸识别；特斯拉在自动驾驶领域具有领先优势，其自动驾驶技术能够实现更安全、更高效的驾驶。

生成式人工智能是指通过学习数据中的联合概率分布，生成全新的内容或产品的人工智能。生成式人工智能的核心是创造，它不仅能够实现传统人工智能的分析、判断、决策功能，还能够实现传统人工智能力所不及的创造性功能。

2022 年末，生成式人工智能 ChatGPT 系列以其强大的内容生成能力和接近人类水平的“聪明”程度在人类世界引起了巨大震撼。ChatGPT 可生成逼真、流畅的文字，并能够理解和回答复杂的问题。这标志着人工智能在自然语言处理领域取得了重大突破，并对人类社会产生了深远的影响。

目前，生成式人工智能最常见的应用场景是娱乐媒体中内容的辅助生产。随着生成式人工智能的不断发展，其能力将进一步提高，部分专业内容生产者将被替代。

生成式人工智能已在营销、设计、建筑、内容创作等领域得到了一定应用，并开始在生命科学、医疗、制造、材料科学、媒体、娱乐、汽车、航空航天等领域进行初步应用。未来，生成式人工智能将为各个领域带来巨大的生产力提升。

6.2.2 人工智能的发展历程

1956 年夏季，美国达特茅斯学院（Dartmouth College）主办了人类历史上首次人工智能研讨会。在这次研讨会中，一群年轻科学家共同研究和探讨了有关机器模拟智能的一系列问题，其中，约翰·麦卡锡（John McCarthy）等人提出了“人工智能”一词。这一术语的提出标志着人工智能概念的出现，也正式宣告了人工智能这一新兴学科的诞生。

以下为人工智能的发展历程和其中主要的里程碑式事件：

（1）初期起步期（1956—1980 年）。

1956 年，美国达特茅斯学院首次提出人工智能概念。

1966 年，麻省理工学院的计算机科学家约瑟夫·维森鲍姆（Joseph Weizenbaum）发布了首个聊天机器人 ELIZA，ELIZA 具备通过脚本理解简单自然语言的能力，能实现人类般的互动。

1966—1972 年，斯坦福国际研究所（Stanford International Institute）成功研制出首台人工智能移动机器人 Shakey。

1973 年，日本早稻田大学制造出第一个人形机器人 WABOT－1，它包含肢体控制系统、视觉系统和对话系统。1980 年的 WABOT－2 能够与人沟通、阅读乐谱并演奏电子琴。

（2）低速积累期（1981—2009 年）。

1981 年，通商产业省（2001 年改名为“日本经济产业省”）拨款 8.5 亿美元用于研发第五代计算机项目，当时被称为人工智能计算机。

1997年5月11日，IBM公司的电脑“深蓝”（Deep Blue）战胜国际象棋世界冠军卡斯帕罗夫（Kasparov），成为首个在标准比赛时限内击败国际象棋世界冠军的电脑系统。

2006年，神经网络专家杰弗里·辛顿（Geoffrey Hinton）提出神经网络深度学习算法，使神经网络的性能大幅提高，向支持向量机发起挑战，引领了深度学习在学术界和工业界的浪潮。

2006—2009年，ImageNet数据库的建立帮助AI认出了猫。

（3）蓬勃发展期（2010—2022年）。

2011年，IBM公司开发的人工智能程序沃森（Watson）在美国智力问答节目中击败两位人类冠军。

2012年，AlexNet在ImageNet竞赛中取得胜利；加拿大神经学家团队创造了具备简单认知能力、拥有250万个模拟“神经元”的虚拟大脑，将其命名为“Spaun”，Spaun通过了最基本的智商测试。

2013年，Facebook人工智能实验室成立，致力于深度学习领域的探索。

2016年，谷歌人工智能AlphaGo战胜围棋世界冠军李世石。

2018年，谷歌推出了BERT模型，这标志着自然语言处理技术的新时代已经到来。

2018—2019年，IBM的AI辩论机器人“IBM Project Debater”与人类辩论冠军对战。

2020年，DeepMind的Alphafold破解了50年来的蛋白质分子折叠问题。

2022年11月30日，OpenAI研发的聊天机器人程序ChatGPT发布，推出两个月内用户数破亿，成为史上用户数增长速度最快的消费应用程序。

（4）技术爆发期（2023年至今）。

2023年3月15日，OpenAI正式推出ChatGPT4.0。

2023年8月31日起，我国的12家大模型陆续通过《生成式人工智能服务管理暂行办法》备案，包括百度“文心一言”、百川智能“百川”大模型、抖音“云雀”、中国科学院“紫东太初”、智谱“智谱清言”、商汤“商量”（SenseChat）、MiniMax“ABAB大模型”、上海人工智能实验室“书生通用大模型”、讯飞“星火”、阿里“通义千问”、360智脑、腾讯“混元”。11月，第二批大模型备案通过了11家。

2023年11月1日，由英国倡议发起的首届“全球人工智能安全峰会”在伦敦布莱切利庄园开幕，中国、美国、欧盟等国共同签署了《布莱切利宣言》（Bletchley Declaration）。该宣言的重点在于识别人工智能产生的共同关注风险，建立对风险的科学认知，并制定跨国风险缓解政策。

2025年1月，幻方量化正式发布开源推理模型DeepSeek-R1。该模型在AI训练成本上显著低于OpenAI、谷歌等行业领先公司，然而在实际性能表现上却能与之近乎持平。同一时期，包括华为云、阿里云、腾讯以及英伟达在内的诸多行业巨头迅速接入其API，国内政务、金融、汽车制造等领域亦纷纷快速跟进，积极投入相关技术和应用的探索与实践。

6.2.3 人工智能相关技术发展前景

企业一般很难判断哪些人工智能技术具有真正的业务价值。根据高德纳《2023 年人工智能技术成熟度曲线》报告，随着越来越多的企业机构认为风险已降至可接受程度，人工智能技术的应用开始进入快速增长阶段。①

如图 6-1 所示，生成式人工智能和基础模型（foundation models）处于膨胀巅峰期。而决策智能（decision intelligence）、复合人工智能（composite AI）等创新技术预计在 2～5 年内成为主流应用。智能应用程序、云 AI 服务（Cloud AI services）、数据标记和注释（data labeling and annotation）以及计算机视觉（computer vision）正在走向生产成熟期。

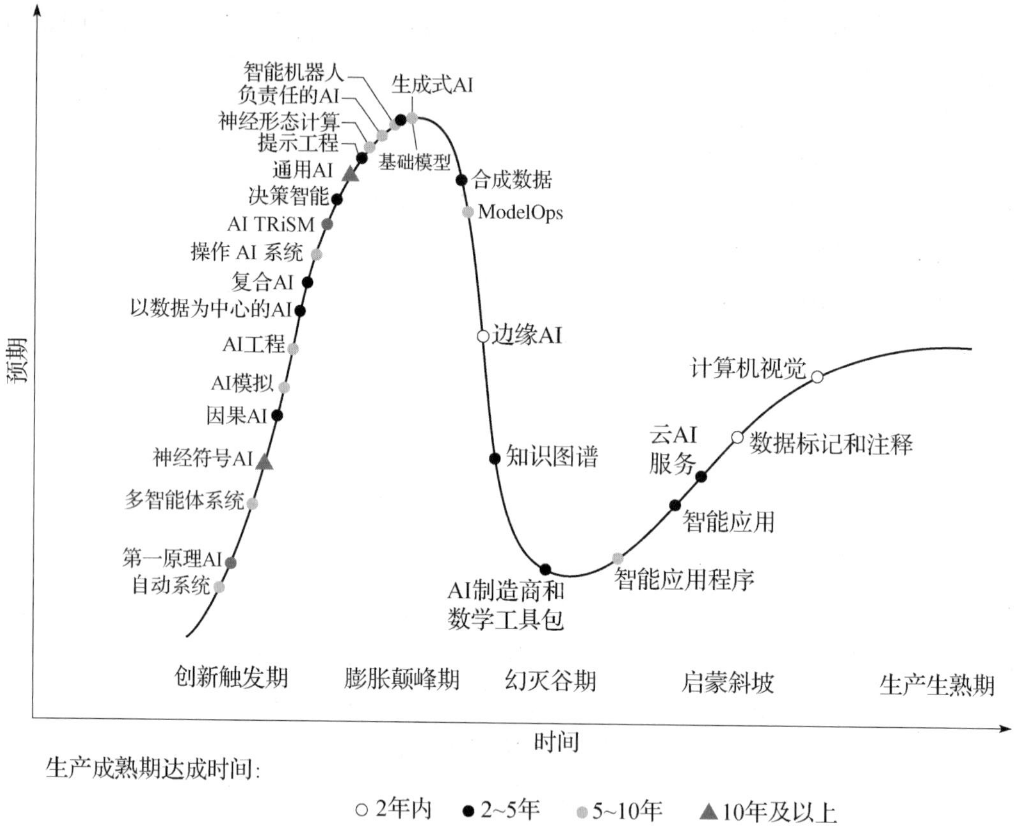

图 6-1 2023 年 AI 技术成熟度曲线

资料来源：高德纳网站。

绝大多数人工智能技术仍处于发展的早期阶段，预计在 2～10 年内才能成熟。这表明，虽然绝大多数人工智能技术距离生产应用还有一段距离，但是可以预见，未来几年内人工智能将成为推动各行各业发展的关键技术。随着技术的不断进步和应用场景的增多，人工智能将为人类社会的发展提供更多的机会和可能。在这个变革的时代，企业应

① What's New in Artificial Intelligence from the 2023 Gartner Hype Cycle. gartner，2023-08-17.

积极关注、探索人工智能技术的最新应用，创造更高效、更智能化的未来。

6.2.4　人工智能在数字营销中的应用

自人工智能问世以来，其理论和技术不断成熟，应用领域也在不断扩展。可以说，人工智能正推动着人类社会的第四次飞跃性发展，并有望成为在蒸汽、电力和信息技术之后，再次引领生产力技术变革的力量。这一变革有望在未来二十年内实现。

在生产效率方面，人工智能将推动当前世界技术和创新的发展，显著提升生产效率，加速经济增长。在就业上，一方面，人工智能技术将对现有就业结构产生破坏和解构，导致一些岗位的消失；另一方面，破坏也意味着重构，新技术将引发新的生产方式和服务模式，从而不可避免地催生大量新的业务、新的需求以及新的职业。

与此同时，人工智能正在重塑营销能力和营销关系。

营销能力由三个要素决定：洞察能力、创意能力、媒介效能。洞察能力包括品牌和广告主对消费者需求、市场环境、行业趋势、竞争态势的数据和信息的采集、分析，以及最终获得分析结果的能力和水平。创意能力包括品牌和广告主创造文字、图片、视频、音频、网站等的生成能力、创新能力和生产效率。媒介包括移动设备、电脑、电视、社交媒体、搜索引擎、电商、线下等各种用于营销传播的渠道。媒介效能是指品牌和广告主使用这些渠道进行营销的能力和水平。

1. 大模型：重塑市场研究模式

人工智能大模型正在重塑数字营销市场研究模式。大模型具有以下优势，可以帮助市场研究部门实现洞察升级。

（1）敏捷化。大模型可以快速处理大量数据，并生成洞察结果。市场研究部门可以节省大量时间和成本，并使洞察结果更加及时和准确。

（2）自动化。大模型可以自动完成一些市场研究任务，例如问卷设计、数据采集、数据分析等。这可以释放市场研究人员的时间和精力，让他们专注于更高价值的任务。

（3）智能化。大模型可以通过人工智能技术来理解和分析复杂的数据。这可以帮助市场研究部门实现更深层次的洞察，并做出更准确的决策。

具体而言，大模型可以帮助市场研究部门实现以下目标：

（1）快速总结趋势。大模型可以通过分析大量数据快速识别市场趋势。这可以帮助企业及时做出战略调整，以应对市场变化。

（2）提出观点。大模型可以通过分析数据提出有价值的观点。这可以帮助企业更好地理解消费者需求，并制定更有效的营销策略。

（3）启发研究。大模型可以通过分析数据发现新的研究方向。这可以帮助企业不断创新，保持竞争优势。

（4）找到策划方向。大模型可以通过分析数据为企业提供决策建议。这可以帮助企业找到决策方向，提高决策效率，降低决策风险。

总而言之，大模型是数字营销市场研究领域的革命性技术。随着大模型技术的不断发展，它将为市场研究部门带来更加敏捷、自动化和智能化的洞察。

2. 营销创意：重塑数字营销内容产业

人工智能正在重塑数字营销内容产业，为营销人员提供了高效的生产力、无限的创造力和海量的内容供给。

传统的品牌生成内容（brand generated content，BGC）模式由广告代理公司负责，耗时较长，通常需要几周甚至几个月才能完成。这种模式的优势在于，它可以提供高质量的创意内容，但缺点是效率较低，难以满足日益增长的营销需求。

随着互联网 2.0 时代的到来，专业用户生产内容（professional user generated content，PUGC）兴起，为营销提供了新的创意来源。PUGC 的产出效率较高，但质量参差不齐，难以满足品牌商的营销需求。

人工智能生成内容（artificial intelligence generated content，AIGC）的出现为广告营销创意、游戏创作、艺术设计等提供了新的解决方案。AIGC 可以快速生成海量高质量的内容，并根据目标受众的不同需求进行个性化定制。

相对于纯人工的营销内容，AIGC 的优势主要体现在以下几个方面：

（1）高效的生产力。AI 可以快速生成内容，不受上下班时间限制，大大提升了内容产出效率。

（2）无限的创造力。AI 可以生成各种创意内容，满足不同品牌商的营销需求。

（3）海量的内容供给。AI 可以根据目标受众的不同特征生成千人千面的海量个性化内容，满足不同受众的需求。

（4）更高的转化率。AI 可以通过对目标受众的行为数据进行分析，生成更能引起目标受众共鸣的内容，从而提高转化率。

AIGC 的应用将推动营销创意向个性化、高质量、海量和高转化率方向发展。

总而言之，AI 正在重塑营销创意格局，为营销人员提供了新的工具和方法，帮助企业更好地满足消费者需求，实现营销目标。

研究前沿

AI 与人类的创造力比较研究

李育辉等人的研究基于专家和消费者的双重视角，对 AI 与人类在文案创作能力上的差异进行了比较研究。①

该研究选取 2022 年“中国大学生广告艺术节学院奖”的品牌命题策略单作为研究材料，通过专家小组挑选了 10 个广告文案任务单，涵盖了医药保健、美妆个护、服装饰品、IP 文化、交通工具、数码产品、网服游戏等 7 个行业，具有广泛代表性。

---

① 李育辉，庞菊爱，谭北平．人工智能与人类的创造力比较研究：基于专家和消费者的双重视角．商业经济与管理，2023（10）：23－35.

每个广告任务都设计了两水平实验材料，包括 20 个人类文案和 20 个 AI 文案，其 AI 文案分别由 ChatGPT3.5 和文心一言生成。这些文案经过专家小组提取任务单并整理，形成符合 AI 平台输入需求的 500 字以内文案。随后，编程人员将两水平实验材料随机组合，呈现为在线评价问卷供专家和消费者参与评价，且编程人员和被试均不知道文案的具体作者是人类还是 AI。

研究发现，在文案作者身份上，专家能够区分 AI 和人类，而消费者无法区分。AI 的文案创作能力等同于 2.47 年人类经验年限，与人类存在 1.36 年的差距。在文案专业能力上，人类得分显著高于 AI，特别是在创造性和洞察能力上。消费者对两类文案的整体感知水平无显著差异。

这项研究的结果表明，AI 在文案创作方面具有一定的优势，但仍处于初级阶段。人类在文案创作方面具有先天优势，特别是在创造性和洞察能力等方面。消费者对文案的评价主要基于文案的内容和形式，而非文案的作者身份。

问题：请根据以上文献的研究发现，谈谈企业在使用 AI 文案创作工具时需要注意的问题。

3. 客服与客户增长：重塑数字营销交互

AI 可以更好地理解人类，提升客户持续连接能力，因此正在重塑数字营销交互。在 AI 客服方面，其应用广泛而深远，通过自然语言处理和机器学习技术，它以更广泛的范围、随时随地的互动、个性化服务和一对一交流等特点，重塑了数字营销交互的面貌。这不仅拓宽了覆盖场景，如零售企业通过 AI 聊天机器人提供商品推荐服务，而且提升了服务的便捷性和个性化。

AI 客服的优势显而易见，它不仅提高了服务效率，通过预生成大量个性化内容为人工客服和社群运营提供支持，也拓展了应用场景，增强了客户服务的多样性，进一步提升了客户的满意度，具体应用包括：

（1）智能客服。利用自然语言处理和机器学习技术提供全天候在线客服支持，显著提升客户满意度。

（2）客户分析。通过分析客户行为数据，利用 AI 构建客户画像，为企业提供有针对性的营销建议。还可以根据客户行为数据预测客户流失风险，帮助企业制定有针对性的留存策略。

（3）服务评估。AI 对客户服务过程实时监控和评估，优化服务流程，确保高效优质的服务。

（4）坐席辅助。AI 实时分析客户对话内容，为客服人员提供实时建议和信息支持，提高服务质量。

（5）智能推荐。根据客户行为和喜好，在各种环境下为客户推荐高匹配度的产品和服务，提高转化率。

（6）智能呼叫。AI 根据需求自动拨打外呼电话，执行市场调查、客户回访等任务，提高工作效率。

（7）智能知识库。AI自动整理并更新企业所在行业领域的营销知识库，提高客服效率。

【案例】 松果出行：AI对话机器人提升服务效率

松果出行成立于2017年9月，是国内共享电单车行业起步较早、业务纵深覆盖、服务多线城市的行业头部品牌之一。该公司以工业互联网为基础，深耕共享电单车领域，并将自身定位为以工业互联网为基础的交通科技公司。截至2023年3月，松果共享电单车已覆盖全国24个省份近700个城市，注册用户近1亿人，日订单峰值超300万单。然而，随着业务不断增长，松果出行在服务用户的过程中面临服务规模、服务成本和响应速度等方面的巨大挑战。

为了应对这些挑战，松果出行积极采用了AI技术，成功打造了名为“松果精灵”的多轮对话机器人客服系统。该机器人利用AI驱动的语音或逻辑识别技术，包含8 000多个流程节点和60多个接口支持，能够解决复杂连续问题。通过全天候、秒级内精准识别用户咨询并迅速响应，松果出行有效提升了服务效率和用户体验。

这一创新解决方案为公司带来了卓越的成果。首先，机器人应用实现了大量人工客服环节的自动处理，将客服团队人力资源效能提升至220%，每年节省人力成本约200万元。其次，机器人显著提高了问题解决率和智能化咨询占比，使用户咨询问题一次性解决率达到95%，远高于行业69%的水平，为用户提供了更高效的服务体验。同时，机器人通过对用户反馈的自我学习和调整，不断提升服务水平。

综合而言，松果出行充分利用AI技术解决了传统人工客服模式的效率低下和成本高昂等问题，实现了用户体验和服务效率的显著提升。这一经验表明，AI技术在数字营销交互领域具有广泛而深远的应用前景。

资料来源：网易云商网站；松果出行官网。

在客户增长领域，AI技术扮演着关键角色，具体应用包括以下方面：

（1）客户洞察报告。AI技术根据客户数据直接生成洞察报告，帮助企业深入了解客户需求、行为变化和满意度，从而进行更有效的营销策略制定。另外，AI还能按照指定的要求和范围，辨识具有高影响力且与品牌高度匹配的KOL，并向企业推荐。以秒针系统的Social AI营销大模型为例，该系统基于实时的社交媒体数据，定期获取关于客户品牌的全量消费者发帖信息。通过行业模型和观点生成模型的输入，该系统能够准确计算不同讨论角度的占比以及核心正负面观点。该系统的主要应用之一是直接生成消费者洞察报告，输出及时、精准、客观的效果评估报告。

（2）社交媒体运营。AI技术能够自动检测社交媒体上的舆情。举例而言，人民网推出的“人民审校”V3.0版在数据分析、智能查询、舆情监测以及舆论引导等领域广泛应用，为企业提供全面的风险防范服务。在企业实际案例中，当一位客户在社交媒体上分享对星巴克咖啡的喜爱并附上相关照片时，星巴克的AI系统迅速捕捉到该帖子，并对客户情感进行深入分析。随后，星巴克在社交媒体上回复该客户，感谢他的支持，并诚挚地邀请他光临当地的星巴克门店，品尝一杯免费提供的他所喜爱的咖啡。

（3）社群运营辅助。AI 基于社群特点和客户兴趣自动生成内容，提高社群客户活跃度和黏性。

（4）邮件生成。AI 自动生成个性化的营销邮件，提升邮件营销效果。

（5）营销自动化。AI 实现多渠道营销活动的自动化实施和管理，节省人力资源，提升营销效果。

总体而言，AI 正在重新定义数字营销时代企业与客户的交互，为客户创造更卓越的服务体验。

研究前沿

广告营销行业 AI 可替代性研究

李育辉等人发表了一项关于广告营销行业中 AI 可替代性的研究①，该研究采用专家与 AI 的双重评价体系，系统性地评估了中国广告营销相关专业、职业、职级和职业技能的 AI 可替代性。

研究结果表明，在 22 个广告营销专业中，有 12 个专业被专家和 AI 认定可替代性超过 50%。在 19 个职业中，有 11 个职业被专家和 AI 评价为可替代性超过 50%。

值得注意的是，在 AI 对广告营销行业职级的可替代性上，越是高层管理者，其可替代性越小。在广告营销职业技能方面，研究发现认知能力更容易被 AI 替代，而软能力（自组织能力、学习和创造性地解决问题的能力、管理能力、沟通能力、社会交往能力）的可替代性较低。

研究结论和建议强调了 AI 对广告营销行业的冲击，特别强调了软能力的不可替代性。为了适应这一变革，研究提出了两种人智协同新能力培养模式。一种是以 AI 作为同事，包括协作型、交互型和协助型。另一种是以 AI 作为领导，包括智能决策型、智能管理型和智能控制型。这些新模式强调了 AI 与人类的协同工作，以提高广告营销行业的效率和创新。研究还预测可能出现新的人智协同模式，使组织更加扁平化，实现人协同 AI 完成更多工作、减少外包、建立中心化的国际营销布局。

问题：请根据以上文献的研究发现，谈谈广告营销行业从业人员需要注意的问题。

4. AI 技术：改变广告行业的格局

人工智能技术的不断发展，正在深刻地改变着广告行业的格局。AI 技术在广告领域的应用主要体现在以下几个方面：

（1）广告投放智能。广告投放智能是 AI 技术在广告领域最早、最广泛应用的场景

① 李育辉，谭北平，陈姚．职业技能的迭代还是替代?：广告营销行业 AI 可替代性的双重评价体系研究．现代广告，2023 (10)：28-36.

之一。AI 技术可以通过分析用户行为、兴趣和偏好，实现广告主对目标受众的精准定位。该智能系统还可以实时调整广告投放策略，以优化广告效果并降低广告成本。例如，分众传媒在数字化转型后，实现了投放全流程的数字化管理。在投放前，通过基于位置服务（location based service，LBS）和品类标签赋能，精准定位目标受众；通过智能上刊、排片和媒介系统，实现高效投放。在投放后，通过设备监控系统、广告监控系统以及第三方的实时监控系统，实时监控投放效果。此外，分众传媒还采用图像识别校验系统，确保投放的准确性。同时，分众传媒通过对大数据的深入分析研究，以及与天猫等平台的合作，根据不同社区消费者的不同品类消费需求和品牌偏好，持续帮助广告主实现精准有效投放。①

（2）广告创意生成。基于 AI 的自动生成工具能够快速生成广告文案、图片和视频，根据广告主的需求和目标受众生成吸引力强、与品牌调性一致的创意素材，提高创意生产的效率和质量。例如，蓝色光标已经发布多款 AIGC 产品，包括分身有术、蓝标智播、创意画廊、销博特"创策图文"以及"萧助理"。在 AI 技术的加持下，蓝色光标通过既往经验对 AI 模型进行训练，在文本、图像、语音、视频等方面实现多领域的 AIGC 创新应用。②

（3）广告效果分析。AI 技术可以通过分析广告投放数据，对广告效果进行实时监测和分析，为广告主提供广告效果报告，帮助广告主优化广告投放策略。

（4）广告个性化。AI 技术可以根据用户画像和行为分析，实现为每个用户提供个性化的广告体验。AI 还可以构建详细的广告人群画像，为企业提供更深入的目标用户洞察，从而制定更精准的营销策略。

（5）广告自动化。AI 技术可以实现广告排期、投放策略、媒体推介等环节的自动化，提高运营效率。

（6）AI 对话式广告。AI 对话式广告是通过与用户的实时互动，提供个性化的广告体验。利用聊天机器人和语音助手等技术，AI 能够理解用户需求，并在对话过程中为用户提供有针对性的广告信息。

总而言之，AI 技术在广告领域的应用为提升效率、创意和广告投放的精准性做出了重要贡献。未来，随着 AI 技术的不断发展，它在广告领域的应用将更加广泛和深入，将为广告行业带来更具变革性的创新。

【案例】 人工智能在视频广告创意场景中的应用

可口可乐在 2023 年 3 月发布的"杰作"（Masterpiece）广告，就使用了 AI 技术将美术名画与现实场景相融合，营造出奇幻的视觉效果，传递了可口可乐"真正的魔法"（real magic）的品牌精神。

在广告片中，法国新锐艺术家 Aket 的"Divine Idyll"从画中活了过来，伸手从安

---

① 分众传媒信息技术股份有限公司 2023 年半年度报告. 巨潮资讯，2023-08-10.

② 蓝色光标发布 All In AI 战略，2023 年一季度净利润大涨 355.10%. 蓝色光标，2023-04-19.

迪·沃霍尔（Andy Warhol）1962年的作品《绿色可口可乐瓶》里拿出了一瓶可口可乐，随后这瓶可口可乐在一幅幅世界名画和雕塑间来回抛射传递，最后“戴珍珠项链的女孩”用开瓶器打开了可口可乐。学生喝了一口可乐后瞬间灵感爆发，在故事结尾，老师走过来看了学生的作品点头表示认可。可口可乐以一种充满创意的“AI＋艺术”形式展现出可口可乐能够为需要的人提供能量和灵感。

资料来源：麦当劳、肯德基、可口可乐……15大巨头钟爱的AIGC惨遭《猫和老鼠》薄纱？|AIGC营销专栏01期.Morketing，2023-05-16。

总而言之，AI技术在广告创意中的应用具有以下优势：

（1）创意优势。AI技术可以通过自然语言处理、图像识别、图像生成等技术，帮助广告主快速生成创意广告素材，提升广告的吸引力。

（2）效率优势。AI技术可以自动生成广告文案、图片、视频等创意素材，帮助广告主降低广告创意成本，提高广告生产效率。

（3）针对性优势。AI技术可以根据用户的兴趣爱好、消费习惯等进行个性化定制，帮助广告主实现广告个性化，增强广告的针对性。

6.3 云计算与数字营销

6.3.1 云计算的相关定义与特点

当今世界，数字经济已成为驱动经济增长的重要引擎。数字化转型浪潮席卷全球，各行各业都在积极拥抱数字化。在这一过程中，云作为数字化转型的重要载体和坚实底座，发挥着至关重要的作用。

云计算是一种通过互联网以按需、弹性的方式提供计算、存储、网络、软件等IT资源和服务的计算模式。[①] 它可被视为拥有巨大计算、网络通信和存储能力的系统硬件，通常体现为一个互联网数据中心（Internet data center，IDC）。IDC实质上是大量服务器的集合，其功能和规模均以服务器数量为度量标准。云服务商以IDC为硬件，以私有云、公共云等方式为用户提供数据服务。

云计算具有以下三个特点：

（1）数据存储能力强。云计算服务器可存储大量数据，满足用户的不同需求。例如，企业可以将业务数据存储在云端，以便随时随地访问。个人用户可以将照片、视频等数据存储在云端，以便备份和共享。

（2）计算能力强。云计算服务器具有强大的计算能力，可满足用户的各种计算需

① Manvi，S.，and Shyam，G. *Cloud Computing：Concepts and Technologies*. Florida：CRC Press，2021.

求。例如，企业可以使用云计算服务器来运行大型应用程序，如数据库、分析软件等。个人用户可以使用云计算服务器来编辑视频、渲染3D模型等。

（3）通信能力强。云计算服务器连接着千家万户的移动终端，具有强大的通信能力。例如，用户可以通过云计算服务器来访问互联网、使用各种应用程序。企业可以通过云计算服务器来构建远程办公、移动办公等应用。

在应用层面，云计算具有以下核心优势：

（1）按需性。云计算资源可以根据用户实际需求，随时随地按需使用，无须提前购买和部署。这意味着用户可以根据自己的业务需求，灵活地调配云计算资源，从而降低成本、提高效率。

（2）弹性伸缩性。云计算资源可以根据用户需求进行弹性伸缩，满足不同业务场景的需要。例如，在业务高峰期，可以增加资源数量、满足业务需求；在业务低谷期，可以减少资源数量、降低成本。

（3）自助性。用户可以自行管理和控制云计算资源，无须依赖云服务提供商。这意味着用户可以根据自己的需求配置和管理云计算资源，从而满足个性化的使用需求。

（4）资源池化。云计算资源采用资源池化的方式，实现资源的统一管理和调度。这意味着云服务提供商可以有效地利用资源，从而降低成本、提高效率。

6.3.2 云服务的相关定义与特点

数字化转型是一个复杂而全面的系统工程，包括基础设施升级、业务转型、运营转型和组织变革等多个方面。数据是数字化转型的核心要素，云服务则为数字化转型提供了便捷高效的解决方案。

云服务（Cloud service）是云计算的具体实现方式，是指通过云计算提供的各种IT资源和服务。云服务可以分为以下三种类型：

（1）基础设施即服务（IaaS）。提供计算、存储、网络等基础设施资源。

（2）平台即服务（PaaS）。提供开发、部署、运行、管理等软件开发平台。

（3）软件即服务（SaaS）。提供算法软件应用程序。

云服务具有以下优势，使其成为推动数字化转型的关键力量：

（1）弹性扩展。云服务可以根据业务需求弹性扩展或缩减资源，适应业务的快速增长或波动。

（2）按需付费。云服务采用按需付费模式，可以帮助企业降低IT成本。

（3）安全可靠。云服务提供完善的安全措施，保障数据安全。

6.3.3 云原生的相关定义与特点

云原生（Cloud-Native）技术已成为企业数字化转型的重要驱动力。随着容器、Serverless、Service Mesh等云基础设施的不断发展，企业云渗透率持续提升。

云原生技术是指设计、构建和运行在云环境中的应用程序和基础设施的技术。云原生技术具有以下特点：

（1）高度自动化。采用自动化工具和流程，实现应用程序的自动化部署、运维和管理。

（2）容器化。采用容器技术，将应用程序打包成独立的容器，实现应用程序的灵活部署和扩展。

（3）微服务架构。采用微服务架构，将应用程序拆分成多个小型服务，实现应用程序的模块化和弹性扩展。

云计算、云服务、云原生技术之间具有紧密的联系。云计算为云服务提供了基础设施，云服务为云原生技术提供了实现平台，而云原生技术可以充分发挥云计算的优势，帮助企业实现数字化转型。简而言之，云计算是基础，云服务是具体实现，云原生技术是应用。

6.3.4　企业云计算技术数字化应用

企业系统成功迁移到云端，需要经历以下四个关键阶段：

（1）基础设施上云。将企业的 IT 基础设施（如计算、存储、网络等）迁移到云端。

（2）大数据上云。将企业的数据汇聚到云端，并进行分析处理。

（3）云上中台建设。将企业的业务系统连接起来，形成一个统一的业务中台。

（4）云上智能应用。利用云计算、大数据、人工智能等技术，实现业务创新。

目前，企业已普遍完成了云原生技术第一阶段的基础设施云化，即将进入云原生技术第二阶段的业务云化。在业务云化阶段，企业需要将应用和业务进行深度融合，实现业务的弹性扩展和敏捷交付。然而，云原生技术与传统的应用架构存在较大差异，这给企业带来了新的挑战。

我国高度重视云计算在数字化发展中的价值，通过一系列政策组合拳推动云服务发展。主要政策措施包括：出台《云计算发展三年行动计划（2017—2019 年）》等政策文件，明确云计算发展目标和重点任务；加大财政补贴力度，支持企业上云；制定云计算标准规范，促进云计算产业健康发展。

在政策环境的持续优化和数字化转型需求的双轮驱动下，我国云服务市场呈爆发式增长。2021 年，我国云计算市场规模达到 3 229 亿元，近 5 年复合增长率达到 47%。根据中国信息通信研究院的预测，伴随着经济回暖，全球云计算市场增长率将出现反弹，到 2025 年市场规模将超过 6 000 亿元，5 年复合增长率将达到 23.56%；我国云计算市场将继续保持快速发展态势，预计 2025 年市场规模将突破 1 万亿元，5 年复合增长率将超过 31%。据初步核算，2028 年中国云计算的市场规模将接近 2.3 万亿元。①

【案例】　目睹与华为云合作为企业提供一站式数字化活动支持

随着数字技术的快速发展，数字化活动成为企业营销的重要手段。企业数字化活动需要融合云计算、大数据、AI 等技术，才能实现高效、精准、个性化的营销效果。

杭州雅顾科技有限公司旗下的目睹平台是创立于 2015 年的领先数字化活动平台及运营服务厂商，拥有多项业内领先的超高清视频云技术。截至 2023 年，目睹的服务已

① 2024—2029 年中国云计算产业发展前景预测与投资战略规划分析报告．前瞻产业研究院，2023-12-01.

覆盖了 30 多个行业，年均服务超过 125 万场次。2023 年，目睹与华为云合作，推出国内首个“数字化活动”营销方向的华为云联合基线解决方案（见图 6-2）。该方案融合了目睹在企业直播、虚拟直播、AI 数字人等领域的丰富经验，以及华为云在云计算、大数据、AI 等领域的领先技术，为企业提供一站式数字化活动管理运营支持。

图 6-2　华为云官网的“目睹数字化活动”解决方案

资料来源：目睹携手华为云，震撼上架首个“数字化活动”解决方案．目睹，2023-12-13.

在基线解决方案合作模式中，华为云和目睹团队明确了职责分工和资源，共同推动方案支持、联合营销，以实现商业共赢。目睹与华为云的深化合作展现了两方在数字化活动领域的默契与共识。合作方案的成功上架标志着对企业数字化活动的全面综合解决方案的需求，为未来的合作提供了坚实的基础。通过充分发挥双方的技术和服务优势，该合作方案推动数字化活动行业的变革与发展，为企业数字化转型提供实践支持，共同构建行业样板工程。

资料来源：目睹携手华为云，震撼上架首个“数字化活动”解决方案．目睹，2023-12-13.

6.3.5　云计算在数字营销中的应用

随着数字技术的高度发展，大型互联网公司纷纷构建自己的生态圈，并将生态圈营销作为重要的战略，如阿里系、百度系、腾讯系、小米系等。生态圈营销是指企业与其他企业建立紧密联系，通过数据共享和策略导流实现更高效的营销。

在生态圈营销中，数据共享是推动营销的重要动力。通过分享关键信息，企业能够更深入地了解消费者行为和需求，从而优化产品设计、改进营销策略。这种共享助力于构建更智能、更灵活的营销体系。

策略导流也是生态圈营销的关键元素。通过在生态圈内建立合作伙伴关系，企业可以共享数据、引导流量、推动销售，实现更有效的市场渗透。这种协作助力线上和线下渠道的整合，创造更无缝、一体化的购物体验。

云计算在数字营销中的应用恰恰得益于这种生态圈的大数据。基于生态圈的数字营销获客，可以通过云计算实现全网数据采集、存储、清洗加工、分析挖掘，实现智能推荐和精准获取目标客户。这种方式可以有效提升拓客效率和成单效率，解决传统营销获客模式难以满足企业增长需求的痛点。

数字营销获客是一个包括五个关键阶段的流程，每个阶段都在不同的层面推动客户从品牌初次认知到最终复购的全程体验。

（1）阶段一：潜在客户的品牌认知。

在这个阶段，企业通过大量的行业分析，利用场景应用、口碑传播、技术科普等优质内容，从公关（PR）、媒体合作和官方网站及官方微信等渠道进行全面的传播，来教育和引导客户感知问题，从而激发客户的欲望，促使其主动搜索和查找问题，引发需求。在此过程中，企业同步完成了品牌知名度和美誉度的塑造。

（2）阶段二：客户线索开发。

客户线索开发是数字营销获客的第二个关键阶段。数字投放、内容营销、活动营销以及拓客工具的应用有助于在潜在客户中培育其感兴趣的线索。通过第三方数据及技术手段，企业识别信息、开展全域营销并触达访客，通过行为建模分析，精准找到大量有需求的潜在客户，从而形成有价值的线索。

（3）阶段三：客户线索挖掘。

在这一阶段，企业致力于挖掘培育中的线索，通过营销自动化、社交客户关系管理（SCRM）以及智能客服等工具和策略，提升线索的转化率。根据客户基础身份信息加上后期交互行为带来的评分，建立全方位客户画像，对客户价值进行等级划分，帮助营销人员实现个性化营销触达，从而实现市场线索的精细化培育与运营。

（4）阶段四：客户线索转化。

客户线索转化是数字营销获客的关键时刻，通过客户关系管理、电子名片、企业微信和情报系统的应用，企业能够将潜在客户转化为实际客户。这一过程涉及将线索转化为实质性业务机会，为企业带来实际的经济效益。

（5）阶段五：客户复购。

最后一个阶段关注客户的复购行为。通过 CRM、情报系统和用户运营的应用，企业能够保持对客户的持续关注和管理，激发客户的再次购买兴趣，实现客户的长期留存与价值最大化。这个阶段是数字营销获客的终点，同时也是一个新的起点，为持续发展和深耕客户关系奠定了基础。

评估数字营销获客效果的关键指标包括客户体验的优越性、获客成本，以及规模化增长的可持续性。在构建成功的获客战略时，确保客户体验得到有效提升至关重要。通过提供令人满意的产品和服务，以及建立客户友好的界面和互动，企业可以增强客户对品牌的好感，从而促使其成为忠实的长期客户。此外，获客成本低的优势是企业追求高效获客的目标之一。通过巧妙运用云计算技术、精准的市场定位和创新的营销手段，企业可以投入较少的资源而吸引更多的潜在客户。最终，规模化增长是成功的获客战略的体现，即使在面对激烈竞争和市场变化时，企业也能够保持业务的稳健扩张。

然而，实现这些获客效果并非没有挑战。在获客过程中，数据是至关重要的资源，但获客挑战主要体现在数据的深度与广度、数据安全性以及数据孤岛上。要有效获得有深度和广度的数据，企业需要不断提升其数据采集和分析能力，以全面了解目标客户的行为、偏好和需求。同时，保障数据的安全性也是不可忽视的问题，特别是在面对日益严峻的网络安全威胁时，企业需要制定健全的数据保护策略。另外，数据孤岛问题可能妨碍企业充分发挥数据的潜力，因为不同部门或系统之间的数据隔离可能导致信息共享不畅，阻碍企业全面理解客户的全局视角。要解决这些挑战，企业需要在技术、管理和策略层面都采取综合性措施。

研究前沿

云计算技术预测客户生命周期价值

Curiskis 等（2023）提出了一种适用于 B2B SaaS 软件环境的机器学习框架，用于预测客户生命周期价值（customer lifetime value，CLV）。该框架能有效应对 B2B SaaS 环境下 CLV 预测的各种建模挑战，包括高度异质化的客户群体、多元的产品业务、时间数据约束以及复杂的客户关系等。

研究通过采用一家知名 B2B SaaS 公司的样本数据，在 2021 年 1 月 1 日—2022 年 12 月 31 日进行了测试。结果显示，与传统基于时间序列的 CLV 估计基线相比，新提出的机器学习框架的性能提升了 2～5 倍。

该 CLV 预测框架在实际营销应用中具有重要价值。它不仅能提供更准确的决策参考，还能指导最佳资源分配、优化产品提供、促进客户留存，以及推动收购活动。研究中详细描述了在 B2B SaaS 公司中应用 CLV 预测的多个营销场景，包括引入名为“预测价值”的新的基于 CLV 的指标，该指标支持对销售渠道的全面优化以及一个投资回报率框架，用于指导营销人员进行预算预测、计划和分配活动支出。实施这一方法的直接结果是营销人员更高效地分配预算，瞄准更有利可图的细分市场和新兴渠道，同时建立健康可持续的客户关系。

资料来源：Curiskis，S.，Dong，X.，Jiang，F.，et al.，“A Novel Approach to Predicting Customer Lifetime Value in B2B SaaS Companies，” *Journal of Marketing Analytics*，2023（4）：587 - 601.

问题：请根据以上文献的研究发现，谈谈云计算技术是否可以使营销成为一门科学？

6.4 区块链与数字营销

6.4.1 区块链的定义与特征

1. 区块链的定义

区块链是由分布式数据存储、点对点传输、共识机制、加密算法和智能合约等技术组合而成的技术体系，它打破了中心化机构的授信，通过去中心化的方式实现了数据授信。[①] 这些技术通过新的组合方式，可以实现以下功能：

（1）防篡改的数据存储。区块链采用哈希链结构，每个区块都包含前一个区块的哈希值，因此，任何数据的篡改都会导致整条链的哈希值发生变化，从而被所有节点识别。

（2）可追溯的数据查看。区块链采用时间戳机制，每个数据块都记录了其产生的时间，因此，任何数据的修改都会留下痕迹，可以被溯源追查。

（3）可信任的点对点传输。区块链采用共识机制，所有节点通过投票的方式达成一致，从而保证数据的准确性和可信度。

2. 区块链的特征

区块链作为一种先进的分布式技术，具备多项独有特征。首先，其开放性体现在技术基础的开源性上，除了私有信息经过加密，区块链数据对所有参与者都是透明开放的。其次，区块链通过采用哈希链结构和时间戳机制，实现了极高的防篡改性，使得数据的篡改难度异常巨大，更加安全可靠。再次，区块链中各节点之间的数据交换是匿名的，不受实名认证的限制，增强了用户的隐私保护。此外，去中心化是区块链的显著特征，所有网络节点均参与数据的存储和维护，不依赖于中心机构，提高了系统的安全性和可靠性。最后，区块链的可追溯性缘于其分散数据库的结构，每个节点的数据都被其他节点记录，从而实现了对数据的完整追溯，提高了数据的透明度和可信度。这些独有的特征使区块链在各行业得到广泛应用，为建设更安全、透明和高效的网络提供了坚实的基础。

3. 区块链的技术领域

区块链涉及四大技术领域：

（1）分布式账本技术。分布式账本是一种在网络成员之间共享、复制和同步的数据库。分布式账本记录参与者之间的数据行为（如交易、资产交换行为等），这种技术所内含的防篡改、可追溯特性从源头上杜绝了造假的可能，而共享机制降低了调解不同账本所产生的时间和成本。

（2）非对称加密技术。存储在区块链上的交易信息是公开的，但每个账户的身份信息是高度加密的。单个账户只有在拥有者授权的情况下才能被访问，从而保证数据的安全和个人隐私。

（3）共识机制技术。开发者必须首先考虑用怎样的技术才可以使更多人对一种规则达成共识，同时还要考虑通过多少个特殊节点的确认，才能在很短的时间内实现对数据行为的验证，从而完成一笔交易。一般而言，区块链技术需要若干利益不相干的节点来对一笔交易进行确认，如果确认就认为达成共识，认为全网也能对此达成共识，这样才算完成一笔交易。

（4）智能合约技术。基于大量可信的、不可篡改的数据，区块链可以自动化地执行一些预先定义好的规则和条款，比如彼此间定期、定息、定额的借贷行为。

---

① 黄奇帆，朱岩，邵平．数字经济：内涵与路径．北京：中信出版社，2022.

4. 区块链的应用

区块链具有广泛的应用前景，在金融、供应链、医疗、政务、数字营销等领域都有潜在的应用价值。例如，在金融领域，区块链可以用于数字货币、供应链金融等；在供应链领域，区块链可以用于产品溯源、物流追踪等；在医疗领域，区块链可以用于电子病历、医疗数据共享等；在政务领域，区块链可以用于电子政务、公民身份认证等；在数字营销领域，非同质化代币（non-fungible token，NFT）作为区块链技术的一个重要应用，正在展现出巨大的潜力。

根据应用场景，区块链可以分为三大类：

（1）公有链。公有链是指任何人都可以读取、发送信息（或交易），且信息（或交易）都能获得有效确认的，任何人都可以参与其中的共识过程的区块链。

（2）私有链，也称专有链。它是一条非公开的链，通常情况下，未经授权不得加入私有链（成为节点）。而且，私有链中各个节点的写入权限皆被严格控制，读取权限则可视需求有选择性地对外开放。

（3）联盟链。联盟链是指由多个机构共同参与管理的区块链，每个机构管理一个或多个节点，其数据只允许系统内不同的机构进行读写和发送。

区块链技术具有以下应用价值：

（1）提高效率。区块链技术可以消除中间环节，实现点对点交易，从而提高交易效率。

（2）降低成本。区块链技术可以降低交易成本，比如降低结算成本、审核成本等。

（3）提高透明度。区块链技术可以实现数据的公开透明，从而提高信任度。

（4）增强安全性。区块链技术具有防篡改、可追溯等特性，从而增强数据安全性。

6.4.2 NFT的定义及特征

（1）NFT 的定义。

代币是存储在区块链中的数字资产，可以代表任何数字实体，例如数字货币。最著名的代币是加密货币，例如比特币和以太坊。代币可以在网络成员之间直接交换，无须第三方参与。它们可用于各种目的，包括促进数字支付、验证执行操作的权限等。代币可以是同质化或非同质化的。

NFT 是区块链上带有唯一标识码和元数据的加密资产，例如，一幅画、一个标志或一条消费交易记录。与可替代代币不同，每个 NFT 都是独一无二的，不能以等值的方式交易或交换。[①] 目前，国际上尚未就 NFT 达成一致的定义。有观点认为，NFT 是一种在区块链技术支持下的加密数字凭证，用于记录艺术品或收藏品等虚拟数字资产的所有权。[②] 该凭证上标注着特定数字资产的历史交易信息、交易方的数字签名、资产元数据（或指向元数据的链接）以及赋予持有人或创作者相关权益的内容，并通过生成具有唯一

---

① Wang, Q., Li, R., Wang, Q., et al., "Non-fungible Token (NFT): Overview, Evaluation, Opportunities and Challenges," arXiv preprint arXiv: 2105.07447, 2021.

② Nadini, M., Alessandretti, L., Di Giacinto, F., et al., "Mapping the NFT Revolution: Market Trends, Trade Networks, and Visual Features," *Scientific Reports*, 2021 (1): 20902.

性的编码，实现数字资产的所有权确认和流转。

(2) NFT 的特征。

NFT 具有一系列独特而引人注目的特征，使其在数字资产领域脱颖而出。

第一，每个 NFT 都以独特且唯一的编码存在，这不仅证明了相应数字资产的所有权，也在网络上确保了原始文件的独一性，与可复制的传统文档有所区别。

第二，NFT 的不可替代性彰显了彼此之间不可直接互换的特性。相较于其他可互换的数字货币，NFT 的独特性要求其在交换时必须以法币或其他等价物为基准，从而展现了非同质化的独特价值（中国政策遏制了 NFT 的投机炒作，严格限制其金融属性）。

第三，NFT 还具备不可分割性，作为数字资产的记录凭证，其交易流转必须以整体形式进行，无法拆分。这确保了 NFT 在交易过程中的完备性，不同于其他可分割的数字资产。

第四，可编程性也是 NFT 的显著特点。通过智能合约技术，开发者可以基于不同的协议标准为 NFT 编程，如 ERC－721、ERC－998 或 ERC－1155，从而为 NFT 创造更丰富的应用场景。① 这使得 NFT 交易可以灵活设置条件，支持个性化场景，推动了 NFT 技术的进一步创新。

第五，NFT 的可追溯性是其具备的重要特征，从它创建时起的所有交易过程都将在区块链上被永久记录。这为持有者提供了轻松追根溯源、辨别真伪的能力，确保了数字资产交易的透明性和可信度。

第六，NFT 的永久保存特性使其成为数字资产保存和收藏的理想选择，因为它们被储存在去中心化的链上，不可轻易篡改。

(3) NFT 的价值。

NFT 的价值在两个关键维度上得以确定。一方面是外在维度，涉及大众对该 NFT 价值的广泛认同。这一层面体现了有多少人认可和愿意赋予该 NFT 特定的经济和情感价值。NFT 的外在价值取决于其在社会和市场中的认知度，以及其在多大程度上能引起人们的兴趣和关注。当 NFT 关联到独特、具有艺术性或历史性的数字资产时，其外在价值可能更容易被大众所认同。

另一方面，内在维度则侧重于 NFT 本身的属性和特征。这包括该 NFT 的成本、稀有程度、不可复制程度以及可能附着的品牌价值等方面。成本主要指投入该 NFT 的实际资金或代币，而稀有程度和不可复制程度则与 NFT 的独特性和唯一性有关。品牌价值体现了 NFT 背后的创作者、品牌或平台对市场的影响力和信誉，对于塑造 NFT 的内在价值起到了关键作用。因此，一个在内在维度上具备高成本、极强稀有性和不可复制性并得到知名品牌支持的 NFT，有望在市场上展现更为突出的价值。这两个维度共同塑造了 NFT 在数字资产领域复杂而多元的价值体系。

① ERC－721 是目前常用的标准，是为了区分每个资产的价值和属性而提出的。ERC－1155 是半同质化通证，主要是为了解决多个 NFT 同时交易时效率低下的问题，可以用一个智能合约实现多个 NFT 和同质化代币（FT）的交易。ERC－998 是可组合非同质化通证，可以将多个 NFT 和 FT 打包交易。

6.4.3 区块链为数字营销带来的优势与挑战

区块链技术提供了一种去中心化、点对点、安全、不可变、可代币化、公共、匿名和开源的日志记录方式，为数字营销带来了多方面优势。①

第一，区块链能够将不同来源的交易数据记录到分布式数据库中，使企业能够实时记录在分销渠道和多个通信渠道上发生的大量行为和交易。这种分布性确保了这些日志不属于特定公司或组织，使用和访问权限可通过智能合约处理。智能合约的部署为数字广告在多个设备和渠道的曝光等提供了新的可能性。2017 年成立的初创公司 Lucidity 利用区块链从实时营销活动中收集信息，并将其与供应链所有触点的信息结合起来。

第二，区块链的点对点结构使网络成员直接通信，具有更高的安全性，减少了对中间商的需求，从而降低了处理费用。例如，消费品公司可以直接向客户销售产品，无须借助银行、信用卡公司、批发商和零售商。这种结构也使得社交网络、众包网络和广告市场等领域可以更加去中心化，实现更加公平的多边市场竞争。

第三，区块链验证交易来源的能力对于监控重要的营销过程至关重要。它可以用于验证产品的真实性，帮助打击点击欺诈，并确保广告活动的接收者是真正的目标客户。例如，科技巨头 IBM 利用其区块链平台来验证广告供应链。该公司与广告和分析平台 Mediaocean 合作，提供了一个端到端的账本，为营销团队提供更好的数据洞察。其目标是帮助企业消除在不必要的第三方上的浪费，并揭示潜在的欺诈数据。

第四，区块链支持高度灵活的使用权限和数据披露，使其在需要处理客户数据但又关注隐私的环境中成为理想选择。品牌所有者可以授予权限，而匿名、哈希、加密和智能合约确保只有授权访问的人才能访问信息。

第五，区块链的代币化特性使其有望改变无形资产的量化方式。品牌价值和客户价值等无形资产可以通过代币量化，创造出一种新的货币，从而更好地衡量、交易、披露和许可这些资产。品牌 NFT 给品牌管理和客户关系管理提供了更灵活和创新的方法。

但是，区块链技术的不可篡改性也为营销策略带来了挑战。② 例如，区块链可以用于追踪数字标识符，如登录信息、社会安全号码和出生日期，这些标识符与客户对特定广告或其他被追踪内容的观看相关联。假设一个营销人员使用区块链向特定客户细分（例如，对租用私人飞机感兴趣的人）进行广告宣传。当某人点击私人飞机广告时，区块链不仅记录了该点击，还记录了在线购买行为和与该点击来源计算机相关联的身份信息。然而，如果这个人只是暂时对私人飞机感兴趣，或者意外点击了广告呢？或者如果一个没有购买私人飞机能力的人点击了广告呢？区块链传递准确信息的方式只是陈述在某一时刻 X 和 Y 之间发生了交互。因此，根据这种信息进行的广告投放并不能保证万无一失。

---

① Peres, R., Schreier, M., Schweidel, D. A., et al., "Blockchain Meets Marketing: Opportunities, Threats, and Avenues for Future Research," *International Journal of Research in Marketing*, 2023 (1): 1-11.

② Blockchain for Marketing? Maybe, But Privacy Issues Abound. mitsloan, 2023-05-20.

6.4.4 NFT 在数字营销中的应用

（1）全球 NFT 行业发展历程。

全球 NFT 行业的发展可以分为四个显著时期，包括种子期（1993—2016 年）、萌芽期（2017 年）、建设期（2018—2020 年）以及快速扩张期（2021 年至今）。

在种子期，NFT 的概念最早由哈尔·芬尼（Hal Finney）于 1993 年提出，涉及加密交易卡的初步探讨。然而，由于当时技术水平的限制，NFT 仅停留在理论探索的阶段。彩色币是首个类似 NFT 的论证案例。

进入萌芽期，2017 年 6 月，全球首个 NFT 项目 CryptoPunks 在以太坊上正式发布。同年 10 月，戴普实验室（Dapper Labs）团队推出了名为“加密猫”（CryptoKitties）的游戏，将 NFT 推向高潮。在这一时期，Dapper Labs 的首席执行官首次提出了 NFT 的概念，为行业的发展奠定了基础。

随后是建设期，其间涌现出 100 多个 NFT 项目，其中以 OpenSea 和 SuperRare 为代表，NFT 交易逐渐变得更加便捷和完善。NFT 的应用也从游戏扩展到音乐、营销等多个领域，逐渐融入了人们的生活和数字文化。

快速扩张期始于 2021 年，当时支付宝、京东、腾讯等平台率先涉足 NFT 业务，随后其他企业纷纷加入，导致国内数字收藏品市场蓬勃发展。这一阶段的迅猛发展不仅加速了 NFT 技术的普及和市场的拓展，也促进了企业对数字营销领域的深入探索。

（2）我国 NFT 产业发展现状。

目前，我国 NFT 发展主要聚焦在上中下三个产业环节。在产业上游，IP 发行方处于关键位置。对于那些拥有独特内容 IP 的企业，NFT 为其提供了一条增值的路径。芒果超媒、阅文集团和泡泡玛特等内容 IP 企业通过 NFT 有效盘活了其现有的文化资产。

NFT 的下游应用场景主要包括版权、营销和游戏。在版权领域，涉及图片视频、IP 和影视内容等版权内容的分发和保护技术。视觉中国、中文在线和中手游等企业已经在版权资源的运营方面有所布局。在营销领域，NFT 主要应用于品牌营销，即品牌方参与发行品牌 IP 数字藏品，并结合实体 IP 产品销售或品牌宣传。例如，蓝色光标孵化的 MEME 魔因未来、天下秀的“TopHolder 头号藏家”、中手游的数字艺术品版权分发平台有鱼艺术，这些平台通过行业公链和数字版权证书系统提供 NFT 的确权、存储、首发销售和保护服务。

在游戏领域，目前 NFT 的应用较为有限。不同于传统游戏产品的虚拟道具，NFT 的所有权本质上仍属于平台方。NFT 的应用主要集中在基于元宇宙生态创建的游戏自建体系，更多是概念性产物。

目前，中国 NFT 市场采用的区块链技术是联盟链，NFT 商品购买需要各方实名制，严禁虚拟货币参与交易，不得有 NFT 投资行为出现。因此，在最为关键的中间流转环节，政府引导的中国文化艺术品产权交易所承担着数字文化内容的确权、评估、匹配、交易和分发等重要功能。①

---

① 品牌资产 NFT 化，结合案例拆解逻辑．数英，2022-07-06.

(3) NFT 数字营销实践。

在数字营销实践中，NFT 为品牌和创作者提供了创新的方式来推广、销售和保护其数字资产。

首先，NFT 为数字内容创作者提供了全新的变现渠道。通过将数字艺术品、音乐、视频等内容转化为 NFT，创作者可以在区块链上创建唯一的数字代币，并将其出售给感兴趣的收藏家或粉丝。这为创作者提供了直接从作品获益的机会，减少了中间环节，同时通过智能合约确保了对版权和创作者权益的保护。

其次，NFT 为品牌提供了发行数字收藏品和限量版商品的机会。品牌可以通过发行限量的 NFT 商品，如虚拟服饰、虚拟配饰等，吸引粉丝和收藏家的关注。这不仅提升了品牌的数字化形象，也为品牌创造了稀缺和独特的虚拟商品，进一步促进了数字产品的销售，同时实现了品牌价值的数字资产化。

此外，NFT 还丰富了数字广告和品牌推广的方式。通过将广告或品牌活动的数字资产转化为 NFT，品牌可以在区块链上创建独特的数字广告代币，这样既能防盗版、打击假冒伪劣，又能推动用户互动和参与。用户可以通过收藏或购买这些数字广告 NFT，体验到品牌活动的独特性，同时品牌也能够更好地跟踪数字广告的传播和效果，打造更有价值的用户关系管理体系。

研究前沿

消费者对品牌 NFT 的心理倾向和价值观

创新型企业正在将品牌 NFT 作为营销策略的一部分来实践，以吸引寻求独家内容的消费者。年轻消费者往往是区块链技术的早期采用者，并正在寻找符合他们个人需求的品牌 NFT。

Xie、Muralidharan 和 Edwards（2023）通过对美国的 Z 世代和千禧一代（样本量为 1 053）进行研究，探讨了消费者在获取和展示品牌 NFT 时追求的价值观（即信息性、娱乐性、独特性、表达性价值），并探讨了地位消费倾向、感知的财务限制和性格创新倾向如何影响他们参与品牌口碑传播的意愿。

研究揭示了独特性、娱乐性和表达性价值有助于唤起个体的地位消费倾向和性格创新倾向。这种关系有助于提升品牌口碑。对于财务紧张的消费者来说，NFT 所提供的独特价值对于积极的口碑表达至关重要。

这项研究表明，在设计和营销品牌 NFT 以优化其引发积极的品牌讨论的潜力时，理解消费者心理特征并满足其偏好至关重要。具体而言，品牌可以采取以下措施：相对于高质量的品牌或产品信息，营销人员应该重点关注创造和传达娱乐性、独特性和表达性价值，以有效地针对具有高地位消费倾向和性格创新倾向的消费者。例如，与名人和艺术家合作、推出限量版或独家 NFT 等方式可以提升娱乐性；收集 NFT 以解锁限量 NFT、将 NFT 与元宇宙中的其他体验相结合等方式可以体现独特性；使 NFT

所有者能够在元宇宙平台中展示它们、使消费者相互交流等方式可以激发表达性。

另外，还可以根据可支配收入或储蓄对消费者进行细分。财务紧张的消费者倾向于将品牌 NFT 视为收藏品。为了促进积极口碑，品牌应在财务紧张但对 NFT 感兴趣的消费者中营销其 NFT 的独特性。

资料来源：Xie，Q.，Muralidharan，S.，and Edwards，S. M.，"Who Will Buy the Idea of Non-fungible Token（NFT）Marketing? Understanding Consumers' Psychological Tendencies and Value Perceptions of Branded NFTs，" *International Journal of Advertising*，2024（6）：987－1015.

问题：请根据以上文献的研究发现，谈谈云计算技术是否可以使营销成为一门科学。

下面根据消费者购买决策模型，分产生意识、激发欲望、采取行动和再次行动四个阶段[①]来讨论营销人员如何鼓励消费者购买 NFT。[②]

NFT 营销的第一个阶段是产生意识。营销人员应通过强调 NFT 的独有特征来实现这一目标，例如其稀缺性。NFT 的价值基于其数字稀缺性，随着其作为收藏品的价值增长，越来越多的消费者对购买其版权感兴趣，因此 NFT 可能会增值。然而，仅仅创造一种稀缺的 NFT 以吸引目标市场是不够的。NFT 必须与品牌的目标和个性相关。例如，主打墨西哥风味的连锁餐饮店塔可贝尔（Taco Bell）以塔可的炸玉米饼为主题的 NFT，让消费者感到拥有他们欣赏的品牌的一部分。[③] 此外，将自己定位为环保或可持续的品牌应该非常小心，因为 NFT 交易会消耗大量能源，可能导致环保意识强烈的消费者的强烈反感。

NFT 营销的第二个阶段是激发欲望。营销人员应通过以下方式实现这一目标。首先，向消费者展示拥有 NFT 如何为他们的生活增添价值。例如，NFT 可以提供独家内容、体验或福利，莱昂国王乐队（Kings of Leon）的"NFT Yourself"专辑买家可以获得乐队的最新专辑、一件独特的艺术品、一张一次性黄金唱片和音乐节选，甚至包括该乐队每场巡回演出的终身 VIP 音乐会入场券，并配有接送司机。[④] 其次，强调 NFT 的稀缺性、不可变性和安全性。这些特征可以增加 NFT 的价值和吸引力。在北京冬奥会举办期间，收藏家可以通过在 nWayPlay 官网购买、从其他收藏家手中购买以及参与"Olympic Games Jam：Beijing 2022"游戏获得奥运徽章 NFT（见图 6－3），同时以吉祥物冰墩墩为原型设计的奥运主题 NFT 作为媒介进一步弘扬着奥林匹克精神。[⑤] 最后，通过独特的视觉和声音元素来激发消费者的感官情感。例如，可口可乐庆祝 7 月 30 日国际友谊日时推出了可口可乐声音可视化器，可以播放可口可乐开瓶声、气泡声等。[⑥]

---

① Strong，E. K.，Jr.，"Theories of Selling，" *Journal of Applied Psychology*，1925（1），75－86.

② Chohan，R.，and Paschen，J.，"NFT Marketing：How Marketers Can Use Nonfungible Tokens in Their Campaigns，" *Business Horizons*，2023（1）：43－50.

③ 盘点 20 个传统品牌与 NFT 的梦幻联动．澎湃新闻，2022－09－26.

④ NFT 来势汹汹，音乐产业如何面对？．福布斯中国，2021－08－16.

⑤ "链上冬奥会"上演奥运主题 NFT 争夺战．蜂巢 Tech，2022－02－10.

⑥ 可口可乐在国际友谊日上推出首个 NFT. SocialBeta，2021－08－01.

总体而言，营销人员在推广 NFT 时应确保 NFT 吸引力与品牌定位一致，避免夸大 NFT 的价值或潜在回报，并提供透明的信息，以帮助消费者做出明智的购买决定。

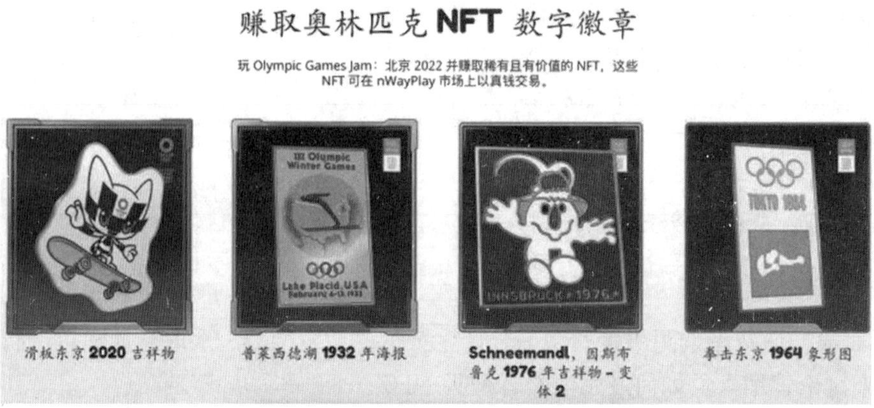

图 6-3 “Olympic Games Jam：Beijing 2022”游戏的奥林匹克 NFT 数字徽章

资料来源：“链上冬奥会”上演奥运主题 NFT 争夺战．蜂巢 Tech，2022-02-10.

NFT 营销的第三个阶段旨在鼓励消费者采取行动。一旦消费者渴望拥有 NFT，他们就会考虑购买。在这一阶段，营销人员的关键任务是通过简化消费者的购买过程来促成购买行为。由于 NFT 是分散式应用，其交易在没有涉及第三方（例如银行、销售人员）的情况下进行，因此交易更为迅速、便利，且分销成本较低。

尽管营销人员无法掌控区块链上的交易方式，但他们可以在消费者熟悉的活动中推广 NFT，从而使购买变得方便和易于接受。鉴于购买 NFT 涉及无形物体，一些消费者可能更愿意支持交易，尤其是在将部分收入捐赠给他们支持的慈善事业的情况下。例如，敦煌研究院与腾讯联合推出文博行业首个公益“数字供养人”典藏版 NFT，包括敦煌莫高窟第 156 窟的全景数字卡片，为购买提供了一种更具社会责任感的动机。①

NFT 营销的第四个阶段是再次行动。营销人员应鼓励消费者分享 NFT，并确保 NFT 的价值和吸引力不会下降。具体而言，营销人员可以通过以下方式实现这一目标：一是创建消费者愿意与其社交网络分享的 NFT。例如，虚拟运动鞋品牌 RTFKT 销售 5 000 美元一双的数字运动鞋，消费者可以通过增强现实技术“穿戴”这些 NFT 服装。为了让消费者真实感知到虚拟鞋的存在，RTFKT 还会制作一些与虚拟鞋规格及工艺相同的实体鞋，送到消费者手中，俘获了相当一部分忠实的消费者。② 二是维护良好的品牌资产。如果品牌以创造高质量内容而闻名，则消费者更有可能再次购买其 NFT。三是为 NFT 所有者提供长期持续的好处。例如，NFT 所有者可以获得独家优惠或福利。

综合而言，NFT 作为区块链技术的创新应用，为数字营销注入了新的活力。其独特的不可替代性、唯一性和智能合约的支持，使其成为数字内容、品牌推广和广告活动中的重要工具，为创作者和品牌在数字时代创造更多可能。

---

① 腾讯×敦煌研究院发布首款公益 NFT-携手探索千年遗产数字化保护．东方网，2021-09-06.

② 5 000 美金一双的虚拟球鞋，你不懂．澎湃新闻，2021-05-20.

【案例】 梦之蓝 NFT：数字营销的成功实践

江苏洋河酒厂股份有限公司，位于中国白酒之都宿迁市，是行业内拥有两大“中国名酒”、两个“中华老字号”、六枚中国驰名商标、两个国家 4A 级景区、两处国家工业遗产和一个全国重点文物保护单位的企业。公司拥有深厚的历史文化底蕴，洋河酿酒始于汉代，双沟因“下草湾遗址”“醉猿化石”的发现，被誉为“中国最具天然酿酒环境与自然酒起源的地方”。

老字号品牌如洋河也在不断进行数字营销创新。针对对我国 NFT 关注度较高的 90 后和 95 后人群，梦之蓝通过推出首个白酒 NFT 积极响应品牌年轻化的趋势，以满足这一主要目标群体的需求。

2022 年 3 月 4 日，梦之蓝推出的 NFT 主题为“梦之蓝手工班（大师）”，采用墨蓝和谷金的瓶身设计，结合明代窖池、非遗传承和百年酒窖等元素，以水墨动画形式呈现，瓶盖上刻有“月门”和“洋河 12 大事记”。这款数字藏品不仅具备卓越的收藏价值，还为购买者提供相应的会员权益，涵盖商城满减优惠、免费生日酒和参观生产基地等特权。

该系列 NFT 首批上线 1 368 份，售价 13.68 元。其中，“梦之蓝手工班（大师）”珍藏版限量 1 款，全球发行 300 份，而“梦之蓝手工班（大师）”特别版则有 3 款，每款发行 356 份。这一系列 NFT 上线仅 4 分钟就被抢购一空，吸引了超过 2 万名用户，微信小程序“元之蓝星球”上 4 小时内浏览量破百万次。

3 月 25 日，全新的梦之蓝手工班品牌 TVC 成功登陆央视黄金档，通过独特的创意展现了中国匠造之美，凸显了中国文明之光。同年 6 月，梦之蓝手工班（大师）在京东、天猫洋河官方旗舰店正式首发开售。

梦之蓝 NFT 的成功，体现了数字营销在老字号品牌年轻化中的重要作用。NFT 作为一种新兴的数字资产，具有收藏性、稀缺性和社交属性等特点，能够吸引年轻消费者的关注。此外，梦之蓝还通过线上线下联动的方式，将 NFT 与新产品的品牌营销活动相结合，进一步提升了整合营销传播效果。

资料来源：品牌资产 NFT 化，结合案例拆解逻辑．数英，2022-07-06.

6.5 大数据与数字营销

6.5.1 大数据的定义与特征

相关学者对于大数据（big data）的定义并不统一。但是，可以达成共识的是，大数据之大主要体现在三个方面：首先是数据量的庞大。相较于传统数据，大数据的规模通常是其数倍甚至数十倍。以大英博物馆为例，其全部藏书以数字化形式存储，数据量已超过 100TB。其次，大数据具有极强的变动性，会持续不断地产生、更新和变化。全球 80 多亿人拥有数十亿部手机，这些手机每天都在产生海量数据，凸显了大数据的动态特性。最后，大数据的复杂性也是显著的，包括结构化、半结构化和非结构化的数据，其结构和格式各异，处理起来更加复杂和困难。

为了将大数据转化为有用的信息和知识，需要经过三个关键步骤。首先是将数据变为信息。通过对数据进行分析和处理，去除随机性干扰，提取出有用的信息。其次，将信息进一步转化为知识。通过深入的分析和归纳，总结出其中的规律和模式。最后，将知识转变为智慧。通过对知识的应用，解决实际问题，实现智能决策。大数据不仅蕴含着丰富的信息和知识，更融合了人工智能的核心，通过对大数据的深度分析和处理，提取出有用的信息和知识，并通过知识的综合运用做出判断，实现智慧化的应用。①

6.5.2 大数据在数字营销中的应用

大数据技术的优势在于其精准性、高效性和成本效益性。大数据技术在数字营销领域的应用涵盖了舆情管理与产品创新、智能定价、促销推荐、智慧渠道等四个关键方面。

（1）舆情管理与产品创新。

大数据技术可为企业提供了收集、分析和处理海量舆情数据的能力，从而使企业能深入了解消费者的关注点、需求和痛点。通过分析社交媒体上的舆情数据，企业可以获取消费者对产品和服务的实时反馈，进而优化产品和服务，以提升消费者体验。

（2）智能定价。

大数据技术能帮助企业实时调整产品价格，根据消费者的个性化需求和市场供需情况进行灵活定价。通过分析购物行为数据，企业可以识别不同地区消费者对商品的不同接受度，从而实现差异化定价策略，提高商品的销售额和利润率。以电商平台为例，通过对消费者购物行为的分析，平台根据不同地区的差异设定商品价格，销售额显著提升。

（3）促销推荐。

大数据技术可实现对消费者个人偏好和购物行为的精准分析，为企业提供有针对性的促销推荐方案。通过根据购物历史数据进行个性化的促销推送，企业能够提升促销效果，提高用户转化率。

（4）智慧渠道。

大数据技术可帮助企业整合线上线下渠道资源，提升购物体验，为消费者提供更便捷的购物方式。通过分析购物行为数据，企业可以了解到消费者对线上和线下渠道的需求，进而进行资源整合，提供更灵活的购物体验。

【案例】 亚马逊大数据驱动的客户体验和销售策略

亚马逊作为全球最大的电子商务平台之一，拥有庞大的用户群和商品库，每天产生大量的交易和行为数据。为提升用户体验和销售额，亚马逊采用了以下关键工具和策略：

---

① 黄奇帆，朱岩，邵平．数字经济：内涵与路径．北京：中信出版社，2022.

（1）个性化推荐系统。亚马逊运用机器学习算法，基于用户的购买历史、浏览记录、收藏行为以及其他用户的相似喜好，为每个用户生成个性化的商品推荐列表。这项策略提高了用户的满意度和忠诚度，促成了更多的交易。

（2）动态定价策略。亚马逊根据商品的供需状况、竞争对手的价格、季节性因素和库存水平等信息，通过复杂的数学模型实时调整商品价格。这一策略使亚马逊能够最大限度地提高销售利润和销量。例如，亚马逊的电子书 Kindle 在不同地区的定价动态调整，最大幅度可超过 21%，从而灵活应对市场变化。

（3）预测配送技术。亚马逊通过人工智能技术，根据用户的购买行为、地理位置和天气等信息，预测其可能购买的商品，并提前将这些商品运送到距离用户最近的仓库或配送中心。这项策略有效缩短了配送时间，提高了效率，并降低了运营成本。

通过以上大数据驱动的策略，亚马逊在提升用户体验的同时也实现了销售额的显著增长。这一综合性的数据驱动策略使亚马逊保持了在电子商务领域的竞争优势。

资料来源：开屏观察 | App 年度报告大 PK 开启，你被大数据“戳中”过吗？. 春城晚报，2023-12-21.

为了在大数据营销过程中取得成功，首先需要进行数据采集。这涉及从多个渠道获取潜在客户的数据，包括公域数据（互联网公开数据、社交媒体数据等）和私域数据（企业自身数据、合作伙伴数据等）。这一步骤的目标是获取全面而多样化的客户信息。

随后，数据分析是不可或缺的一环。通过采用人口统计分析、行为分析和兴趣分析等方法，企业对采集到的数据进行深度分析，从而识别客户的价值和需求。这为制定后续运营策略奠定了基础。

客户模型的建立是大数据拓客的另一个关键步骤。根据数据分析结果，建立定量客户模型，包括回归模型和分类模型，从而评估客户的转化率和价值等级。这有助于更有针对性地进行后续的触达和转化。

触达作为大数据拓客中的核心环节，涉及通过多种渠道（电话、邮件、短信、社交媒体等）实现对客户的有效触达。在触达过程中，需要确保内容精准、方式有效、频率适宜，以提高整体触达效果。

最终，转化是大数据拓客追求的目标。企业通过触达客户，促使其成为实际客户。转化的方式涵盖线上和线下多种渠道，确保全方位实现客户的转化。

总体而言，大数据营销工具通过数据驱动的方法帮助企业提高获客效率和精准度，降低获客成本，提升客户体验。在运营过程中，企业需要结合自身业务和目标客户，精心设计和调整运营策略，以确保取得最佳的营销效果。

【案例】 网易云音乐年度歌曲个性化推荐

近年来，以生成用户专属年度报告为代表的年度账单和年度歌曲等服务已成为数字平台的热门功能，为用户提供个性化、详尽的使用回顾。这些服务实际上借助了大数据技术，通过对用户海量行为数据的分类和计算，为用户呈现精准的个人数据报告。网易云音乐的年度歌曲榜单作为其中一例，运用大数据技术吸引了广大用户的关注，并成功引导了用户的积极参与。

网易云音乐的年度歌曲榜单充分运用大数据技术收集用户的听歌信息和数据，包括歌曲播放次数、用户评论、收听时间以及收听习惯等。这些数据被系统用于生成榜单，为每位用户呈现其个性化的听歌偏好。通过细致入微的数据分析，该软件清晰展示了用户的音乐品位、情感状态和个性特征，为用户量身打造了独特的音乐标签，呈现了更具个性化的用户体验。

除了数据驱动的个性化推荐，网易云音乐的2023年度歌曲榜单还在视觉呈现上进行了创新。该榜单以“我们终将在音乐里相遇”为主题，通过丰富的图表和动画，生动地呈现了用户的听歌足迹。例如，用户可以通过“音乐多巴胺颜色”的形式了解自己最喜欢的音乐风格，以及不同时期的音乐偏好（见图6-4）。这些创新性的视觉呈现进一步提升了用户的参与感和体验感。

图6-4　2023年网易云音乐的年度歌曲榜单

网易云音乐的年度歌曲榜单自发布以来，获得了广泛的关注和好评。用户纷纷在社交媒体上分享自己的榜单，并表达了对网易云音乐的认可。这种广泛的传播效应不仅为网易云音乐带来了巨大的流量，也为其品牌形象的提升起到了积极的作用。

资料来源：开屏观察｜App年度报告大PK开启，你被大数据“戳中”过吗？. 春城晚报，2023-12-21.

6.6 虚拟现实、增强现实与数字营销

6.6.1 VR、AR、MR的区别与联系

VR是一种可以创建和使使人体验虚拟世界的计算机仿真系统。用户通过头戴式显示

器（HMD）等设备，可以完全沉浸在虚拟世界中，与现实世界隔绝。VR 技术可以为用户提供逼真的视觉、听觉、触觉等体验，让用户身临其境。

AR 是一种实时计算摄影机影像的位置及角度并加上相应图像、视频、3D 模型的技术。用户通过智能手机、平板电脑等设备，可以看到现实世界和虚拟世界叠加在一起的画面。AR 技术可以为用户提供更加直观、交互性更强的体验。

从技术上来看，VR 和 AR 都需要使用计算机图形学、传感技术、交互技术等技术。从应用场景来看，VR 和 AR 都具有广泛的应用空间，如游戏、娱乐、教育、工业、商业等领域。VR 和 AR 的区别见表 6-1。

表 6-1 VR 和 AR 的区别

特征	VR	AR
虚拟与现实的融合程度	完全虚拟	虚拟与现实叠加
用户体验	沉浸式	增强式
应用场景	游戏、娱乐、教育、医疗、军事等	游戏、娱乐、教育、工业、商业等

混合现实（mixed reality，MR）是 AR 和 VR 的统称。MR 技术可以将虚拟世界和现实世界融合在一起，为用户提供更加沉浸式、交互性更强的体验。

随着技术的不断发展，VR、AR 和 MR 之间将会更加融合，为用户提供更加丰富的沉浸式体验。

6.6.2 AR/VR 产业链与行业特点

1. AR/VR 产业链

AR/VR 产业链主要分为硬件、软件、内容、应用场景四部分。

硬件是 AR/VR 产业链的基础，包括头戴式显示器（简称“头显”）设备、控制器、传感器等。头显设备是 AR/VR 体验的核心，控制器用于与虚拟世界交互，传感器用于获取用户的头部、手部等位置信息。在硬件方面，零部件主要由四大部分的电子元器件组成：芯片是 AR/VR 设备的核心部件，负责数据处理和图像渲染；传感器用于获取用户的头部、手部等位置信息；显示屏幕负责显示虚拟世界；光学器件用于将图像投射到显示屏幕上。

软件是 AR/VR 体验的关键，包括系统软件、应用软件、工具软件等。系统软件负责管理硬件资源、提供基础功能；应用软件为用户提供具体的应用体验；工具软件用于开发 AR/VR 内容。

内容是 AR/VR 产业链的灵魂，包括游戏、影视、教育、医疗等。AR/VR 内容需要具有强烈的沉浸感和交互性，需要专业的技术和设备，才能为用户提供良好的体验。

应用场景是 AR/VR 产业链的目标，包括娱乐、教育、医疗、工业、军事等。AR/VR 产业链可以应用于各行各业，为人们的生活和工作带来新的改变。

AR/VR 产业链还处于发展初期，但具有巨大的潜力。随着技术的不断成熟，AR/

VR 产业链将在各行各业得到广泛应用，为人们的生活和工作带来新的改变。[①]

2. AR/VR 行业特点

(1) 沉浸式体验。AR/VR 技术可以提供沉浸式用户体验，使用户身临其境。通过 AR 技术，虚拟世界可以与现实世界相互交互，增强用户的感知和互动。而 VR 技术则可以创造完全虚拟的环境，让用户沉浸在虚拟世界中。

(2) 多领域应用。AR/VR 技术在多个领域有广泛的应用，包括娱乐、游戏、教育、医疗、房地产、旅游等。它可以提供沉浸式娱乐体验、实时的虚拟培训、虚拟手术模拟等。

(3) 技术创新和发展。AR/VR 行业在硬件和软件技术方面不断创新和发展。在硬件方面，虚拟现实头显、AR 眼镜和手持设备等不断改进，提高了图像质量、交互性和舒适度。在软件方面，开发者不断推出新的 AR/VR 应用和内容，丰富了用户体验。

(4) 用户需求驱动。AR/VR 行业的发展主要受到用户对沉浸式体验和新型交互方式的需求驱动。用户对于更真实、互动性更强的体验有着强烈的兴趣，企业也希望通过 AR/VR 技术提高效率和创造新的商业机会。

(5) 与其他技术的结合。AR/VR 技术与其他技术的结合也是行业的一个特点。例如，与人工智能、物联网、云计算等技术结合，可以实现更智能、更互联的 AR/VR 应用。

(6) 挑战和机遇并存。AR/VR 行业面临一些挑战，如技术成本、设备舒适度、内容创作等。但同时该行业也有着巨大的机遇，包括新的商业模式、创新的应用场景和市场增长潜力。

3. AR/VR 消费市场现状

2024 年，全球 XR（包括 VR、MR 和 AR）设备市场整体的出货量为 731 万台，较 2023 年同比下降 10.3%。其中 VR 和 MR 设备的出货量为 653 万台，同比下降 13.9%；而 AR 设备出货量达到 78 万台，同比增长 36.8%。[②] 在中国市场，2024 年 VR/AR 设备出货量约为 53.5 万台，较 2023 年同比下降 26.3%。[③]

造成这种差异的原因主要有以下几点：

(1) 内容供给不足。VR 的应用场景主要集中在游戏、观影、社交等领域，但目前这些领域的优质内容供给仍然不足，难以满足消费者的需求。而 AR 的应用场景更加广泛，包括工业、教育、医疗等领域，因此具有更大的市场潜力。

(2) 价格过高。VR 头显的价格普遍较高，这也制约了其普及。而 AR 头显的价格较低，更容易被消费者接受。

(3) 技术成熟度不足。VR 头显的技术成熟度仍有待提升，例如佩戴舒适度、视觉效果等方面。而 AR 头显的技术成熟度较高，用户体验更加良好。

---

① 中商产业研究院 .2024 年中国 AR/VR 行业市场前景预测研究报告，2024-01-03.

② 2024 全球智能眼镜出货同比+119%中国市场同比+44.0%. 新浪科技，2025-03-08.

③ 2025 年中国 VR/AR 设备出货量预测及行业竞争格局分析（图）. 中商情报网，2025-03-18.

6.6.3　AR/VR 技术与数字营销

AR/VR 技术具有沉浸式、交互性强等特点，为数字营销提供了新的思路和可能性。企业可以通过 AR/VR 技术，为用户提供更具吸引力和互动性的营销体验，从而提升营销效果。

AR/VR 技术在数字营销中的应用主要有以下三种模式：

(1) 广告模式。企业在 AR/VR 内容和应用中嵌入广告，向广告主提供品牌推广和营销服务。这种模式与传统的数字广告模式类似，但 AR/VR 技术可以使广告更具沉浸感、互动性更强，从而提高广告的转化率。

(2) 虚拟产品模式。AR 允许人们创建虚拟替代品，将 AR 内容视为新的产品类别，从而开辟了新的营销可能。同时，AR 扩展如 NFT 为解决虚拟和实体对象所有权带来的挑战提供了潜在解决方案。[①]

(3) 品牌合作模式。企业与品牌合作，共同开发 AR/VR 体验，以提升品牌形象和用户参与度。这种模式可以为品牌提供更具创意和吸引力的营销方式，从而提升品牌的知名度和美誉度。例如，化妆品品牌的用户可以通过 AR 在脸上尝试新的化妆品。AR 在社交媒体上的整合也为用户提供了更有趣的品牌体验，进一步提高参与度和忠诚度。

AR/VR 行业的商业模式可能会根据不同的企业和应用场景而有所差异。一些企业会采用多种商业模式的组合，以满足不同用户和市场的需求。此外，AR/VR 行业的商业模式也在不断演变和创新。随着技术的发展和市场的变化，新的商业模式可能会出现。

【案例】　雀巢奇巧"眨眼休息"营销活动：AR＋社交媒体的创新应用

雀巢旗下的巧克力威化品牌奇巧（KitKat），以"休息一下"（have a break）为营销核心，旨在鼓励人们在忙碌的生活中抽出时间休息娱乐。在名为"眨眼休息"，（Blink Break）的营销活动中，奇巧采用了 AI＋AR 技术，通过摄像头捕捉参与者的眨眼动作，让参与者与 AI 生成的小动物（猫、猫头鹰、乌龟等）进行对视不眨眼挑战（见图 6-5）。随着关卡的层层递进，奇巧会要求挑战者在社交媒体上发布"眨眼休息"同名挑战视频，完成接下来的挑战。

该活动在推特和 Instagram 等社交媒体上获得了广泛关注，有效提升了奇巧的品牌知名度和影响力，并促进了销量的增长。

该活动的成功主要得益于以下几点：

(1) 创新的玩法：AR 技术的应用为活动增添了趣味性和互动性，让用户可以与虚拟小动物进行对视挑战，体验"眨眼休息"的乐趣。

---

① Rauschnabel, P. A., Babin, B. J., Tom Dieck, M. C., et al., "What Is Augmented Reality Marketing? Its Definition, Complexity, and Future," *Journal of Business Research*, 2022: 1140-1150.

图 6-5　奇巧“眨眼休息”的营销活动

资料来源：marketingdive 网站。

（2）社交媒体的传播：将活动嵌入社交媒体，让用户可以分享和传播，有效扩大了活动的影响。

（3）Z 世代用户的青睐：游戏是触达 Z 世代用户的有效方式之一。该活动的目标用户是 Z 世代，活动的创新玩法和社交媒体的传播方式，都符合 Z 世代用户的喜好。

该活动的成功表明，AR 技术和社交媒体是数字营销的重要工具。品牌可以借助这两种工具开展创新的营销活动，提升品牌形象和影响力。

资料来源：KitKat challenges mobile users to AI-powered staring contest. marketingdive，2022-06-02.

研究前沿

消费者 VR 体验的复杂性

近年来，VR 技术在消费领域的应用越来越广泛，包括时尚、旅游、零售等。VR 体验具有双重本质，它既是虚拟的，又是实质的。虚拟性在于 VR 体验是基于计算机生成的，而实质性在于 VR 体验可以与现实世界产生交互。这种双重本质使得 VR 体验充满了乌托邦和反乌托邦的可能性。乌托邦话语强调 VR 体验的积极方面，例如解放、赋权和创造力。反乌托邦话语则强调 VR 体验的消极方面，例如孤立、沉迷和虚假。

Jung 等（2021）的研究表明，VR 体验具有复杂的意义，既包含积极的方面，也包含消极的方面。在 20 名韩国消费者体验了一次策划好的 VR 奢侈品牌时装秀之后，研究人员使用萨尔特曼隐喻诱引技术（Zaltman Metaphor Elicitation Technique，ZMET）请消费者反思他们的体验，随后使用解释学方法分析了访谈数据。

他们指出，VR 体验可以让人们体验到他们在现实世界中无法体验到的东西，因此具有民主化的作用。例如，人们可以通过 VR 体验参观世界各地的博物馆或剧院，也可以体验自己无法实现的职业或爱好。VR 体验可以让人们暂时逃避现实世界的不愉快或困难，因此具有逃避的功能。例如，人们可以通过 VR 体验来放松身心。同时，VR 体验可以引发人们对现实世界的焦虑。例如，人们可能会担心在 VR 体验中迷路或被困住，或者担心 VR 体验会对他们的心理健康造成影响。

因此，营销人员应密切关注与 VR 消费相关的文化叙事的语境。例如，一家时尚品牌可以创建一个 VR 体验，让消费者在未来世界中穿着其最新设计的服装，从而将 VR 体验与乌托邦主题联系起来，来吸引消费者对其产品的兴趣。

此外，VR 体验中的消费者焦虑是由某些方面的逼真性，如其生动性与其他方面的缺失之间的不一致性引起的。因此，营销人员可以考虑技术的适应性是否允许他们降低 VR 的生动性以赋予其社交互动性。此外，在 VR 体验之前或期间进行有效的信息披露，可以调节叙事传递效果，有助于减少消费者的焦虑。例如，一家汽车制造商可以创建一个 VR 体验，让消费者在虚拟世界中驾驶其最新车型。为了减少消费者的焦虑，该公司可以将 VR 体验的视野范围限制在车内，并在体验开始之前向消费者提供有关车辆功能的信息。

资料来源：Jung，J.，Yu，J.，Seo，Y.，et al.，"Consumer Experiences of Virtual Reality: Insights from VR Luxury Brand Fashion Shows," *Journal of Business Research*，2021：517－524.

问题：请根据以上文献的研究发现，谈谈 AR 技术是否也会使消费者产生类似的体验。如果是，又会有何不同呢？

本章小结

不断迭代演进的人工智能、云计算、大数据技术等前沿科技的兴起与应用，不仅在极大程度上提高了生产效率，还创造了全新的服务和产品，进而构建了新型的生产关系和商业模式，为消费者提供了更加丰富的沉浸式品牌体验。

本章主要介绍了数字营销中的多种技术支撑，包括元宇宙、人工智能、云计算、区块链、大数据、虚拟现实、增强现实等的定义、特征、发展以及营销应用。

概念和术语

元宇宙　人工智能　云计算　区块链　大数据　NFT　VR　AR　MR

思考题

1. 请简要描述元宇宙在数字营销中的应用优势。
2. 请谈谈人工智能在数字营销中的应用所面临的挑战。

3. 请谈谈云计算在数字营销中的应用前景。
4. 请简要描述区块链在数字营销中的应用优势。
5. 请谈谈大数据在数字营销中的应用所面临的挑战。
6. 请简要分析虚拟现实和增强现实在数字营销中的应用趋势。

延伸阅读

[1] 任之光，赵海川，杨凯．营销科技的发展、应用及研究现状评述与展望．营销科学学报，2022 (1)：1－11.

[2] 王芳，郭雷．数字化社会的系统复杂性研究．管理世界，2022 (9)：208－221.

[3] 陈晓红，李杨扬，宋丽洁，等．数字经济理论体系与研究展望．管理世界，2022 (2)：208－224，13－16.

[4] 贾建民，杨扬，钟宇豪．大数据营销的"时空关"．营销科学学报，2021 (1)：97－113.

[5] 陈国青，曾大军，卫强，等．大数据环境下的决策范式转变与使能创新．管理世界，2020 (2)：95－105，220.

[6] Nordin, F., and Ravald, A., "The Making of Marketing Decisions in Modern Marketing Environments," *Journal of Business Research*, 2023：113872.

[7] Hoffman, D. L, Moreau, C. P., Stremersch, S., et al., "The Rise of New Technologies in Marketing: A Framework and Outlook," *Journal of Marketing*, 2022 (1)：1－6.

[8] Kumar, V., Ramachandran, D., and Kumar, B., "Influence of New-age Technologies on Marketing: A Research Agenda," *Journal of Business Research*, 2021：864－877.

[9] Ghorbani, Z., Kargaran, S., Saberi, A., et al., "Trends and Patterns in Digital Marketing Research: Bibliometric Analysis," *Journal of Marketing Analytics*, 2021：1－15.

[10] Kim, J., "Advertising in the Metaverse: Research Agenda," *Journal of Interactive Advertising*, 2021 (3)：141－144.

[11] Taylor, C. R., "Research on Advertising in the Metaverse: A Call to Action," *International Journal of Advertising*, 2022 (3)：383－384.

[12] Ahn, S. J., Kim, J., and Kim, J., "The Future of Advertising Research in Virtual, Augmented, and Extended Realities," *International Journal of Advertising*, 2023 (1)：162－170.

[13] Baek, T. H., "Digital Advertising in the Age of Generative AI," *Journal of Current Issues & Research in Advertising*, 2023 (3)：249－251.

[14] Antsipava, D., Strycharz, J., van Reijmersdal, E. A., et al., "What

Drives Blockchain Technology Adoption in the Online Advertising Ecosystem? An Interview Study into Stakeholders and Perspectives," *Journal of Business Research*, 2024: 114381.

[15] Stallone, V., Wetzels, M., Mahr, D., et al., "Enhancing Digital Advertising with Blockchain Technology," *Journal of Interactive Marketing*, 2023 (1): 10949968231185543.

[16] Ford, J., Jain, V., Wadhwani, K., et al., "AI advertising: An Overview and Guidelines," *Journal of Business Research*, 2023: 114124.

[17] Huh, J., Nelson, M. R., and Russell, C. A., "ChatGPT, AI Advertising, and Advertising Research and Education," *Journal of Advertising*, 2023 (4): 477 - 482.

[18] McAlister, A. R., Alhabash, S., and Yang, J., "Artificial Intelligence and ChatGPT: Exploring Current and Potential Future Roles in Marketing Education," *Journal of Marketing Communications*, 2023 (2): 1 - 22.

参考文献

[1] 魏江，杨洋，杨佳铭．数智时代营销战略理论重构的思考．营销科学学报，2021 (1)：114 - 126.

[2] 袁园，杨永忠．走向元宇宙：一种新型数字经济的机理与逻辑．深圳大学学报（人文社会科学版），2022 (1)：84 - 94.

[3] 李育辉，庞菊爱，谭北平．人工智能与人类的创造力比较研究：基于专家和消费者的双重视角．商业经济与管理，2023 (10)：23 - 35.

[4] 李育辉，谭北平，陈姚．职业技能的迭代还是替代?：广告营销行业 AI 可替代性的双重评价体系研究．现代广告，2023 (10)：28 - 36.

[5] 黄奇帆，朱岩，邵平．数字经济：内涵与路径．北京：中信出版社，2022.

[6] Dwivedi, Y. K., Hughes, L., Wang, Y., et al., "Metaverse Marketing: How the Metaverse Will Shape the Future of Consumer Research and Practice," *Psychology & Marketing*, 2023 (4): 750 - 776.

[7] Barrera, K. G., and Shah, D., "Marketing in the Metaverse: Conceptual Understanding, Framework, and Research Agenda," *Journal of Business Research*, 2023: 113420.

[8] Lv, Z., Xie, S., Li, Y., et al., "Building the Metaverse by Digital Twins at All Scales, State, Relation," *Virtual Reality & Intelligent Hardware*, 2022 (6): 459 - 470.

[9] Arya, V., Sambyal, R., Sharma, A., et al., "Brands Are Calling Your AVATAR in Metaverse: A Study to Explore XR-based Gamification Marketing Activities & Consumer-based Brand Equity in Virtual World," *Journal of Consumer Behaviour*, 2023

(4): 556-585.

[10] Kaplan, A., and Haenlein, M., "Siri, Siri, in My Hand: Who's the Fairest in the Land? On the Interpretations, Illustrations, and Implications of Artificial Intelligence," *Business Horizons*, 2019 (1): 15-25.

[11] Manvi, S., and Shyam, G. *Cloud Computing: Concepts and Technologies*. Boca Raton: CRC Press, 2021.

[12] Curiskis, S., Dong, X., Jiang, F., et al., "A Novel Approach to Predicting Customer Lifetime Value in B2B SaaS Companies," *Journal of Marketing Analytics*, 2023 (4): 587-601.

[13] Wang, Q., Li, R., Wang, Q., et al., "Non-fungible Token (NFT): Overview, Evaluation, Opportunities and Challenges," arXiv preprint arXiv: 2105.07447, 2021.

[14] Nadini, M., Alessandretti, L., Di Giacinto, F., et al., "Mapping the NFT Revolution: Market Trends, Trade Networks, and Visual Features," *Scientific Reports*, 2021 (1): 20902

[15] Peres, R., Schreier, M., Schweidel, D. A., et al., "Blockchain Meets Marketing: Opportunities, Threats, and Avenues for Future Research," *International Journal of Research in Marketing*, 2023 (1): 1-11.

[16] Xie, Q., Muralidharan, S., and Edwards, S. M., "Who Will Buy the Idea of Non-fungible Token (NFT) Marketing? Understanding Consumers' Psychological Tendencies and Value Perceptions of Branded NFTs," *International Journal of Advertising*, 2023: 1-29.

[17] Chohan, R., and Paschen, J., "NFT Marketing: How Marketers Can Use Nonfungible Tokens in Their Campaigns," *Business Horizons*, 2023 (1): 43-50.

[18] Favaretto, M., De Clercq, E., Schneble, C. O., et al., "What Is Your Definition of Big Data? Researchers' Understanding of the Phenomenon of the Decade," *PloS One*, 2020 (2): e0228987.

[19] Jung, J., Yu, J., Seo, Y., et al., "Consumer Experiences of Virtual Reality: Insights from VR Luxury Brand Fashion Shows," *Journal of Business Research*, 2021: 517-524.

第7章 数字营销之视频营销

教学目标

1. 了解视频数字营销的原理。
2. 熟悉视频数字营销的方法。
3. 掌握如何应用视频营销来提升品牌影响力和销售业绩。

重点与难点

视频营销的基本概念、要点和运营策略；视频营销在提升品牌影响力和销售业绩方面的实际操作。

素养目标

从视频设计和推广切入企业家精神、中华优秀传统文化、法律法规相关内容，弘扬中华优秀传统文化，培养学生诚信、创新、守法的品质。

引导案例

“搅得烂吗”：个性创意与主题明确的诉求

最近，一个疯狂的白发中年人总是出现在视频网站 YouTube 的最受关注排行榜上。这个叫作“汤姆”的家伙把所有你能够想到的东西都塞进了桌上的搅拌机里——扑克、火柴、灯泡，甚至还有手机！在每段视频的开头，汤姆都会戴着防护眼镜来上一句：“搅得烂吗？这是一个问题。”(Will it blend? That is a question.)

“搅得烂吗”系列视频的最新牺牲品是一台苹果公司前些年出产的 iPod 随身听。汤姆把这个白色的古董随身听往搅拌机里一扔，盖上盖子，20 秒的“吱吱嘎嘎”之后，随身听竟然变成了一堆冒着灰烟的金属粉末。自从 2006 年 12 月 13 日被上传到 YouTube 之后，这段惊人的视频在两个月内被观看了近 270 万次。没有哪个观众不被那台无所不能的搅拌机所征服，纷纷点击节目说明中的网址去一探究竟。

这正中了汤姆的下怀——他的全名是汤姆·迪克森（Tom Dickson），他是生产家用食品搅拌机的 Blendtec 公司的首席执行官。过去，他在公司里总是用各种各样奇怪的东西去测试自家生产的搅拌机。于是，市场总监乔治·赖特（George Wright）突发奇想，决定把这些古怪的测试过程录下来，再加上一些诸如大理石和高尔夫球杆之类的匪夷所思的实验品，统统贴到网上去。

他们总共制作了将近 30 段此类视频放到网上，而且会根据网友的反应不断推波助澜。“我们的目标就是提高品牌和市场认知度，”在接受美国《商业周刊》的采访时，赖特说：“很多人家里的搅拌机可能连冰块都没法弄碎，他们会牢牢记住这个可以搅碎大理石的机器。”

汤姆·迪克森先生对此应该再赞同不过了，在“搅得烂吗”系列视频上线后的一个月内，他们的在线销售量比过去的月度最高纪录暴涨了四倍。

7.1 视频营销概述

随着互联网技术的成熟，视频行业迎来跨越式发展，大量短视频平台迅速崛起，吸引了大量消费者的注意，也为视频营销创造了机会。

7.1.1 视频营销的概念

视频营销是一种利用短视频内容来实现品牌宣传、市场推广和产品销售的营销方法。它通过简短、有趣、具有创意和易传播的视频内容吸引用户关注，以达到提升品牌认知、吸引潜在用户和促进销售的目的。

视频营销主要基于视频网站，它以内容为核心，以创意为导向，利用精细策划的视频内容实现产品营销与品牌传播的目的。视频营销是视频和互联网的结合，兼具二者的优点。它既具有电视短片的优点（如感染力强、形式内容多样、创意新颖等），又具有互联网营销的优点（如互动性强、主动传播性强、传播速度快、成本低廉等）。视频形式包括电视广告、网络视频、宣传片、微电影等各种方式，既有由专业团队制作的精美“微电影”，如益达口香糖的视频广告，又有中小企业的独立制作、小型外包甚至众包。

7.1.2 视频营销的发展

1973 年 4 月 3 日，摩托罗拉公司成功研发了全球第一部民用移动模拟电话，实现了全人类远距离无线通话的梦想。20 世纪 90 年代开始，移动通信技术逐渐从模拟信号过渡到模拟网络，基于数字模式的通信技术获得了充足的发展。相比于 1G 技术，2G 技术使语音质量和信息安全都有了质的飞跃，网络覆盖率也大大提升。然而，网络连接速度缓慢使得 2G 技术很快被 3G 技术所取代，此时也出现了可以播放清晰视频的大屏幕手机。而 4G 技术集 3G 技术与无线局域网（WLAN）于一体，可以传输高质量的视频图像，其清晰度堪比高清电视，同时它的传输速度极快，拥有 20Mb/s 的上传速度和 100Mb/s 的下载速度。此时，用户可以直接使用智能手机流畅观看视频内容，这为视频营销做好了技术和设备上的充分准备。

现在我们已经进入 5G 时代，5G 技术具有超高速率、超大连接、超低时延三大特征。在 5G 技术下，更加多元化的应用场景逐渐视频化；各种视频终端逐渐高清化；各类尺寸不一、大小不同的智能屏幕被安装在不同的场景，使得承载视频内容的终端逐渐“泛在化”；每位用户都拥有生产和消费视频的基本能力，使得视频表达逐渐民主化。

越来越多的应用场景视频化，越来越多的视频内容终端化，越来越多的终端分散了消费者的注意力，这就给企业营销带来了巨大挑战。在 5G 时代，企业要顺应时代发展，做好视频营销。

视频营销的发展过程大致分为三个阶段：

（1）起步阶段。这一阶段主要以短视频平台如秒拍、小咖秀和美拍等为起点，短视频这一传播形态开始被用户接受。此时的短视频平台的商业模式和发展体系还处于摸索阶段，主要以平台广告和平台“达人”的秀场直播为主要营销形式。

（2）发展阶段。随着互联网的发展，各大互联网巨头开始围绕短视频领域展开竞争，电视、报纸等传统媒体也参与其中。短视频逐渐成为人们生活的一部分，其营销形式也变得丰富多样，包括品牌与 KOL 合作、发布短视频广告等。

（3）成熟阶段。随着社交媒体的不断发展，短视频营销逐渐成为品牌营销的主要手段之一。品牌需要将视频内容在不同平台进行传播，以扩大营销范围和提高品牌知名度。同时，短视频营销也需要更加注重创意性、互动性和个性化需求，以适应新的市场环境和消费者需求。

总之，视频营销的发展是一个不断探索和创新的过程。随着科技的不断发展和消费者需求的不断变化，视频营销也将不断更新和升级，为品牌营销带来更多的可能。

7.1.3　视频营销的特点

视频数字营销具有以下几个重要的特点：

（1）视频内容易于消化。短视频通常时长较短，用户可以在短时间内完整观看，更容易接受和理解视频内容。

视频内容相对于文字或图片来说，更易被人们消化和理解。这是由于视频能够通过视觉、听觉和动作等多种方式传递信息，从而使观众更容易接受和理解。首先，视频可以通过图像、声音和动作等多种方式传递信息，使得观众更容易理解品牌的核心信息和价值。与文字或图片相比，视频能够更直观地展示产品的特点、使用方法和效果，从而让观众更好地了解品牌和产品。其次，视频能以更加生动、形象的方式呈现信息，从而吸引观众的注意力并使其保持兴趣。例如，故事化的情节、特效和音效等手段可以让观众更容易被视频内容所吸引，并且记住品牌和产品。最后，视频内容还可以通过互动元素和社交媒体等手段进行传播和分享，从而扩大品牌的影响和受众范围。例如，在视频中添加弹幕、评论和点赞等互动元素，可以让观众与品牌进行互动和交流，同时也方便观众分享视频内容。

（2）具有创意和趣味性。短视频可以通过富有创意和趣味的内容吸引用户的注意力，增大其分享和转发的可能性。

创意是视频营销的核心之一，它通过独特的视角、表现形式和内容等来吸引观众的注意力。创意体现在视频的情节设计、视觉效果、音效和配乐等方面，从而使视频内容更具有吸引力和独特性。例如，通过搞笑、惊险、感人的情节设计来吸引观众的注意力并提高观众对视频的接受度。趣味性则是吸引观众持续关注视频的关键因素之一。企业可以增加一些有趣的元素或情节，让视频更具有趣味性和吸引力。例如，加入一些搞笑的元素或情节，不仅让观众感到轻松愉快，还可以提高观众对视频的参与度和分享率。创意和趣味性不仅可以提高视频的质量和吸引力，还可以提高观众对品牌的认知度和好感度。通过将创意和趣味性融入品牌营销，品牌更具有辨识度和独特性，其影响力和竞争力也会增强。

（3）具有社交媒体效应。短视频是社交媒体用户活跃度最高的内容类型之一，可以通过用户分享和转发扩大品牌的影响力。

视频营销的社交媒体效应主要包括以下几个方面。一是增加品牌曝光。社交媒体平台具有庞大的用户基础和广泛的传播渠道，通过社交媒体进行视频营销，可以迅速增加品牌曝光，提高品牌知名度和认知度。二是提高用户参与度。视频内容具有直观、形象的特点，容易吸引观众的注意力并引发观众的共鸣。通过社交媒体平台进行视频营销，可以促进用户之间的互动和交流，提高用户的参与度和忠诚度。三是实现精准营销。社交媒体平台提供了丰富的用户数据和行为分析工具，可以利用这些工具对用户进行精准定位和分类，从而实现精准营销。例如，可以通过分析用户的兴趣爱好、行为习惯等信息，制定更加精准的视频营销策略。四是提高转化率。视频营销可以通过直接展示产品特点和使用效果、添加购物车按钮等方式提高转化率。通过社交媒体平台进行视频营销，品牌可以直接与用户互动，了解用户需求和反馈，提高用户对产品的信任度和购买意愿。五是降低营销成本。社交媒体平台提供了免费的广告空间和推广渠道，利用这些渠道进行视频营销可以降低营销成本。同时，社交媒体平台还提供了丰富的营销工具和数据分析工具，可以帮助企业更好地了解用户需求和市场趋势，提高营销效果和效率。

（4）提升品牌形象。短视频可以通过有趣、有创意和高质量的内容展示品牌形象，增强用户对品牌的信任感。

在视频营销中，可以借助视觉、音效、配乐等手段打造独特的品牌形象，让观众对品牌产生印象。例如，可以通过独特的标志、字体、色彩等元素来塑造品牌的视觉形象，同时也可以通过独特的音效、配乐等元素来增强品牌的听觉形象。视频营销还可以通过故事化的情节和人物形象来传递品牌的核心价值观，从而提高观众对品牌的认同感和忠诚度。例如，可以通过讲述品牌背后的故事、展示品牌的制作过程等方式来传递品牌的价值观和理念。另外，知名人物和 KOL 在社交媒体上具有较强的影响力和号召力，可以利用他们来提升品牌形象。例如，可以邀请知名人物或 KOL 来代言品牌或参与品牌的视频营销活动，从而提升品牌的影响力和认知度。还有一些企业鼓励用户生成与品牌相关的内容并分享到社交媒体上，借助用户的力量来提升品牌形象。例如，开展品牌挑战活动、鼓励用户分享自己的品牌使用体验等。视频营销公司可以通过精准定位目标受众来制定更加有针对性的视频营销策略，从而提高营销效果和转化率。例如，可以通过分析目标受众的兴趣爱好、行为习惯等信息来制定更加精准的视频营销策略。

总之，视频营销在吸引消费者关注、有效传递广告内容等方面具有其他营销方式不可比拟的优势。

7.2 视频营销运营策略

7.2.1 视频营销运营思维

在信息爆炸的今天，如何有效抓住用户心智、如何有效传达品牌信息是摆在每个营销人面前的课题。进行视频营销必须以下列思维模式为导向。

1. 树立用户思维

传统广告，不管是电视广告还是报刊广告，都是讲企业想讲的话，做企业想做的事，这是企业思维。但是，在数字化发展的今天，用户每天面临无数广告宣传，他们的注意力完全被分散化。面对这种情形，只有转变思维，树立用户思维，讲用户想听的话，做用户需要的事，才能抓住用户的心，在营销竞争中获胜。

树立用户思维需要做到以下关键内容：

（1）了解用户需求。在制定视频营销策略时，需要了解用户的需求和兴趣，针对不同的用户群体制订不同的营销方案。例如，针对年轻群体，可以制定更加时尚、活泼的视频内容；针对中老年群体，可以制定更加注重品质、实用性的视频内容。

（2）简化用户认知。视频内容需要简洁明了，避免过于复杂或难以理解的内容。同时，需要注意品牌信息的传递和表达方式，使其更加容易被用户接受和理解。

（3）增强用户参与感。通过增加互动元素、开展挑战活动等方式，增强用户的参与感和体验感，从而提高用户的忠诚度和参与度。

（4）精准定位目标用户。通过分析目标用户的特征和行为，制定更加精准的视频营销策略。例如，可以通过分析目标用户的年龄、性别、兴趣等信息，制定更加符合其需求的视频内容和推广方式。

（5）持续优化和改进。通过不断收集用户反馈和数据分析结果，对视频营销策略进行持续优化和改进，提高营销效果和用户满意度。

2. 讲故事思维

人人都爱听故事，故事可以将内容生动化、形象化，让听众记忆深刻。在内容中融入故事或以故事的形式表现内容，是与用户产生共鸣的方式。将品牌或产品的信息融入故事，可以更好地吸引观众的注意力，提高观众对视频内容的兴趣和参与度。

以下是利用讲故事思维进行视频营销的一些关键点：

（1）确定故事主题。首先需要确定故事的主题和情节，确保其与品牌或产品的信息相关联。同时，还需要考虑目标受众的兴趣和需求，制作符合其口味和需求的故事。

（2）确保情节生动有趣。故事需要有生动、有趣的情节和人物形象，才能吸引观众的注意力并使其保持兴趣。可以利用搞笑、感人、悬疑等类型内容来营造氛围和引起情感共鸣。

（3）自然融入品牌信息。在故事中自然融入品牌或产品的信息，避免过于生硬和刻意的植入方式。例如，可以通过故事中的角色使用品牌产品、展现品牌标识等方式来传递品牌信息。

（4）增强互动性和参与感。通过添加互动元素、开展挑战活动等方式，增强观众的参与感和体验感。例如，可以邀请观众在视频下方留言分享自己的故事、开展品牌相关的挑战活动等。

3. 服务用户思维

制作视频的目的是为用户提供更好的精神服务或文化服务。视频营销的目的是为用户提供更好的物质服务或者产品信息服务。把各种最先进的技术应用到视频营销中的目的是借助这些技术和数据，向用户提供更具个性化的推荐服务，从而更符合用户的偏好和场景需求。销售商品与提供服务的本质差异在于前者是引导用户购买，而后者是用户通过了解品牌提供的信息之后主动购买。

7.2.2 视频营销运营逻辑

视频营销不同于传统营销手段，它有着一套自己的运营逻辑。

1. 广告内容化

视频营销“内容为王”几乎是广大创作者公认的真理。高价值的内容有着强大的生命力，不仅会被广泛传播，热度也会更加持久。

想要制作高质量的视频，需要围绕用户寻找创作方向，只有以用户喜欢的主题作为创作方向，才能保证视频有观众。创作者需要分析用户的选择趋向，以衡量创作的内容是否与用户需求一致。内容是视频的核心，它将直接影响用户的选择，也决定了最终的营销效果。

（1）内容需要具备功能价值。用户在选择喜爱的内容或产品时，一般会首先考虑功能性，所以说，功能价值是内容必须具备的价值。

（2）内容需要具备情感价值。好的内容一定能传递出某种情感，具有吸引力的内容才能吸引大量的用户。因此，在创作内容时，创作者一定要考虑情感价值所带来的效应。

（3）内容需要具备社会价值。社会是人们所处的根本环境，没有人能脱离社会，因为有人的地方才有社会。社会一直以来都在影响着人们，潜移默化，影响着人们的选择倾向。因此，创作者在创作内容时必须考虑内容的社会价值。

（4）内容需要具备认知价值。认知价值能让用户产生最基本的选择欲望。用户需要知道短视频讲了什么，才会产生选择的欲望，所以认知价值也是创作视频内容时必须考虑的一点。

2. 内容 IP 化

内容 IP 化指对基于知识产权的某一种内容产品，进行多样化、多形态、多渠道、多媒体的有效开发，即行业里通常所说的“一鱼多吃”。IP 不同于品牌，品牌是一种标识，它始终依托于企业所经营的具体产品或服务；而 IP 则是一种标签，它是一种价值观、一种人格、一种情感连接，是作者和用户的共同智慧所创造出来的具体内容，以及这些内容所吸引来的所有用户的共同体。说到底，IP 最终追求的是价值认同和文化共鸣，它可以跨越群体、形态、时代、文化而存在。因此，从企业营销的视角来看，内容 IP 化更多的是要求企业从传统的品牌理念向 IP 理念转变，不要满足于塑造一种产品标识或者服务标识，而应该更进一步，对品牌本身进行内容化、视频化、IP 化的深耕细作。

视频营销在本质上是一种 IP 营销，视频 IP 的四大关键特征是原创性、持续性、人格化和互动化。企业在视频创作过程中要充分重视以下几点：

（1）把品牌或产品标签化、人格化、价值化，形成一种 IP；

（2）打造用户喜爱的、与企业高度相关且真实可信的人物设定或 IP 形象；

（3）紧紧围绕企业的 IP，确保输出的内容产品具有辨识性、持续性和稳定性；

（4）真诚邀请用户参与互动，让互动带来内容共创和价值共享，形成体验温度和情感深度。

7.2.3 视频营销运营步骤

拥有了视频营销运营思维，掌握了视频营销运营逻辑，接下来就进入实操阶段，即视频营销的运营阶段。具体来说，视频营销运营包括定位、策划、制作、传播、运营等步骤。

1. 定位

定位的目的是找准企业的核心价值。根据“独特的销售主张”（unique selling proposition，USP）理论，独特的销售主张往往会让人印象深刻，从而使用户更好地认知品牌和产品。定位包括市场定位、产品定位、用户定位、内容定位。

市场定位是指通过分析市场需求和同类产品来确定视频的内容。创作者在进行市场定位时的主要任务是发掘“蓝海”市场，找到竞争较小的内容市场。产品定位是指通过竞品分析，了解竞争对手。所谓“知己知彼，百战不殆”，通过竞品分析，企业明确自己的产品与竞争对手的差异，从而确定其核心竞争力，将这些产品的特点和优势融入视频内容。用户定位是指通过分析目标用户来确定视频内容，这是一种从用户角度出发的逆向思维，只有抓住用户的内心需求，获得用户认可，视频内容才能吸引用户关注，最终达到营销的目的。内容定位是根据自己的专长领域和兴趣爱好，深入某一细分领域，确定视频内容。现在各大视频平台上充斥着无数视频，如果视频毫无特色和吸引点，它就会被深深地埋没在网络数据中。因此，视频内容和风格必须有特色、有记忆点、有冲击力。

2. 策划

有了明确的定位，也就有了清晰的用户画像和消费偏好，企业可以据此展开策划。视频营销成功的关键在于制作出有创意和有趣的视频内容，吸引用户的关注和分享。如果说故事是一个视频营销号的骨骼，那么剪辑、特效就是它的外衣，创意则是它的血液。分析每一个爆款视频的特点，无非就是故事好、创意新、剪辑特效做得棒。

内容通常会在一定程度上反映出创作者的价值观，而这种价值观是否与观众的价值观趋于一致，则是内容能否产生吸引力和获得关注的重要评价指标。从本质上讲，价值观是情感的表达，所以创作者要想通过内容打动人心，就必须在内容中融入情感，让内容富有深意，同时还要迎合主要受众的想法，杜绝“自说自话”型产出。表达情感的一个重要前提是视频必须符合基本要求，即情节合理、逻辑清楚。要想通过视频表达情感，让人们产生强烈的共鸣，真实性是一个非常重要的因素。只有在逻辑清楚的基础上表现出贴近生活的情节，才能真正让人们有所触动，从而深入思考视频的内涵。创作者的价值观可以通过整个情节的走向来表达，可以通过夸张、搞怪等娱乐手法传达给受众。这样不仅可以让人们在笑过之后陷入思考，体会到创作者的真实用意，还可以让整个过程更加自然，让创作者的价值观更容易被人们认可和接受。

3. 制作

一条视频的制作需要经过拍摄、音乐加工、剪辑加工等步骤。为了让视频更具竞争力，创作者必须注重细节的打造，从小处着手，让人们在观看以后觉得有新意、有创意，不会产生审美疲劳。事实证明，那些细节到位的视频不仅可以充分传递内容的深意，还会被更多人喜爱。

另外，制作视频时还要注重文案设计。视频能发挥文案作用的地方有标题、评论和字幕三处。标题、评论和字幕的作用都是更好地服务于内容，让用户直观地理解创作者的思路，这样才能引起他们与创作者互动的欲望。标题在提高视频播放完成度和互动率上起着关键作用，如果视频标题不够有吸引力，用户就不会播放视频，自然也就没有用户行为。对于有些视频来说，字幕也很重要，创作者通常需要在关键步骤上添加字幕以帮助用户理解内容。

4. 传播

要想达到良好的营销效果，创作者还需要灵活运用推广策略，选择恰当的传播渠道，将视频全方位推广出去，吸引更多的关注。常见的推广渠道有四种，分别是短视频平台、在线视频平台、社交平台和新闻客户端。

短视频平台有自己的算法机制，要想在这些平台上进行推广，创作者就需要清晰掌握各大平台的推广规则。要选择恰当的关键词来帮助系统精准选取受众，也要精心设计发布时机，以获取更高的点击率。在线视频平台与短视频平台大同小异，也可以帮助推广视频，但最好针对不同平台使用不同话术。社交平台也是一种良好的推广渠道，比如微博的信息传播速度快、关注度高，可以使信息在短时间内获得较高的曝光度。通过新闻客户端投放短视频也是一种较为便捷的推广方式。新闻客户端的视频主要靠系统推荐获得，系统使用大数据根据用户的喜好进行个性化推荐，并根据账号的权重对推荐量进行分析。也就是说，视频的点击量、转发量和评论量需要有较为稳定的平均值，即使某条视频获得了几十次甚至数百次点击量，如果其平均值较低，推荐量也不会太高。因此，在创作视频时，创作者可以从账号的用户定位、视频内容选择、视频采集方法和标题等方面进行设计，增加其在新闻客户端上的权重，从而获得更多推荐。

5. 运营

企业进行视频营销时需要认真管理和分析数据，了解用户的兴趣和行为，优化营销策略，提升营销效果。通过分析数据反馈，企业可以及时调整方向，实现最优效果。

运营维护“粉丝”群是视频账号永葆生命活力的法宝，因为“粉丝”带来的不仅是人气流量，还有商业变现的可能。目前视频互动的最主要阵地是评论区，有时用户评论的价值甚至会超过内容本身，而视频评论区独特的社区氛围也很容易让用户产生归属感。所以回复评论和私信，回应“粉丝”需求，注重评论区的运营，这些都是创作者需要做的。运营维护可以让老“粉丝”对视频号产生黏性，产生一定的需求，并通过老“粉丝”的口碑宣传和转发评论吸引更多的新“粉丝”，为视频号增添人气。

视频营销是一种有效的品牌宣传和市场推广方式，具有易传播、有创意和趣味性强的特点。通过制作有创意和趣味性强的视频内容，并选择适合的平台和渠道进行推广，企业可以提升品牌影响力和销售业绩。同时，认真管理和分析数据也是提升视频营销效果的关键。

7.3 视频营销要点

7.3.1 大数据为视频营销赋能

在互联网时代，短视频已经成为人们生活中不可缺少的一部分，也成为企业推广的重要工具。然而，对于许多企业来说，要想从众多短视频中脱颖而出，就要具备准确的营销策略。大数据技术在当前的营销领域中已经成为热门话题，它可以帮助企业对目标受众进行准确定位，分析用户需求和行为，提升营销效果。

首先，利用大数据进行用户画像，洞察用户需求。利用大数据进行用户画像可以帮助企业更深入地了解用户需求，从而制定更加精准的营销策略。

第一步需要收集用户数据。用户画像的建立离不开大量数据的支撑，包括用户属性数据、用户行为数据、用户偏好数据、用户消费数据等，对用户数据的积累是进行用户画像的基础。在直播与短视频领域，用户属性数据主要包括用户的人口属性（性别、年龄、地域等）、社会属性（学历、职业、收入等）、生活属性（生活习惯、娱乐偏好、社交方式等）、心理特征属性（个性特征、价值观、信仰等）；用户行为数据主要包括访问设备、访问页面、访问次数、访问时段与频次、页面停留时间、浏览路径等；用户偏好数据主要包括登录方式、浏览或收藏内容、评论或互动内容、用户生活形态偏好与品牌偏好等；用户消费数据主要包括用户规模数据（消费金额、消费次数、单次消费用户数量等）、用户黏性数据（用户购买周期、复购率、回购率等）。通过收集这些指标性基础数据信息，用已知的数据分布去推测未知的数据，企业可以对用户进行有针对性、有效的运营。

第二步是进行聚类分析，将用户信息标签化。为用户制定标签是用户画像最核心的部分。所谓“标签化”，就是从用户信息中抽取出浓缩精练、能概括用户某种特征或属性的一系列词语，是基于原始数据进行统计、分析和预测，并利用文本挖掘、自然语言处理、机器学习、聚类算法等大数据技术，将具有一定属性和特征的用户归为一类，对用户资料进行分类、归纳、比较，多维度地构建针对用户的描述性标签属性，方便直播与短视频平台进行数据信息的权重分析。通常，从数据提取维度来看，标签可分为事实标签、模型标签和预测标签。事实标签主要是直接从原始数据中提取信息，例如性别、年龄、住址、职业等。模型标签是对用户属性及行为等属性的抽象和聚类，通过剖析用户的基础数据，为用户贴上相应的总结概括性标签及指数，标签代表用户的兴趣、偏好、需求等，指数代表用户的兴趣程度、需求程度、购买概率等。预测标签是根据已有的事实数据和模型数据对用户未来行为或喜好进行预测，挖掘用户潜在需求，这是设计定制化运营策略的关键。

第三步是根据分析结果，对用户进行画像。在收集到用户标签之后，就可以对该用户画像进行模型构建，把具有共同行为特点、属于同一消费层次的用户划分为同一类别，形成不同的特征用户群，分辨出核心用户、忠实用户、普通用户、潜在用户等，准确地对用户进行分级管理，从而为用户提供有针对性的服务。用户画像并不代表某个真实的人，而是通过收集多个独立个体的真实数据构成的一个角色。用户画像一般包括基本属性、购买能力、行为特征、社交网络、心理特征、兴趣爱好等六个维度。掌握不同用户的特征、偏好和需求，间接地发现用户的结构变动和信息需求变动，有助于企业构建智能推荐系统，进行个性化推荐，实现精准服务。例如，某位短视频用户的标签是女性、20 岁、大学生、北京、iPhone、星座、宠物、雅思、恐怖电影、喜欢网购和观看直播等。由此我们可以得到一个用户画像：这是一个在北京上学的 20 岁女大学生，消费能力一般；她平时的爱好是养宠物、研究星座、看恐怖电影；她喜欢购物，爱看彩妆类直播；她目前有可能正在准备雅思考试。在得到这样一个用户的整体特征之后，我们就可以对其进行精准的营销和广告投送，在她刷视频或者看直播的过程中为其推荐星座类、宠物类短视频，以及接近其消费水平的雅思辅导课程、彩妆商品等等。

其次，要基于用户画像和智能推荐系统进行精准化运营。构建用户画像的根本目的是寻找目标用户、优化产品设计、指导运营策略、分析业务场景及完善业务形态。因此，在应用用户画像知识图谱的过程中，通过洞察直播与短视频用户的真实需求，并结合算法实现智能推荐，企业可以制定各种运营策略去提高拉新、促活、留存、转化（营收）等用户数据指标，最终达到一定的经济效益。但随着内容产品的不断发展更迭，不同阶段用户运营的侧重点会有所不同。要根据实际情况，及时调整运营策略，有力促进网络直播与短视频行业最终实现营收，健康持续发展。

在这一过程中视频营销还要依赖基于大数据的视频推荐算法。因为有了大数据，原来无法开展的商业模式变得简单，原来无法清晰识别的目标市场中的每位用户变得更清晰，原来无法执行的精准营销和个性化内容推荐成为可能，原来无法服务到的用户变得触手可及。

事实上，尽管大量用户依然并不清楚他们为什么会看到这条短视频而不是那条短视频，但是他们在视频内容的消费过程中已经离不开大数据了。正是因为有了大数据，有了更加清晰的用户个体画像，针对不同用户所进行的个性化视频内容推荐才有了实现的可能。

今日头条、抖音、新浪微博、优酷等推荐的短视频内容和影视剧作品，都是建立在大数据基础之上的推荐系统在起作用。

当用户在等公交车、乘坐地铁的时候，当用户在紧张工作了几个小时停下来休息的时候，当用户睡前放松的时候，当用户在周末拥有整段闲暇时光的时候，这些生活、工作、社交方面一个个看似非常普通的时间点，都有可能是推荐算法向用户进行个性化视频内容推荐的良好时机。

例如，网飞会根据用户的浏览记录选择相似的视频作品进行推荐，根据内容排行榜的短期热点和周期性热点进行推荐，根据继续观看的场景和用户搜索的场景进行推荐，根据付费用户更加个人化的兴趣点进行推荐等。

内容推荐就是将用户感兴趣的话题和内容呈现给用户。这也就意味着视频网站或者短视频平台必须根据用户的兴趣、偏好，并结合用户过去的视频观看记录和观看习惯进行更加个性化的推荐。

7.3.2　视频营销的关键是内容

在视频营销中，内容是吸引观众注意力的基础。只有优质的内容才能引起观众的兴趣，进而促使他们继续观看和分享。因此，视频营销的成功与否在很大程度上取决于内容的制作和呈现。精心制作的内容可以传递出品牌的价值观、特点和优势。这有助于在消费者心中树立品牌形象，提高品牌的认知度和影响力。优质的内容可以持续吸引观众的注意力，增强用户黏性。当观众对内容产生兴趣和信任时，他们更有可能成为品牌的忠实用户，进而促进品牌的销售和口碑传播。随着市场的变化和消费者需求的不断变化，视频营销的内容也需要不断更新和优化。只有保持对市场和消费者的深入了解，才能制作出符合市场需求的内容，实现营销目标。

因此，在视频营销中，内容是王道，只有不断提高内容的制作水平，增强其吸引力，才能获得更好的营销效果。

当前，视频营销内容呈现出以下几个特点：

（1）专业生成内容（PGC）和 UGC 相结合。

PGC 和 UGC 相结合的视频营销方式，可以充分发挥各自的优势，达到更好的营销效果。PGC 指专业生成内容，通常由专业机构或专业人士制作，具有较高的质量和稳定的产出。PGC 通常具有权威性和专业性，能够满足用户对高品质内容的需求，同时也能够提高品牌的形象和认知度。UGC 指用户生成内容，通常由用户自发创作、分享和发布。UGC 的内容具有实时性和互动性，能够吸引更多的用户参与和分享，同时也能够提高用户的黏性和参与度。

将 PGC 和 UGC 进行整合，形成一个更加丰富和多样化的内容库。这样可以同时满足用户对高品质内容和实时互动的需求。通过制定合理的分发策略，对 PGC 和 UGC 进行精准的分发和推广，可以提高内容的曝光率和点击率，进而提升品牌的知名度和影响力。通过建立有效的激励机制，鼓励用户参与创作和分享，可以促进 UGC 的产生和传播，同时也可以提高用户的黏性和参与度。将 PGC 和 UGC 相结合的视频营销方式，可以充分发挥二者的优势，提升品牌知名度和影响力，同时也能够优化用户体验和提高其满意度。

（2）垂直领域更加细分。

垂直领域更加细分，意味着在一个特定的行业内，对产品和服务进行更加深入和精细化的划分。在视频营销中，这通常意味着针对特定的受众群体制作更加专业和精细化的内容。

垂直领域细分的方式包括：一是针对特定行业或市场进行深入分析和研究，了解其发展趋势、竞争格局、消费者需求等信息，进而制定更加精准的营销策略。二是针对特定受众进行深入研究和分析，包括兴趣爱好、需求和消费习惯等信息，进而制作更加符合其需求的内容和营销策略。三是针对特定平台或渠道进行精细化运营和管理，了解其用户群体、内容推荐机制等信息，进而制定更加符合其规则的营销策略和内容。

（3）内容的独创性。

内容的独创性在视频营销中非常重要，它能够让内容在激烈竞争中脱颖而出，吸引观众的注意力。在视频营销中，独特的主题和观点可以吸引观众的注意力，提高视频的点击率和观看率。例如，针对某一热点事件或话题，从不同的角度进行分析和解读，提出独特的观点和见解，能够让观众对视频产生兴趣和认同感。除了内容本身的主题和观点外，视频表现形式也应具有创新性。例如，采用独特的拍摄手法、剪辑方式、特效处理方式，可以让视频更加生动、有趣，提升观众的观看体验。另外，个性化的解说和配音也是内容独创性的一个方面。通过聘请有特色的解说员或配音演员，为视频添加个性化的元素，可以让视频更加生动有趣，增强观众的观看兴趣。独特的配乐和音效也可以为视频增加独创性。选择与视频内容相符合的音乐和音效，可以让视频更加生动、有感染力，提升观众的体验感。

（4）内容的重点在于价值信息传播。

视频营销主要是通过传递有价值的信息来吸引观众的注意力，提高品牌知名度和增强影响力。教育型内容，例如专业知识、技能分享等可以让观众在观看的过程中获取一些有价值的信息，提高他们的认知和技能水平，因此能吸引观众的注意力。实用型内容，例如常见问题的解决方法、实用技巧等可以让观众在观看的过程中获取一些解决问题的技巧和方法，提高他们的生活和工作效率，因此具有吸引力。分享型内容，例如好物推荐、美食分享等可以让观众在观看的过程中了解一些新的产品或服务，满足他们的消费需求。娱乐型内容，例如搞笑视频、影视剪辑等可以让观众在观看的过程中放松身心，享受娱乐和休闲的时光，因此也有较强的吸引力。

章末案例

中国国家地理首部坚果纪录片《洽洽，时间的种子》斩获“最佳视频营销案例”奖

2021 年 12 月 29 日，第六届“灵眸大赏”在上海隆重举行，本次活动由全球营销商业媒体平台 Morketing 主办。灵眸大赏作为国内首个“数字智能驱动商业创新”奖项，旨在鼓励和表彰在全球营销商业生态中具有创新活力并切实帮助企业增长，或推动营销行业向前发展的品牌、产品、创意、案例和企业。继洽洽×RiCO 跨界潮玩盲盒荣获 2020 年灵眸大赏之后，洽洽携手中国国家地理打造的纪录片《洽洽，时间的种子》，又凭借其在呈现视角、内容创意、拍摄手法等方面的突出表现，从 200 余个申报案例中脱颖而出，荣获 2021 年“最佳视频营销案例”奖。

本次获奖案例《洽洽，时间的种子》是洽洽在成立 20 周年之际，与中国国家地理携手打造的溯源纪录片，也是业内少有的系统呈现坚果原产地及整个成长、生产过程的纪录片，完美表达了洽洽 20 年来“只为一把好坚果”的品牌理念。中国国家地理作为国家级媒体 IP，拥有国内优秀的纪录片导演和编剧团队，大气磅礴的解说语言、技术性的拍摄手法、出色的配乐和后期制作，共同为观众打造出这部穷极视听之美的纪录片。凭借强大的内容能量，该纪录片发布 10 天内就取得了视频总曝光量超 1 700 万、视频总互动量近 1 000 万的优异成绩。

在中国国家地理的镜头下，广西百色市宛如世外桃源。在这片洽洽自有坚果种植基地上，郁郁葱葱的大片夏威夷果树不仅代表着洽洽全产业链的生产模式，更代表着洽洽对消费者二十年如一日的承诺和责任。

除了自有种植基地，洽洽的足迹也遍布全球。跟随着中国国家地理的镜头不难发现：美国加州的巴旦木，越南、柬埔寨的腰果，土耳其的榛子，中国新疆的核桃等世界各地的优质坚果都被洽洽“采摘”过来，收入洽洽小黄袋每日坚果，成为新鲜与美味的代名词。

中国国家地理的镜头不仅记录了洽洽在世界各地自有种植基地的水土风光，还记录了洽洽对新鲜美味的追求和卓越。在坚果生产加工方面，洽洽在全球建立起十大自有工厂，将产业链的每一个环节都掌握在自己手中。在此基础上，洽洽还进一步实现技术创新，自主研发充氮保鲜技术、坚果贮藏与加工技术等一系列关键保鲜技术，形成了完善的保鲜技术体系，攻克了坚果新鲜度的最大挑战。具体到全产业链内部，为了对每一个环节进行高质量的自主管控，洽洽设立了涵盖原料甄选、原料运输、原料储存、生产制造、加工工艺、包装保鲜六个方面的新鲜标准，并针对原料新鲜度、贮存时间、加工环境、烘烤曲线、包装材料阻隔性能、产品出厂新鲜度等方面设立了16道监控关卡和237项检验检测，全方位保障坚果新鲜度。

洽洽通过对消费者需求的持续洞察、对营销方法的不断创新，深入打磨产品，实现产品再创新与再进化，在满足消费者多样化口味及健康需求的同时，也为消费者不断提供精彩绝伦的视听盛宴和创意内容。作为经久不衰的民族品牌，洽洽也在不断“破圈”，引领行业，真正做到“超级品牌，先行一局”。

资料来源：中国国家地理首部坚果纪录片《洽洽，时间的种子》斩获“最佳视频营销案例”奖．中国国家地理网，2021-12-31.

本章小结

本章对视频营销的基本概念、特征和发展过程进行了介绍，分析了视频营销创作者需要具备的思维方式、需要理解的运营逻辑以及需要掌握的运营步骤及要点，使读者对视频营销有一个清晰且全面的认知。

概念和术语

视频营销　IP　专业生成内容

思考题

1. 结合本章内容谈谈为什么视频营销将成为品牌营销的“主战场”。
2. 简述视频营销的发展过程。
3. 视频营销内容具有哪些特点？

延伸阅读

［1］刘庆振，张晨霞．首席视频官：5G时代的短视频布局与营销革命．北京：电子工业出版社，2020.

［2］吕白．人人都能做出爆款短视频．北京：机械工业出版社，2020.

［3］吴声．超级IP：互联网新物种方法论．北京：中信出版社，2016.

［4］曹虎，等．数字时代的营销战略．北京：机械工业出版社，2017.

参考文献

[1] Dholakia, R. R., "A Motivational Perspective on Why Individuals Use the Internet," *Journal of Consumer Behaviour*, 2001 (1): 77-92.

[2] Smith, S. M., and Vogt, C. A., "The Impact of a Social Media Marketing Campaign on the Awareness and Perception of a New Product," *Journal of Hospitality & Tourism Research*, 2011 (4): 439-456.

[3] Kaplan, A. M., and Haenlein, M., "Users of the World, Unite! The Challenges and Opportunities of Social Media," *Business Horizons*, 2010 (1): 9-68.

[4] Muntinga, D. G., Moorman, M., and Smit, E. G., "Introducing COBRAs: Exploring the Co-Creation of Brand-Related Content by Online Communities and Brands," *International Journal of Advertising*, 2011 (1): 27-45.

[5] Mangold, W. G., and Faulds, D. J., "Social Media: The New Hybrid Element of the Promotion Mix," *Business Horizons*, 2009 (4): 357-365.

[6] Bughin, J., Doogan, J., and Vetvik, O. J., "A New Way to Measure Word-of-Mouth Marketing," *McKinsey Quarterly*, 2008 (2): 81-87.

[7] Chen, Y., and Xie, Y., "Online Consumer Review: Word-of-Mouth as a New Element of Marketing Communication Mix," *Management Science*, 2008 (3): 477-491.

[8] Cheung, C. M. K., and Thadani, D. R., "The Impact of Electronic Word-of-Mouth: The Moderating Role of Product Category," *International Journal of Electronic Business Management*, 2012 (3): 227-243.

[9] Hennig-Thurau, T., and Walsh, G., "Electronic Word-of-Mouth: Motives for and Consequences of Reading Customer Articulations on the Internet," *International Journal of Electronic Commerce*, 2003 (2): 51-74.

[10] Trusov, M., Bucklin, R. E., and Pauwels, K., "Effects of Word-of-Mouth Versus Traditional Marketing: Findings from an Internet Social Networking Site," *Journal of Marketing*, 2009 (5): 90-102.

第8章 数字营销之直播营销

教学目标

1. 了解直播营销的原理。
2. 熟悉直播营销发展历程。
3. 掌握直播营销的特征。
4. 掌握直播营销策略。
5. 熟练使用各种直播工具进行营销。

重点与难点

直播营销的特征和优势；直播营销策略。

素养目标

设计网络直播方案时，引入社会主义核心价值观和企业家精神，运行网络直播时，要遵守职业和道德规范。树立学生创新、守法、诚信、精益求精等品质。

引导案例

柬氏茶界：春茶直播吸粉3万人，实现交易额近6万元

柬氏茶界作为茶行业新零售的领军者，在营销推广方面也不断创新。柬氏茶界携手渠道供应商，在“柬氏茶界”APP上发起安吉白茶和西湖龙井的直播营销活动，取得了非常好的效果。四场直播下来，成功吸引粉丝3万人，实现交易额近6万元。柬氏茶界是怎么做到的呢？

束氏茶界的整个春茶直播周期分为直播预告、直播和直播回放三个过程。在直播前，束氏茶界发动门店数千名创客和导购，在朋友圈分享直播预热的 H5 页面，引起大范围的关注。在直播活动开始后，束氏茶界再次组织推送朋友圈，吸引更多用户进入直播间观看，并且用户可以在直播间内直接下单。直播结束后，营销尚未结束，束氏茶界的导购和创客还可以推送直播回放，让此前未观看直播的用户观看直播并再次下单，产生二次销售。

束氏茶界的春茶直播活动大获成功。一方面，束氏茶界让预售下单的会员通过直播观看他们即将收到的茶叶的采摘和制作情况，塑造束氏茶界的品牌影响力；另一方面，束氏茶界通过用户分享直播，吸引更多的用户下单，实现最大化的引流和拉新。

8.1 直播营销概述

近年来，直播带货呈现爆发式增长态势，越来越多的明星、主持人、企业家加入直播带货大军。尤其是在新冠疫情期间及结束后，直播带货在复苏经济和推动经济发展、振兴乡村经济、带动就业等方面发挥了重要作用。

8.1.1 直播营销现状

2022—2023 年，我国网络零售市场持续稳步增长。伴随着用户规模的持续扩大及交易额不断攀升，直播电商行业正经历着迅速变革和发展，交易额、场次数、观看人次和直播商品数也呈现持续增长态势，直播电商成为商家推广产品、吸引消费者的重要途径。

商务部数据显示，2023 年上半年，接受重点监测的电商平台的累计直播销售额为 1.27 万亿元，直播场次数超过 1.1 亿场，直播商品数超过 7 000 万个，活跃主播数超过 270 万人。相比 2022 年数据，直播场次数、直播商品数和活跃主播数都有明显增长，整体直播电商业态呈现快速增长态势。

直播电商行业正处在从流量驱动阶段向内容和品牌驱动阶段的转变中，直播电商利用丰富的视频信息推介，将一些原本难以在线上销售的非标品也加入了直播间货架。借助直播电商渠道，一些传统印象中的“小众”品类表现出强劲的增长势头。通过直播互动，消费者可以更直观地了解产品细节，消除疑虑，从而提升购买意愿。直播电商的崛起也帮助一些传统热门品类保持上升趋势。珠宝首饰、运动户外、服饰和美妆护肤等品类在直播电商平台上的需求依然强劲。

与此同时，直播电商也在推动线上线下的消费融合，促进线下商业的发展和创新。以美腕（上海）网络科技有限公司（简称“美腕”）为例，2022 年春节期间，其旗下直播间销售电影代金券，将消费者从线上引导至线下实体电影院。美腕旗下的直播间和IP也积极开展与线下商家的合作，入驻线下门店，助力实体经济的发展。

当前，直播电商市场火热，呈现出以下四种特征：

一是高增长。用户规模呈爆发式增长，潜在购买力不断浮现，直播电商行业的红利仍可持续。《2023年中国直播电商行业研究报告》显示，2023年中国直播电商成交额为4.9万亿元，增速达到35%，2024年中国直播电商市场规模将继续扩大，成交额有望突破5.3万亿元。截至2023年底，中国直播电商企业注册量达到8.9万家，直播相关企业注册量同比增加92.7%。中国网络视听节目服务协会发布的数据显示，中国已有1 508万名职业网络主播。这意味着每100个中国人中，就有1个人专职做网络主播。直播电商的用户数量已接近6亿人，直播电商购物这一新型消费模式已经完全进入老百姓的日常生活。

二是产业化。经过几年的发展，直播电商背后的产业链日趋完善，这也是直播电商能够承受消费规模迅速扩大的坚强后盾。供应链、直播服务商、主播、渠道平台、用户以及运营、营销、数据等其他直播服务商和支持服务商共同构成了直播电商的产业链，缺一不可。直播电商的基础作业链条也应运而生。

三是品牌化。在直播电商充分兴起后，过去那种从市场上随便找一批畅销便宜货，用直播电商把它们卖出去的野蛮生长的路子越来越行不通了。商家挑选主播，主播再挑选品牌和商品，直播电商的底层逻辑在于“认真做品牌”。但如何做品牌？消费品的差异、迫切性、文化附加属性等不同因素在共同起作用。

四是性价比。直播电商的核心竞争力主要来自两个方面：一是价格足够优惠，二是产品选择的专业性。其中，价格是显性的，产品选择是隐性的，前者是消费者响应购物的即时转化率，后者是直播对消费者的影响、用户黏性、购买率乃至复购率。中国消费者协会调查报告表明，消费者通过直播购物的四种主要原因是：商品性价比高（60.1%）、展示的商品很喜欢（56.0%）、价格优惠（53.9%）、限时限量优惠（43.8%）。由此可知，吸引消费者购物的主要原因还是在于商品性价比和价格优惠程度。

2022年以来，国家、地方层面出台多部规范性文件和监管措施，保护消费者权益和维护市场秩序，同时积极制定政策引导、扶持行业发展，为直播电商行业健康蓬勃发展打造积极的政策环境。与此同时，各大直播电商平台通过自我监管快速响应和灵活调整，及时更新和修订治理规则，有效增强了行业自律，提升了用户体验和信任度，促进了行业的可持续发展。

首先，在国家层面，国家已制定政策给予支持，为推动直播电商行业发展提供了良好的环境。2020年2月商务部出台《关于进一步做好疫情防控期间农产品产销对接工作的通知》，鼓励电商企业为直播带货等渠道提供流量支持。

其次，在地方层面，各地纷纷出台政策，加大扶持力度，强化组织保障，助推直播电商产业有序高质量发展。2020年3月北京市文化和旅游局发布特别提示，指出电商类等直播不属于网络表演，不需要申请办理《网络文化经营许可证》；广州市商务局出台《广州市直播电商发展行动方案（2020—2022年》，推进“个十百千万”工程，计划将广州打造成全国著名的直播电商之都；2020年4月四川省商务厅发布《品质川货直播电商网络流量新高地行动计划（2020—2022年)》，推进“四个一”工程，计划将四川打造成全国知名区域直播电商网络流量中心。

上海、青岛、重庆、济南、义乌等城市也纷纷发布相关政策，以此来占据直播电商行业的高地。其中，2020年12月7日，上海提出要加快建设成国际消费城市，培育发展在线新经济，针对直播电商平台、直播电商基地、多频道网络（MCN）机构和直播服务机构等分别提出一定的扶持政策，并大力发展“直播＋生活服务业”。

但是直播电商的快速兴起也面临一些新问题，带来了一些新挑战。

一是野蛮生长，缺少规范。由于“万物可直播，人人能带货”，因此直播电商行业进入门槛低，没有秩序，良莠不分，鱼龙混杂，而对于这些迅速爆发的新消费模式，许多主管部门还来不及做出反应。如何保障直播电商行业的健康有序发展，是当前一个重要而迫切的课题。网络直播营销活动既是一种商业宣传行为，又具有个人交流、网络表演、媒体传播等多个属性，参与的主体非常多元化，有平台，有主播，有参与的嘉宾，有提供在线交易服务的，有提供商品的，各主体在直播中各自承担什么责任？这给监管和维权都带来了难题。

二是无序竞争，缺乏规则。规范竞争既要反垄断，也要反无序。竞争需要规则，不能因为鼓励竞争而连起码的规则都没有。比如，个体直播电商是否需要注册经营？注册是否需要有起码的资金保证？营商是否需要基本的规范？售后是否需要服务保障？对那些游离于平台的“散兵游勇”如何管理？对提供服务的平台如何追责？这些都要求建立可行的规则。

三是泡沫乱象，缺乏监督。突出的问题表现在销售数据“注水”、刷单造假、售后服务满意度低、销售假冒伪劣产品等方面，这些现象让直播电商生态无序恶化。2021年10月，北京市消费者协会和河北省消费者权益保护委员会联合发布了直播带货消费体验的调查报告，在100个样本中，就有33个涉嫌虚假宣传。例如，有的直播虚夸数据，声称有300多万名观众，实际上只有11万人左右；还有的直播夸大产品功效，其售卖的汽车退单率达到了80%。

四是偷税漏税，缺乏治理。一些主播在享受直播电商兴起的红利时，没有树立起码的法治意识和社会责任感。偷税漏税在直播行业屡见不鲜。有些主播通过虚构业务、增设公司，把个人所得转变为个人独资企业的经营所得，以此逃避个人所得税。还有的主播通过“坑位费”分散和稀释收入。要保证直播电商行业的健康发展，需要治理的不只是缴税纳税的流程，还有畸形暴利的直播行业利益结构。

国家有关监管部门高度重视直播电商的健康发展。相信伴随着深化监管措施的落地实施，直播电商的发展环境将会不断优化。未来，直播电商行业的模糊空间将会减少，规范性将大大增强，直播电商行业将在健康的氛围下实现更快的发展。在多角色协同治理下，直播电商行业将从无序发展全面走向规范化发展。

8.1.2 直播营销发展历程

虽然互联网刚出现时就有了直播的身影，但是直播作为一种商品营销或售卖模式是近几年才兴起的。直播电商是从娱乐直播、秀场直播、游戏直播、泛生活直播等发展过来的。要理解直播电商，首先要理解电子商务。电子商务经历了从邮寄目录购物、电视购物、电子商务，到“屏读”时代，再到直播电商的蜕变。

1. 邮寄目录购物

邮寄目录购物是一种购物方式，通常由邮购公司通过邮寄的方式向消费者发送商品目录，消费者可以在家中或办公室浏览商品目录，并选择他们需要的商品。然后，消费者可以通过电话、传真、网络等方式向邮购公司发送订单，邮购公司会以邮政包裹等形式向消费者发送商品。

这种购物方式的出现可以追溯到 19 世纪，当时美国的邮政系统开始提供邮寄目录购物服务。起初，邮寄目录购物主要针对那些住在偏远地区或没有方便的交通工具的人群，但随着时间的推移，邮寄目录购物逐渐成为一种便捷的购物方式，受到越来越多人的欢迎。

邮寄目录购物的优点在于它为消费者提供了一种方便、快捷的购物方式，消费者可以在家中或办公室轻松地浏览和购买商品，而不必亲自前往商店。此外，邮寄目录购物还可以为消费者提供更多的商品选择，包括一些难以在当地商店找到的特殊商品。

邮寄目录购物是商品数据化的开始。

2. 电视购物

电视购物是一种通过电视媒体进行购买的新型购物方式。它将商品展示和推销直接通过电视屏幕呈现给观众，让观众可以直接看到商品，了解其外观、功能等信息，从而更容易产生购买意愿。

电视购物的优点在于它能够直接将商品展示给观众，提供更直观、生动的购物体验，同时省去了消费者前往商店的时间和精力。此外，电视购物通常会有各种促销和优惠活动，吸引更多的消费者购买。

然而，电视购物也存在一些缺点。首先，电视购物的商品种类和数量较少，不能满足所有消费者的需求。其次，电视购物的商品价格通常较高，因为需要支付电视节目的制作和播放费用。此外，由于电视购物的信息传递受到电视媒体的限制，观众无法对商品进行实际的触摸和感受，因此可能会对购买的商品产生疑虑和不满意。

电视购物是向消费者立体呈现商品的开端。

3. 电子商务

电子商务通常是指在全球各地广泛的商业贸易活动中，在互联网开放的网络环境下，基于客户端或服务端应用方式，买卖双方不谋面地进行各种商业贸易活动，实现消费者的网上购物、商家之间的网上交易和在线电子支付以及各种商务活动、交易活动、金融活动和相关的综合服务活动的一种新型商业运营模式。

电子商务的特点主要包括全球化、便利性、互动性和个性化。通过互联网，商家和消费者可以跨越地域和国界进行交易，实现全球化的市场覆盖。同时，电子商务的便利性使得消费者可以随时随地进行购物，不受时间和地域的限制。互动性则是指商家和消费者之间可以进行实时的沟通和交流，提升了购物体验。个性化则是指电子商务平台可以根据消费者的偏好和需求，提供个性化的推荐和服务。

电子商务的优势主要体现在降低交易成本、扩大市场和提高效率上。相比传统的实体店面，电子商务可以省去租金、人员工资等成本，降低了商家的经营成本。同时，电子商务可以通过互联网的覆盖，将市场范围扩大到全球，拓展了商家的销售渠道。此外，电子商务还可以通过自动化和信息化的手段，提高交易和运营的效率，节约了时间和人力资源。

相较于传统交易方式，电子商务具有以下几方面的优势：

(1) 无时空限制。电子商务通过互联网技术，可以随时随地进行交易，不受时间和地域的限制。消费者可以在任何时间、任何地点进行购物，商家也可以随时更新产品信息和接受订单。

(2) 低成本高效率。相比于传统的实体店铺，电子商务的运营成本更低。电子商务平台不需要支付高额的租金、人员工资和装修费用，同时可以通过自动化的系统提高运营效率，减少人力资源的浪费。

(3) 商品丰富多样。电子商务平台上可以容纳大量的商家和商品，消费者可以在一个平台上找到各种各样的产品，满足其不同的需求。这也为商家提供了更多的销售机会和曝光机会。

(4) 交易安全可靠。电子商务平台通常会提供安全的支付系统和信誉评价系统，保障交易的安全和可靠性。消费者可以放心购物，商家也可以信任平台上的交易。

(5) 营销和推广便捷。电子商务平台提供了多种营销和推广工具，商家可以通过优惠券、促销活动、广告投放等方式吸引消费者。同时，电子商务平台也提供了精准的用户数据分析，帮助商家更好地了解消费者需求和行为，进行精准营销。

总之，电子商务的特点和优势使得其成为推动现代商业发展的重要方式。

4. "屏读"时代

"屏读"时代是在电视屏幕、电脑屏幕、笔记本电脑屏幕、手机屏幕上阅读的时代。在这个时代，人们从传统的通过纸质书籍获取信息的方式转向通过电子屏幕进行阅读。"屏读"时代的到来改变了人们的阅读习惯和获取信息的方式，人们可以随时随地通过电子设备获取信息，不受时间和地点的限制。此外，电子设备还提供了丰富的多媒体元素，如视频、音频和互动功能等，使得阅读体验更加生动和多样化。

在"屏读"时代，企业必须把产品或服务从线下搬到"屏"上，就是要将与产品或服务相关的知识、信息等借助网络传递到"屏"上，将产品及服务、品牌等信息全面发布到"屏"上，从而提高信息传播效率和沟通效率。在这个搬运的过程中，"图片＋文字"是最简单的表现方式。早期的电子商务就是直接将商品有关信息以"图片＋文字"的方式进行传输。

5. 直播电商

电子商务的内在逻辑隐含着其发展将面临的增长困境。

第一，消费者购买商品时横向对比的困扰。理论上，消费者可以根据商品详情图、评论、打分等因素对商品进行综合评价，但是做出这种评价需要消费者付出高昂的时间成本。

第二，消费者的驻留时间越来越短。为了解决消费者的选择困境，很多平台都研发了推荐系统，使消费者能够更精准地找到所需的商品。然而，虽然推荐算法越来越精准，消费者的驻留时间却越来越短。在网上购买商品时，消费者要先打开网站或 APP，比较商品的价格，浏览图文介绍以及网友的评论，在这短短的几分钟内，他们很难留出更多的“富余”时间来“四处闲逛”，进行非计划性购物。

第三，厂商头部效应越来越明显，从事电子商务的厂商面临增长困境。大部分电子商务买家的每次购买基本上都以搜索为起点，但绝大多数人只会看完平台第一页的商品，其余的推荐几乎被忽略。也就是说，如果商品在网络平台上无法排在前几名，那么它售出的概率就较小。从这个角度看，对大多数商品而言，电子商务的展示频次甚至不及线下的商场、批发市场。

第四，平台上消费者的非计划性购物越来越少。传统电商的购物模式有两种：一种是“搜索—浏览—选品—加购—付款—评价”；另一种是通过电商平台网页、APP 的首页推荐或各垂直频道的“商品信息流”发现商品，并最终完成购买。第一种模式在本质上由消费者推动，很难产生非计划性购买。而在第二种信息流模式下，虽然平台首页的“特价商品”“促销”“拼团”“特卖”等一级频道都可以实现对消费者购物需求的刺激，但受限于电脑网页、APP 本身的内容承载量，它们只能在部分层面上刺激非计划性购物。而且，电脑网页、APP 信息流展示“商品”的局限性，使得各大平台必须确保每一款“推荐位”上的商品都是消费者最喜欢的产品，这造成了电商消费在一定程度上的集中化。

第五，线上购物缺乏线下购物体验。购物体验是一个复杂、综合的要素。有学者提出，人们通过购物来自我调节、释放压力、缓解负面情绪等，实现心理问题的自我疗愈，这被称为零售疗法（retail therapy）。在现有的图文电商模式下，线下购物体验仍无法被取代。

第六，信任机制缺乏。在线上购物模式下，消费者主要通过浏览商品信息做出购买决策，在这个过程中，消费者如何建立信任机制是一个尚未解决的问题。在直播电商模式下，主播扮演了信任中介的角色，部分解决了电商发展过程中信任机制缺乏的问题。

在这种背景之下，需要一种立体化、娱乐化、互动化、社交化的电子商务创新模式，于是，直播电商应运而生。

中国直播电商起源于 2016 年，经历了初步发展—逐渐成形—快速增长三个阶段，产业链逐渐完整，行业规范逐步建立，主播和观看消费者群体越发多元化。

（1）初步发展阶段（2016—2017 年）。

2016 年，投资者看好直播电商行业的发展前景，纷纷进行投资，国内接连涌现 300

多家线上直播平台，观看者人数也激增，但最初直播内容大多属于游戏等娱乐领域。2016 年 3 月蘑菇街率先拓展，引入电商内容直播，增加直播购物功能，形成“直播＋内容＋电商”平台，以降低成本，增强消费者黏性，从而实现流量变现。此后淘宝、京东等多个平台上线直播功能，加入电商直播大军，如 2017 年淘宝“超级 IP 入淘计划”、蘑菇街组建商家联盟完善供应链等，推动了直播发展，此时“直播＋电商”模式基本形成。根据相关统计，2017 年本土直播市场交易规模达 209.3 亿元，由此可见电商直播的发展势头强劲，这一年主播类型、商品种类和供应链也更加丰富和完善。

（2）逐渐成形阶段（2018 年）。

2018 年，直播电商经过两年发展逐渐完善，淘宝此时顺势发起“双十一购物狂欢节”，引爆直播带货概念。与此同时，快手、抖音等短视频和社交平台纷纷加入电商直播，它们从与第三方购物平台合作模式转向自产商品平台模式，砍掉中间商利润，将自身供应链和主播等产业链上下游整合，解决了产业周期长的问题，再加上平台自身强大的流量优势，极大地推动了直播电商发展。

（3）快速增长阶段（2019 年至今）。

2019 年，直播电商行业呈爆发式增长，直播带货引起全民热议。相关统计显示，2019 年直播电商整体成交额达 4 512.9 亿元，同比增长 200.4%，由此可见电商直播行业发展态势之迅猛。

2020 年新冠疫情冲击下“宅经济”发展迅速，为电商直播规模的扩大添砖加瓦，商城的销售人员、企业老板、政府工作人员等群体为拯救实体经济纷纷加入直播带货的行列。直播环境越发多样化，从单一室内直播间到供应厂和原产地，消费者体验更加多元化。随着越来越多人涌入直播电商行业，相关政策法规也相继出台实施。CNNIC 第 54 次中国互联网络发展状况统计报告表明，截至 2024 年 6 月，中国网络直播用户规模已占网民整体的 70.6%，总数达 7.77 亿人，由此可见电商直播的受众群体广泛。

8.1.3　直播营销的特征

直播营销是一种新型营销方式，具有跨越时空性、深度互动性、高度引爆性、用户精准性、引发共鸣性等特征，能够满足不同消费者的需求，提高品牌知名度和增强其影响力。

1. 跨越时空性

通过直播平台，企业可以在不同的地理位置远程参与活动，共同经历重要时刻。观众也可以随时随地通过直播平台观看活动内容，不受时间和地点的限制。

同时，直播平台可以让企业活动直播在更广泛的范围内传播，无论观众身处何地，只要有网络连接，他们就可以观看直播。

最近日益兴盛的云旅游就是利用互联网、云计算技术形成的一种线上线下融合，将旅游全过程资源、服务进行整合，利用互动运营平台等智慧旅游工具为互联网用户提供随时随地旅游全资讯的一种旅游数字化发展形式。例如，南京城墙中华门景区的讲解员，一边穿梭于古老的瓮城景区，一边通过直播平台与大家分享城墙背后的历史，吸引了30多万人次在线观看。贵安新区对樱花园实行封闭管理，由贵州日报当代融媒体集团文创中心推出的VR让公众360度置身樱花园。

2. 深度互动性

直播营销的深度互动性指的是在直播过程中，观众和主播之间可以进行实时的、一对一的交流和互动。这种互动性可以增强观众的参与感和黏性，提高他们的购买意愿和忠诚度，从而提高品牌知名度。

在直播营销中，观众可以通过弹幕、评论等方式与主播进行互动，这种互动方式可以让观众更加深入地了解产品或服务，同时也让主播更加准确地了解观众的需求和反馈。这种实时的互动让观众感受到更加个性化的服务和体验，从而提高他们的满意度和忠诚度。此外，直播营销还可以通过多种形式实现深度互动，例如主播与观众进行游戏互动、抽奖活动等。

2020年6月18日，京东利用直播平台举办了一场规模宏大的直播购物节，邀请了多位明星和KOL参与直播，推荐和展示了各类产品。活动期间，京东通过直播使观众参与互动和抽奖，促进了销售额的大幅增长。该直播购物节成为京东年中最成功的促销活动之一。

3. 高度引爆性

通过精心策划和制作，直播营销可以吸引大量观众的关注和参与，从而达到迅速引爆话题、提高品牌知名度和增强影响力的效果。

在直播营销中，观众可以通过直播平台实时观看企业的重要活动、产品发布、人物访谈等，同时也可以通过弹幕、评论等方式与主播进行互动。这种实时互动的方式可以让观众更加深入地了解企业和产品，同时也可以让企业更加准确地了解观众的需求和反馈。此外，直播营销还通过多种形式实现高度引爆，例如企业合作、明星代言、社交媒体推广等。这些形式可以增强观众的参与感和黏性，提高品牌知名度。

2021年7月，河南地区遭遇特大暴雨，灾情严重，牵动了全国人民的心。多家企业、组织和个人纷纷向灾区伸出援助之手。鸿星尔克在自身经营困难的情况下仍然决定捐款5 000万元物资驰援河南灾区。这一低调的捐款行为被网友发现后迅速引发了广泛关注和讨论。网友们对鸿星尔克在困境中仍慷慨解囊的行为表示感动，纷纷自发在社交媒体上进行传播。这种自发传播的力量是巨大的，它使得鸿星尔克在短时间内成了全网关注的焦点。随着鸿星尔克捐款事件的持续发酵，大量网友涌入其直播间进行购物。在直播间里，网友们纷纷表示要支持国货、支持有社会责任感的企业。这种支持不仅体现在言语上，更体现在实际行动上——直播间销售额激增，甚至出现了断货的情况。

鸿星尔克捐款事件充分展示了直播营销的高度引爆性特征。通过情感共鸣、自发传播和销售转化等环节的作用，该事件在短时间内引发了广泛关注并实现了巨大的销售转化。这一事件不仅为鸿星尔克带来了可观的销售业绩和提升了品牌影响力，也为其他企业提供了有益的借鉴和启示。

4. 用户精准性

主播通过与观众实时互动，可以建立稳定的粉丝群体。这些粉丝通常对主播推荐的产品有较高的信任度和购买意愿，从而形成了一个具有精准需求的用户群体。通过对直播过程中的观众行为、互动数据等进行深入挖掘和分析，企业能更准确地了解观众的兴趣偏好、消费习惯等信息。这些数据可以帮助企业更精准地定位目标用户，制定更符合他们需求的营销策略。根据不同用户群体的需求和兴趣，直播营销可以为其定制专属的直播内容，提高内容的针对性和吸引力。这种定制化的内容可以更有效地触达目标用户，提高营销效果。直播营销通常与社交媒体紧密结合，通过社交媒体平台进行传播和推广。这使得企业可以利用社交媒体的用户画像和数据分析功能，更精准地定位目标用户，实现精准营销。

某美妆直播主通过定期直播，与观众分享化妆技巧、护肤心得，并实时回答观众的问题。在直播过程中，她经常推荐一些自己使用过的、效果良好的美妆产品。由于她与观众建立了长期的互动关系，观众对她产生了高度的信任，因此，当她推荐某款新产品时，观众往往会有较高的购买意愿。

一家专注于儿童教育的企业，通过直播营销向家长推广其在线教育产品。该企业根据家长和孩子的不同需求，定制了多种直播内容，如亲子阅读、数学启蒙、科学实验等。在直播中，主播不仅展示课程内容，还邀请家长和孩子一起参与互动，增强体验感。这种定制化的内容吸引了大量目标用户，提高了教育的趣味性和有效性，同时也促进了产品的销售。

某时尚品牌通过抖音等平台进行直播营销。该品牌利用抖音的用户画像和数据分析功能，识别出对时尚感兴趣、有一定购买力的年轻女性群体作为目标用户。在直播过程中，主播不仅展示产品，还邀请 KOL 或明星进行互动，增强话题性和提高曝光度。同时，他们通过抖音的广告投放系统，向这些目标用户精准推送直播预告和优惠信息。这种结合社交媒体的精准营销策略，使得品牌的知名度和销售额都得到了显著提升。

直播营销通过实时互动、数据分析和定制化内容等手段，实现了对用户需求的精准把握和有效触达，从而提高了营销效果。

5. 引发共鸣性

《简明心理学辞典》对情感共鸣的解释是：情感共鸣或称情绪共鸣，是指在他人情感表现或造成他人情感变化的情景（或处境）的刺激作用下，产生的情感或情绪上相同或相似的反应倾向。一般情况下，情感共鸣是指某个人在观察另一个人或者与他相处时，若对方正处在一种情绪下，这个人也会被对方的情绪所感染而产生相同的情绪。在直播中，主播通常会用平易近人的语言与观众互动，打造“老友”人设，这会让观众感到亲切，产生共鸣。还可以通过故事化的手法展示品牌背后的人物和故事，赋予产品更多的情感价值，触动观众的情感内核，引发共鸣。故事化的营销方式更容易让观众记住品牌，产生好感。此外，主播也会从观众的兴趣和需求出发，推荐他们真正需要的产品，满足他们的个性化需求，从而产生共鸣。

在注意力稀缺的今天，品牌广告大多讲究短小精悍，在预设的时间中让用户能够看完整个广告。而在 2021 年中秋节，小罐茶则另辟蹊径，投放了一条长达 1 小时的广告《记在心里的名字 感谢》，采用独特的视角和一镜到底的拍摄方式向大众讲述了 204 个真实的故事。一方面，小罐茶通过讲述温情的故事引发消费者的普遍共鸣，并呼吁人们要真诚地表达感谢，传递品牌的正向价值观。另一方面，小罐茶通过沉下来认真讲故事的方式成功吸引了大众眼球，在竞争激烈的中秋节营销中完成了差异化的营销占位，同时小罐茶的长时广告投放尝试也给营销圈提供了一个新的参考。

8.1.4 直播营销的优势

在直播迎来井喷式发展的最近几年，诸多直播平台相继涌现，各大互联网巨头也相继参与到这场直播盛宴中。借助直播，企业或个人可以在呈现产品价值环节支付更低的营销成本、收获更快捷的营销覆盖；在价值交换环节实现更直接的营销效果、收到更有效的营销反馈。网络直播作为一种较新的产品营销方式，有着其他营销方式无可比拟的优势，因此具有很强的潜力和生命力。

1. 营销反馈性强

首先，在直播过程中，观众可以直接通过弹幕、评论等方式与主播进行互动，表达自己的看法和意见。这使得企业能及时了解观众的反馈和需求，从而调整营销策略，更好地满足用户需求。

其次，直播营销还可以通过数据分析和挖掘来获取观众的行为和兴趣偏好信息。通过对这些信息的分析，企业可以更准确地了解观众的需求和反馈，从而制定更精准的营销策略。

此外，直播营销还可以通过社交媒体等渠道获取观众的反馈和评价。通过观察和分析社交媒体上的评论和分享，企业可以了解观众对品牌和产品的态度和反馈，从而制定相应的营销策略。

2017 年 9 月 17 日，在品牌成立 17 周年之际，来伊份举办了一场声势浩大的“我们十七岁”主题直播，当天在熊猫直播上直播了两个小时，最高在线观看人数突破 10 万人。借助明星的影响力，线上话题爆点与直播双线驱动主动出击，充分吸引粉丝社群和消费大众的注意力，以 17 周岁生日为主题，以全新的零食学院派系列为核心，再加上 Video＋＋创新的线上直播互动技术，来伊份打响了一场漂亮的营销战。

在新体验营销生态下，品牌的传播不再是一个信息传输的单向过程，而是一个与用户双向互动的过程。来伊份直播现场还融入 Video＋＋直播新型屏内互动技术，以及投票、抢红包、边看边买等互动功能。差异化直播内容和趣味性极强的直播互动技术增强了直播的观看黏性。主播在直播中即时进行品牌、商品介绍展示，观众可以一键购买。结合直播内容进行的实时投票、抽奖、竞猜等活动，让平台与主播根据商品的不同需求实现了更多趣味化、游戏化的互动效果，刺激观众的最终转化。

来伊份在本场直播中实时发送红包，不仅使品牌得到高效曝光，也实现了高转化率和效果量化。点击直播间的红包热点，扫描弹出的二维码，即可领取来伊份的优惠券。互动调动了观众的高度积极性，PC 端互动率高达 9％。而其中“边看边买”功能是直播变现的关键，直播＋电商模式成为直播变现新形态，与内容结合的高质量购买行为成为转化率提高的关键。观众可以直接点击移动端直播间下方位置，完成选品—下单—支付，全程不用跳出直播间画面，带动更多互动消费。其中“小核桃”商品移动端互动点击率高达 21%，真正完成了从直播内容到电商的一个完整闭环。

2. 营销手段灵活多样

首先，直播营销可以通过直播平台进行产品展示和销售。企业可以在直播中展示产品的特点、使用方法和优势，同时可以通过直播购物的方式直接销售产品。这种营销方式可以满足企业的销售需求，同时提高产品的知名度和曝光度。

其次，直播营销可以通过社交媒体进行推广和传播。企业可以在社交媒体上发布直播预告、分享直播链接，通过社交媒体的传播效应扩大直播的覆盖面和影响。同时，企业还可以与 KOL、明星等合作，利用他们的影响力和粉丝效应提升直播营销的效果。

最后，直播营销还可以通过广告投放进行推广。企业可以在直播平台或社交媒体上进行广告投放，通过精准定位目标用户群体提升广告的投放效果。同时，企业还可以通过与广告代理商合作，制定个性化的广告投放方案，增强广告的创意性和吸引力。

2021 年，佰草集把“宫斗”带进直播间，堪称最具备创意的直播间。佰草集从直播间场景搭建、主播服装到话术、表演等等都精心策划，营造强烈的“后宫”代入感，沉浸式体验“娘娘直播”。比如，在回答观众问题的时候，主播没有采用以往的回应方式，而是采用一些古代常用的称呼。佰草集还将这类创意产品化，推出宫廷小剧场，在抖音平台上进行传播。

佰草集这一新颖的直播形式，给直播电商的营销策划带来了一波新思路：除了在直播间声嘶力竭地大喊低价，还可以在直播形式上做出改变。

3. 营销竞争力强

首先，直播营销可以通过直播平台和社交媒体的结合实现更广泛的传播和推广。直播平台可以提供实时互动、视频展示等功能，而社交媒体则可以帮助企业扩大传播范围，提高品牌知名度和增强影响力。这种结合使得企业的营销信息能更快速、更广泛地传递给目标用户，提高营销效果。

其次，直播营销可以利用大数据和人工智能技术，实现精准营销和个性化推荐。通过对用户行为数据的分析，企业可以了解用户的兴趣偏好、消费习惯等信息，从而制定更精准的营销策略。同时，企业还可以利用人工智能技术，根据用户的个性化需求和反馈进行智能推荐，提高用户满意度和忠诚度。

此外，直播营销还可以通过与 KOL、明星等合作，利用他们的影响力和粉丝效应提高营销效果。这些 KOL 和明星通常拥有大量的粉丝群体，他们的推荐和代言可以帮助企业迅速提高品牌知名度和竞争力。

4. 营销集聚能力强

直播营销的集聚能力主要体现在以下几个方面：

（1）快速聚粉。直播营销可以通过直播平台和社交媒体的传播，快速集聚大量的观众和粉丝。这种集聚效应可以扩大直播的影响和覆盖面，提高品牌知名度。

（2）沉淀和互动。直播营销可以通过直播平台实现观众的沉淀和互动。在直播过程中，观众可以通过弹幕、评论等方式与主播进行实时互动，表达自己的看法和意见。这种互动可以增强观众的参与感和黏性，提高他们的购买意愿和忠诚度。

（3）二次营销。直播营销可以通过集聚起来的粉丝进行二次营销。企业可以在直播结束后，将集聚起来的粉丝转化为自己的私域流量，进行后续的营销和推广。这种集聚效应可以帮助企业更好地发挥粉丝的价值，提高营销效果。

（4）增强品牌影响力。在直播过程中，企业可以展示自己的品牌形象、产品特点和优势等信息，直播营销通过集聚大量的观众和粉丝，增强品牌的影响力和竞争力。这种集聚效应可以帮助企业在激烈的市场竞争中脱颖而出。

商务部数据显示，2022 年全网累计电商直播场次超过 1.2 亿，累计观看人次超过 1.1 万亿，直播商品数量超过 9 500 万，活跃主播数量近 110 万。直播电商行业活力彰显，并持续拉动线上线下消费，为社会经济增长注入动力。

从 2023 年“618”大促活动数据来看，2023 年 5 月 31 日 20 时至 6 月 18 日 24 时，综合电商平台、直播平台累计成交额为 7 987 亿元，同比增长 14.77%。其中综合电商平台累计成交额为 6 143 亿元（前三名为天猫、京东和拼多多），同比增长 5.44%；直播平台累计成交额为 1 844 亿元（前三名为抖音、点淘和快手），同比增长 27.61%。

8.2 直播营销的商业逻辑

8.2.1 直播营销的理论基础

清华、北大总裁班授课专家刘东明提出了社会化媒体营销的“趣味（interesting）、利益（interest）、互动（interaction）和个性化（individuality）”四个原则，即 4I 营销理论。4I 营销理论不仅是电商社会化媒体营销的实施理论基础，更是电商营销突围的方向，帮助企业深度营销。

1. 趣味

目前互联网产品多立足于“娱乐”二字，碎片化时代下的社会化媒体更是如此，它们以充满趣味性的文字、图片和视频展现内容，枯燥、官方的话题已经逐渐被网民所摒弃，没有被转发分享的传播内容将不再有营销价值。

趣味原则在直播营销中扮演着重要的角色。对于直播营销来说，趣味可以通过多种方式实现。例如，主播可以使用幽默的语言和夸张的表情来表现产品的特点，或者通过现场演示和互动来让观众更直观地了解产品的使用方法和效果。此外，主播还可以通过讲述有趣的故事或播放有趣的视频来吸引观众的注意力。趣味原则在直播营销中的重要性在于，它可以让观众感到轻松愉快，从而更容易接受和信任主播与产品。同时，趣味性也可以让直播更加生动有趣，提高观众的参与度和黏性，从而增加销售转化。

2. 利益

利益指的是给用户关注和分享企业社交媒体的理由，也是刺激信息交互的催化剂，无论是话题还是活动都需要深入用户内心。企业通常会以活动策划或话题投票的方式给用户带来利益，主要包括物质和精神两方面，即能满足其内心需求的事物。比如天猫和新浪微博会定期发送商家的促销信息和优惠活动。

利益原则在直播营销中同样非常重要，它指的是企业应该通过直播营销活动向观众提供实际的利益或价值，从而吸引观众的参与和信任。利益原则可以通过多种方式实现。例如，企业可以在直播中提供限时优惠、赠品或抽奖活动等福利，吸引观众购买和参与。此外，企业还可以在直播中展示产品的优势和独特性，向观众提供更优质的产品和服务，从而获得更多的信任和支持。利益原则的重要性在于，它可以帮助企业提高观众的参与度和黏性，增加销售转化。同时，通过向观众提供实际的利益或价值，企业可以更好地满足观众的需求和期望，增强观众对品牌的信任和支持。

3. 互动

与令人厌恶的传统广告相比，互动是社交媒体营销的最大特点，企业可以通过平台与目标用户直接对话，及时回复反馈的问题，且能够感知到用户对企业的评价和好感度。这是传统的报纸杂志所无法媲美的。互动是企业进入用户内心世界的通道，也是企业赢得用户的必经之路。

互动性是直播营销区别于传统媒体营销的重要特点之一，通过互动，企业可以更好地了解观众的需求和反馈，观众也可以更好地了解企业和产品。

在直播营销中，互动可以通过多种方式实现。首先，主播可以通过弹幕、评论等方式与观众进行互动，回答他们的问题或提供帮助和建议。这种互动方式可以让观众感受到企业的真诚和专业性，同时也可以增强观众的参与感和黏性。其次，企业可以在直播中设置互动环节，例如抽奖、答题、红包等，吸引观众参与互动。这些互动环节不仅可以增强观众的参与感和黏性，还可以帮助企业更好地了解观众的需求和反馈，从而调整营销策略。最后，在直播结束后，企业可以通过私信与观众进行交流，获取更多反馈和建议，提高直播的质量。

4. 个性化

作为自营媒体，社交媒体与传统平面媒体的最大区别在于它具有生命力，是一个鲜活的个体，拥有自己的性格和态度。企业需要使用个性化的言语来表达自身的特点和文化，摆脱惯用的模式。

在直播营销中，个性化原则指的是企业应该根据不同观众的需求和兴趣制定不同的营销策略，提供个性化的产品和服务，从而吸引更多的观众并提高销售转化率。

个性化原则可以通过多种方式实现。首先，企业可以通过数据分析和挖掘，了解不同观众的行为和兴趣偏好，从而制定更精准的营销策略。例如，对于经常在直播中购买产品的观众，企业可以向他们推送更多的相关产品信息和服务，而对于没有购买过企业产品的观众，则可以向他们介绍更多优惠和福利来吸引他们购买。其次，企业可以在直播中根据不同观众的需求和反馈，提供个性化的产品和服务。例如，对于经常在直播中询问产品细节的观众，企业可以安排专业的主播进行解答和演示，而对于价格敏感型观众，则可以向他们提供更多的优惠和促销活动。最后，企业还可以通过社交媒体等渠道收集观众的反馈和评价，了解他们对产品和服务的满意度和需求，从而制定更个性化的产品和服务。这种个性化的服务方式可以帮助企业更好地满足观众的需求和期望，增强观众对品牌的信任和支持。

8.2.2 直播营销策略

直播营销是一种营销形式上的重要创新，也是非常能体现互联网视频特色的板块。对于广告主而言，直播营销有着极大的优势，它可以在短时间之内集聚大量的目标用户，对用户实施精准的信息传递，同时还能够通过多种形式与用户互动，根据用户反馈及时调整营销策略，并运用讲故事等多样化方式让用户产生情感共鸣，增强用户黏性。具体来说，常用的直播营销策略包括病毒式营销策略、互动式营销策略、精准营销策略、整合营销策略。

1. 病毒式营销策略

病毒式营销又称基因营销或核爆式营销，是利用公众的积极性和人际网络，让营销信息像病毒一样被快速复制传播到数以万计、数以百万计的观众。它能够像病毒一样深入人脑，快速复制，迅速传播，在短时间内传向更多的受众。病毒式营销是一种常见的网络营销方法，常用于网站推广、品牌推广等。病毒式营销通过提供有价值的产品或服务，"让大家告诉大家"，让受众进行宣传，实现"营销杠杆"的作用。病毒式营销已经被越来越多的商家和网站成功利用。

病毒式营销也可以算作口碑营销的一种，它利用信息在群体之间的传播，让人们形成对服务和产品的了解，达到宣传的目的。

病毒式营销策略的有效实施需要注意以下几点：

（1）找到营销的引爆点。要引起病毒式传播，最重要的是找到一个能引起人们兴趣的引爆点。这个引爆点可以是产品或服务的独特性、优惠活动、事件等。

例如，董宇辉在东方甄选直播半年多都没有火，直到有位网友看到了他的直播，觉得内容新颖，还很幽默和人文。于是该网友随手截屏了一段接近两分钟的直播视频并转发到朋友圈，没想到竟形成了病毒式传播。

（2）创作有趣、有吸引力的内容。创作有趣、有吸引力的内容是病毒式营销的关键。这个内容可以是视频、图片、文章、故事等，但一定要能够引起人们的兴趣和共鸣。

曾经有人在视频网站上发起冰桶挑战（Ice Bucket Challenge），参与者需要拍摄自己被冰水浇头的视频，并提名其他人参与。该活动旨在提高人们对渐冻症（ALS）的认识和捐款。由于其趣味性、参与性和挑战性，该视频迅速在社交媒体上病毒式传播，吸引了全球数亿人参与，成为一场前所未有的社会运动。

（3）利用社交媒体和网络平台。社交媒体和网络平台是病毒式营销的重要渠道。利用这些平台，品牌的内容可以更广泛地传播，吸引更多的目标受众。

蜜雪冰城改编自美国民谣《哦，苏珊娜》的"魔性"动画 MV 主题曲，因简单的旋律、朗朗上口的文案，在不少人的朋友圈成功刷屏。这支 MV 堪称 2021 年上半年的流量收割机，一经发布就呈现了爆款的趋势，仅在哔哩哔哩就获得了超过1 900万播放量、超过36万次分享、超过23万次收藏以及超过80万次点赞。可以说蜜雪冰城这支MV成功俘获了年轻人的心。以其为创作灵感的二次创作内容比比皆是，在抖音、快手、微博等社交平台上不同语言、风格、文案的“魔性”内容都获得了不俗的流量。品牌与用户之间的内容共创为蜜雪冰城带来了超高的讨论热度，实现了营销裂变，并增强了品牌与用户之间的黏性。

在注意力稀缺的年代，蜜雪冰城凭借这支MV引爆了流量，让品牌通过传播放大了杠杆效应，带来了意料之外又在情理之中的营销效果。加上其产品的亲民价格，蜜雪冰城树立了高性价比的品牌形象并以低成本吸引了大量流量。

（4）鼓励用户参与和分享。让用户参与和分享是病毒式营销的核心。通过给予用户一些奖励或优惠，鼓励他们分享品牌的内容，可以让品牌的营销信息传播得更快、更广。

（5）持续优化和改进。病毒式营销不是一次性的活动，而是一个持续的过程。品牌需要根据用户反馈和数据分析，不断优化营销策略，以达到更好的效果。

2. 互动式营销策略

互动式营销策略是一种以用户为中心的营销方式，通过与用户的互动，促进产品的销售和品牌的发展。直播营销的根本目的是实现盈利。要实现盈利，就必须建立亲密的互动关系，及时掌握用户的最新要求，并反推到选品的流程，为后期的规划和走向提供基础和依据。互动式营销策略具有以下主要特征。

（1）互动性。互动式营销主要强调商家和客户之间的互动。一般先是前期的策划，然后针对某一话题，网络营销公司的幕后推手开始引导，接着网友参与其中，这是比较常规的互动。互动性是互动式营销发展的关键，在企业营销推广的同时，更多信息应该融入目标受众感兴趣的内容。认真回复粉丝的留言、用心感受粉丝的思想，更能唤起粉丝的情感认同。这就像朋友之间的交流，时间久了会产生一种微妙的情感连接，而非利益连接。在直播间，主播和粉丝之间更是可以直接沟通交流，拉近了二者的距离，商家也可以直接了解客户需求。

（2）舆论性。互动式营销主要是通过网民之间的回帖活动，间接或直接对某个产品产生正面或者负面的评价。其中舆论领袖的作用也十分重要。名人效应对消费者的影响十分重大，同时在市场竞争日益激烈的情况下，舆论领袖对企业品牌口碑的作用不可小觑。

（3）关注性。互动式营销主要是吸引网民的眼球。如果一起互动式营销事件不能吸引眼球，那么这起事件无疑是失败的。互联网本身就是眼球经济，如果没有网友的关注，就谈不上互动。当然，想要获得较好的互动效果，不应仅考虑眼球经济，更为重要的是定位要精准。品牌应围绕目标客户关注的相关信息来发布营销内容，吸引他们的关注。一旦品牌的关注者质量提高了，企业就更容易从其身上转化出商业价值。

（4）热点性。互动式营销有两种事件模式，一种是借助热点事件来炒作，另一种是自己制造事件来炒作，后者需要抓住网民内心的需求和兴趣。

（5）营销性。互动式营销一般是企业为了达到某种营销目的而做的事件炒作和互动。一般都是网络营销公司借助互动式营销来帮助客户传达企业的品牌或者促进产品的销售。

3. 精准营销策略

精准营销策略是一种基于客户需求和市场变化进行精准宣传和创新的营销方式。精准营销依赖于对客户信息的掌握，通过对大量客户数据、信息进行分析、判断，制订合理的解决方案，进行科学营销和传播。实施精准营销策略需要注意以下几个方面：

（1）精准定位。在制定精准营销策略时，首先需要明确目标受众，并对其进行深入的分析和定位。这包括了解他们的需求、兴趣、行为和消费习惯，以及市场趋势和竞争对手的情况。通过精准定位，企业可以更好地制定营销策略，确保营销活动有效地触达目标受众。

（2）个性化推广。根据目标受众的特点和需求，制订个性化的推广方案。这包括个性化的产品推荐、定制化的广告内容、有针对性的促销活动等。通过个性化推广，企业可以更好地满足目标受众的需求，提高转化率和客户满意度。

（3）数据分析与优化。通过收集和分析营销活动的效果数据，可以不断优化营销策略，提高营销效果。这包括了解目标受众的偏好、行为和反馈，以及营销活动的点击率、转化率和投资回报率等指标。通过数据分析，企业可以发现营销活动中存在的问题和机会，并制定相应的优化措施。

（4）创新思维。精准营销需要不断创新和尝试新的营销方式。这包括利用新技术、新渠道和新合作伙伴等资源，以及开展新的营销活动和创意设计。通过创新思维，企业可以不断提高精准营销的效果和质量，吸引更多的目标受众。

（5）客户关系管理。精准营销不仅需要关注营销活动的策划和执行，还需要关注客户关系管理。这包括建立良好的客户关系、了解客户需求和反馈、提供个性化的服务和支持，以及维护客户忠诚和提高客户满意度。通过客户关系管理，企业可以更好地满足客户需求，提高客户满意度和忠诚度。

总之，精准营销策略需要结合目标受众的特点和市场趋势进行深入分析，并通过个性化推广和创新思维来实现营销目标。同时，需要注重数据分析和优化以及客户关系管理等方面的工作，以提高营销效果和质量。

4. 整合营销策略

整合营销策略是一种通过对各种营销手段和资源的有效整合，实现在企业与消费者之间建立长期、密切的关系，并实现最佳传播效果和经济效益的营销方式。随着网络传播技术手段的发展和网络媒体的普及，整合营销也出现了新的发展态势。

（1）线上整合营销推广。

线上整合营销推广就是整合互联网媒体渠道资源，对企业产品或服务进行营销宣传和推广，让更多人看到企业的产品或服务，从而了解企业、信任企业、购买其产品或服务。

线上营销方式包括：①网站营销推广。网站是很好的线上品牌展示阵地，一个企业要想做品牌，就必须有自己的阵地，所以官网必不可少。官网不仅可以展示企业的实力，也可以自然引流。②百科、问答口碑营销。百科和问答营销推广是使用户快速了解企业的一个重要途径，百科具有权威性，可以增强用户对企业的信任。③搜索引擎营销。现在人们习惯在网上寻找答案，尤其是通过搜索端搜索想要的内容。所以对企业而言，通过搜索引擎营销优化品牌信息及关键词，就成为提升品牌转化率的重要推广手段。④软文推广。这不仅是在“人找内容”层面让用户找到企业，也是把企业的产品精准推送到用户面前。⑤新闻营销。新闻营销也是企业常用的宣传手段，比如企业举行重大活动、获得奖项荣誉或者发生其他新闻事件时，都可以撰写新闻稿，在第三方媒体平台发布，比如新浪网、凤凰网、人民网、网易新闻等，从而起到品牌背书的作用，同时也使品牌得到大范围曝光。⑥短视频营销。有很多产品适合做短视频营销，当前期品牌在线上有了一定的基础，用户有了一定的积累之后，企业可以在抖音、快手、小红书等平台注册官方账号，打造批量短视频进行发布，利用冲动型内容刺激消费者购买。⑦社交媒体营销。我们常用的微博、微信、QQ 等都属于社交媒体，在这些平台进行产品内容的策划及发布也可以起到宣传作用。

线上整合营销推广形式很多，企业在选择的时候要根据自身情况进行规划。

(2)“明星＋KOL＋KOC”组合直播带货模式。

明星直播带货愈来愈火，明星利用自己的知名度和影响力来吸引观众的关注和赢得观众的信任。明星的粉丝和观众往往会对明星所推荐的商品产生较高的信任度，从而更容易产生购买行为。在直播带货中，明星与观众进行实时互动，回答观众的问题，展示商品的细节和使用方法。这种互动方式可以让观众更加深入地了解商品，提高购买意愿。

与明星代言人相比，KOL 与受众的互动更多，他们可能以较中立的身份介绍新产品。因此，KOL 与商户之间的合作日益繁多，并在一定程度上颠覆了原来的市场生态，KOL 直播带货在近几年已经成为一种行之有效的新型营销方式。

KOC 主要是那些能够影响自己的朋友、粉丝，使他们产生消费行为的消费者，通常会被大众所忽略。相比 KOL，KOC 的粉丝更少，现阶段品牌合作经验也少，但消费属性更强。他们和消费者距离更近，因为他们本身就是消费者，所以他们分享的内容更真实，粉丝忠诚度和信任度也更高。

企业在营销中不要仅盯住明星，要通过“明星＋KOL＋KOC”的科学化体系，营造出全民带货的氛围。明星引爆影响力，提升品牌声量和知名度；KOL 推荐产品，打通不同圈层；KOC 加深消费者认知，最终实现有效转化。

例如，Ulike 蓝宝石脱毛仪就是通过“明星＋KOL＋KOC”的矩阵化传播，进一步提高在中国市场的曝光度，全链路推广品牌。首先，Ulike 邀请头部明星发布亲身体验视频、图片进行声量造势，实现了从流量到销量的快速转化。同时，在社交平台上，Ulike 借助 KOL 进行社交化种草，引发大量普通用户快速成为产品的粉丝，在加速社会化破圈传播的同时，也实现了脱毛仪品类的用户教育。2021 年 4 月，Ulike 推出的海绵宝宝联名款产品就在社交平台上引发了不少用户抢购。

8.2.3 直播营销产业生态链

直播营销产业生态链由多个环节组成，包括上游的技术服务提供商、中游的直播服务提供商和下游的企业客户。

1. 上游：技术服务提供商

企业直播产业链上游为云服务商、内容分发网络（content delivery network，CDN）以及5G服务商，在数字产业化主题下，直播服务商须进一步将技术融入行业，深入场景需求并提升产品体验感。从产品形态来看，商家主要需要采购直播系统和电商系统来搭建完整的直播电商技术架构。

从技术来看，直播电商要求高清流畅、低延迟、高并发访问量的音视频处理及传输能力，对计算能力、网络带宽、实时存储、节点等底层基础资源的丰富度和弹性有极高的要求，具备这种服务能力的主要是云服务商。

不同的云服务商主要提供视频采集、前处理、编码、推流、转码、分发、播放等基本直播技术解决方案。大型服务商还基于自身生态的优势或联合上层电商 SaaS 解决方案伙伴提供增值服务。

此外，电商 SaaS 服务提供商也是直播电商中重要的技术服务提供商，提供开店、获客、复购转化、经营分析等全方位电商技术解决方案，搭建直播电商基础设施。例如，管易云作为一家企业级电商 SaaS 服务提供商，可提供一整套与视频直播高度融合的一站式电商解决方案。

电商 SaaS 服务解决方案的主要作用及特点如下：

（1）从业务角度看，电商 SaaS 服务构建包括商品定义、采购（生产）、仓储、物流、营销、订单、支付、开票、客服等全业务流程闭环体系。

（2）从技术角度看，电商 SaaS 服务提供高并发、高负载、高可用、易扩展的集群化架构平台，为直播过程中的订单成交保驾护航。

（3）从平台运营角度看，电商 SaaS 服务构建完善的运营监控预警机制，包括价格预警、库存与临保预警、订单发货预警、物流快递配送预警等，将有效降低运营风险与运营成本。

（4）从用户体验角度看，电商 SaaS 服务提供丰富的用户终端访问入口（如 PC、公众号、小程序、H5、APP 等），提供多种便捷支付渠道（如微信、支付宝、云闪付等），将有效提高订单成交率。

电商 SaaS 平台是用户交易与留存的关键，通过大数据分析构建用户画像，通过可视化数据提供运营决策支持，实现精准营销，盘活存量用户，提升复购率。

电商 SaaS 服务提供商在满足电商业务基础需求的同时，提供标准 B2C 电商模式（先采购后销售的有仓模式）、S2B2C 电商模式（由供应商一件代发的无仓模式）、B2C＋O2O 新零售融合模式、C2M/C2F（customer to manufacturer/factory）定制服务模式等业务运营支撑体系。在提供丰富的营销活动支持的前提下，电商 SaaS 服务提供商提供具备良好激励算法的合规分销模块，提供基于云仓高效自运营的多级代理购销模块，满足企业私域流量的运营需求。

管易云在帮助企业发展直播电商的同时，还助力企业实现数字化转型升级，具体体现在：实现电商业务流程标准化；实现业务财务税务一体化；构建唯一客户视图；构建企业自有客户群；构建业务运营大数据。针对有条件的品牌方，还可构建包括工厂生产、仓储、销售、物流、客户签收的全流程防伪追溯体系，而不是简单的商品溯源。

电商 SaaS 服务提供商是直播电商中重要的技术服务方，是企业直播产业链的核心部分。

2. 中游：直播服务提供商

中游为企业直播服务提供商，企业直播服务提供商作为企业直播产业链的核心部分，主要在视频硬件、办公平台、营销管理、培训学习、会议协同、直播场景等领域完成生态合作。直播服务提供商主要包括平台方、MCN 与 KOL、主播等。

(1) 平台方。

直播平台分为内容平台和电商平台。内容平台是用户日常获取信息的主要触点，电商平台则以信息客观性、专业性获得用户的信赖。内容平台帮助消费目标不明确的用户满足兴趣发现、购物体验升级以及性价比购物的需求，直播间对用户来说第一属性是内容；电商平台虽然也有短视频或直播形式，但用户通常带着明确目的（比如了解商品信息或寻找折扣）进入直播间，电商直播间于用户而言第一属性是实时动态、视频化的商品详情页。用户进入内容平台不带任何代表需求的关键词，系统需要通过用户的身份、行为来推测用户的潜在需求，并匹配相应内容，从内容到商品需要再次匹配，二者须具备一致性；用户进入货架式电商平台，自带购买需求关键词，系统只须做需求关键词和商品关键词的匹配。

内容平台是在传统货架电商体系外引入视频化内容和“人”的因素，通过释放 KOL 的动销能力提高整个电商行业的周转率。典型的内容平台有抖音、快手、点淘等，分别致力于打造“兴趣电商”、“信任电商”和“发现式电商”。区别于传统货架电商，直播带来的互动体验、视觉体验升级以及折扣力度具备较强吸引力。直播电商针对货架电商模式的部分不足进行了重要的模式创新，创造出了差异化的购物体验，正快速发展。

电商平台主要公司的收入和利润表现趋势基本和其 GMV 一致。阿里巴巴收入增长缓慢，利润率虽然自 2022 年第二季度起略有回升，但相比 2020 年、2021 年平均水平仍然有明显下降，反映出阿里巴巴在竞争格局激烈的背景下，虽然通过降低费率、牺牲整体利润率水平来换取市场份额，但效果并不显著，公司 GMV 和整体收入增速仍然明显低于行业大盘。拼多多在收入和利润率上均表现强劲，在实现了收入快速增长的同时利润率实现了从亏损到稳定盈利的转变，2022 年第三季度更是达到了 30%以上，已经具有稳定的盈利能力。京东收入增速受大环境影响逐渐放缓，介于阿里巴巴和拼多多之间，与行业增速接近；随着降本增效的推进，尤其是京东拼拼等新业务的减亏，公司利润率提升较快，2022 年第三季度单季度调整后净利润突破 100 亿元，接近拼多多。唯品会因缺乏流量，收入增速逐渐放缓，表现最差，但仍维持了比较稳定的利润率。综合来看，在四大货架电商平台中拼多多在流量增长 GMV 和收入增长以及盈利能力方面有明显优势。

抖音 GMV 整体增速最快，处于行业领先位置。抖音、快手、淘宝三大平台中，抖音、快手都将电商业务作为公司的重点方向给予大力扶持，提高了电商直播和短视频相关内容的流量曝光度，并大力发展电商商家的内循环广告业务，因此二者的电商 GMV 和货币化收入均保持了较快增长。而淘宝平台虽然也发力直播电商，但由于手机淘宝 APP 整体流量增速放缓，对直播电商业务的导流力度不足，更多依靠大主播的个人魅力吸引用户，整体生态没有抖音、快手直播电商健康，因此，在直播电商领域抖音、快手的流量端优势大于淘宝。

整体上，内容平台年交易额增速高于传统货架电商平台。根据各家企业公开财报，2020 年抖音和快手的年交易额增速高达 300%和 539.5%，而同时期阿里巴巴、京东和拼多多的增速仅为 13.7%、25.3%和 65.7%，2021 年抖音和快手的年交易额增速仍然维持高水平，整体增速远超传统货架电商。

（2）MCN 与 KOL。

MCN 包括网络红人经纪公司、直播或短视频制作公司等。它们通过提供内容制作、营销推广、版权管理、数据分析等服务，帮助视频创作者实现更好的创作和商业化。KOL 是在特定领域或行业中具有影响力的人物，他们具有专业知识、经验和人脉等方面的优势，且粉丝多、影响力大，可以通过自己的购买体验和使用经验，对品牌和产品进行评价和推荐，为品牌推广和营销提供帮助。

KOL 和 MCN 之间存在一定关联。例如，MCN 公司会寻找具有影响力的 KOL，通过他们帮助品牌进行推广和营销。同时，MCN 也会为 KOL 提供支持和资源，帮助他们更好地发挥影响力。总的来说，MCN 和 KOL 都是品牌推广和营销中的重要合作伙伴，他们利用各自的优势帮助品牌实现更好的宣传效果。

中国 MCN 机构数量增长迅速，从 2016 年的不到 500 家到 2020 年突破 20 000 家，预计 2025 年市场规模将达 743 亿元。以直播电商、短视频为代表的新兴网红经济的崛起，使 MCN 机构的服务需求持续增长。MCN 机构的繁荣离不开相关平台、政策的支持，受到直播电商市场前景良好的影响，未来，MCN 机构将吸引更多明星或 KOL 进行带货宣传。

中国 MCN 机构的盈利主要分为两大方向：一是面向 C 端用户，主要通过商业合作、流量分成、平台补贴、广告营销、IP 授权等方式获取营收；二是面向 B 端商家，主要通过衍生品销售、红人电商、直播打赏、内容电商、知识付费等方式获取营收。此外，自创品牌等盈利模式也逐渐被 MCN 机构采用。

在众多 MCN 机构中，三大平台优势突出，东方甄选从 GMV 到净利润的转化率较高。东方甄选 2022 年开启了产地直播新模式，自营产品占比持续提高，建设逐步完善的主播梯队；将进酒账号开播，进一步拓宽用户群和酒水品类；看世界等账号的视频质量向纪录片看齐。遥望科技 2022 年致力于成为连接明星、KOL 与供应商的直播电商超级渠道，明星矩阵及 IP 账号加速布局，推出数字虚拟人与孪生主播技术，积极切入非标领域拓展增量，自创 SaaS 平台助推新业务发展。交个朋友 2022 年主要进行了去 3C［计算机（computer）、通信（communication）、消费电子产品（consumer electronics）］化、去个人标签，以及吸引女性粉丝。

（3）主播。

直播电商行业衍生出新兴职业，提供了求职新机会。直播电商行业的深入发展带来了新兴岗位的诞生，贯穿产业链的各个环节，为跨界求职也提供了机会。整个直播行业领域划分正在向精细化方向发展，不再局限于“娱乐”与“带货”，不少职人向直播电商转行。在衍生出的所有新兴职业中，当属主播最为瞩目。

近几年，头部主播趁势而起。2016 年淘宝直播的正式上线拉开了直播电商的序幕，近年来成长起来不少超级主播。2020 年直播电商成为最容易赚快钱的行业。在众多主播中，脱颖而出的是那些找准定位的特色主播。与此同时，明星主播为逐利也纷至沓来。2020 年由于影视行业全面停摆，直播带货成为明星保持曝光、赚取收益的重要渠道，最终形成了明星组团直播的盛况。直播带货的收入已远超明星综艺、影视作品所带来的收入，这便是风口的到来。在一波乱象之后，明星直播开始自我进化，在 2021 年开始走向深水区。目前来看，明星主播还有不少值得挖掘的价值。

除了个人直播，品牌直播更是强势出圈。品牌商家最初对直播带货的投入并不多，但因为新冠疫情导致线下生意严重受阻，员工、老板不得不纷纷走入直播间。2020 年 2 月，银泰百货联合淘宝邀请近千名品牌导购在家直播；3 月，携程董事局主席梁建章开启直播大秀，成为第一个出圈的企业家直播案例。2021 年起，品牌自播基本成为品牌商家和平台的共识。

虚拟主播未来可期。近几年来由于 AI 等技术不断迭代，我国的虚拟人产业高速发展。根据艾媒咨询调研数据，相较于 2021 年，2022 年中国网民对虚拟人的了解和关注程度更高，关注度从 2021 年的 63.6%上升至 2022 年的 87.8%。其中超过六成的网民更关注虚拟主播，这说明虚拟主播正在释放巨大的商业价值。同时 47.5%的受访用户认为未来真人主播和虚拟主播将共存，45.7%的受访用户认为虚拟主播将会替代某些领域的真人主播。随着消费群体的需求多样化和虚拟现实技术迅速发展，未来虚拟主播的应用将更加广泛。

从 2022 年“双十一”的主播表现来看，淘宝直播产生了 62 个成交额在亿元以上的直播间，淘宝通过吸收达人主播获取流量。同时淘宝腰部主播和新主播快速增长，预售引导销售额分别实现 365%和 684%的同比增长。淘宝数据显示，2022 年淘宝新增了 50 万名新主播，但是实际转化率并不理想，新主播和淘宝生态之间还需要一段时间磨合。抖音布局商城，“双十一”活动商家数量同比增长 86%，某抖音大主播 11 月 1 日单场带货 GMV 超 7 亿元，活动期间销售额占比达 4.5%。东方甄选的销售额紧随其后，占比为 4.2%。快手与抖音相比，KOL 销售额差距大，排名第一的主播以 30.2%的份额遥遥领先，排名第二的主播占 13.2%的份额，其余 KOL 的销售额远远不及头部。从粉丝增长率角度看，运动健身类 KOL 粉丝同比增长 18%，教育类 KOL 粉丝同比增长 16.4%。传统电商多年积累才孵化出几个出圈大主播，而直播电商在抖音、快手等平台上一路攀高，头部主播声量放大，腰部主播也不断扩充。

3. 下游：企业客户

受新冠疫情影响，商家线上销售布局加快。2022 年 12 月，全国社会消费品零售总额已达 44 万亿元，同时 2022 年线下实体商品零售业的线上化趋势仍继续保持上升。截至 2022 年 12 月，实物商品网上零售额对社会消费品零售总额的渗透率达到 27.2%，较上年渗透率提高了 2.7 个百分点。从全国实物商品网上零售额占社会消费品零售总额比重的变化趋势来看，疫情推动了商家的线上迁移。

从直播品类角度来看，服饰、日用品、美食、美妆等大众消费品优势明显，品类丰富度扩增趋势明显。据星图数据统计，2022 年“618”大促期间（2022 年 5 月 31 日 20 时至 2022 年 6 月 18 日 24 时）全网交易总额为 6 959 亿元，直播电商平台表现格外亮眼，直播带货总额高达 1 445 亿元。“双十一”期间直播电商销售额为 1 814 亿元，同比增长 146.1%，抖音领先点淘。从抖音电商平台品类细分角度来看，食品饮料相较于其他主要品类的增长趋势更为显著，2022 年 1—9 月 GMV 占比较 2021 年同期增长 0.88 个百分点，同时前四名优势品类的销售额集中度下降，侧面反映出直播电商的品类越发丰富。

从收益角度来看，商家的收益包括显性收入和隐性收入两部分。商家往往可以通过头部主播获得单品、单链接、单场次过千万的显性收入；还可以通过超多的场均观看次数得到大量曝光复购，也就是直播带给商家的隐性收入；同时切片视频可以作为广告，转化为私域的复购，这也构成了部分隐性收入。

从成本角度来看，商家的成本包括显性成本和隐性成本两部分。商家的显性成本主要是坑位费和佣金，头部达人的坑位费一般为十几万元到几十万元不等。据金融界报道，知名超级主播的坑位费为 20 万～40 万元。如果是“双十一”这种商品多、带货时间短的情况，坑位费也要 6 万～10 万元。以国际美妆品类为例，其产品成本大概占售价的 30%，扣除渠道费、物流以及人工成本，再支付给主播坑位费和 20%～30%的佣金，品牌几乎无利润可赚。隐性成本为商家需要提供给直播间的销售折扣，由于头部达人的选品团队对产品成本非常熟悉，他们往往会给出非常接近甚至低于成本的报价，因此直播电商会对标品的原有货架电商的销售价格体系和销售周期带来一定冲击，尤其是适宜囤货的标品，比如美妆产品。从成本端出发，不同品类能承受的成本大致和销售费用率相关。

常态化店播可以承接私域流量，帮助商家获得更可控的成本投入与更稳定的销量增长。2019 年以来企业自播（店播）占比逐年上升。根据艾瑞咨询，2019 年我国企业自播比例为 30.5%，达人播比例为 69.5%；2022 年企业自播占比达 47.3%，达人播比例下降至 52.7%。根据 2023 年的数据，企业自播交易量占直播电商总额的 50%左右。这一比例的上升表明越来越多的企业开始重视并自主运营直播业务，以降低对外部主播的依赖，提高品牌控制和成本效益。

品牌自播能够在帮助品牌持续增长的同时减少流量依赖，越来越成为企业营销的重要选择。以美妆品牌“韩水仙”为例，品牌主打的“变色润唇膏”商品，依靠品牌自播带货占比高达 97%；同时，在官方号主页，配合大量视频素材刷屏发布并引流直播间，以“商品带品牌”的方式实现热销。还有医药保健品牌“仁和”通过建立多个自播矩阵账号抢占平台流量。其中，“仁和大健康”账号的销售情况最佳，30 天销量近 25 万单，其余矩阵账号也维持在 5 万单的销售水平，品牌自播带来的推广成效占 50%以上，助力重点商品长期稳定在榜单前列。根据 QuestMobile，抖音 2022 年 H1 品牌自播直播间占比增长了 8.8 个百分点，快手增长了 2.1 个百分点。

章末案例

不拼颜值拼专业，京东自营推荐官重新定义网红带货

京东至少投入 10 亿元资源推出红人孵化计划，邀请知名 MCN 机构参与其中，最终孵化出不超过 5 名超级网红，成为京东平台独有的“京东自营推荐官”。

近些年，随着社交网络尤其是短视频、直播平台的兴起及其和电商平台的结合，粉丝经济突破了以往多面向明星的圈层限制，很多普通人或靠颜值，或靠一技之长，借助社交平台表达自我，拥有了话语权，也获得了一批忠实粉丝，并借机成为带货网红。

网红经济发展迅猛，虽然出现了大批网红带货“神话”的案例，但是从目前来看，这些带货“神话”还是个别品牌、个别案例，而且受众人群、带货商品也有局限性，网红带货还是偏向于服饰、化妆品等小额冲动消费。此外，很多网红的带货能力是建立在庞大的粉丝基础之上的，而并非依靠在所推荐的品类上充分的消费体验和专业的知识，这就有可能导致网红所推荐的商品难以给消费者带来很好的购物体验。

而京东直播平台上出现的一批主播很有可能突破这种限制。他们大多是普通人，没有大家常见的网络主播那般煽动性的语气和肢体语言，而是用丰富的采购经验和专业知识征服观众。这就是京东正在着力打造的“京东自营推荐官”。这些带货主播全部是各个品类部门负责采销工作的资深员工，是专业经验丰富的采销经理。

这些“京东自营推荐官”和一般的带货网红相比，有以下重要特点：

一是他们的产品采购经验丰富且熟知厂商品牌，说他们是“产品专家”也不为过。他们将多年积累的选品秘诀、产品特点甚至行业“潜规则”分享给消费者，提供专业的产品选购建议，还能从产品、渠道、服务等各个方面为消费者答疑解惑。

二是这些新兴的网红主播来自电脑数码、手机、美妆、母婴、酒水等不同领域，在各自领域拥有丰富的知识和采购经验，突破了以往带货网红在品类上的限制。

三是他们其实并非默默无闻，有的在自己所处的领域已经小有名气，此次在京东的力捧下，相信其人气会在短期内迅猛增长。

比如某位京东电脑数码事业部工作人员，曾制作视频栏目《IT 达人秀》和《攒机攻略》并在京东站内及视频网站发布，累计播放量达 700 万。他以专业风趣的内容为小白和资深用户种草电脑产品，还曾被英特尔、雷神、华硕、AMD 等十余家知名厂商邀

请出席新品发布会直播。而这样的潜力主播在京东各个业务部门还有很多，此次也是借机崭露头角了。

不过，也许会有人觉得奇怪，京东为何会鼓励甚至力推自家员工“公然”搞副业？这很容易理解：当下社交网络，尤其是短视频、直播平台已经成为新一代消费者了解商品以及做出购买决策的主要渠道，如何将社交网络、网红带货和平台属性结合起来以更好地满足消费者的需求，是电商平台都在探索的问题，而京东通过打造“京东自营推荐官”，看起来已经走在了行业前列。京东此举有几层含义：

第一，这是基于对用户消费特征的深入洞察，通过加强专业的传播，更深一步地影响消费决策。

新一代消费群体并不仅仅满足于知其然，还要知其所以然，换言之，他们比上一代消费群体有更多了解商品的渠道，他们本身对商品就有一定了解，除了少数冲动型消费，大部分消费者更倾向于理性消费。因此，当主播们在直播时分享专业的产品知识和采购经验时，他们更容易影响消费者的决策。

另外，最近 KOC 这个概念很流行，这说明基于消费群体的身份表达真实感受，分享生活经验，与其他消费者相互交流，在未来或许比 KOL 以其掌握的话语权推荐商品更能影响消费者。

第二，通过京东平台背书、众多品牌加入，加上物流服务的保障，京东将网红带货模式进行升级和迭代。

此前，很多带货网红和新兴品牌合作，很多时候只有简单的广告效应，而“京东自营推荐官”除了可以帮助品牌获取流量，品牌背书和物流体系也为消费体验做支撑，这种完整的带货体系可谓品牌、消费者、平台的多赢。

首先，“京东自营推荐官”拥有京东的品牌背书，这是一个金字招牌，可以增强消费者对品牌的信任。目前，在京东金字招牌和“京东自营推荐官”的感召之下，伊利、五芳斋、洁柔、帮宝适、松下、海尔等品牌已经“上镜”，涵盖家用电器、食品、母婴、清洁等众多品类。未来邀请品牌数量将逐渐增加，覆盖大部分消费品类，“京东自营推荐官”也能在自己擅长的领域为用户提供更全面的生活消费建议。

其次，对于消费者而言，除了平台和品牌背书之外，“京东自营推荐官”的带货商品都是京东自营商品，在品质、价格、物流等方面具备多重优势，保证了良好的购物体验和售后服务。这种网红、平台和品牌联合的力量，是此前很多“带货王”靠单打独斗难以企及的。

第三，重磅流量资源倾斜，京东正在构建全新网红带货体系。

京东搞网红带货并不是第一次吃螃蟹，在试水“京东自营推荐官”之前，京东就宣布推出红人孵化计划“京品推荐官”。据悉，京东投入至少 10 亿元，包括京东 APP 发现频道、视频直播等站内资源以及抖音、快手、今日头条等站外流量资源，都是京东对此项目的全面流量支持。

而“京品推荐官”的带货能力也很强。2019 年 8 月 27 日京东蒙牛超级品牌日当天，主播现场直播带货，在 2 个小时的直播中，仅 PURE MILK 牛奶一款产品便销售超

10 万箱。

在“京品推荐官”项目孵化成果达到预期后，“京东自营推荐官”成为京东在直播带货模式上的全新尝试，这也和“京品推荐官”一起构成了京东在网红经济大潮下的战略布局，京东正在构建一套独有的网红带货体系。

此次“京东自营推荐官”的成功试水，对于零售和电商行业都有标志性意义。这说明，在网红经济的大潮下，我们不仅需要花式直播和娱乐化营销，还需要像“京东自营推荐官”和“京品推荐官”这种专家式的指导和精细化的推荐。未来，“京东自营推荐官”和“京品推荐官”等京东的网红带货体系将会把高性价比的好物、好店推荐给消费者，在满足品牌需求的同时，也为消费者带来全新的购物体验。

资料来源：不拼颜值拼专业，京东自营推荐官重新定义网红带货．黑马良驹，2019－09－27.

本章小结

本章介绍了直播营销的现状、发展历程，分析了直播营销的特征及优势。本章还剖析了直播营销的理论基础，厘清了直播营销策略及其产业生态链，最终使读者对直播营销有一个全面清晰的认知。

概念和术语

4I 营销理论　病毒式营销　KOL　KOC　MCN

思考题

1. 直播营销有哪些特征？
2. 直播营销相对于传统营销有哪些优势？
3. 直播营销策略有哪些？
4. 直播营销产业生态链由哪些环节构成？

延伸阅读

［1］柏承能．直播修炼手册：主播 IP 打造＋营销运营＋商业变现．北京：清华大学出版社，2018.

［2］陈昕．欢聚时代公司直播业务盈利模式研究．商业经济，2018（4）：76－78.

［3］邓燕玲，高贵武．直播带货带来了什么：网络直播带货的机遇与思考．新闻与写作，2020（7）：95－99.

［4］谷彪．直播营销用户体验策略研究．商业经济，2017（11）：32－33.

［5］李科成．直播营销与运营：盈利模式＋推广技巧＋经典案例．北京：人民邮电出版社，2017.

［6］刘涛，曾岑．直播带货的商业模式、配置要素和演进趋势．视听界，2020（4）：

15－19.

［7］尹宏伟．直播营销：流量变现就这么简单．北京：机械工业出版社，2020.

［8］周国林，伍珈汛，付开放，等．直播平台的商业模式研究：以斗鱼为例．上海商学院学报，2019（3）：102－112.

参考文献

［1］刘晨，刘铮．基于4C理论浅析“抖音直播带货”的营销策略研究．新闻传播科学，2024（2）：207－210.

［2］陈卫华．4C营销理论视角下的“网红”直播带货营销策略研究．长沙：湖南师范大学，2021.

［3］何宜军．基于4C理论的网络营销策略研究．企业研究，2014（16）：35－36.

［4］崔璇．网红经济背景下直播带货的营销模式分析：以抖音直播为例．商场现代化，2023（16）：56－58.

［5］韩英慧，彭莹，胡朝英，等．抖音电商运营销售策略与展望．商展经济，2023（19）：50－53.

［6］王香萘．数字经济时代网络营销伦理失当及对策研究．电子商务评论，2024（2）：1701－1705.

［7］陈培爱．中华传统文化与广告伦理探析．山西大学学报（哲学社会科学版），2007（3）：125－131.

［8］程士安，章燕．广告伦理研究体系的构建基础．新闻大学，2008（4）：120－125.

［9］徐晖．论广告主的伦理责任．青年记者，2009（23）：51－52.

［10］许正林，吴小坤．西方广告学研究的新视点．中国广告，2009（4）：134－136.

第9章 数字营销之社交媒体营销

教学目标

1. 掌握社交媒体的定义、分类。
2. 了解全球社交媒体平台的实例与发展。
3. 掌握社交媒体营销的定义及要素。
4. 理解社交媒体营销策略。
5. 分析各种社交媒体营销方法在不同情境中的应用。

重点与难点

各种社交媒体营销方法在不同情境中的应用。

素养目标

培养学生关注社交媒体营销中的伦理挑战，引导其深入反思算法对信息传播和用户行为的影响，增强其在营销实践中平衡商业目标与社会责任的能力。同时，培养学生识别和应对虚假信息的能力，提升其批判性思维与判断能力，为构建健康的数字生态奠定基础。

引导案例

微信朋友圈农历新年广告

在农历新年的特殊时刻，微信成了重要的社交媒体平台，承载了人情往来。2024年，腾讯对朋友圈广告进行了大幅度升级。除了全幅式卡片广告和出框式广告外，还增加了卡片式互动广告的放烟花互动特效（见图 9－1）。基础的图片式广告和品牌画廊广告也以竖版多屏展现方式呈现，支持多视频、多海报全图铺开。

图 9－1　微信朋友圈烟花互动

过去，朋友圈的人脉关联和数据逻辑流通性不够一直是品牌商们头疼的问题。但在农历新年期间，朋友圈成为拜年主阵地后，这些问题已经可以被忽略。此外，随着电子拜年理念深入人心，朋友圈本身聚集了大量的关注。微信还推出了“@朋友”功能，进一步放大了熟人效应。

新年营销的重点在于营造热闹、喜庆的氛围，创造浓厚的年味。通过原生式品牌广告，如“刷脸”、“拜年”和“送福利”，品牌不仅可以提升曝光量，还能够带来节日的移情效应，提高品牌的好感度。在技术升级和 AI 的加持下，品牌拜年的方式也更富有个性和想象力。综合来看，与众多年度品牌片和新春广告片相比，这些轻量化、有趣的朋友圈广告确实让人眼前一亮。

资料来源：AI时代的 CNY 营销，朋友圈才是决胜圈．数英，2024－02－19.

9.1 社交媒体的定义、分类与实例

社交媒体是一组基于互联网的应用程序，允许用户创建或交换用户生成内容。[①] 这些应用程序包括社交网站、博客、论坛、产品或服务的评级网站，以及包含数字音频、图像、视频等内容的网站等。[②] 在这些平台上，个人、公司等用户均可以上传、组织和分享各种多媒体信息。随着移动互联网和 5G 通信技术的不断进步，社交媒体在数字化环境中得以良好构建。在线零售电商平台（如亚马逊、eBay、淘宝等）允许消费者登录社交媒体账号，并在此环境中与他人或组织建立联系、进行交流和互动。这种环境不仅满足了社交需求和获取信息资源的需要，还有助于提高工作绩效，并在某些情况下带来金钱收入。[③]

参考塔滕（Tuten）等人提出的社交媒体分类[④]，我们将根据社交社区、社交发布、社交娱乐和社交商务四种分类，分别介绍现在的全球主流社交媒体工具和平台，以便更好地了解它们的功能（见图 9-2）。社交媒体不仅应用于个人目的，也广泛应用于商业

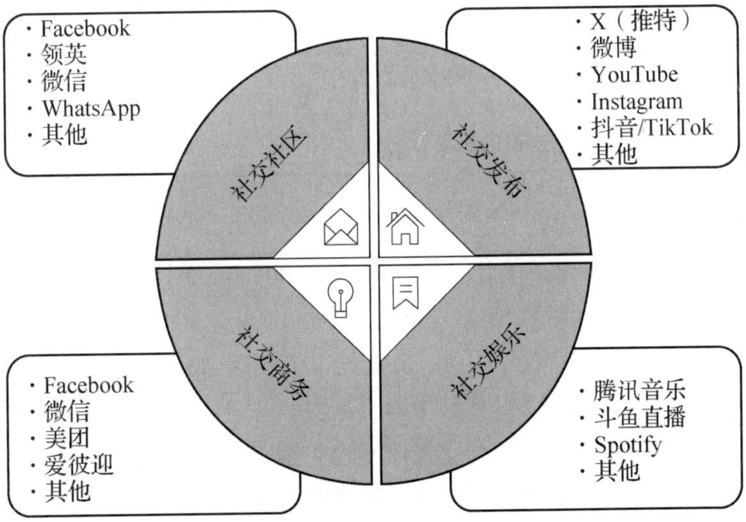

图 9-2 社交媒体的四个分类

---

① Kaplan, A. M., and Haenlein, M., "Users of the World, Unite! The Challenges and Opportunities of Social Media," *Business Horizons*, 2010 (1): 59-68.

② 霍伦森，科特勒，奥普雷斯尼克．社交媒体营销实践指南：原书第 3 版．北京：机械工业出版社，2020.

③ 袁登华，高丽丹．社交媒体中的准社会互动与营销效能研究．外国经济与管理，2020 (7)：21-35.

④ Tuten, T., Solomon, M., and Ladik, D. The Teaching of Social Media Marketing//Marketing Dynamism & Sustainability: Things Change, Things Stay the Same... Proceedings of the 2012 Academy of Marketing Science (AMS) Annual Conference. Cham: Springer International Publishing, 2015: 475-475.

领域，其用途的多样性导致各个分类之间存在重叠。Facebook 和微信等平台不止一次出现在不同的分类中，这是由社交媒体的本质决定的。所有的社交媒体都建立在关系网络之上，都需要技术支持，并遵循共同参与的原则。

9.1.1 社交社区类社交媒体代表

社交社区类社交媒体主要专注于促进人际关系和共同兴趣活动，其特点包括双向和多向沟通、对话、协作，以及经验和资源的共享。

虽然所有的社交媒体都以关系网络为基础，但社交社区类社交媒体更侧重于构建和维护关系，因此人们参与社交社区互动和协作主要就是为了这些社交关系。人们常用的社交媒体大都属于社交社区类。

社交社区类社交媒体包括社交网站、留言板或论坛和群组。这些平台强调个人在社区中的贡献，以及在沟通、对话和协作背景下建立的社区。在这个类型中，Facebook、WhatsApp 和微信等社交媒体是最常用的（见表 9－1）。

表 9－1 全球主流社交社区类社交媒体平台

	上线时间	特色	盈利模式
Facebook	2004 年	全球使用最广泛的社交媒体平台	广告为主
WhatsApp	2009 年	全球最受欢迎的即时通讯应用之一	企业客户和广告
微信	2011 年	中国最受欢迎的即时通讯应用	广告为主
领英	2003 年	真实身份的职场社交	付费会员、广告、招聘服务

1. Facebook

Facebook 是 Meta 公司旗下的社交媒体平台。2004 年 2 月，马克·扎克伯格（Mark Zuckerberg）与他的哈佛大学同学及室友推出了 Facebook。2012 年 2 月，Facebook 进行了首次公开募股（IPO），上市后仅 3 个月，其原始市值就达到了 1 040 亿美元。2015 年 7 月 13 日，Facebook 成为标准普尔 500 指数中增长最快的公司，市值达到了 2 500 亿美元。

Facebook 是全球使用最广泛的社交媒体平台。截至 2023 年第四季度，Facebook 的月活用户数达 30.7 亿。① 其中，活跃用户最多的国家有印度、美国、印度尼西亚和巴西等。

Facebook 的标记和点赞功能为用户提供了便捷的互动方式。标记功能允许用户在帖子或照片中圈出其他人，对方会收到系统通知并可查看被标记的内容。点赞功能则是用户表达对内容认可的一种方式。

在 Facebook 的组织结构中，商业账户和个人账户之间的区别在于个人主页、小组和公共主页等方面。个人主页是 Facebook 的基本结构，适合个人使用。小组则是为了方便小范围人群互动和分享信息而创建的。公共主页则专为商业用途设计，为企业提供

① Meta Reports Fourth Quarter and Full Year 2023 Results; Initiates Quarterly Dividend. Meta，2024－02－01.

类似于个人主页的功能，并允许用户关注和成为粉丝。图 9－3 就是企业 Facebook 公共主页示例。

图 9－3　华为的 Facebook 公共主页

Meta 在 2023 年全年实现营收 1 349.02 亿美元，同比增长 16%；净利润同比增长 69%，达到 390.98 亿美元。包括 Instagram、Facebook 和 WhatsApp 在内的 Meta 应用系列的主要收入都来源于广告。①

虽然人们使用 Facebook 的主要目的是社交沟通，而非浏览内容，但是由于 Facebook 在社交媒体领域占据主导地位，企业不应忽视这一全球性传播渠道，并应积极探索在 Facebook 上开展业务。企业应尊重 Facebook 用户的典型使用方式，制订细致的互动规划，避免公然推销，致力于创造高附加值信息，以吸引用户分享。并非所有 Facebook 用户都排斥与企业建立商业联系。许多企业的 Facebook 页面每天都能得到上百万点赞，用户对大量商业内容进行查看、下载和评论。

2. WhatsApp

WhatsApp 于 2009 年由简·库姆（Jan Koum）和布莱恩·阿克顿（Brian Acton）

① 盘后暴涨 15%！Meta 上季度业绩超预期：大裁员降本奏效，史上首次分红．澎湃新闻，2024－02－02.

在美国加利福尼亚州创立。2014 年 2 月，Facebook 收购了 WhatsApp。随着时间的推移，WhatsApp 不断推出新功能，如 2016 年的视频通话功能和 2017 年的“状态”功能。2017 年底，WhatsApp 开始推出“植入”广告的方法，将广告展示在 Instagram 上，用户点击后直接跳转到 WhatsApp 与商家交流。2018 年，WhatsApp 推出了“WhatsApp Business”应用程序，为中小企业提供了更多的交流渠道。2020 年，随着支付功能的推出，用户在印度甚至可以进行数字支付。

WhatsApp 是目前全球最受欢迎的即时通讯应用之一，在 180 多个国家（或地区）拥有超过 28 亿月活跃用户①，支持 60 多种语言。其主要功能包括发送和接收文本消息、语音消息、图片、视频、文件和位置信息，以及群聊、视频通话和语音通话等。WhatsApp 每天交换 1 400 亿条消息。印度拥有最多的 WhatsApp 用户，截至 2024 年第一季度每月活跃用户数为 5.358 亿。巴西（1.48 亿）和印度尼西亚（1.12 亿）分列第二、三位。WhatsApp 的全球用户群中 46.1%为女性，53.9%为男性。②

2023 年，WhatsApp Business 创造了 12.48 亿美元的收入。③ 目前，WhatsApp 的盈利模式主要包括向企业收取使用“WhatsApp Business”应用程序的费用，并通过广告及与其他公司合作来实现盈利。“WhatsApp Business”可以帮助企业建立商业形象，并与客户更好地沟通和联系（见图 9－4）。WhatsApp 推出“WhatsApp Business ”应用程序编程接口，涵盖多个渠道和接触点，从提高对产品的认知到促进购买，再到通过持续沟通培养长期关系，都能发挥其作用，帮助企业实现自动化营销。截至 2023 年的数据显示，全球有超过 5 000 万家企业正在使用 WhatsApp，每天有超过 2 亿人通过 WhatsApp 向企业账号发送消息。

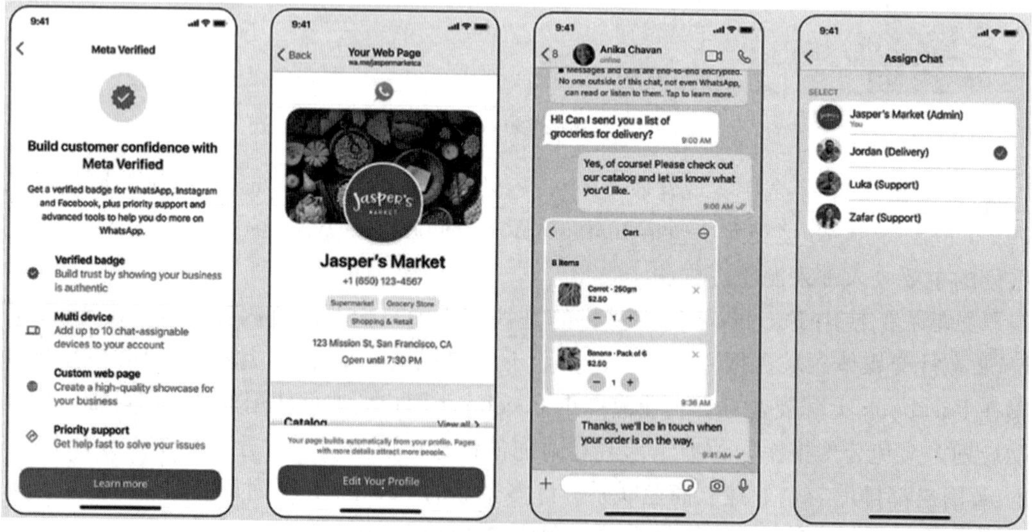

图 9－4 Meta 官方认证企业账号示例

---

① Number of Unique WhatsApp Mobile Users Worldwide from January 2020 to June 2023. Statista，2023－11－29.

② WhatsApp Statistics in 2024. Demandsage，2024－01－16.

③ WhatsApp Revenue and Usage Statistics（2024）. Businessofapps，2024－02－22.

通过 Meta 认证的企业可以获得官方标识（如图 9－4 所示）。除此之外，"Meta 认证"（Meta Verified）将提供额外的高级功能，包括创建可通过网络搜索轻松发现的自定义 WhatsApp 页面，以及多设备支持，以便多名员工同时响应客户。从 2023 年 6 月 1 日起，WhatsApp 引入了一种新的定价模式，该模式将根据营销、服务、功能、验证四种不同会话类型进行分类定价，会话周期不变，仍为 24 小时。

Meta 一直在不断改进 WhatsApp，从加密消息到高质量的私人视频通话，用户每隔一段时间都能看到一些新的功能。WhatsApp 提供了许多便利的功能，如用户可以创建最多可容纳 1 024 名参与者的群组，以及 Channels 是 WhatsApp 广播消息的最新功能，在 150 多个国家（或地区）推出。现在，用户可以主持最多 8 人的群组视频通话和最多 32 人的音频通话。另外，用户在发送消息后最多 15 分钟内可以在 WhatsApp 上编辑消息，WhatsApp 还可以录制和分享长达 30 秒的状态语音消息。这些功能的不断完善和更新使得 WhatsApp 成为用户日常生活中不可或缺的一部分。

3. 微信

微信是中国腾讯公司于 2011 年 1 月 21 日推出的一款为智能终端提供即时通讯服务的免费应用程序。微信支持跨通信运营商、跨操作系统平台，通过网络快速发送免费（需消耗少量网络流量）的语音短信、视频、图片和文字。截至 2024 年 1 月，微信（及海外版）的月活跃账户数达 13.36 亿，同比增长 2%。

在社交社区方面，微信拥有诸多功能。用户可以利用即时通讯功能发送语音、视频、图片和文字，与朋友、家人分享生活点滴。微信公众号则成为媒体、企业和个人发布内容和提供服务的平台。2023 年微信公众号累计产出至少 4.48 亿篇文章，相当于每天产出 123 万篇文章。此外，微信小程序日活跃用户数超过 6 亿。微信还拥有一些特色功能，如用户可以通过微信支付进行线上线下支付；可以向朋友和家人发送微信红包表达祝福和心意；可以利用微信搜一搜获取优质内容和服务；可以通过微信摇一摇与附近的人交朋友；可以将自己的心声写入微信漂流瓶，发送到网络中，等待有缘人拾取。

在社交商务方面，微信的生态系统也呈现出强大的发展势头。2023 年微信视频号总播放量同比增长超过 50%，视频号供给数量同比增长超过 300%，订单数量同比增长超过 244%，GMV 大约为 1 000 亿元。2023 年，视频号品牌 GMV 占比达到了 15%。同时，品牌 GMV 增长超过 226%，品牌数量增长超过 281%。而视频号中破千万的品牌店铺数量也增长超 860%。[①]

2023 年，微信的跨境支付业务已经覆盖全球 69 个国家和地区，境外合作机构总数超过 1 000 家，覆盖超过 400 万境外商户。

企业微信则为企业提供了高效的运营工具，2023 年已连接超过 1 200 万真实企业及组织，每天通过企业微信服务的微信用户数达到 5 亿，企业通过企业微信私域成交规模已经超过 1 000 亿元。

微信的盈利模式以信息流和搜索广告收入为主，同时微信积极探索包括小程序、企

① 马化腾直言"不负众望"视频号 2024 直播电商稳了？. 每日经济新闻，2024－01－30.

业微信、小游戏等商业化途径，不断丰富其收入来源。微信在社交社区和社交商务方面都拥有广泛的应用场景和强大的功能，为用户和企业提供了丰富的体验和机会。

4. 领英

领英是一家职业社交平台，于2002年由雷德·霍夫曼（Reid Hoffman）等创立，总部位于美国加利福尼亚州。2016年12月，领英被微软以262亿美元收购。该平台主要用于职场社交，帮助用户建立和维护职业人脉，寻找工作机会，并获取行业资讯。2023年，公司营业收入为157亿美元，主要营业收入来自付费会员、广告和企业招聘业务。①

截至2023年11月，领英用户数量已经突破10亿，月活用户数达3.5亿②，已成为全球最大的职场社交平台。其中，会员人数最多的国家包括美国、印度、巴西和中国。

领英作为一个强大的职场社交平台，主要功能涵盖人才招聘、职场社交和信息分享。在人才招聘方面，求职者可以发布简历并寻找工作机会，而招聘者则可以发布招聘信息并搜索人才。职场社交功能允许用户建立和维护职业人脉，与同行业人士进行交流互动。此外，用户还可以分享专业内容并获取行业资讯。领英的特色功能包括推荐信，用户可以为共事过的领英用户撰写推荐信；群组功能，用户可以加入兴趣群组与志同道合的业内人士交流；公司主页功能，允许公司发布公司信息和动态。领英还提供强大的职位搜索功能，帮助求职者找到合适的工作机会。

领英专注于实名认证的职场社交，设立评论审核机制，取消了带有攻击性的表情包，防止被人恶意使用。因此，用户在发布内容时应注意内容与职业的相关性，避免发布娱乐内容、虚假或误导性信息，以及任何歧视性或攻击性言论。

此外，领英将为一些付费用户提供使用人工智能加速求职过程的新功能。该功能将利用用户信息源上的信息，并根据用户个人资料中的信息来推荐工作机会，而不是查看单个招聘信息。此外，该平台还将向付费用户提供如何撰写包含职业背景的个人资料的建议，并对个人资料的修改提出意见，以提高他们的求职竞争力。

9.1.2 社交发布类社交媒体代表

社交发布类社交媒体平台用于向受众传播内容。社交发布渠道包括博客、微博客、媒体分享站点、社交书签和新闻站点。

在博客类网站上，用户可以像写网络日记一样时常更新上面的内容。博客上的文章多按时间顺序排列。英语中的“blog”（博客）一词由“web”（网络）和“log”（日志）两个词合成。专业博客通常专注于一个特定主题（经济、娱乐新闻等），而且每篇博文后面都有讨论区（或评论区）供用户讨论使用。也有很多人利用博客发表个人日记。博客由博主（个人或组织）维护，包含的主题非常广泛。博客具有社交属性，因为“读者”参与其中，留言评论，甚至进行与博文相关的讨论。

① LinkedIn Usage and Revenue Statistics（2024）. Businessofapps，2024-02-20.

② LinkedIn Reaches 1 Billion Members，Expands AI Features On Site. Forbes，2023-11-01.

微博客的运作方式与博客类似，只是通常会限制用户发布内容的长度。X（也属于社交社区）是最著名的微博客，用户发布的推文不能超过 280 个字符。下面，我们将进一步探讨社交发布类最为重要的几个平台（见表 9－2）。

表 9－2　全球主流社交发布类社交媒体平台

平台	成立时间	2023 年营收	特色	盈利模式
YouTube	2005 年	315 亿美元	全球使用最广泛的视频分享平台	广告和付费会员
Instagram	2010 年	397 亿美元	全球使用最广泛的生活方式分享平台	广告和电商佣金等
抖音（TikTok）	2016 年（2017 年）	—	全球增长最快的短视频分享平台	广告、直播打赏分成和电商佣金
微博	2009 年	—	中国使用最广泛的微博客	广告和付费会员
X(推特)	2006 年	—	全球使用最广泛的微博客	广告为主
Reddit（红迪网）	2005 年	8.04 亿美元	全球最大的新闻分享平台	广告和付费会员
Quora	2009 年	—	全球最大的社交问答平台	广告和付费会员

1. YouTube

YouTube 是一家成立于 2005 年的视频分享平台，总部位于美国加利福尼亚州圣布鲁诺市。YouTube 由查德·赫利（Chad Hurley）、陈士骏（Steve Chen）和贾维德·卡瑞姆（Jawed Karim）创立。它最初是作为一种让朋友和家人分享视频的方式而创建的，但它迅速发展成为一个拥有广泛内容的平台，包括电影、电视节目、音乐视频、新闻、体育、教育等等。谷歌的母公司 Alphabet 于 2006 年 10 月 9 日宣布以 16.5 亿美元收购 YouTube，并于同年 11 月 13 日完成收购。

截至 2023 年，YouTube 的用户数已超过 24.9 亿。全球互联网用户中有 47%每月都会使用 YouTube。印度是 YouTube 用户最多的国家，用户数达 4.62 亿。美国紧随其后，为 2.39 亿。在全球范围内，YouTube 用户中 54.4% 为男性。超过一半（50.6%）的 YouTube 用户是 Z 世代和千禧一代。①

YouTube 的主要盈利模式是广告的投放与制作。YouTube 拥有的庞大用户群体涵盖各年龄段、地域、兴趣和行业。通过细分用户群体的功能，广告商可以非常精准地定位目标受众，从而提高广告的点击率、转化率和投资回报率。此外，YouTube 还提供详细的人口统计信息和受众行为数据，帮助广告商更好地了解它们的目标受众，并创建更具针对性和更有吸引力的广告内容（如图 9－5 所示）。YouTube 在视频播放前、播放

① How Many People Use YouTube? . backlinko，2024－02－08.

中或播放后插入广告，并根据广告观看次数或点击次数向广告商收费。2023 年，YouTube 的广告收入约占 Alphabet 总收入的 10.25%。该视频平台的年度广告收入达 315 亿美元，高于上一年的 292 亿美元。①

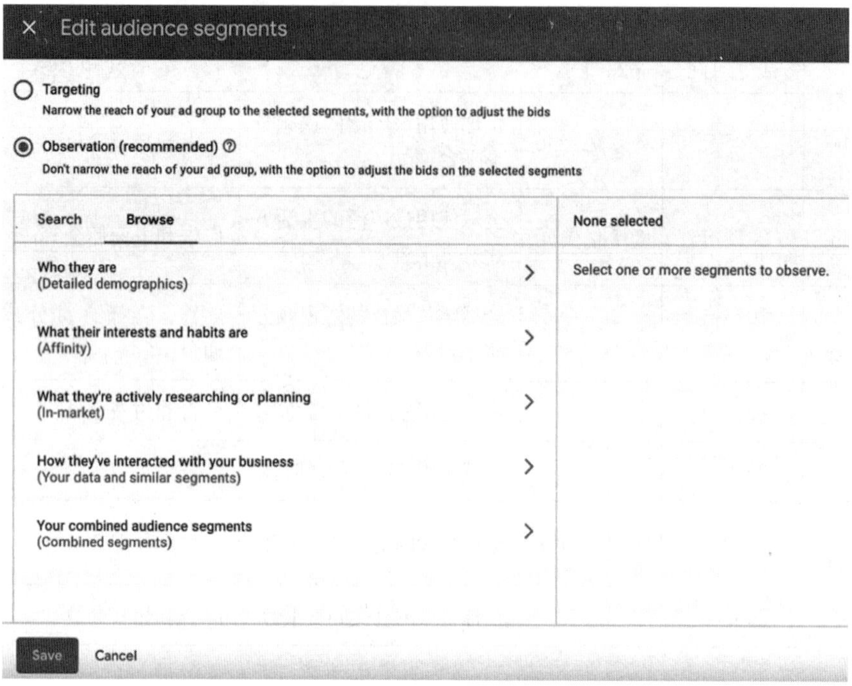

图 9-5　YouTube 广告投放所提供的受众群体细分类型

资料来源：hubspot 网站。

2022 年，拥有 10 万至 100 万粉丝的中大型影响者在 YouTube 上的参与率名列前茅。视频长度使 YouTube 在其他社交网络中脱颖而出，一些创作者将推广内容嵌入 30 分钟甚至 1 小时的视频中。由于这些视频可能需要高昂的制作成本，并能吸引大量观众——某些超级影响者拥有九位数的粉丝数量——YouTube 视频的平均赞助价格从 2 500 美元到数万美元不等。加入 YouTube 合作伙伴计划的创作者将获得 55%的广告收入，YouTube 则抽取 45%。YouTube 创作者的实际收入差异很大，经过粗略平均，频道所有者每 1 000 次视频观看可赚取 1.61～29.30 美元的收入。

截至 2022 年 11 月，YouTube Premium（YouTube 的无广告版本）和 YouTube Music 在全球拥有 8 000 万活跃用户。② 在美国，YouTube Premium 的个人每月订阅费用为 11.99～13.99 美元。

2. Instagram

Instagram 是一款提供在线图片和视频分享服务的移动应用程序。Instagram 由凯文・斯特罗姆（Kevin Systrom）与迈克・克里格（Mike Krieger）创建，于 2010 年 10

① YouTube：Share of Google Revenues 2017-2023. statista，2024-02-15.

② YouTube Statistics for 2024. demandsage，2024-01-10.

月作为一款免费应用推出。2012年4月，该公司被Facebook以10亿美元的价格收购。

Instagram的主要功能包括分享与发现。用户可拍摄并编辑照片或视频，然后发布到个人资料或故事中；还可以关注其他用户，发现更多内容并进行互动。此外，用户可直接在Instagram上购买产品，品牌可在平台上开设商店并发布购物帖子，同时进行直播与粉丝互动，推广产品或服务。Instagram还提供了诸多其他功能，如创建和加入群聊、使用表情符号和贴纸、问答及与粉丝互动、创建和投票、隐藏点赞数、添加音乐到故事、使用AR滤镜等，为用户提供丰富的个性化体验。Instagram不断更新和完善功能以满足用户需求，例如最近推出的Reels功能，允许用户拍摄15秒或30秒的短视频，并添加音乐和特效，拓展创作和表达的可能性。

截至2023年12月，Instagram拥有超过20亿月活跃用户。Instagram在印度最受欢迎，拥有3.585 5亿用户，其次是美国（1.584 5亿）、巴西（1.229亿）、印度尼西亚（1.048亿）和土耳其（5 670万）。①

Instagram提供多种格式供创作者使用，以推广品牌的产品或服务，包括照片、标签、故事和Reels。此外，品牌网站可以直接通过指定的购物选项卡进行链接，凸显了该平台对品牌合作的关注。截至2023年，Instagram上品牌平均每周的赞助帖子数量约为5篇，这促使全球Instagram影响者市场形成一个价值170亿美元的行业。

广告是Instagram的主要收入来源之一。2023年，Instagram的广告营收为397亿美元。借助其庞大的用户群和活跃度，品牌可以有效地推广其产品和服务。Instagram提供多个平台的多种广告形式，包括照片广告、视频广告、轮播广告和故事广告。这些广告无缝融入用户的信息流，既确保了品牌最大限度的曝光，又保持了良好的用户体验（见图9-6）。

电商功能是Instagram的另一个重要的收入来源。随着在线购物的普及，Instagram抓住了这一趋势，并推出了电商功能。品牌可以在平台上开设店铺，用户可以直接通过应用程序浏览和购买产品，这种无缝整合使用户能够更加便捷地发现和购买他们喜爱的产品。

影响者营销也是Instagram的收入来源之一。平台启用了帖子内的可购物标签，用户只须轻点几下即可购买网络影响者和内容创作者推荐的产品。这种合作模式不仅使品牌受益，也为影响者提供了通过自身影响力获利的机会。品牌可以与拥有强大粉丝群的影响者合作，精准触达目标受众，并扩大品牌影响力。

3. 抖音/TikTok

抖音由字节跳动于2016年9月推出，是一款专注于短视频的社交平台。从2017年开始，抖音迅速崛起，成为中国最受欢迎的短视频平台之一。2017年，抖音推出了海外版本TikTok，并在全球范围内迅速流行起来，持续吸引了大量用户。目前，字节跳动下设六个业务板块：抖音、大力教育、飞书、火山引擎、朝夕光年和TikTok。其中，抖音板块负责国内信息和服务业务的整体发展，TikTok板块负责TikTok平台业务，

---

① Instagram Demographic Statistics：How Many People Use Instagram in 2024? backlinko，2023-12-19.

同时支持海外电商等延伸业务的发展。

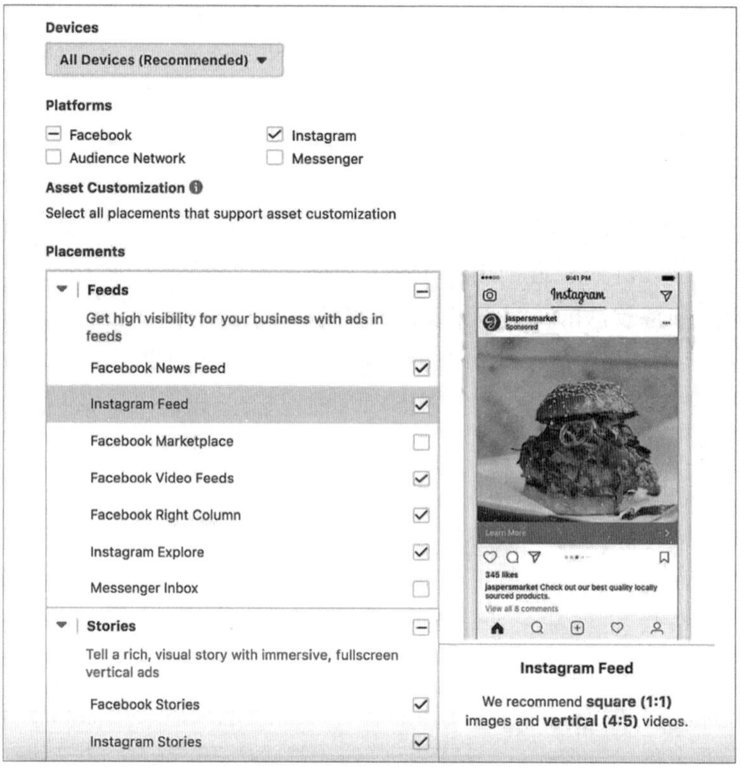

图 9-6 Instagram 广告投放所提供的信息流（Feeds）以及动态广告（Stories）选项

截至 2023 年 1 月，抖音全球用户超过 10 亿，成为全球最大的短视频平台之一。TikTok 的用户覆盖了超过 150 个国家（或地区），使用超过 50 种语言，18～24 岁的用户占 38.5%。① 截至 2024 年 1 月，美国是 TikTok 用户最多的国家，有近 1.5 亿人。印度尼西亚紧随其后，拥有约 1.26 亿用户。巴西排名第三，有近 9 900 万用户。根据 Socialinsider 2023 年行业基准，TikTok 是目前参与度最高的社交媒体平台，平均参与率为 4.25%。②

抖音/TikTok 提供了丰富的功能，使用户能够轻松创作和分享内容。用户可以拍摄和发布 15 秒至 10 分钟的短视频，并利用抖音提供的各种视频编辑工具，如滤镜、特效、音乐等，进行个性化编辑。此外，抖音/TikTok 还支持用户点赞、评论、转发视频，以及与其他用户进行实时互动，这增强了用户之间的社交体验。

抖音/TikTok 平台既具有社交媒体的内容传播和品牌宣传属性，又具有电商商品销售的属性。抖音/TikTok 的盈利模式主要包括广告、直播打赏和电商业务佣金。其中，广告是其主要盈利来源，包括开屏广告、信息流广告和贴片广告等。此外，用户可以在直播过程中向主播送礼物，即直播打赏。抖音也正在积极发展抖音小店、抖音团购等电

① Countries with the Largest TikTok Audience as of January 2024. statista，2024-02-01.

② 36 Vital TikTok Stats to Inform Your Marketing Strategy. influencermarketinghub，2024-01-30.

商业务，允许商家在平台上开设店铺销售商品，佣金比例通常为 2%～5%，根据品类各有不同。

TikTok 作为社交媒体领域的新兴平台，已迅速发展为一个重要的营销渠道。TikTok 营销之所以备受瞩目，是因为其惊人的下载量、广泛的受众群体以及影响者内容的高参与度。通过与超级影响者合作，品牌可以提高曝光度，及时把握"病毒式"趋势，并吸引数以百万计的潜在年轻客户。然而，尽管超级影响者拥有庞大的粉丝基础，小微影响者在该平台上也成功产生了显著影响，有时甚至创造了更高的参与率。总的来说，随着 TikTok 在全球范围内的影响力不断增强，以及 Z 世代用户逐渐成长并积累更强的消费能力，有必要密切关注 TikTok 的影响者。

据报道，字节跳动 2023 年的营收达到 1 200 亿美元，同比增长约 40%。其中，TikTok 在美国的营收达到约 160 亿美元。①

4. 微博

微博是中国领先的社交媒体平台之一，于 2009 年 8 月正式上线。它为用户提供了即时分享、互动交流和个性化定制的平台，每条微博可以包含 140～2 000 个汉字，通过发布文字、图片、视频等内容，用户可以与朋友、家人和关注的人分享生活、表达观点、获取资讯。

截至 2023 年 9 月，微博的月活用户数为 6.05 亿，同比净增约 2 100 万，其中移动端月活用户占比为 95%，日均活跃用户数为 2.6 亿，同比净增约 800 万。

微博的主要功能包括即时分享、互动交流和个性化定制。用户可以发布文字、图片、视频、直播等内容，与他人分享生活、观点和想法；关注他人、评论和转发内容，与他人进行互动交流；根据自己的兴趣爱好，关注相关用户和话题，定制个性化信息流。

此外，微博还有一些特色功能：话题广场允许用户参与热门话题讨论，了解社会热点和舆论趋势；超话社区让用户可以加入兴趣超话，与志同道合的人交流互动；视频号允许用户发布短视频，记录生活、分享创意；直播功能则让用户可以通过直播与粉丝互动交流。微博以其丰富多彩的功能和庞大的用户群体，成为中国互联网社交领域的重要一员。

微博广告产品分为提升粉丝量的粉丝头条、提升品牌影响力的超级粉丝通，以及提升品牌知名度的广告投放平台 WAX。2023 年第三季度，微博广告营收达到 3.893 亿美元（约合 28.25 亿元人民币），占总营收的比重为 88%。2023 年 10 月，微博发布广告共享计划，为七大垂类产业提供千万元补贴扶持。2023 年 9—12 月，微博相关垂直领域金 V 及橙 V 博主获得翻倍的广告分成。微博还推出了诸多新的技术，比如，2023 年 9 月上线的微博超级粉丝通新版本，基于 OpenAI 能力及广告主投放内容，实现了智能文案生成和广告文案衍生，可减少广告主的投放成本。②

---

① TikTok US：$16bn of 2023 Revenues and a Possible $100bn Valuation. musically，2024-03-18.

② 微博开启下一战：降本增效守利润，垂直内容拓营收．港股研究社，2023-11-13.

5. X（推特）

X 创建于 2006 年，起初是一种内部短信服务，后来发展成为一个全球性的社交平台。

X 的功能包括允许用户发布和互动 280 个字符以内的推文，用户可以关注其他用户，查看他们的推文，并通过转发、评论和点赞进行互动。该平台的独特之处在于其简短的推文格式、实时性的互动、话题广场以及开放的平台，允许第三方开发者创建各种应用和功能。此外，作为一个去中心化的社交网络，X 致力于保护言论自由。

X 的商业模式主要基于广告收入，广告商可以根据用户兴趣和行为投放广告，以触达目标受众，如图 9－7 所示。

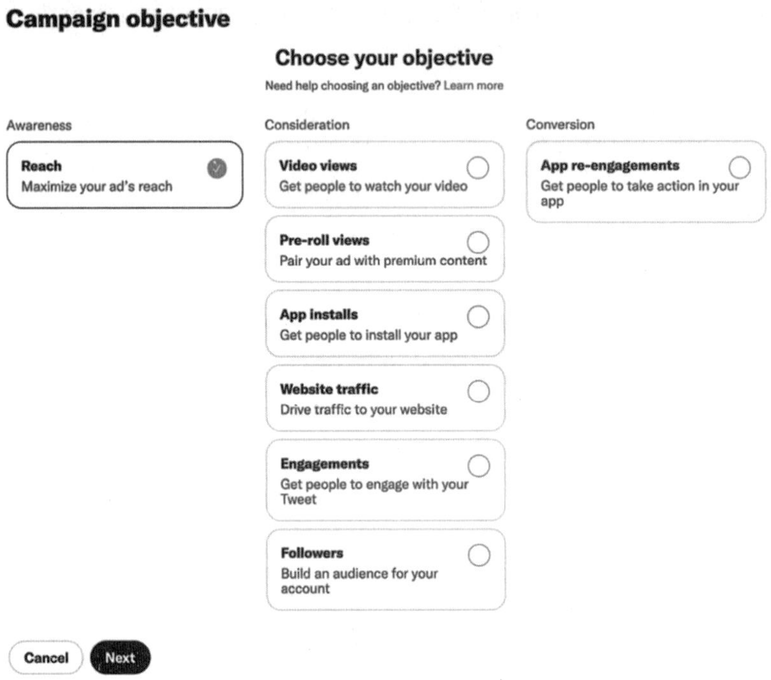

图 9－7　X 平台广告目标设置选项

2022 年，推特被埃隆·马斯克（Elon Musk）以 440 亿美元收购，并于 2023 年正式更名为"X"，用拉丁字母表第 24 个字母的艺术字体取代原有的小蓝鸟标识。目前，X 支持撰写更长的文章，最长可达 4 000 个字符。2023 年，X 面向全球 100 多个国家推出创作者广告收益分享计划。未来，X 还将包括支付和银行等金融科技功能。

截至 2023 年 10 月，X 拥有 5.5 亿月活用户，2.25 亿日活用户。[①] 其大多数用户来自美国、日本、巴西、英国和印度，以成年男性居多。2023 年，广告销售收入占 X 公司总收入的 70%～75%。

---

① X（推特）目前拥有 2.25 亿日活用户，比被马斯克收购前下降 11.6%. IT 之家，2023－10－02.

6. Reddit（红迪网）

Reddit 由阿里克西斯·奥哈尼安（Alexis Ohanian）、史蒂夫·霍夫曼（Steve Huffman）和亚伦·斯沃茨（Aaron Swartz）创立于 2005 年，是一个聚合社交新闻、支持内容评级和讨论的平台。注册用户可以提交文本帖子、图像和链接，这些帖子由其他用户投票支持或反对。内容按主题组织到 subreddits 子社区中，每个子社区都有自己的规则和主持人。Reddit 是世界上访问量最大的网站之一，每月有超过 4.3 亿活跃用户。

Reddit 以其活跃和参与的社区而闻名。用户经常对帖子发表评论，并就各种主题进行讨论。Reddit 涵盖了广泛的主题，包括新闻、政治、体育、科学、游戏、音乐、电影、电视剧、书籍、健身、烹饪、旅行、摄影、宠物等等。

Reddit 的主要盈利来源是广告。该网站在各个页面上展示广告，包括首页、帖子页面和评论页面。Reddit 的广告形式包括横幅广告、原生广告和视频广告。2024 年，Reddit 推出了 Reddit Pro 功能，界面集成了 AI 洞察、绩效分析、发布工具、仪表板等工具（见图 9-8），该功能可以帮助企业与消费者进行真正而有意义的对话，使营销更加有效，并提升转化率。

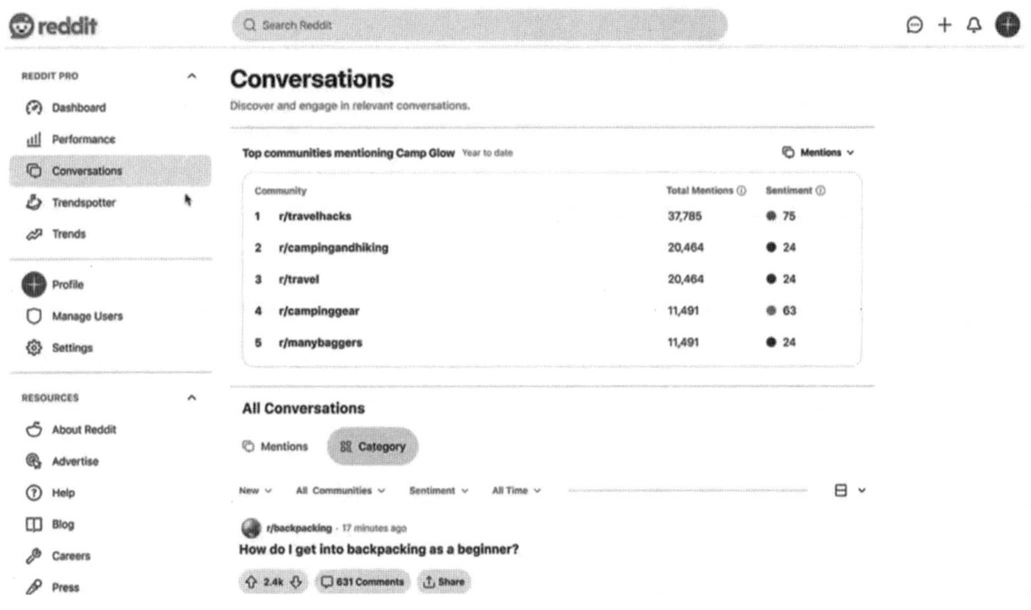

图 9-8　Reddit Pro 功能界面

资料来源：PPC Land 网站。

Reddit 的广告收入近年来快速增长。2023 年，Reddit 的广告收入达到 8.04 亿美元，比 2022 年的 6.68 亿美元增长了 20%。

7. Quora

Quora 是由亚当·安捷罗（Adam D'Angelo）和查理·切沃（Charlie Cheever）于 2009 年 6 月创建的平台，两位创始人都是 Facebook 的前员工。该平台的创建初衷是建立一个问答社区，让用户可以分享他们的知识和经验。Quora 提供的主要功能包括提出和回答问题、关注用户和话题、收藏和分享内容、投票和评论，以及创建和编辑个人资料。

Quora 这一名称源于拉丁语中的“Quorum”，其原意是指许多人聚集在一起并达成共识，同时在发音上也隐含了 Q 或 A（问题或答案）的意义。与使用搜索引擎时需要用户自主拼凑答案的情况不同，Quora 平台上有专家针对具体问题给出相应的答案。

据 Demandsage 的统计数据，Quora 上每天会产生 3 000～5 000 个新问题，每个月有超过 4 亿活跃用户，其中美国用户数量达 1.48 亿，印度用户数量达 1 亿。主要用户群集中在 25～34 岁。该平台以 24 种语言提供超过 40 万个话题。用户平均每次在平台停留 8～10 分钟。男性用户比例为 55%，略高于女性用户比例。61%的用户拥有学士学位，54%的用户年收入达到 10 万美元或以上。此外，该平台的大部分流量来自 X。[①]

Quora 的商业模式主要依靠广告和付费订阅。其中，广告是其主要收入来源。Quora 广告管理器仪表板为客户提供了多种关键指标，以及关键词竞拍的实时洞察（见图 9－9）。

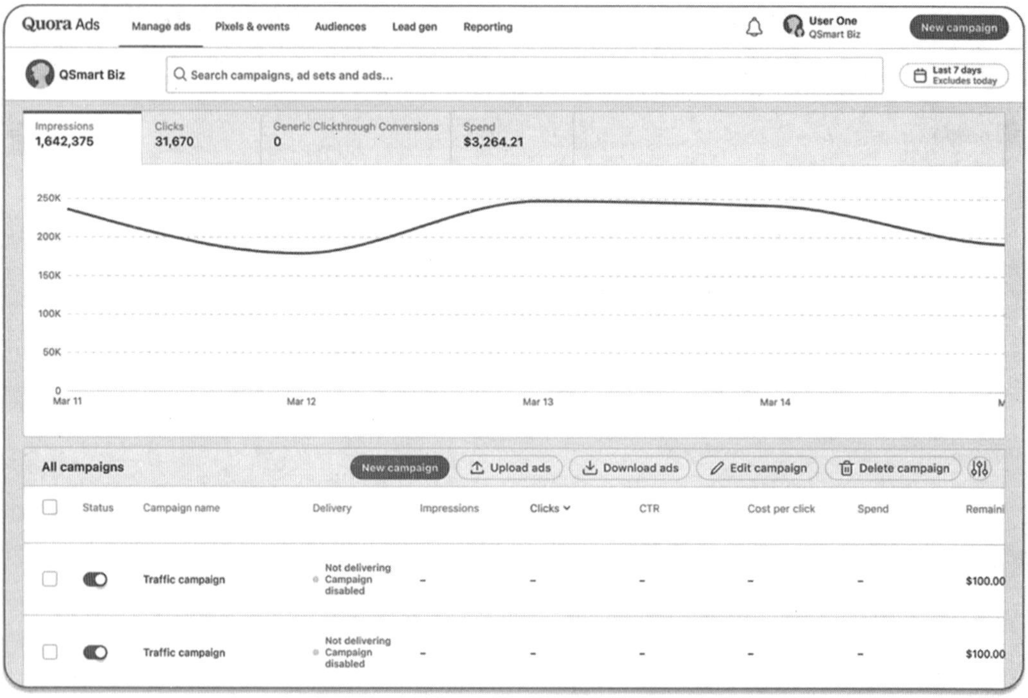

图 9－9 Quora 广告管理器仪表板界面

该平台还提供名为“Quora Plus”（以前称为“Quora Premium”）的高级订阅服务，该服务为按月付费的订阅者提供增强的功能和无广告体验。Quora 与参加合作伙伴计划的内容创作者分享一部分订阅收入。

2024 年 1 月，Quora CEO 亚当·安捷罗宣布，Quora 已从硅谷风投公司安德森·霍洛维茨（Andreessen Horowitz）处获得 7 500 万美元的融资。此次投资将专门用于推动其 AI 聊天平台 Poe 的增长。亚当·安捷罗在其博客中分享，Poe 目前拥有数百万用

① Detailed Quora Statistics：All-Time Stats & Data（2024）. demandsage，2023－12－25.

户和近 2 000 万次移动应用下载，开发者在平台上贡献了 100 多万个 AI 聊天机器人。[①]

9.1.3　社交娱乐类社交媒体代表

社交娱乐类社交媒体平台是指提供游戏和娱乐的渠道和媒介，包括具有社交功能的游戏机游戏、社交游戏、游戏网站以及娱乐社区。MySpace 曾是社交娱乐领域最大的社交网络公司之一，在 2006 年 6 月甚至超过谷歌成为美国访问量最大的网站。此后，尽管 MySpace 进行了几次重新设计，但其用户数量一直在减少，最终风光不再，业内翘楚地位不保。社交娱乐社区目前仍在迅速成长，预计在不久的将来，将围绕电影、艺术、体育等传统娱乐领域迅猛发展（见表 9－3）。

表 9－3　全球主流社交娱乐类社交媒体平台

平台	成立时间	特色	盈利模式
腾讯音乐娱乐	2016 年	中国使用最广泛的音乐流媒体服务平台	付费会员为主
斗鱼	2014 年	中国使用最广泛的游戏直播平台	广告、直播打赏分成和付费会员
Spotify	2006 年	全球使用最广泛的音乐流媒体服务平台	付费会员为主
哔哩哔哩	2009 年	中国的综合性视频分享平台	广告、游戏、直播打赏分成和付费会员

1. 腾讯音乐娱乐

腾讯旗下的腾讯音乐娱乐（TME）成立于 2016 年，是中国最大的音乐流媒体提供商之一。腾讯音乐娱乐拥有 QQ 音乐、酷狗音乐和酷我音乐三大音乐 APP，占据中国音乐市场约 60%的份额，自成立以来一直保持盈利。2023 年总收入为 277.5 亿元，同比下降 2.1%；在线音乐订阅收入为 121 亿元，同比增长 39.1%；净利润为 52.2 亿元，同比增长 36%。

截至 2023 年第四季度，腾讯音乐娱乐旗下音乐业务的月活用户数为 5.76 亿，同比减少 4.2%，环比减少 3.03%；而社交娱乐服务（主营产品“全民 K 歌”）的移动端月活用户数也同比下降了 28.8%，为 1.04 亿。2023 年腾讯音乐娱乐在线音乐服务付费用户数为 1.009 亿。[②]

QQ 音乐的社交功能侧重于好友互动，以“一起听歌”“音乐圈”等功能为核心，帮助用户与朋友和家人分享音乐并发现新音乐。酷狗音乐和酷我音乐依托秀场直播、泛娱乐直播等方式提供沉浸式音乐陪伴。用户可以通过关注喜欢的朋友或音乐人成为他们的粉丝，关注后便可以浏览对方发布的动态、听歌记录等信息，并与对方互动。此外，

---

① OpenAI 宫斗参与者融了 5.3 亿，立刻给开发者分钱一起对抗 GPT Store. 硅星人，2024－01－30.

② 去年利润同比增 36%的腾讯音乐也有忧虑，主业月活用户数连续几个季度减少．蓝鲸财经，2024－03－19.

用户还可以对歌曲、歌单、音乐短片等内容进行评论和点赞，以表达自己的想法和感受；也可以观看或参与音乐直播，与主播进行互动交流。这些功能丰富了用户的音乐体验，促进了用户之间的交流和互动。

腾讯音乐娱乐的主要盈利模式是订阅服务，包括付费音乐包、会员服务等。此外，腾讯音乐娱乐还通过广告、直播打赏、虚拟商品销售等方式获利。例如，QQ 音乐就推出看广告免费听歌模式，用户可通过观看 15 秒广告免费听歌 30 分钟，享受此前仅对会员开放的完整版歌曲。

2023 年，腾讯音乐娱乐将大语言模型（large language model，LLM）融入听歌场景，让内容发现更加智能化。例如，升级虚拟 DJ 功能，帮助用户更快发现喜爱的歌曲。同时，启明星上线 AI 作曲助手，通过录入原创的文字描述或旋律片段，辅助创作者进行音乐创作。①

2. 斗鱼

斗鱼是中国领先的弹幕式直播分享网站，旨在为用户提供视频直播和赛事直播服务。斗鱼于 2014 年 1 月 1 日正式更名，此前曾以 AcFun 生放送直播为名。2016 年 3 月，斗鱼获得腾讯领投的 B 轮超 1 亿美元融资，并于 2017 年 7 月在美国纳斯达克交易所上市。

斗鱼的功能包括游戏直播、娱乐直播、户外直播和电竞赛事。游戏直播是其主要内容，涵盖了诸如英雄联盟、王者荣耀、绝地求生等热门游戏。此外，斗鱼还拥有丰富的娱乐直播内容，包括唱歌、跳舞、脱口秀等，以及户外直播，用户可观看户外探险、美食烹饪等内容。另外，斗鱼也是各大热门电竞赛事的官方直播平台，包括英雄联盟职业联赛（League of Legends Pro League，LPL）、英雄联盟韩国职业联赛（League of Legends Champions Korea，LCK），以及国际邀请赛（The International，TI）等。

在斗鱼平台上，观众可以通过弹幕与主播互动，例如发送弹幕表达对主播的支持或建议，而主播则可以发送虚拟礼物来感谢粉丝的支持。此外，用户还可以利用鱼吧发布帖子，与其他用户讨论游戏或其他话题，并通过私信与其他用户交朋友，建立私下关系。在游戏方面，用户可以与其他用户组队，增进彼此的感情，同时还可以参加斗鱼举办的各种活动，与其他用户互动，并有机会获得奖励。这些互动方式丰富了用户在斗鱼平台上的体验，促进了用户之间的交流。

截至 2023 年 9 月，斗鱼直播的月活用户数已超过 6 亿，证明其在市场上广泛受欢迎。在盈利方面，广告是斗鱼的主要盈利模式，涵盖了开屏广告、信息流广告、贴片广告等形式。此外，用户在直播过程中向主播送礼物也能带来收益。另外，斗鱼还提供付费订阅服务，用户可享有专属特权。2023 年上半年，斗鱼的总营收达到了 58 亿元，其中广告收入占比超过 50%。

3. Spotify

Spotify 是瑞典的一家音乐流媒体服务公司，由丹尼尔·埃克（Daniel Ek）和马丁·洛伦特松（Martin Lorentzon）于 2006 年创立。作为世界上最大的音频流媒体服务

---

① 腾讯音乐发布 2023Q4 及年报：在线音乐强劲增长，持续促进产业共赢．DoNews，2024－03－19．

平台之一，Spotify 拥有超过 6.02 亿月活用户，其中超过 2.36 亿是付费用户。在 Spotify 全球用户中，29%属于 25～34 岁人群，18～24 岁人群占据第二大用户群，占 26%。千禧一代和 Z 世代主导着这个平台，他们占用户总数的 55%。这些用户大部分来自欧洲、拉丁美洲和北美洲。[①]

Spotify 可在计算机、智能手机、平板电脑、电视和扬声器等各种设备上使用，提供免费和付费两种服务，付费服务提供无广告收听、更高质量的音频和离线收听等功能。Spotify 拥有庞大的音乐库，包含超过 8 000 万首歌曲和 400 万个播客，并提供个性化推荐、精选播放列表和基于用户收听历史的建议等功能来帮助用户发现新音乐，还具有离线收听、社交分享、音乐社区等功能。

用户可以通过关注自己喜欢的音乐人了解他们的最新动态，并与其他粉丝一起交流互动来深入了解音乐人的音乐和生活。此外，用户还可以与朋友分享自己喜欢的音乐，共同享受音乐的乐趣，增进彼此的交流和互动。通过合作播放列表，用户可以与朋友或其他用户分享自己的音乐品味，同时也能够发现新的音乐，丰富自己的音乐体验。借助私信功能，用户可以与其他用户私下建立关系，扩大社交圈子，增进友谊。此外，用户还可以通过参加 Spotify 举办的社交活动，与其他用户线下交流，拓展音乐之外的社交和文化体验。这些功能和活动丰富了用户在 Spotify 平台上的音乐社交体验，促进了用户之间的交流和互动。

Spotify 已成为音乐产业的重要参与者，提高了音乐流媒体的受欢迎程度，并为艺术家和唱片公司提供了新的收入来源。Spotify 还因其对音乐发现的影响以及为新兴艺术家提供平台而受到赞誉。[②]

Spotify 的商业模式主要基于订阅服务和广告。订阅服务是 Spotify 的主要收入来源，占比超过 90%。2023 年，Spotify Premium 会员收入同比增长 17%，主要得益于订阅用户数量的增长和平均每位用户收入的增长。广告是 Spotify 的第二大收入来源，占比约为 10%。2023 年，Spotify 广告收入同比增长 12%，所有地区都实现了增长。

2023 年，Spotify 净利润为－5.75 亿美元，同比减少 27.21%；营业收入为 143.22 亿美元，同比增加 16.20%。[③]

4. 哔哩哔哩

哔哩哔哩（简称 B 站）是一个于 2009 年创建的中国视频分享网站。起初，该网站是一个以 ACG（动画、漫画、游戏）内容为主的弹幕视频分享平台，而今已逐步扩展至动画、音乐、舞蹈、游戏、科技、生活等多个领域，成为一个综合性视频分享网站。2018 年，哔哩哔哩在美国纳斯达克证券交易所挂牌上市。2021 年 3 月 29 日，哔哩哔哩在香港交易所挂牌上市。

哔哩哔哩的一大特色在于其弹幕功能，使用户能够对视频发送实时评论，创造出一

① Spotify Stats for 2024. demandsage，2024－01－15.

② How Many Songs Are There on Spotify in Total? . spotiflex，2024－03－07.

③ Spotify 第四季度营收 36.7 亿欧元，付费用户达 2.36 亿创历史新高 . IT 之家，2024－02－06.

种独特的互动体验。此外，用户还可以加入不同的兴趣群组或频道，与志同道合的朋友交流互动；也可以观看或参与直播，与主播互动交流，获得更加丰富的体验。哔哩哔哩也经常举办各种活动，例如线下聚会、比赛等，为用户提供社交互动机会，丰富用户的社交体验。

哔哩哔哩拥有大量原创内容，涵盖动画、音乐、游戏等多个领域，由 UP 主（上传者）创作的视频为网站注入了丰富的内容。2023 年超过 300 万 UP 主在哔哩哔哩获得收入，同比增长 30%，其中通过广告获得收入的 UP 主数量同比增长 94%；交易带货也带来了更多机遇，“双十二”期间，UP 主单场直播带货成交额超过 5 000 万元。2023 年，超过 180 万 UP 主通过直播获得收入，超过 200 位 UP 主制作的付费课程获得超 100 万元流水。2023 年第四季度，哔哩哔哩日均活跃 UP 主数量同比增长 16%。

哔哩哔哩的用户平均年龄在 24 岁左右，其中 Z 世代用户覆盖率达到 65%，超过一半用户生活在二线及以上城市，男女比例接近 1：1，因此它被誉为“Z 世代的文化社区”。2023 年第四季度，哔哩哔哩日均活跃用户数为 1.01 亿，较 2022 年同期增加 8%，环比有所减少，月均活跃用户数为 3.36 亿，2022 年同期为 3.26 亿。截至 2023 年第四季度末，哔哩哔哩大会员数量为 2 190 万，其中超过 80%为年度订阅或自动续费会员。①

哔哩哔哩主要通过广告、直播、游戏、会员等渠道实现盈利。2023 年哔哩哔哩总营收为 225 亿元，同比增长 3%。其中来自增值服务的营收为 99 亿元，与 2022 年相比增长 14%；来自广告的营收为 64 亿元，与 2022 年相比增长 27%；来自移动游戏的营收为 40 亿元，与 2022 年相比下滑 20%，营收的减少主要是由于新游戏推出数目减少及若干游戏的营业额减少，2023 年表现最佳的老游戏则保持营业额相对稳定；来自 IP 衍生品及其他业务的营收为 22 亿元，与 2022 年相比下滑 29%，这主要是电竞版权转授权的营业额减少所致。②

9.1.4 社交商务类社交媒体代表

社交商务即利用社交媒体助力产品和服务的在线交易，是电子商务的子集。社交商务类社交媒体平台将社交媒体的互动性和传播性与电子商务的交易性相结合，形成了一种新的商业模式。虽然众多综合性电子商务平台开始整合各种社交功能，尝试增强用户黏性，并且促进社交传播，但是在此分类中，我们仅讨论具体业务领域的社交商务平台，例如中国社交商务代表平台美团，以及全球社交商务代表平台爱彼迎。

表 9-4 全球主流社交商务类社交媒体平台

	成立时间	特色
美团	2010 年	中国使用最广泛的本地生活服务平台
爱彼迎	2007 年	全球最大的民宿预订平台

① B站去年净亏损 48 亿元，CEO 陈睿首次给出具体盈利时间表．第一财经，2024-03-07.

② 哔哩哔哩第四季度营收 63 亿元 经调净亏损 5.56 亿元．新浪科技，2024-03-07.

1. 美团

美团于 2010 年由王兴在北京创立，是一家领先的本地生活服务平台，业务涵盖餐饮外卖、到店酒旅、出行、新业务及其他。而大众点评是一家中国本地生活信息和服务平台，成立于 2003 年。

2015 年 10 月，大众点评与美团合并，成立美团点评。合并后，大众点评继续保持独立运营，但与美团在业务上进行了协同。大众点评和美团共享商家资源，为用户提供更全面的本地商家信息。大众点评和美团的团购业务合并，为用户提供更优惠的团购价格；二者的用户评价体系打通，为用户提供更丰富的信息参考。美团持续加码内容建设，包括原有的点评系用户点评、商户“必吃榜”“黑珍珠”运营，还开始了美团外卖的“必点榜”建设，辅以小游戏、领红包、看小说、短视频以及直播。2018 年 9 月，美团点评在香港交易所挂牌上市。

美团拥有庞大的用户群和商家资源。根据中国商业智能数据服务商 QuestMobile 发布的数据，截至 2023 年 9 月，美团用户量为 7.71 亿，同比增长率超过 20%，增速居互联网零售行业首位。①

美团提供多种社交功能。一是商家群聊功能。商家可以创建群聊与顾客交流互动，提供优惠信息并解答顾客疑问，这种互动有助于增强商家与顾客之间的联系与信任。二是好友分享功能。用户可以将自己的外卖订单分享给好友，好友可以查看订单内容并进行评论。这种分享不仅增进了用户之间的互动，也为商家带来了更多的曝光和订单。三是“饭小圈”。用户可以分享自己的外卖订单，查看好友分享的订单，并进行评论和点赞，这样的交流互动为用户提供了一个共享美食经验的平台。四是“圈子”功能。用户还可以加入兴趣相投的“圈子”，在“圈子”中与志同道合的朋友交流互动，分享美食心得或者交流生活趣事。五是“附近的人”功能。用户可以查看附近的其他用户，并与他们进行互动，这种实时的社交功能能够让用户更好地了解周围的社区氛围，拓展社交圈子。这些社交功能丰富了用户在美团平台上的用户体验，增强了用户的黏性和活跃度。

2023 年美团营收为 2 767 亿元，同比增长 25.8%，经营利润为 134 亿元。② 美团核心本地商业继续实现稳步发展，该业务分部营收增长 29%，达到 2 069 亿元，实现经营利润 387 亿元，同比增长 31%。其中，外卖业务继续实现高质量发展，外卖年度活跃商户数再创新高。美团即时配送订单数增长 24%，达 219 亿笔，餐饮外卖的年度交易用户数持续增长，中高频用户群体的规模及其购买频次稳步提升。美团闪购高效连接数百万本地零售商、品牌与数亿消费者，订单量同比增长超过 40%。在到店酒旅业务方面，2023 年，线下消费需求反弹显著，年交易用户数增长超 30%、年活跃商户数增长超 60%。

包含美团优选、美团买菜（小象超市），以及快驴、网约车、共享单车、充电宝、

---

① QuestMobile：生活服务行业活跃用户达 8.2 亿，三季度美团用户量同比增长超 20%. 时氪分享，2023-11-08.

② 美团 2023 财年 Q3：收入 765 亿元，增长 22%，净利润 36 亿元，增幅 195%. Tech 商业，2023-11-29.

餐厅管理系统等的新业务板块，收入 698.38 亿元，同比增长 18%，经营利润亏损从 284 亿元收窄至 202 亿元，经营亏损率改善至 28.9%。[①]

2. 爱彼迎

爱彼迎创立于 2007 年，现已成为全球最大的民宿预订平台，超过 10 万个城市的房东可以在该平台上出租他们的房产或房间给客人居住。截至 2023 年底，爱彼迎业务遍及 220 多个国家和地区。因为业务调整，2022 年爱彼迎宣布退出中国市场。

截至 2023 年底，爱彼迎全球活跃房源总量超过 770 万套，同比增长 18%。所有地区的房源数量均保持两位数增长。全球房东社区首次突破 500 万人大关。爱彼迎的主要功能包括：房源搜索、房源预订、房源管理，以及由房东主导的体验活动，带领客人探索当地文化和美食，分享独一无二的地方，比如当地人才会去的酒吧或隐蔽的街区花园；让参与者接触到他们自己很难接触到的人、社区或活动；对传统或常见的游客活动进行特别设计或添加独特看点。

爱彼迎提供以下社交功能：首先是房东与房客之间的交流。他们可以通过爱彼迎平台进行交流，了解彼此的需求和期望，这有助于提高服务质量和用户满意度。其次是房客之间的交流。房客可以通过爱彼迎平台与其他房客进行交流，分享旅行经验和建议，从而为彼此提供更丰富的旅行体验。最后是社区活动。爱彼迎会定期举办各种社区活动，例如房东聚会、旅行分享会等，为房东和房客提供交流互动的机会。这不仅有助于加强社区凝聚力，也为用户提供了结识新朋友、拓展社交圈子的平台。这些社交功能丰富了爱彼迎平台的用户体验，增加了用户之间的交流和互动。

爱彼迎积累了超过 1.5 亿名全球用户，其中月活跃用户数超过 5 000 万，累计预订住宿超过 15 亿次。2023 年，爱彼迎报告的预订房间和体验总数超过 4.48 亿次，比 2022 年增长了 14%。

爱彼迎网站上出租的房产实际上并不归其所有，其商业模式主要是向房东和客人收取服务费。仅 2023 年，爱彼迎房东的总收入就超过了 570 亿美元。

爱彼迎 2023 年全年收入约为 99 亿美元，同比增长 18%；净利润约为 48 亿美元，同比增长 154%。其中，2023 年第四季度，来自中国（出境游）的住宿和体验预订量同比增长近 90%。

本书虽然根据社交社区、社交发布、社交娱乐和社交商务将社交媒体划分为四大类，但这四种类型之间存在重叠区域。以上所举的社交媒体实例很多都覆盖多个分类。第一类是社交社区平台，重点关注人际关系以及兴趣相同者共同参与的活动。因此，社交社区的特征包括双向和多向沟通、对话、协作、经验及资源共享。所有社交媒体平台都是围绕关系网络构建的，但社交社区中人们参与互动和协作主要是为了构建和维护关系。第二类是社交发布平台，用于向受众传播内容。社交发布渠道包括博客、微博客、媒体分享站点、社交书签和新闻站点。目前使用最广泛的社交媒体平台很多都覆盖了以上两个类型，例如微博和领英。第三类是社交娱乐平台，指提供游戏

---

① 美团 2023 年财报：全年营收 2 767 亿元，同比增长 26%. 美团，2024-03-22.

和娱乐机会的渠道和媒介，包括具有社交功能的游戏机游戏、社交游戏、游戏网页以及娱乐社区。第四类是社交商务平台，即利用社交媒体助力产品和服务的在线交易。网络消费者在购物过程中进行互动和协作是社交商务影响社交购物行为的明证。以微信、Facebook 等为例的主流社交媒体平台都在整合社交电商的功能，这是一个主要趋势。

9.2 社交媒体营销的定义及要素

2024 年，全球活跃的社交媒体用户数量已经突破了 50 亿。① 这一数字在过去一年增加了 2.66 亿，实现了 5.6%的年度增长。研究显示，典型的社交媒体用户每天使用社交媒体的时间为 2 小时 23 分钟。②

在营销领域，社交媒体被视为人们建立网络、分享信息和情感的平台。调查显示，全球商业领导者预计他们公司的社交媒体营销预算在未来三年内将增加，其中超过五分之二（44%）估计他们的预算将增加超过 50%。③

社交媒体平台以其动态、相互连接、平等和互动的特性闻名，给市场带来了三个重要变革：首先，社交媒体使公司和客户能够以前所未有的方式进行连接，这种连接建立在共同的兴趣和价值观基础上。其次，社交媒体改变了公司和客户之间的互动方式，客户之间的相互影响也发生了变化。社交互动涉及沟通或被动观察对他人选择和消费行为的影响。社交互动的强度可以用人们的连接模式和社交关系的强度来表示。最后，社交媒体数据的激增使公司可以更好地管理客户关系，并进行业务决策。社交媒体平台所产生的大量、实时、多样的数据可以通过现代信息技术轻松提取和利用，从而成为客户分析、市场研究和新产品研发的重要依据，同时也代表了一种新的战略资源，可以改善公司市场营销结果。④

9.2.1 社交媒体营销的定义

随着社交媒体在市场营销实践中的应用和发展，社交媒体营销逐渐兴起并日益走向成熟。结合现有关于社交媒体营销的前沿研究和企业实践来看，学界和业界基于不同角度对社交媒体营销的内涵进行了界定，如表 9 - 5 所示。

---

① Instagram Ad Revenue for 2024. demandsage，2024 - 01 - 22.

② DIGITAL 2024：GLOBAL OVERVIEW REPORT. datareportal，2024 - 01 - 31.

③ 2023 Sprout Social Index. sproutsocial，2024 - 03 - 24.

④ Li，F.，Larimo，J.，and Leonidou，L. C.，"Social Media Marketing Strategy：Definition，Conceptualization，Taxonomy，Validation，and Future Agenda，" *Journal of the Academy of Marketing Science*，2021 (1)：51 - 70.

表 9-5 社交媒体营销的定义

来源	定义
王永贵和项典典，2023	企业为了实现营销沟通的目的，在社交媒体平台上创造与分享特定的内容来吸引利益相关者的注意、讨论与分享，进而构建和强化与目标顾客之间关系的一系列营销活动。
Chaffey and Ellis-Chadwick，2022	数字营销的一个重要类别，利用消费者对消费者（C2C）的互动，通过社交媒体的放大效应提高品牌知名度，同时减少负面提及。
Li，Larimo，and Leonidou，2021	通过认真评估顾客使用社交媒体平台的动机，以及采取一系列举措，将社交媒体的联系和互动转化为有价值的战略手段，以实现营销目标的一系列组织活动。

综合以上对社交媒体营销内涵的界定，本书将社交媒体营销定义为公司通过社交媒体平台制作内容、获取和管理相关信息、建立和维护客户关系，并实行社交媒体营销策略等活动，与客户沟通以实现营销目标的过程。

9.2.2 社交媒体营销的要素

图 9-10 的社交媒体营销 6C 模型列出了社交媒体营销中 6 项相互关联的要素（6C），从公司的角度阐释了社交媒体平台上客户参与的信息产生与传播过程。

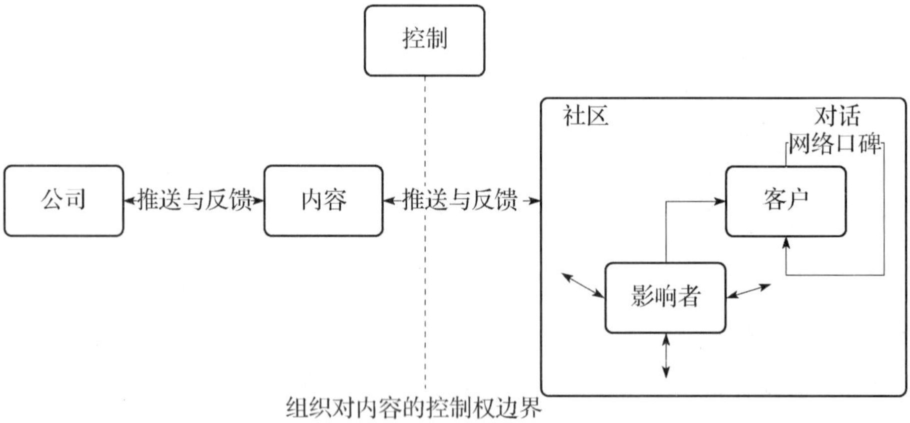

图 9-10 社交媒体营销 6C 模型

资料来源：霍伦森，科特勒，奥普雷斯尼克．社交媒体营销实践指南：原书第 3 版．北京：机械工业出版社，2020.

在 6C 模型中，公司（company）与内容（content）之间存在着密切的联系。公司是内容的始发者，这些内容可以以各种形式呈现，如 Facebook 上的个人主页或品牌页面的帖子，以及推送给观众的 YouTube 视频。在以上模型中，公司向社交媒体平台推送的内容（firm-generated content，FGC）就像是催化剂，引发了客户初始的关注和参与。

控制（control）是 6C 模型中的一个重要概念，代表着公司是否愿意放弃对品牌信息的控制权，让它们在网络社区中自由传播。有时为了加速品牌信息的传播速度，公司会放弃数字版权，鼓励网络社区成员分享、修改或转发公司的原创内容。这种做法的关键在于公司必须接受这一现实，即它不再拥有对内容的完全控制权，而是允许内容被自由使用、修改和评论。

6C 模型中社区（community）是由感兴趣的客户（customer）组成的网络社区，它们接收了公司推送的内容，并开始与公司进行双向交流。在社区和公司之间发生意见交换，客户参与网上对话（conversation），展开关于某一现象或内容的广泛讨论。影响者在这个过程中扮演着重要角色，他们是能够获得大量市场信息并传播内容的人。客户不仅在做购买决策时与公司互动，也参与了网上对话，这进一步扩展了营销者与客户之间的交流。通过社交媒体，营销者不仅可以了解信息在客户之间的传播过程，还能深入了解非客户行为。社交分享使营销者能够更深入地了解个人消费者的生活，并根据这些信息定制产品，更好地满足消费者的需求。

该模型中的内容可以分为多种类型，其中 UGC 在该模型中发挥着重要的作用。

UGC 是由普通用户通过社交媒体平台创作并展示的内容，其特点是生产主体为非专业人士，制作渠道非专业化，传播渠道为网络平台。社交媒体推动了内容的积累和传播，使普通用户在各种自媒体平台上能够自由地创作内容，促进了受众角色的转变和媒体内容生产模式的改变。这些内容多元化、个性化，易于引起用户共鸣，对公司来说成本低，但是 UGC 缺乏控制，可能会导致虚假信息在网络上传播。

专业创作内容（professionally generated content，PGC）是由专业创作者创作的内容，这些创作者往往具有专业身份和深度的专业知识。PGC 内容的特点包括垂直化、专业化、多元化和优质化，能够吸引用户并实现用户导流。与之相似的是职业生产内容（occupationally generated content，OGC）。OGC 是以职业化方式提供的内容，如记者、编辑等通过职业行为生产的内容。OGC 的生产主体具备相关领域的职业身份，保证了内容的高质量、深度以及可信度，但也限制了普通用户的参与和互动，并增加了生产成本。

专业用户原创内容（professional user generated content，PUGC）则兼具 UGC 和 PGC 的优势，既具备 UGC 的多元化和个性化，又具备 PGC 的专业化和优质化。大部分 PUGC 都来自网络影响者团队。这些内容质量高、吸引力强，可实现用户导流，成本相对可控。

人工智能生成内容（artificial intelligence generated content，AIGC）是人工智能技术方法的一种，通过已有数据的学习和识别生成相关内容。其核心思想是利用人工智能算法生成具有一定创意和质量的内容。其特点是成本低、可快速生产，但是在引起用户情感共鸣方面较弱。

影响者是指在社交媒体平台上拥有大量粉丝，并能够影响他们的购买决策的人，也被称为关键意见领袖。这些影响者可以根据其粉丝数量分为小微影响者、大型影响者、巨型影响者和名人级影响者。小微影响者有 50～25 000 个粉丝，大型影响者有 25 001～100 000 个粉丝，巨型影响者有 100 001～500 000 个粉丝，而名人级影响者则有超过 500 000 个粉丝。

影响者营销是一种利用影响者进行推广的策略。影响者营销的优势包括比传统广告更容易赢得客户的信任、形式更加灵活可定制，以及能够更有效地触达目标受众。对于中小企业而言，与小微影响者合作尤为适合。因为小微影响者通常在特定领域具有专业知识和影响力，他们的粉丝定位更为精准，更容易产生互动，并且合作成本更低。研究表明，小微影响者与其粉丝的互动率是普通消费者的 20 多倍，并且有 80%的潜在客户会听从小微影响者的建议。[①] 因此，对于中小企业以及创业企业而言，与小微影响者合作是一种性价比较高的营销策略。

【案例】 SHEIN 的社交媒体影响者营销

在 Instagram、YouTube 和 TikTok 等年轻人偏爱的社交媒体平台上，SHEIN 巧妙地利用了影响者营销，将产品链接、KOL 穿着产品的图片以及合作 KOL 的社交账号巧妙地融入相关内容。

SHEIN 从成立之初就开始与各种类型的 KOL 合作，形成了小 KOL 做流量和外链、中部 KOL 带货、头部 KOL 做品牌传播的有机流量生态环境。同时，SHEIN 也深知明星偶像的力量，虽然没有明星代言人，但其凭借时尚度赢得了明星的青睐。

通过与头部 KOL 合作，SHEIN 在 TikTok 平台积极开发不要求粉丝数量的普通关键意见消费者。只要有 TikTok 账号就可以参与推广，并获得 10%～20%的佣金。这一举措激发了大量优质内容的产生，SHEIN 还会资助一些优质内容在全渠道进行推广，使更多的 TikTok 用户看到 SHEIN 的内容。

除了常规的影响者营销外，SHEIN 还在其官网设置了联盟营销计划，邀请世界各地的粉丝加入以推广其产品。SHEIN 的成功部分归功于这种病毒式传播的社交媒体策略。影响者和粉丝通过 SHEIN 赚取佣金的项目备受欢迎。

SHEIN 重视消费者的真实体验，善用标签、PGC 和 UGC 联合进行内容营销，聚焦用户互动，传递品牌温度（见图 9-11）。

SHEIN 不仅创建了一个充满活力的趣味相投的购物者社区，还在其社交媒体账号上鼓励用户互动，通过举办抽奖等活动吸引用户参与。通过大量的帖子和互动，SHEIN 拉近了其与用户的距离，倾听用户需求，向用户传递品牌温度。UGC 带来的真实流量源源不断涌入，为品牌注入活力，塑造品牌形象，推动博主自发为 SHEIN 宣传。在 TikTok 和 YouTube 上，SHEIN 相关内容备受关注，其中大部分并没有受到 SHEIN 的赞助。

---

① Haenlein, M., Libai, B., "Seeding, Referral, and Recommendation: Creating Profitable Word-of-Mouth Programs," *California Management Review*, 2017 (2): 68-91.

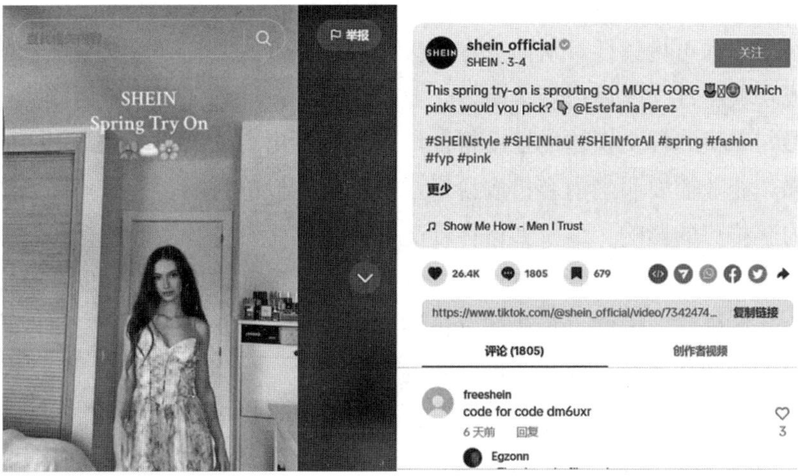

图 9－11　SHEIN 在 TikTok 平台的影响者营销

9.3 社交媒体营销策略

社交媒体营销策略具体包括社交媒体内容策略、社交媒体知识获取与信息管理策略、社交媒体客户关系管理策略以及社交媒体营销指标策略。

9.3.1 社交媒体内容策略

社交媒体在本质上是内容传播的平台。这些内容以文本、图片和视频等形式呈现，由世界各地数以百万计的用户生成。微软创始人比尔·盖茨说过“内容为王”，尽管这个说法已经有 20 多年的历史，但它仍然被广泛使用。从公司的视角来看，社交媒体平台上的内容是公司为客户创造更多价值的重要灵感源泉。社交媒体内容策略是企业社交媒体营销活动中最重要的环节之一。它旨在通过创建和传播教育性或引人入胜的内容来吸引和留住客户，而非仅仅进行产品促销。该策略的核心是满足客户需求，通过提供有价值的内容吸引观众，提升客户参与度，最终促进产品或服务的销售。

这种策略能够帮助企业建立品牌知名度，刺激客户互动，并传播积极口碑。具体来说，企业可以通过在社交媒体上创建原创内容并鼓励客户参与互动来实现上述目标。企业提供有价值的内容，以换取客户的资源，例如网络资产和影响力，从而实现口碑传播并建立可持续的信任和品牌地位。

随着社交媒体的普及和功能不断增强，消费者越来越倾向于在社交媒体平台上搜索品牌和产品信息。根据最新的调查数据，24%的 18～54 岁消费者会优先通过社交媒体搜索品牌。在千禧一代中，这一比例升至 36%。例如，在 2023 年，X 上的品牌相关搜索量增长了 30%，显示了社交搜索的持续增长趋势。① 因此，品牌需要积极优化其在社交媒体上的内容，以增强可搜索性，从而更好地吸引目标受众。

为了成功实施社交媒体内容策略，企业需要具备设计和传播内容的能力。这包括理解客户的参与动机和社交媒体的互动特性，以便设计出有价值的内容并促进客户之间的互动。例如，企业需要明确内容投放目标，了解内容投放时间、投放频率、类型和影响者选择对内容推广的影响，以及如何在社交媒体上传达可持续实践和企业社会责任活动等信息。此外，开发引人入胜和有价值的内容，并赋予客户发言权，也是社交媒体内容策略成功的关键因素。因此，企业的营销沟通能力至关重要。企业需要组建或外包一支能够有效地设计和传播社交媒体营销内容的团队。

【案例】 麦当劳的“麦门穿搭”

2023 年 11 月，一位网友在社交平台上发布了一篇笔记，分享自己出席金拱门（中国）有限公司组织的活动的笔记。在照片中该网友用麦当劳小票作为胸贴。这一新颖的拍照方式迅速走红网络，吸引众多麦当劳粉丝纷纷效仿，并引发了麦当劳官方的积极回应（见图 9－12）。

图 9－12 麦当劳与粉丝共创的内容营销

① The 2023 Global Social Media Trends Report. hubspot，2024－03－24.

麦当劳敏锐地捕捉到了用户分享创意穿搭的热情，并顺势推出了“麦门穿搭”比拼赛活动。通过设置丰厚的奖品，鼓励用户创作更多 UGC，进一步扩大了活动的声量和影响。

麦当劳官方积极参与用户互动，与粉丝共创内容，拉近了品牌与用户之间的距离，打造了属于麦当劳的“粉丝时刻”。

这一案例的成功离不开天时地利人和。首先，用户自发的创意分享为活动提供了良好的开端；其次，麦当劳的迅速反应和积极互动抓住了传播的最佳时机；最后，用户热情参与创作 UGC 有效扩大了品牌声量和提高了用户参与度。

资料来源：太显眼了！20 个案例，看看品牌玩梗的 4 种段位．数英网，2024－01－12.

9.3.2　社交媒体知识获取与信息管理策略

社交媒体知识获取与信息管理是企业社交媒体营销活动中的重要环节。它指的是收集和整合有价值的社交媒体见解，以支持企业决策过程。

研究表明，社交媒体平台是获取外部知识的重要渠道，它提供了一种与客户、供应商、竞争对手等利益相关者连接和沟通的新方式。通过社交媒体，企业可以获取市场趋势、客户需求、竞争对手动态，以及新技术和产品方面的知识。这些知识可以帮助企业推动创新、提升业绩。绝大多数的领导者认为，他们的公司成功与否取决于他们能多有效地利用社交媒体数据和洞察力来制定商业战略。

社交媒体数据能转化为可操作的信息，为企业决策提供支持。例如，企业可以分析用户资料、活动和对话，了解他们的兴趣和需求。这些信息可以用于制定个性化营销策略、开发新产品和服务等。研究表明，通过社交媒体获取的知识可以改善新产品开发过程。从产品构思、设计到研发、测试和推出，社交媒体数据都可以发挥重要作用。总而言之，社交媒体平台上收集的见解可以帮助企业提高创新质量。通过强化营销和研发部门的知识，企业可以做出更明智的决策，开发出更符合市场需求的产品和服务。

此外，利用社交媒体中收集的外部知识可以提高客户和供应商在产品研发过程中的参与度。这可以帮助企业提高产品质量，缩短产品开发周期。然而，仅仅收集社交媒体信息是不够的，企业还需要将这些信息与内部知识相整合，才能真正发挥其作用。为此，企业需要建立一套有效的社交媒体数据收集和分析体系。

【案例】　抖音与白象共创“白象超香香香香香香菜面”

2023 年，抖音电商在超级品牌日关注到抖音站内“香菜”话题的热度，以及香菜口味产品的市场空缺。基于此洞察，抖音电商罗盘团队挖掘数据，得出香菜属于高搜索和低供给的潜力市场的结论。同年 5 月，抖音电商邀请白象品牌共创并推出内含 5 棵真实大香菜的“白象香菜面”。这也是抖音“爆款共创”计划的首款共创爆品。

营销团队考虑到有高讨论度的香菜话题争议点，以及泡面包装和实物不符的用户吐槽点，决定从“人”出发，聚焦爱吃香菜的人，吸引对香菜面感兴趣的人。团队借势网上关于“爱香菜党”VS“反香菜党”的争议热点，以“大把香菜大口满足”为营销主题；打造香菜主题快闪店；联合抖音达人拍摄定制广告片，引爆话题“谁家泡面送大把香菜啊”；抖音达人发起“1秒证明你是香菜党”的站内挑战；线下14个城市核心商圈+线上开屏等曝光资源联手，打造全城香菜营销。

这次活动在全网总计曝光10亿次，话题“谁家泡面送一大把香菜啊”曝光达到9 600万次，“1秒证明你是香菜党”达到4 700万次。白象香菜面搜索词成为白象品牌前2位搜索词，单日页面浏览量（PV）破14万。

在销售数据方面，开售即售罄，香菜面GMV达到270万元，并成功登顶粮油米面品牌、店铺、直播、商品榜，同时在其他电商平台还登上热搜榜第3位。在活动期间，白象品牌总成交额超过2 800万元，沉淀社交媒体粉丝25万人，店铺新客率达80%，会员用户新增5万人。

这次社交媒体营销活动不仅在数字传播曝光和产品销量方面取得了惊人的成绩，还与达人合作实现了双赢。

资料来源：抖音×白象×网友共创爆款，用香菜面撬动流量．数英网，2023-05-16.

9.3.3 社交媒体客户关系管理策略

社交媒体客户关系管理（social media customer relationship management，SCRM）是社交媒体营销战略的重要组成部分。它利用社交媒体平台，在创建和管理有价值的客户关系方面发挥着重要作用。社交媒体可以帮助企业获得更深入的客户洞察，并与客户进行双向互动。社交媒体客户关系管理可以被定义为“将面向客户的活动、流程、系统和技术与社交媒体应用程序集成，以促进客户参与和增强客户关系”①。

社交媒体客户关系管理包括三个主要方面：

1. 获取客户

公司可以通过社交媒体积极吸引潜在客户，并将其转化为忠实客户。

2. 维护客户

公司可以通过社交媒体监测工具来分析客户行为，了解客户需求，并及时做出回应。社交媒体监测可以帮助企业评估营销活动的成效、获取市场洞察、优化产品和服务。公司可以通过社交媒体与客户保持持续互动，提供优质服务，提升客户满意度。公司还可以通过收集和分析客户反馈与投诉，不断改进产品和服务，满足客户需求。

3. 终止客户

公司可以通过社交媒体妥善处理客户流失问题，避免负面消息的传播，维护品牌形象。

为了有效实施社交媒体客户关系管理，企业需要将社交媒体与现有的CRM平台整

① Trainor，K. J.，“Relating Social Media Technologies to Performance：A Capabilities-based Perspective，” *Journal of Personal Selling & Sales Management*，2012（3）：317-331.

合，利用社交媒体数据进行市场细分和客户分析，制定个性化的社交媒体互动策略，以及积极倾听和回应客户的需求和反馈。社交媒体客户关系管理的核心目标是提高客户满意度，建立与客户的长期关系，提升品牌价值。

社交媒体客户关系管理的成功取决于企业对社交媒体的投入和客户参与的程度。企业可以通过创建个性化的社交媒体内容、提供有价值的互动体验以及建立情感联系和价值共创来提升客户参与度。总而言之，社交媒体客户关系管理是公司构建与客户的互动关系的重要手段。通过有效利用社交媒体，公司可以提升客户满意度，建立忠诚客户群体，并最终实现业务增长。

【案例】 浦发银行的社交媒体客户关系管理

浦东发展银行股份有限公司（以下简称“浦发银行”）作为一家全国性股份制商业银行，自 1992 年成立以来，凭借良好的业绩和诚信成为备受关注和尊敬的上市公司。然而，面对近亿客户的零售银行业务，浦发银行也面临一些挑战。尽管客户群体庞大，但大多数客户的活跃度偏低，这对业绩增长构成了一定的压力。同时，浦发银行的运营人员数量有限，难以对千万数量级的客户进行精细化运营。

为了应对这些挑战，浦发银行采取了一系列措施。

首先，浦发银行在现有数据管理平台的基础上，引入 DM Hub 产品搭建了互联网营销运营平台。该平台以数据驱动，实现了自动化精准营销，能够不间断地促活客户。其次，该平台提供了符合银行特点的活动管理和内容管理功能，使得无须技术参与即可快速上线各类活动成为可能。而通过客户分层分群，针对不同客群采取不同营销策略并推送不同活动，浦发银行成功提高了客户活跃度和活动参与度，进而提升了核心业务指标。

在项目实施过程中，浦发银行取得了显著的成效。一体化数字营销平台大幅提高了活动准备效率，运营团队具备了随时上线活动的能力，而且从活动准备到上线无须技术参与，可由运营团队自主完成。同时，基于标签进行的客户个性化分层分群以及内容触达大幅提升了活动参与率，并进一步提高了核心业务指标——资产管理（assets under management，AUM）规模。特别是某次百万级高潜力客户的营销活动共获得了百亿级净资产提升。通过对比组验证，线上自动化精准营销直接带来了超过 30%的业绩提升，这些成果充分证明了该客户关系管理项目的成功实施与有效性。

资料来源：Convertlab 网站。

9.3.4　社交媒体营销指标策略

社交媒体营销指标策略是评估公司在社交媒体上营销活动的有效性和对整体目标的贡献程度的重要手段。社交媒体环境瞬息万变，营销者需要定期评估社交媒体指标的有效性，并根据需要调整社交媒体营销策略。要制定和评估社交媒体营销指标，首先要确定指标，主要包括以下几项[1]：

1. 提高知名度

社交媒体提供了内容分享的平台，当一条消息在短时间内被广泛分享时，它就会在网络上广为传播，同时也会提升发布者的知名度。

2. 汲取灵感

消费者越来越倾向于在社交媒体上寻求购买产品和服务的建议。因此，公司可以通过关注社交媒体上的热门话题，发现自己的产品或服务可以解决的问题，从而汲取灵感。

3. 鼓励试用

公司常常通过促销活动来鼓励消费者尝试其产品和服务。在线促销的形式包括可打印的优惠券、折扣代码、竞赛和游戏等。

4. 鼓励回购

为了留住现有客户并鼓励他们回购，公司可以采取一系列激励措施，如提供折扣或推出积分奖励计划。例如，通过积分兑换免费产品或服务，或者给予购买次数折扣等方式。

5. 提高客户满意度

通过社交媒体提供产品和服务支持，公司可以提高客户满意度。例如，客户可以通过社交媒体平台寻求技术支持，并及时得到回应。通过有效处理客户的投诉和提供支持，公司可以减少客户的不满情绪，从而提高客户满意度。

6. 构建品牌关系

通过积极互动，公司能够与客户建立良好的关系。公司可以通过发布相关内容来吸引客户的互动，如新闻、文章、照片、视频、游戏等。

7. 建立品牌社区

在品牌社区中，客户不仅可以与品牌互动，还可以与其他客户交流。品牌社区既可由企业自行组建，也可由客户自发组建。品牌社区不仅可以成为企业创意产生和营销调研的源头，还可以促进客户之间的互动和交流。

为了实现以上传播目标，营销者需要关注非财务类社交指标和财务类社交指标。[2]

非财务类社交指标侧重于衡量品牌知名度、客户参与度和品牌口碑等方面。以下是一些重要指标。

1. 提及量

提及量是指一段时间内品牌在社交媒体渠道中被提及的总次数。它是衡量品牌知名度的重要指标。提及量分为正面提及、中性提及和负面提及。正面提及有利于提升品牌形象，而负面提及则需要品牌及时关注和处理。

---

① Barger, V. A., and Labrecque, L., "An Integrated Marketing Communications Perspective on Social Media Metrics," *International Journal of Integrated Marketing Communications*, 2013 (1): 64-76.

② Mintz, O., and Currim, I. S., "What Drives Managerial Use of Marketing and Financial Metrics and Does Metric Use Affect Performance of Marketing-mix Activities?" *Journal of Marketing*, 2013 (2): 17-40.

2. 声音份额

声音份额是指品牌获得的正面提及数占该类别所有品牌获得的正面提及数的比例。它是衡量品牌在竞争中的口碑优势的指标。声音份额越大，表明品牌的口碑越好，竞争优势越明显。

3. 参与率

参与率是指截至某时刻所有帖子的参与次数与截至某时刻所有帖子的浏览次数的比值。它是衡量客户参与程度的指标。参与率越高，表明客户对品牌的参与度越高，品牌与客户的互动越密切。

据 Rival IQ 发布的 2024 年社交媒体行业指标基准报告的统计，TikTok 的平均参与率为 2.65%；Instagram 的平均参与率为 0.70%；Facebook 的平均参与率为 0.15%；而 X 的平均参与率最低，仅为 0.05%。① 这意味着参与率低于这些分数的品牌需要投入更多精力来制定社交媒体策略，同时在预期效果方面也要更加务实。

4. 倡导者数量

倡导者数量是指在特定时间段内就某品牌积极撰写正面帖子的社交媒体参与者总数。倡导者是品牌的忠实拥护者，可以帮助品牌传播口碑。

5. 点击率

点击率是指一则广告的被点击次数与被显示次数的比值。它是衡量客户对网站的最初反应的指标。点击率越高，表明客户对网站内容的兴趣越浓厚。

6. 转化率

转化率是指实际购买的客户数量与网站访客数量的比值。它是衡量网站访客转化为付费客户情况的指标。转化率越高，表明网站的盈利能力越强。

财务类社交指标侧重于衡量社交媒体营销活动的盈利能力，主要包括以下指标：

1. 投资回报率

投资回报率是指在特定时间段内，通过社交媒体营销活动获得的超额收益减去活动成本后的净利润与活动成本的比值。投资回报率的计算公式如下：

投资回报率=(通过活动获得的超额收益－活动成本)/活动成本×100%

需要注意的是，超额收益不能完全归功于社交媒体营销活动，特别是不提供激励的线上活动。即使是提供激励的活动，投资回报率的计算也会忽略有激励活动和无激励活动之间的潜在协同效应。因此，作为传统投资回报率的替代方案，公司可以从客户的角度考虑投资回报，即客户投入时间在社交媒体上与某品牌互动得到的回报。

2. 每点击成本

每点击成本是指广告主为每次点击广告所支付的费用。它是衡量在线营销成本效益和收益率的重要指标。每点击成本的计算公式如下：

每点击成本=广告成本/广告被点击的次数

---

① 2024 Social Media Industry Benchmark Report. rivaliq，2024-02-28.

确定每点击成本主要有以下两种方式：

统一费率：公司（广告主）和社交媒体平台就每次点击需要支付的固定金额达成一致。

竞价费率：公司（广告主）在社交媒体平台主持的私有竞价中与其他广告主竞争，出价最高者为中标者。

9.4 社交媒体营销方法

社交媒体营销方法与社交媒体营销策略目标相关。实施上一节中的四种策略可能会同时使用多种方法。例如，社交媒体内容策略中的品牌内容可能同时包含有关产品或服务、公司、行业的有用信息和事实、情感线索（如快乐、悲伤、惊讶、兴奋），以及象征性元素（即品牌个性、品牌传承、品牌标志和品牌口号）。社交媒体客户关系管理策略中品牌发布的帖子可以通过图片和视频引起各种感官的刺激，比如提供互动体验——链接、标签、问题、测验、行动号召等。

9.4.1 信息分享

通过社交媒体平台进行信息分享是品牌在社交媒体上最常使用的营销方法之一。通过分享有价值的信息，品牌可以吸引潜在客户，建立品牌知名度，并提升品牌价值。

信息分享可以采取多种形式，例如品牌社交网络页面、网站或应用的更新、有关产品和服务使用的有价值提示、产品信息、官方公告（传统新闻稿的复制）、事实信息、商业或职业机会、产品评论、联系方式以及社会责任和慈善活动的信息。短视频已成为社交媒体上最受欢迎的内容格式之一，吸引了大量用户的关注，对于提高品牌知名度和增强与社交受众的互动非常有效。数据显示，三分之一的营销人员计划在短视频广告上投入最多。因此，品牌应该加大对短视频内容创作的投资力度，以吸引更多用户的关注和参与。以下案例就是这方面的一个成功应用。

在社交媒体上发布新产品信息、与公司品牌相关的信息以及用户服务和投诉管理等内容尤为重要，因为这些信息可以吸引潜在用户、建立品牌联系并提高用户满意度。然而，信息分享需要注意避免过度发布纯信息性内容，以免破坏用户体验，同时要注重互动性，发布能够引发用户评论和分享的内容，展现品牌个性也至关重要。随着社交平台和算法的不断变化，公司需要不断优化其所发布信息的社交媒体搜索结果，包括选择相关的关键词、增强可访问性，并利用所在领域的标签。

随着全球各个领域开始引入 AI 技术，AI 工具也开始在社交媒体营销中发挥重要作用。诸如 ChatGPT、Dall-E 2、Jasper 或 Canva 等 AI 工具可以自动化或加速社交媒体内容创作任务，如字幕、图像、内容日历和社交媒体创意。这些工具使得品牌能够更快生成有吸引力的内容，更有效地与受众互动，从而提升品牌的在线存在感和市场影响力。

【案例】 迪士尼法国圣诞电影《星愿》社交媒体营销

2023 年，迪士尼法国希望通过新的圣诞电影《星愿》（*Wish*）的发布来提高知名度，该电影围绕着亚莎（Asha）展开。她是一个意志坚定的 17 岁女孩，她许愿希望成真。为了吸引电影观众，迪士尼、Meta 及其商业伙伴合作，通过一个以增强现实广告为特色的活动将《星愿》和其原声带带给法国的新粉丝。这种互动视频广告的优势在于它能够通过有趣的参与式体验吸引更多的受众。

AR 广告展示了电影中的动画角色以及一个文本叠加：准备好唱“所有的星星”了吗？（见图 9－13）广告包含一个“在相机中尝试”按钮，点击该按钮会打开广告观看者的手机相机，并加载 AR 滤镜效果。

图 9－13　迪士尼法国圣诞电影《星愿》的发布广告

这种滤镜效果展示了电影中的特殊角色，并邀请用户和主人公亚莎一起卡拉 OK 式地录制电影的主打歌曲“I’m a Star”。然后，用户可以将视频发布到他们的 Facebook 或 Instagram 页面，并邀请朋友一起录制。

2023年11月23日—12月28日，迪士尼法国向年龄为18岁及以上的法国成年人投放了这些广告。

Meta品牌提升研究和Meta多元单元品牌提升研究显示：在视频广告活动中引入增强现实广告可以显著提升品牌认知，同时降低广告成本。数据显示，结合增强现实广告的活动在品牌提升效果上几乎是仅使用常规视频广告的3倍，且其成本较仅使用常规视频广告降低了59%。

资料来源：The Walt Disney Company France Promoting a Film Release with Augmented Reality Ads on Facebook and Instagram. Facebook，2024-03-16

Help Take Your Business to New Dimensions with Augmented Reality. Meta，2024-12-20.

9.4.2 情感唤起

情感唤起旨在在品牌的关注者中唤起积极的情感，例如，兴奋、钦佩、平静和喜悦。情感唤起的主要目标是建立品牌个性，即与品牌相关联的一组人性特征。消费者倾向于选择与其个性一致的品牌。

情感唤起的内容通常具有一定的特点，包括感性的信息、故事叙述、鼓舞人心的引语、诗歌、幽默信息、古怪的信息、好奇心以及里程碑。易于引起共鸣的内容往往与较高的投资回报率密切相关，这是因为，易于引起共鸣的内容往往能够获得更高的用户参与度和分享率，从而提升品牌的曝光度和认知度。因此，品牌需要着重创造能够与目标受众产生情感联系的内容。

【案例】 安踏北京冬奥会社交媒体营销

随着2022年北京冬奥会的举办，全球民众对冰雪运动的热情被彻底点燃。冬奥会的运动员们在冰雪赛场上展现了自己的实力，吸引了大批粉丝在社交媒体上关注他们的表现。“短道速滑摘中国队北京冬奥首金”“谷爱凌金牌”“任子威获金牌”“苏翊鸣创造历史”“李文龙获得银牌”等话题在微博平台上迅速引起了热烈讨论，向全球展示了中国年轻人的风采和精神。

同时，运动员们的穿着也成为网友们关注的焦点。网友们纷纷“挖宝”运动员的穿着，讨论他们的服装和装备。安踏作为中国奥林匹克委员会官方合作伙伴和北京2022年冬奥会官方合作伙伴，从开幕式到赛事期间一直稳占品牌价值的领先地位。

在开幕式上，安踏与交响乐团合作，共同呈现了一场精彩的音乐表演。交响乐团身穿谷爱凌同款安踏专业滑雪服和超级大白羽绒服，展现了安踏的高科技时尚。演出当天，相关话题在微博上引发了网友的热议，一度登上了热搜榜，仅24小时内阅读量便超过2.8亿，讨论量高达16万。

在微博上，用户不仅在开屏页面看到了“22个奥运项目中国国家队穿安踏”（见图9-14）的内容，而且在自己的主页、发现页和信息流等位置也可以看到安踏的相关内容。通过在社交媒体上的持续投放，安踏成功地吸引了大量用户的关注，让“爱运

图 9-14 安踏北京冬奥会微博营销

动，中国有安踏”的口号在 2020 年东京奥运会的基础上更加响亮。

安踏在北京冬奥会期间所展示出来的产品实力也让不少人看到“国货之光”。网友发现短道速滑队的比赛服突破了传统局部防护，采用升级的 360 度全身防切割技术，防切割强度是钢丝的 15 倍，更大幅度提升了安全性。相关话题如“首金战袍比钢丝强韧 15 倍”“首金战袍的中华图腾太霸气”等在微博迅速引发热议。2022 年 2 月 7 日，在中国选手任子威获短道速滑男子 1 000 米 A 组决赛冠军之后，品牌热度实现又一波高涨，“任子威穿了鲨鱼皮”话题直冲热搜前四位，向更多人展现了安踏的产品实力。2 月 9 日，“谷爱凌金牌”再度让微博舆论场沸腾，“谷爱凌金龙战袍”同时受到众多网友关注，为品牌曝光提供强有力加持。

安踏的成功不仅在于产品本身的硬实力，更在于在社交平台上持续与网友互动，将网友对冬奥会的关注和热情引导至品牌。通过与热门赛事选手的强绑定，安踏成功地抓住了冬奥会期间的热点话题，为品牌积累了大量的社交资产。安踏用实际行动证明了国货品牌的崛起，让我们看到了中国企业的实力和担当。

资料来源：玩转社交媒体，安踏借势冬奥成大赢家．社会化营销案例库，2022-02-15.

9.4.3 促进互动和参与

社交媒体营销需要鼓励关注者对帖子的内容做出回应，例如分享、参与或注册，从而提升品牌知名度、建立品牌忠诚度，并最终促进销售。具体做法包括借由 AR 或者 HTML5 技术，邀请关注者参加活动、回答问题、分享照片或视频，以及使用号召性用语，鼓励关注者点赞、评论、分享或转发帖子。

举办比赛和提供赠品也是吸引关注者参与的有效方式，同时企业通过问答和投票可以了解关注者的兴趣，引发互动。研究表明，在推特上，与互动和参与相关的帖子往往能获得最高的转发量和点赞量。及时回复评论和消息是展现品牌对关注者重视的重要方式，也能提升用户体验。

【案例】 英国沃达丰圣诞精灵寻找活动

在2023年圣诞季，英国电信运营商沃达丰（Vodafone）精心策划了一场名为“寻找精灵”的AR游戏活动，旨在通过创新的互动方式为消费者带来欢乐和惊喜。该活动覆盖了英国利物浦、曼彻斯特、诺丁汉等地区的户外场景，为公众带来了一场全新的数字体验。

沃达丰设计了数十万个数字精灵，并将它们隐藏在各地的户外场景中。2023年12月11—24日，英国公众可以通过任何电信网络访问该游戏页面，并通过扫描互动广告牌来捕捉这些精灵。参与者不仅可以在网络上寻找精灵，还可以与大屏、电影院等户外媒体进行互动，增强游戏的趣味性和互动性（见图9-15）。

图9-15 英国沃达丰寻找圣诞精灵活动

用户还可以通过社交媒体与沃达丰互动，并使用“ElfandSeek”标签，要求沃达丰在他们附近放置精灵。

活动提供了丰富多彩的奖品，包括前往特内里费岛的全包家庭冬日假期、周末度假、任天堂Switch游戏机、拉瓦萨（Lavazza）咖啡机、娱乐套餐和亚马逊礼品卡等，吸引了大量玩家的参与。除了丰厚的奖品外，该活动还具有一定的社会意义。沃达丰将捐赠部分SIM卡来帮助有需要的人士，展现了企业的社会责任感和关怀之心。

通过寻找精灵活动，沃达丰成功吸引了大量的参与者，并在圣诞季期间树立了积极的品牌形象。活动不仅为消费者带来了快乐和惊喜，还展现了沃达丰作为一家创新科技企业的活力和责任担当，向社会传递了正能量和温暖。

资料来源：互动营销引领风潮，全球户外媒体案例上新！. 圆咕咕，2023-12-29.

9.4.4 商业行动

社交媒体营销策略的最终目标是通过获取新客户、增加客户使用量或交叉销售来提高销售额。社交媒体平台为商业行动提供了多种工具和渠道，可以有效地影响销售的各个环节，包括客户接触，让品牌能够触达更广泛的潜在客户，并和他们建立联系，通过分析社交媒体数据更好地理解客户的需求和偏好，以及呈现产品或服务的价值。社交媒体还可以帮助品牌完成交易，例如直接销售或引导客户跳转到网站购买，并提供售后服务，如解答客户疑问和处理投诉。

社交媒体广告是实现商业行动的重要工具之一，品牌可以通过社交媒体广告精准地向目标受众投放广告，有效提升广告效果。研究表明，社交媒体对销售或客户购买行为有显著影响，例如通过推特发布的口碑对早期产品采纳行为有显著影响，特别是体验型媒体产品。常见的商业行动类型包括广告、客户支持、投诉管理和转化请求。

AI 正在成为改变社交媒体营销格局的重要力量。品牌可以利用 AI 以及机器学习技术来提高营销活动的效率和效果，从而更好地满足目标受众的需求，并提升品牌的竞争力。例如，Facebook 的智能广告投放系统就是一个很好的案例。该系统能够根据用户的兴趣和行为习惯，自动优化广告的展示效果，提高广告的点击率和转化率。展望未来，随着 AI 技术的不断发展，类似的营销方式将会越来越普遍。未来，AI 营销工具可以与平台的智能客服系统进行整合，为品牌提供更加高效、实用的营销解决方案，从而进一步提升品牌在社交媒体上的影响力和竞争力。

【案例】　泰摩咖啡利用 AI 技术引流

泰摩（TIMEMORE）咖啡创建于 2012 年，是一家专注于原创手制咖啡器具的企业。如今，它在日本、泰国等海外市场跻身当地头部品牌之列，并在美国、德国等西方咖啡消费大国崭露头角。据悉，泰摩咖啡的手摇磨豆机、咖啡秤等产品已在亚马逊日本、德国、美国等站点的品类排名上拔得头筹，并多次获得红点奖、IF 产品设计奖、Good Design 等设计大奖。

2023 年，泰摩咖啡旗下新款电动磨豆机“雕刻家”（Sculptor）在全球最大的众筹平台 Kickstarter 上成功筹集了超过 500 万美元的资金，创下了咖啡品牌的众筹纪录。此次众筹成功的秘诀除了卓越的设计研发实力和对行业的深刻洞察，还在于其在社交平台上利用 AI 生成的评论区内容进行营销。通过 AI 垂直营销机器人工具，泰摩咖啡搜集咖啡相关关键词，并模拟真实用户，生成与评论区内容相关的回复。这些回复高度融入 Reddit 等社交媒体平台的语言风格，契合评论区上下楼语境，并贴心地提及官方账号，提供 YouTube 评测视频和购买链接，引导用户关注官方账号和购买产品。利用 AI 生成的内容，泰摩咖啡提高了整体引流效率，节省了时间和人力成本。

这一案例说明 AI 生成的评论区内容可以帮助品牌在社交媒体上获取流量和价值。然而，需要谨慎使用这种营销方式，避免被用户和平台视为“水军”，以维护品牌声誉和社交媒体账号的正常运营。

资料来源：2023 年，AI 如何重塑品牌营销？7 位行业大咖分享了 11 个“年度案例”. 新榜，2024－01－08.

领导力不足、知识短缺和员工动力不足等问题阻碍了社交媒体作为营销工具的使用，这强调了在公司内部战略性地发展社交媒体营销能力的必要性。在此过程中，选择和雇用具有社交媒体知识和专业知识的员工，为他们提供必要的培训以获取相关知识并有效利用社交媒体至关重要。这将确保员工能正确分析社交媒体上发布的信息和互动内容，并采取正确的措施来有效利用它们。

重要的是，战略性的社交媒体应用方向不仅应关注客户，还应关注员工，因为后者可能更能理解客户需求并据此做出响应。① 管理人员还需要将他们的社交媒体营销策略仔细整合到公司的整体营销策略中，并分配足够的资源，培养有助于获取新的社交媒体实践和流程的组织文化。

本章小结

所有社交媒体都是围绕关系网络构建的。为了制定与营销目标相符的社交媒体营销策略，营销者需要深入了解消费者在社交媒体上的数字社交足迹，这是制定策略的基础。

本章涵盖了对社交媒体的定义和分类的探讨，帮助学习者全面了解社交媒体的概念及其多样性。本章深入探讨了全球范围内社交媒体平台的实例和发展趋势，让学习者了解不同社交媒体平台的特点和影响。在社交媒体营销方面，本章介绍了其定义及要素，帮助学习者建立对社交媒体营销的基本认识。进一步地，本章详细讨论了社交媒体营销策略，包括制定与营销目标相符的策略的关键步骤。通过分析各种社交媒体营销方法在不同情境中的应用，本章帮助学习者理解如何根据具体情况选择适合的营销策略，以实现最佳效果。

概念和术语

6C 模型	提及量	声音份额	参与率	转化率
月活跃用户数	商品交易总额	社交媒体客户关系管理	页面浏览量	

思考题

1. 社交媒体按照功能或形式可以分为哪些主要类型？请列举并简要说明每种类型的特点。

2. 你认为全球社交媒体平台的发展对社会和经济产生了什么样的影响？

3. 社交媒体营销的要素有哪些？为什么这些要素对于成功的营销至关重要？

4. 请列举几个常见的社交媒体营销策略，并说明它们的特点和适用情况。

5. 请举例说明在某个特定行业或产品的推广中，使用哪种社交媒体营销方法效果最佳。为什么？

---

① Kumar, V., and Pansari, A., "Competitive Advantage Through Engagement," *Journal of Marketing Research*, 2016 (4): 497-514.

延伸阅读

[1] 王君，刘益．原生广告真的行之有效吗：影响原生广告效果的因素述评．营销科学学报，2024（1）：1－17.

[2] 肖宁，杨金华，徐元诏，等．网红博主与网红场景对出游意愿和口碑推荐的影响．人文地理，2024（1）：184－192.

[3] 吕铭，姜飞飞，顾锋，等．内容为王：在线内容信息性对消费者线上参与行为的影响研究．管理评论，2023（11）：194－205.

[4] 徐婕，周影辉．社交媒体上真人和虚拟影响者的脸部特征对消费者关注行为的影响．营销科学学报，2023（3）：43－62.

[5] 刘雨华，王霞．用户生成品牌内容的功能性诉求对社交媒体参与度的影响：头像外表吸引力的调节作用．营销科学学报，2022（3）：18－40.

[6] 郭琪月，刘潇，廖旭晖．新产品社会化营销的种子策略：基于关键用户识别与网络扩散的仿真研究．营销科学学报，2022（4）：96－118.

[7] 冯兆．数字化内容扩散路径：社交媒体用户分享行为的实证报告及动机分析．西华大学学报（哲学社会科学版），2023（4）：65－74.

[8] 侯薇薇，荆文君，顾昭明．平台企业规模、数据优势与价格歧视．管理评论，2023（1）：66－74.

[9] 王炳成，赵静怡，杨珍花．社交新零售商业模式情境下消费者认同路径研究．管理评论，2023（8）：198－208.

参考文献

[1] 霍伦森，科特勒，奥普雷斯尼克．社交媒体营销实践指南：原书第 3 版．北京：机械工业出版社，2020.

[2] 袁登华，高丽丹．社交媒体中的准社会互动与营销效能研究．外国经济与管理，2020（7）：21－35.

[3] 王永贵，项典典．数字营销：新时代市场营销学．北京：高等教育出版社，2023.

[4] Kaplan，A. M.，and Haenlein，M.，"Users of the World，Unite! The Challenges and Opportunities of Social Media，" *Business Horizons*，2010（1）：59－68.

[5] Tuten，T.，Solomon，M.，and Ladik，D.，"The Teaching of Social Media Marketing，" in *Marketing Dynamism & Sustainability：Things Change，Things Stay the Same*... Proceedings of the 2012 Academy of Marketing Science（AMS）Annual Conference. Springer International Publishing，2015：475－475.

[6] Li，F.，Larimo，J.，and Leonidou，L. C.，"Social Media Marketing Strategy：Definition，Conceptualization，Taxonomy，Validation，and Future Agenda，" *Journal of the Academy of Marketing Science*，2021（1）：51－70.

[7] Li，F.，Larimo，J.，and Leonidou，L. C.，"Social Media in Marketing Research：Theoretical Bases，Methodological Aspects，and Thematic Focus，" *Psycho-*

logy & Marketing, 2023 (1): 124－145.

[8] Chaffey, D., and Ellis-Chadwick, F. *Digital Marketing*. 8th ed. London: Pearson, 2022.

[9] Haenlein, M., and Libai, B., "Seeding, Referral, and Recommendation: Creating Profitable Word-of-mouth Programs," *California Management Review*, 2017 (2): 68－91.

[10] Pereira, I., Barbosa, B., and Vale, V.T, "An Integrated View on Social Media Marketing Actions and Their Expected Impacts on Consumer Behavior," *Management and Marketing for Improved Retail Competitiveness and Performance*, 2023: 303－319.

[11] Bubphapant, J., and Brandão, A., "Content Marketing Research: A Review and Research Agenda," *International Journal of Consumer Studies*, 2024 (1): e12984.

[12] Sudirjo, F., Praja, S.J., and Rijal, S., "Exploring the Influence: A Bibliometric Analysis of Social Media Marketing in the Digital Era," *West Science Interdisciplinary Studies*, 2023 (6): 302－313.

[13] Parker, J.M., and James, K.W., "Social Media Marketing: A Commentary on Teaching and Learning in a Dynamic Field," *Journal of Marketing Education*, 2024 (1): 72－75.

[14] Bartoloni, S., and Ancillai, C., "Twenty Years of Social Media Marketing: A Systematic Review, Integrative Framework, and Future Research Agenda," *International Journal of Management Reviews*, 2023 (2), 327－357.

[15] Trainor, K.J., "Relating Social Media Technologies to Performance: A Capabilities-based Perspective," *Journal of Personal Selling & Sales Management*, 2012 (3): 317－331.

[16] Bashar, A., Wasiq, M., Nyagadza, B., et al., "Emerging Trends in Social Media Marketing: A Retrospective Review Using Data Mining and Bibliometric Analysis," *Future Business Journal*, 2024 (1): 23－40.

[17] Barger, V.A., and Labrecque, L., "An Integrated Marketing Communications Perspective on Social Media Metrics," *International Journal of Integrated Marketing Communications*, 2013 (1): 24－40.

[18] Dewi, Y.R., Parahiyanti, C.R., and Nyoko, A.E.L., "Systematic Literature Review: The Methodology Applied for Social Media Marketing Research," *KnE Social Sciences*, 2023.

[19] Mintz, O., and Currim, I.S., "What Drives Managerial Use of Marketing and Financial Metrics and Does Metric Use Affect Performance of Marketing-mix Activities?" *Journal of Marketing*, 2013 (2): 17－40.

[20] Kumar, V., and Pansari, A., "Competitive Advantage Through Engagement," *Journal of Marketing Research*, 2016 (4): 497－514.

第10章 数字营销之泛娱乐营销

教学目标

1. 了解泛娱乐营销的发展历程。
2. 掌握泛娱乐营销的特征。
3. 了解网络游戏营销的界定与现状。
4. 了解微短剧营销的界定与现状。
5. 拟定适合的泛娱乐营销方案。

重点与难点

了解多元的泛娱乐营销方式；拟定适合的泛娱乐营销方案。

素养目标

引导学生在泛娱乐营销中树立正确的价值观，注重营销内容的品质和文化内涵；让学生认识到泛娱乐营销对社会文化氛围和公众价值观的影响，培养其社会责任感；培养学生在泛娱乐营销领域遵守职业道德和法律法规的意识，坚持诚信原则；鼓励学生在泛娱乐营销中勇于创新，同时注重团队协作；引导学生在泛娱乐营销中挖掘和传播中华优秀传统文化，增强文化自信，推动中华文化走向世界。

引导案例

B站的泛娱乐生态

B站现为中国国内最受年轻群体欢迎的用户创作视频平台和文化社区。经过十年多的发展，B站围绕用户、创作者和内容，构建了涵盖7 000多个兴趣圈层的多元文化社区，形成了一个源源不断产生优质内容的生态系统。

B站基于UGC优势迅速成长。UP主创作的视频是B站优质内容的主要来源。为了激发UP主的创作热情和质量，2016年，B站实行打赏功能充电计划，这是B站为维护健康的UP主生态圈而推出的实验性举措，提供在线打赏功能，鼓励用户为自己喜爱的UP主“充电”，而UP主的电池可以转化为“贝壳”。2018年，B站推出创作激励计划，UP主的原创自制视频每千次播放可以获得3元左右收入。随后，B站实行“一键三连”考核制度，即将点赞、投币和收藏作为奖励的指标。通过这一系列活动，UP主引发了极大关注，而其不断推陈出新的优质、个性化内容受到了年轻一代的追捧，B站引发了年轻消费群体的关注。

B站大胆设置多元化泛娱乐版块，在游戏业务、直播业务、电竞业务、动漫业务、影视业务、学习社区等领域全面发力，积极打造面向Z世代的年轻人聚集地文化社区。

B站深入拓展游戏业务。B站积极利用自身二次元社区优势，成功推出“Fate Grand Order”等知名游戏，二次元类手游玩家人数和游戏收入迅速增长。2017年游戏收入占总体营收的83%，B站成为国内一流的二次元游戏代理和开发平台。

B站大胆探索新型直播业务。B站2014年开始以二次元游戏直播为主要直播业务；2019年推进生活娱乐区直播项目，引入知名主播，同年买下英雄联盟S10全球总决赛直播版权，借力顶级赛事推动直播业务发展。

B站强势开启电竞业务。2017年，B站成立了“BLG电子竞技俱乐部”；2018年，成立上海哔哩哔哩电竞信息科技有限公司，立足于中国市场，创造和运营全球受欢迎的电竞IP内容，传播电竞文化，连接年轻用户。公司主要业务包括电竞俱乐部运营、赛事制作及运营、艺人经纪和主场运营等，拥有守望先锋战队杭州闪电队。

B站继续深耕动漫业务。B站2017年开设国创专区，加大资金投入力度，支持国产动画、漫画成长，孵化或联合出品《冰海战记》《凡人修仙传》等优秀作品，并于2018年推出“哔哩哔哩漫画”，逐步成长为国内领先的漫画发行平台。

B站积极投身影视业务。B站2016年联合推出《我在故宫修文物》同名纪录片电影。2017年启动“Made by Bilibili”计划，相继推出自制纪录片《人生一串》《历史那些事》，自制宠物真人秀《宠物医院》，自制综艺《说唱新世代》，不断扩大泛娱乐影视模块版图。

B站倾力打造学习社区。B站已成为年轻人学习知识和分享经验的重要平台。根据B站与中国传媒大学中国网络视频研究中心共同发布的《知识学习与网络视频社区研究报告》，2022年，有2.43亿用户在B站观看了知识类内容，约是中国在校大学生人数的5倍。2019—2020年，B站的知识类创作者数量同比增长86%，知识类视频投稿量同比增长199%。B站迅速成长为一所“开放式云端大学”。

如今，B站拥有动画、番剧、国创、音乐、舞蹈、游戏、知识、生活、时尚、放映厅等内容分区，涉及多个内容品类，并开设直播、游戏中心、周边等业务板块。

问题：

（1）B站是如何在激烈的竞争中迅速成长的？

（2）请根据案例内容分析和评价 B 站的泛娱乐营销方案。

资料来源：

[1] 超过 2 亿人正通过刷视频“云学习”！今天你去 B 站“上课”了吗？. 新民晚报，2023-04-06.

10.1 泛娱乐营销概述

10.1.1 泛娱乐营销的兴起与现状

泛娱乐是以 IP 为核心的多元文化娱乐形态，IP 可以是一个角色、一个故事或者任何用户所喜爱的事物，如文学作品、影视资源、网络游戏、动漫形象及其衍生品。泛娱乐营销是利用属于泛娱乐范畴的产品或服务拟定适宜的营销策略。

“泛娱乐”这一概念最早由腾讯于 2011 年提出，2014 年“泛娱乐”一词被《2013 中国网络游戏市场年度报告》（以下简称《报告》）提及。《报告》指出，2013 年，各大公司对网络游戏文化的重视为中国特色网络游戏文化注入了新的特点和活力，游戏业的泛娱乐文化概念逐渐形成，以网络游戏为核心，以影视剧、文学作品、动漫为外延的泛娱乐文化概念形成。随着小米、华谊兄弟、阿里巴巴（海南）数娱有限公司等企业纷纷将泛娱乐作为公司战略大力推进，“泛娱乐”在 2015 年被业界公认为“互联网发展八大趋势之一”。

随着互联网与移动互联网的迅速发展，泛娱乐逐步扩展到文学、影视、动漫、游戏、戏剧、音乐等多个领域，如图 10-1 所示，形成内容联动、跨领域融合开发、多平台共建共生的泛娱乐生态圈。打造 IP 是泛娱乐生态的核心，多元化娱乐形态联动、迭代及融合

图 10-1　泛娱乐产业的多元化形态

资料来源：周蕴仪．泛娱乐环境下的企业筹资风险研究：以奥飞娱乐为例．广东：暨南大学，2020.

是泛娱乐发展的趋势，例如“影漫游联动模式”是当下 IP 价值最大化的主流模式。[①]

泛娱乐产业链层次可以分为上游、中游和下游，如图 10－2 所示。其中，上中下游可以相互转换，每个环节可以反哺其他环节。具体而言，上游为内容层，即 IP 的培育与孵化，以及版权交易与储备，主要以文学、漫画、轻小说等数字阅读类作品为主，内容层的 IP 有授权和原创两种获得方式。内容层以原始 IP 累积核心粉丝，而粉丝与原始 IP 之间是强关系。中游为运营层，即 IP 内容的开发与运营，对 IP 进行全方位的营销与传播，主要形式为影视综艺等，该层是目前市场上最主要的变现渠道，而多元化的变现渠道可以帮助品牌进一步创收。下游为变现层，即通过多元化授权，以变现模式较为成熟的 IP 形态进行商业变现，游戏、直播、衍生品、电商、线下演出、主题公园、艺术或体验馆等交互性强的形式更适合 IP 变现，开发衍生品是泛娱乐 IP 变现环节最常见的方式。[②]

图 10－2　泛娱乐 IP 产业链

中国的泛娱乐市场规模增长迅速。根据“弗若斯特沙利文”报告等资料，中国泛娱乐市场规模由 2017 年的 2 992 亿元增加至 2022 年的 8 072 亿元，具体状况如图 10－3 所示；其中，八个细分市场在 2017 年与 2022 年的市场规模状况如表 10－1 所示。

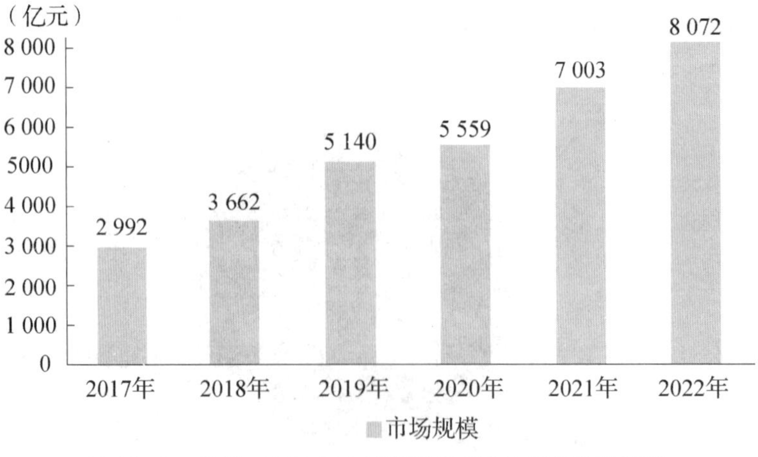

图 10－3　2017—2022 年中国泛娱乐行业市场规模及趋势

① 三个皮匠报告网站。

② 三个皮匠报告网站。

表 10－1　2017 年与 2022 年中国泛娱乐行业细分市场规模对比

细分市场	2017（亿元）	2022（亿元）
短视频市场	146	2 928
流媒体直播市场	395	2 331
剧集市场	868	926
电影市场	611	300
综艺节目市场	605	579
数字音乐	142	495
在线文学	129	389
动画市场	96	124

10.1.2　泛娱乐营销的特征

（1）商业性。

泛娱乐营销是市场经济的产物，其终极目的是满足目标消费者需求，实现价值交换以实现企业利润的最大化。泛娱乐营销的 IP 可以通过自运营或改编形成电影、文学、游戏等产业链获取利益，也可以通过授权给其他需要合作的企业以赚取费用。

（2）趣味性。

泛娱乐营销本身与多元化的娱乐手段密切相关，趣味性是其吸引消费者并被有效传播的重要基础。对普通甚至乏味的内容进行二次创作，使其变成广为流传的、具有戏谑意义的高效文化是泛娱乐营销的重要形式。例如，一段普通的表述被做成表情包会变得妙趣横生；普通的图文可以通过五花八门的形式表达不同当事人戏剧性的想法，并实现大量自发创作与传播；一串普通的旋律可以应用在各种戏剧化的场景中而彰显诙谐幽默。泛娱乐营销的趣味性吸引人们大量参与、互动并达到一种精神愉悦。同时，泛娱乐营销不能“为了趣味而趣味”，应当恪守社会主义核心价值观，厚植家国情怀，树立正确认知。

（3）时尚性。

一方面，娱乐的特性之一是喜新厌旧，因此泛娱乐营销要吸引大众参与和传播，就必须合乎潮流或引领先锋，善于把事物流行化，从而受到大众的广泛推崇，借势炒作或掀起热议；另一方面，话题的火爆维持时间通常较短，具有一定的时效性，因此必须不断推陈出新。

（4）低门槛。

一方面，泛娱乐催生了大创意时代，分享环境对普通人而言更加包容和友善，每个人都可以是创作达人，在“人人皆可成为 UP 主”的时代，分享成本低、分享渠道多、分享内容广，泛娱乐营销似乎变得平易亲和，进入门槛不高。另一方面，泛娱乐营销涉及的范围较广，学习资源、文学创作、音乐作品、养生保健、造型穿搭等任何合法内容几乎都能找到分享空间和受众群体，此外，泛娱乐营销起步容易，但是想要做好和可持续成长并非易事。

（5）共生性。

泛娱乐涉及多元领域，是内容联动、跨领域融合开发、多平台共建共生的泛娱乐生态圈。娱乐生态系统中上中下游可以相互转换，每个环节可以反哺其他环节，因此泛娱乐营销呈现全面跨界连接、融通共生的特征。

泛娱乐营销种类多元但又具有共性特征，因此，在具体营销策略的拟定中往往要融合使用、跨界联动、协同成长。

10.2 网络游戏营销

10.2.1 网络游戏营销的界定与现状

网络游戏是指以互联网为传输媒介，以游戏运营商服务器和用户计算机为处理终端，以游戏客户端软件为信息交互窗口，旨在实现娱乐、休闲、交流和取得虚拟成就的具有可持续性的个体或多人在线游戏。[①] 网络游戏营销是以网络游戏作为媒介进行的营销活动，主要分为游戏植入广告和品牌定制游戏两种形式。[②] 游戏植入广告是指将广告信息融入游戏环节、场景、形象、道具，让广告和游戏融为一体，从而使广告信息出现在游戏玩家眼前。[③] 品牌定制游戏是指专门为传播品牌、宣传产品而开发制作的游戏，主要包括网页游戏、第三方游戏插件、游戏 APP 等形式。

1978 年，美国游戏《冒险岛》中嵌入了新版本游戏的预告广告，这被认为是第一个虚拟游戏植入广告。随后，游戏《街头篮球》中耐克的场边广告牌、游戏《穿越火线：枪战王者》中自然堂的道具植入、游戏《魔兽世界》中可口可乐的广告植入、游戏《大唐风云》中飞石岭景区的场景植入、网易旗下游戏《荒野行动》中京东的广告植入等都成为国内外市场上经典的游戏植入营销案例。

根植自身产品特征与品牌形象等的品牌定制游戏日益成为知名品牌重要的营销宣传手段。2010 年，中粮集团推出其首款网络互动游戏《中粮生产队》；2018 年，淘宝推出“薅羊毛”游戏《芭芭农场》，消费者通过线上定期“浇水施肥”等互动方式可以线下品尝到高品质农产品；2019 年，意大利品牌芬迪推出一款名为《罗马奇遇记》的微信小游戏，在游戏互动中向用户传递“趣味皮草”（Fun Fur）的品牌精神；2019 年，英国品牌博柏利（Burberry）在官方网站上推出过一款名为《弹跳小鹿》（B BOUNCE）的小游戏，以游戏互动的形式吸引年轻消费者加入品牌社区；2021 年，为纪念创始人诞辰 200 周年，法国品牌路易威登制作的免费线上游戏 LOUIS THE GAME 正式上线。

---

① 2023 年中国网络游戏行业全景速览：产业将继续保持健康规范发展态势［图］. 智研咨询，2024－01－17.

② 阳翼. 数字营销. 3 版. 北京：中国人民大学出版社，2022.

③ 朱珊. 游戏营销攻略. 成功营销，2013（4）：84－87.

在数字化背景下，中国网络游戏产业迅猛发展。智研咨询发布的数据显示，截至 2023 年上半年，中国网络游戏产业销售收入为 1 420.3 亿元，其中客户端游戏收入为 329.4 亿元，同比增长 7.17%，网页游戏收入为 23.9 亿元，同比下降 11.87%，移动游戏收入为 1 067.1 亿元，同比下降 3.41%，但回暖势头强劲。

10.2.2 网络游戏营销策略

(1) 内容为本，有机嵌入。

无论是游戏植入广告还是品牌定制游戏，它们都需要扎根内容，以质取胜。网络游戏具有趣味性强、黏合度高、互动程度深等特征，游戏用户在游戏过程中的体验感至关重要。因此，在网络游戏营销过程中，一方面，应定位明确、聚焦内容，选择与品牌定位相适宜的游戏类别；另一方面，游戏植入可以选择台词植入、场景植入、道具植入、角色植入、剧情植入等适宜的方式，应避免"灌输"，而是应自然嵌入，增强消费者对植入产品或品牌的认知与好感。此外，品牌定制游戏需要尽可能发挥游戏精品内容的优势，以创意性内容触达并吸引用户，因此既要立足于对品牌形象的塑造，又要关注游戏本身在内容、画面、音效、交互等方面的高质量，增强对消费者的吸引力。

【案例】 路易威登的定制游戏 LOUIS THE GAME

为纪念路易威登品牌同名创始人诞辰 200 周年，路易威登在 2021 年 8 月 4 日推出了一款官方自主研发游戏 LOUIS THE GAME。

LOUIS THE GAME 由虚幻引擎打造，在画面上也下足了功夫，在采用清新配色和清爽界面的基调上，添加了随处可见的路易威登经典老花图案。和路易威登的实物消费品不同的是亲民的形式——不设付费点，不用看广告，用户不花一分钱就能得到畅快体验。

LOUIS THE GAME 这款游戏为第一人称的冒险游戏，游戏主角薇薇恩（Vivienne）将会在游戏世界的冒险旅程中寻找并收集 200 张明信片。这些明信片展示了路易威登的重要里程碑，玩家需要操控小木玩偶薇薇恩并收集 200 支节日蜡烛。该游戏还有 30 张 NFT 卡，隐藏在其中的 6 个世界中。

在玩法方面，游戏采用双轮盘来控制薇薇恩的行动和视角，接触到蜡烛就会将其自动收集进背包。进入游戏后玩家可以选择两种游戏模式——剧情模式和计时赛。新手玩家需要先进入剧情模式，当他们熟悉了剧情模式后，可根据自身适应程度尝试计时赛模式。

在享受完游戏之后，玩家可以进入抽奖页面抽取 NFT。据悉，一共有三个抽奖时刻，路易威登诞辰、路易威登品牌成立纪念日、路易威登与 Beeple 联手的 2019 年春夏时装秀，从每个时刻起分别有 10 天抽奖期。

路易威登此次活动在游戏、冒险、休闲和总榜全部排名第一。

虽然 LOUIS THE GAME 以其顶奢的背景吸引了大家的关注，但该游戏也存在一定的问题。第一，其下载方式比较困难，尤其是对于中国的安卓用户而言，他们无法下载 GooglePlay，也就很难在第一时间玩到正版游戏。这在一定程度上提高了进入游戏的门槛，也阻拦了一部分受众进入游戏。第二，游戏流畅度有限，或许是刚上线的 1.0 版本比较仓促，抑或是优化没到位，该游戏上手后总有延迟感和不流畅感，部分玩家表示自己的 3D 眩晕症犯了。第三，游戏容易闪退，在一定程度上打击了玩家的游戏热情。

路易威登官方指出，本系列中的每一件非功能性产品都是来自路易威登以太坊钱包的纯数字资产，它的来源和真实性在以太坊区块链上得到保证，这是路易威登与区块链的一次“梦幻联动”。从品牌营销角度来看，将品牌沉淀的设计元素构成的虚拟人物、配饰以及明信片植入品牌历史的方式意义重大，正如路易威登全球总裁暨首席执行官迈克尔·伯克（Michael Burke）所认为的：“这款游戏对于品牌员工和大众都有着十分重要的意义，与人们互动的最佳方式就是通过他们喜闻乐见的媒介来展开，而游戏就是这种最佳的互动方式之一。”路易威登的尝试与突破或将为老派的奢侈品行业注入新鲜的血液。

可以说，LOUIS THE GAME 的设计理念以区块链为依托，而 NFT 的出现给游戏增添了独特性，使 LOUIS THE GAME 不仅具有娱乐价值，还具有金融投资的属性。路易威登这次与区块链的“梦幻联动”，在为老派的奢侈品行业注入活力的同时，通过共同打造“奢侈品 NFT 数字护照”推动无缝的转售市场发展，并开启“为每件物品赋予数字标记”的新范式，打开奢侈品 NFT 化的新世界。这不仅是在创造一种新产品，也是在创造新世界。

问题：

（1）LOUIS THE GAME 为何能够迅速出圈？

（2）请根据案例归纳影响网络游戏营销效果的关键因素。

（2）技术为王，强化体验。

网络游戏的受众是游戏玩家，玩家的游戏体验是影响营销效果的重要因素，而技术创新往往是决定游戏体验的关键。例如，从 VR 到 AR 再到 MR，游戏玩家可以通过头戴式设备甚至手机等移动设备结合现实世界的真实环境，实时融合虚拟物体，创造出一种既包含数字元素又包含物理元素的新环境，实现虚拟与现实的双向奔赴，享受更为丰富和沉浸的体验。当下，许多文化旅游项目开始使用 VR、AR、MR 等技术对传统文化进行再塑造与新展示，让消费者大开眼界、耳目一新。

【案例】 数字技术回溯五千年：良渚古城遗址公园国庆期间推出新玩法

在良渚古城遗址里，居中的莫角山曾是 5 000 年前的宫殿区，位置突出。2023 年国庆期间造访此地的游客有一种新玩法——通过数字技术，回溯到五千年前，看良渚人如何生活。

记者从杭州良渚遗址管理区管理委员会获悉，在考古专家和科技团队的指导下，国庆期间，良渚古城遗址公园推出了“莫角山朝圣之路 AR 体验项目”，它融合了 AR、AI 和大语言模型等数字技术，叠加现实情境，为游客营造出身临其境的时空之旅。

“朝圣之路”长约 300 米，游客在起点处扫描 AR 程序的二维码后，AR 程序就会根据游客身边的景物变化，相继推送 6 个 AR 场景。场景中有良渚人的生活，还有制陶、建造宫殿、举行仪式庆典等内容。站在莫角山顶，游客能与场景中的“宫殿”合影留念。站在全景沙盘前，游客可在场景里看到反山王族陵墓、瑶山祭坛与高等级贵族墓地、良渚古城外围水利工程等重要遗址。

俯瞰沙土广场，游客则能在场景中看到平民、贵族和士兵列队的场面。AR项目还配备了虚拟导游，以良渚时期人物形象作为专属向导，包括国王、平民和良渚博物馆科普绘本小主人公“良良”等三个角色，引导游客多视角探寻良渚人物的奥秘。游客还能在“AI对话”界面与中英文数字导游交流，得到对方基于权威内容语料库做出的专业回答。

“地上荒丘一片，地下气象万千”，这是业内人士对包括良渚遗址在内的大型土遗址的形象描述。以往游客只能通过现场图示和讲解，再加上个人的想象来感受这些重大遗址曾经的辉煌。而数字技术则能再现5 000年前的盛景，将良渚遗址这一实证中华文明五千年文明史的圣地的价值更形象地阐释给公众，增强游客的文化体验。

问题：

（1）数字技术的发展是如何助力网络游戏营销的？

（2）结合新技术发展趋势，探讨企业进行网络游戏营销的新趋势。

资料来源：数字技术回溯五千年：良渚古城遗址公园国庆期间推出新玩法．新华网，2023-10-04.

（3）虚实结合，融合共生。

一方面，网络游戏营销可以充分结合线上的虚拟特征与线下的实际场景，进行虚实结合的营销。例如，在2005年可口可乐与《魔兽世界》的合作中，可口可乐推出了“现实品牌消费＋虚拟道具奖励”的营销形式，即消费者在现实中购买可口可乐的产品后会得到游戏中相应的品牌定制道具或特殊奖励；2010年可口可乐与热门游戏《餐厅城市》进行了合作，玩家可以在圣诞前一周去可乐自动贩卖机领取可乐赠送他人，对可口可乐来说，这种促销方式也正好增添了节日氛围，对玩家来说，他们也喜欢通过游戏获得这种奖励；2009年，游戏《奥比岛》与全球第二大食品公司卡夫联手打造的游戏副本《王子星球》上线，该游戏将卡夫旗下王子饼干原有的品牌故事植入游戏关卡，并根据故事情节进行非游戏玩家角色（NPC）塑造，植入新的场景、任务、道具等，让用户可以在游戏中亲身体验品牌故事，建立对品牌的深度认同；“吃鸡”巨头肯德基（KFC）与CF手游强强联合，不仅在线下打造了极具特色的“荒岛特训”主题餐厅，而且在游戏中推出了特色道具“KFC狂飙速递头盔”和“KFC今晚炸鸡包”，推出了夺冠特价券奖励，甚至在游戏中嵌入了“一键点餐”优惠活动，二者组成超强组合，实现线上＋线下的“双线吃鸡”。

另一方面，网络游戏营销可以充分挖掘游戏的娱乐特性与社交特性，综合使用多种营销手段，积极推动多行业协同发展，实现融合共生。网络游戏天然具备娱乐休闲的特性，玩家可以在游戏中获得满足感；网络游戏又是一种社交互动方式，同类玩家基于共同的兴趣很容易形成社交连接。结合网络游戏的娱乐性与社交性，无论是游戏植入广告还是品牌定制游戏，它们首先都可以在彰显娱乐功能的同时充分开发社交功能，例如开展分享、邀请好友、社区讨论、好友成绩排名等配套活动，增强游戏的吸引力和用户参与感；其次可以充分开展跨领域合作，整合游戏内外资源，推动餐饮、零售、文旅、游戏等多行业的融合共生。

【案例】 肯德基与《阴阳师》的跨界应援

2017年4月1—16日，餐饮明星肯德基与热门游戏《阴阳师》开启跨界合作，肯德基推出不限量“欧气明星餐”，以及100万份限量定制餐盒、300万张限量闪卡、5 000余家肯德基应援寮、8家主题店。消费者前往肯德基门店，可在《阴阳师》游戏内挑战首领团，获取游戏道具奖励。

玩家购买肯德基《阴阳师》主题“欧气明星餐”，即可获赠限量闪卡以及随机数量的现世召唤券。同时，玩家可以在餐厅内利用游戏的LBS功能参与应援首领的副本战斗，不仅能获取经验和金币，还有概率掉落稀有道具。

本次《阴阳师》和肯德基的跨界合作相较于之前简单的换包装、发礼包的“资源互换型”合作，“LBS与AR新技术”的深入应用为之后游戏的异业合作打开了思路。

《阴阳师》的LBS定位地图并非首次推出，在之前北京、上海、广州等地的漫展也曾推出过，并且取得了良好的玩家反应。不过，因为只能在漫展期间以及个别城市举办，所以很多玩家无法体验，于是此次与肯德基全国门店的合作无疑为所有《阴阳师》玩家带来了一场全新的体验。

在本次合作中，肯德基在线下门店推出“欧气明星餐”、限量闪卡，打出“应援寮”“主题应援店”的噱头；《阴阳师》则在线上推出“挑战副本”与“现世式神召唤”，用LBS与AR技术把现实与虚拟紧密连接起来，碰撞出令人惊喜的营销创意火花。

在游戏中应用LBS定位技术，去到肯德基门店才能开启的“挑战副本”，既满足了线下给肯德基门店导流的实际利益需求，又制造了《阴阳师》玩家自发的话题。而“现世式神召唤”这种有趣且与游戏内容背景匹配的形式制造了大量的用户自传播素材。

《阴阳师》通过大众品牌肯德基“突破次元壁”进入更加广泛的群体视野，而肯德基则通过《阴阳师》这个爆款二次元产品更加贴近年轻人。显然这样的合作不是考虑成本，而是考虑品牌影响力的提升。通过这样的合作，双方在品牌层面互惠互利，实现了双赢。

随着新技术的应用越来越便捷，在产品设计之初找到适合的切入点，应用新技术将其植入游戏，不仅会给游戏带来更多乐趣，也将为市场宣传创造更多的营销机会点。

问题：

（1）数字技术的发展是如何助力网络游戏营销的？

（2）结合新技术发展趋势，探讨企业进行网络游戏营销的新趋势。

资料来源：矩阵营销研究所|阴阳师跨界肯德基，LBS的最好诠释．游戏矩阵，2017-04-24.

10.3 微短剧营销

10.3.1 微短剧营销的界定与现状

2020年12月，国家广播电视总局出台《关于网络影视剧中微短剧内容审核有关问题的通知》，将网络影视剧信息备案类别在网络剧、网络电影、网络动画片三个类别之外，新增了第四类“网络微短剧”，同时，将“微短剧”界定为单集时长 10 分钟以内的网络影视剧。2022 年 11 月，国家广播电视总局发布《关于进一步加强网络微短剧管理-实施创作提升计划有关工作的通知》，进一步明确“微短剧”单集时长为几十秒到 15 分钟，有着相对明确的主线和主题、较为连续和完整的故事情节。微短剧的“微”契合了人们追求故事性、趣味性的普遍心理，“短”使其可以更好地利用新媒体语境下大众的碎片化时间，“微”与“短”的特色使微短剧成为更加多元、更接地气也更具活力的表达方式。①

网络微短剧的起源可以追溯到 20 世纪初，随着网络播放平台的兴起，一些有创意的导演和演员开始尝试创作微型电影，《百花深处》等微电影剧集频出，为微短剧的发展奠定了基础。②

从 2013 年开始，优酷、爱奇艺等平台推出《万万没想到》等时长在 10 分钟左右，每集具有相对独立的情节结构，以夸张、戏谑为主要风格的网络短剧类型，这一阶段的网络短剧更多是传统长视频平台针对 PC 端用户快节奏的生活频率推出的“网络迷你剧”。随着大规模的用户视听消费转移到智能移动终端，为适应消费者日常使用手机的偏好以及应对抖音、快手等短视频社交平台的强势崛起，2018 年，传统长视频平台推出“短视频形式与长视频内容兼容”的“竖屏短剧”作为创新品类加入短视频竞争赛道，如《生活对我下手了》等。2019 年，快手推出扶持短剧内容的“光合计划”，设置“快手小剧场”板块，提出平台“星芒计划”等，进一步推动微短剧发展。2020 年，腾讯微视推出针对微剧业务的“火星计划”，打造微剧品牌“火星小剧”，宣布正式进军竖屏 IP 短剧产业。2021 年，抖音通过《2020 抖音娱乐白皮书》发出了将入局微短剧赛道的信号，爱奇艺、优酷等纷纷将微短剧作为下一阶段重点，纳入平台内容矩阵。③

2022 年以来，微短剧投入与剧集产出总数均呈现爆发式增长。《中国网络视听发展研究报告（2023）》显示，微短剧受众规模大，2023 年下半年，50.4%的短视频用户看过 3 分钟以内的微短剧、微综艺、“泡面番”（长度在 3～5 分钟的动画短片），19 岁及以下用户的收看比例为 50.9%，其中喜欢收看的占比 38.8%，“微而精、短而美”成为短剧行业发展的大方向。④根据艾媒咨询发布的《2023—2024 年中国微短剧市场研究报告》，2023 年中国网络微短剧市场规模达 373.9 亿元，同比上升 267.65%。⑤ 根据德塔文数据，2020—2023 年，微短剧上线数量增长迅速，其中 2023 年上线 743 部，抖音、快手、优酷为微短剧主要上线平台。相关数据如图 10 - 4 所示。

---

① 短剧东风乍起，文化故事迎来新讲法．光明日报，2021 - 09 - 23.

②④ 微短剧：“小体量”中展现“大格局”．文艺报，2023 - 12 - 22.

③ 朱天，文怡．多元主体需求下网络微短剧热潮及未来突破．中国电视，2021（11）：63 - 68.

⑤ 呼唤具有闪光内核的微短剧．文艺报，2023 - 12 - 22.

微短剧市场概况

市场容量：上线数量暴增，抖音、快手、优酷三家领跑

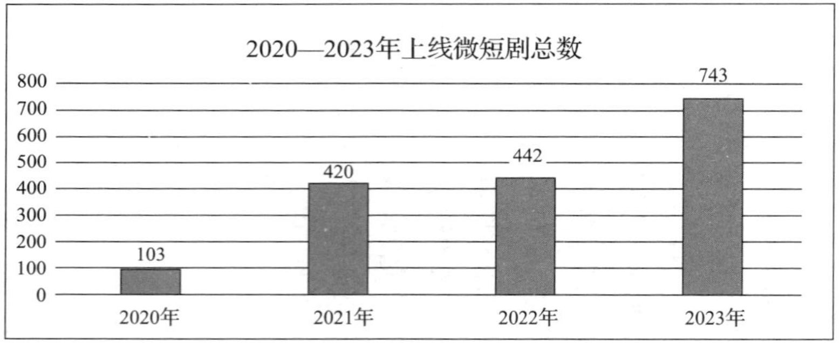

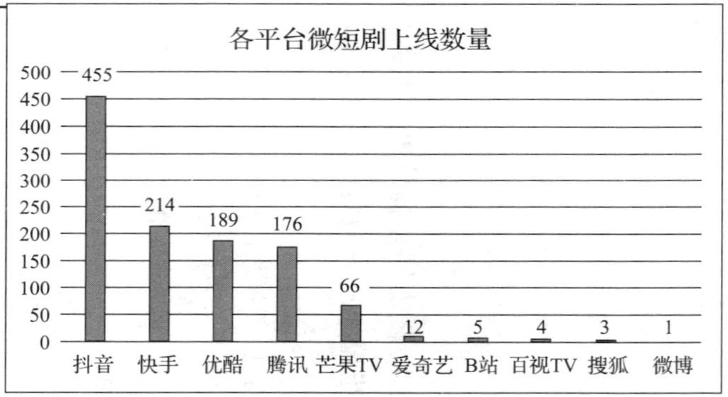

2022年暴增的微短剧备案量在2023年展现成果。根据猫眼专业版数据，2022年10月—2023年8月微短剧上线量达743部（其中抖音短剧仅包含备案6部，下同），相比2022年增长300部，增幅达68%， 相比野蛮生长初期的2020年，更是实现了7倍增幅，全面展现了微短剧高速发展后的市场吞吐能力。同时也要看到，相比全年3 000部左右的备案量，年产743部上线量并未达到平衡，大量储备微短剧未能如期进入市场，内容储量超出各大视频平台的需求量，该市场表现值得关注。

根据德塔文数据，横向对比各视频平台微短剧上线数量，抖音、快手、优酷、腾讯分别上线455部、214部、189部、 176部微短剧，形成微短剧市场的核心产出。值得注意的是，腾讯2023年上线176部，相比2022年80部上线量实现2.2倍飞跃，产量、质量双丰收。除此之外，芒果TV上线66部微短剧，相比2022年略有增长；爱奇艺上线12部微短剧，走少而精路线；B站、百视TV、搜狐等平台逐步入局，上线少量作品。

图 10－4　2020—2023 年中国微短剧市场状况

10.3.2 微短剧营销策略

微短剧营销形式多样，包括全剧定制、情节植入、场景摆放、话题或KOL营销与直播、硬广等。微短剧营销可重点关注以下策略。

（1）突出特色，打造亮点。

微短剧时长短、节奏快、爆点多、内容新，可迅速抓住网络观众的痛点，极大地满足了当下观众碎片化的视频观看习惯。微短剧颠覆了传统的故事叙述模式，形成了“快速沉浸＋击中需求点”的叙述模式，具有内容营销和流量营销的双重属性，受众对微短剧形式的接受度较高，尤其是微短剧与内容结合紧密、传递品牌信息和购买便利的形式。因此，微短剧营销应关注剧本内容的设置，可以通过“情感触动＋产品特性”“文化嵌入＋品牌调性”等方式突出特色化内容，使“品牌人格化”，打造传播亮点，推动实现有效营销。

2016年丙申猴年，百事可乐针对中国市场推出了微短剧《把乐带回家之猴王世家》。视频的剧情设置引人入胜，将中国传统文化、亲情文化与百事可乐有机融合：首先采用倒叙的方式，讲述了六小龄童家族的猴戏渊源，以及自身结缘猴戏的起因、经过和最后成就一代经典美猴王的过程，凸显了家国情怀与文化传承。在此基础上，视频将金箍棒一代又一代的传承拓展为猴王精神的薪火相传，进而融入百事可乐“把快乐一代一代传递下去，是为了让更多人把乐带回家”的广告语，彰显了其传递快乐的宗旨。借势猴年文化、传达感人故事、厚植家国情怀、依托网络传播，这一高质量的微短剧为百事可乐带来了极高的曝光度和传播量，再配合限量版产品，在销售上获得了非常可观的成绩。

（2）数据驱动，精准投放。

数据驱动和精准投放是微短剧营销的关键策略。一方面，数字技术的发展衍生出强大的数据分析工具，企业可以充分利用这些工具获得用户行为的海量数据，通过对大数据的分析，了解用户的观看习惯、互动行为和兴趣偏好等。另一方面，对于消费者行为特征的数据洞察可以帮助企业了解用户的需求和偏好，从而选择特定的用户群体，并且更加精准地投放广告和定制内容，提高广告的曝光度、点击率和接受度，达到预期营销效果。

统计数据显示，在众多泛娱乐营销形式中，微短剧这一形式受众基础广、传播渠道多、传播能力强，因此在扩大IP影响力方面的效果显著。经过多年的发展，微短剧的创作已经涵盖了青春、励志、爱情、职场、推理等多种题材，形成了以轻松喜剧、奇幻穿越剧、热点话题剧为主的较为稳定的类型。[①] 同时，根据美兰德数据库，相比于电视剧和网络剧，微短剧的受众集中在年轻女性群体。2023年上半年，微短剧的女性用户占比为73％，15～29岁用户占比为64.8％。[②] 因此，在数据驱动基础上针对目标用户

---

① 短剧东风乍起，文化故事迎来新讲法．光明日报，2021-09-23.

② 短剧站上风口，品牌营销如何搭便车？．钛媒体APP，2023-11-26.

群体的精准投放至关重要。

（3）跨界联动，多维传播。

一方面，微短剧营销推动了跨界联动。微短剧兼具“短”与“剧”的特点，为娱乐行业不同链条上的参与者提供了潜在的巨大机会，已经渗入综艺、历史、文化、科普等多种视频节目，为其提供了更加多元、更接地气也更具活力的表达方式。①

另一方面，微短剧营销需要多维传播。微短剧营销需要充分发挥多种泛娱乐营销工具与渠道的作用，深度开展“破圈合作”，打造多维度、立体化的传播体系。

章末案例

微短剧《逃出大英博物馆》火爆出圈

2023 年 8 月，由网络博主自创的网络微短剧《逃出大英博物馆》火爆出圈。截至 2023 年 9 月底，该剧在抖音平台上的总播放量超过 3.8 亿，获赞数高达 2 000 万。②

全剧讲述了一盏中国玉壶——中华缠枝纹薄胎玉壶“逃出”大英博物馆寻找回家之路的故事，共包括三集，共计 20 分钟。该剧具体讲述了中华缠枝纹薄胎玉壶从大英博物馆“出逃”，化身为一个女孩，遇到一名在海外工作的中国媒体人，随后在其帮助下共同踏上回家之路，又最终返回大英博物馆的故事。

剧中文物的隔空对话设计巧妙、触动人心。虽相隔万里、未见百年，但如剧中所说：“家人是血脉相连的同胞”“哪怕分神断魂，也断不了这魂牵梦绕的乡愁啊！”在剧中，文物被赋予了生命，创作者把中国式浪漫写进了故事，也用含蓄的方式把那段屈辱的历史写进了故事。

剧中包含了众多中国传统文化元素。短短 20 分钟的呈现，既包括意境深远的中国诗词，又有吹糖人、铁梨花等传统技艺，还有大熊猫等中国标志性符号，极富中国特色。

该剧展现了家国情怀和民族情怀。通过文物“迫切回家”的思念之情，展现了流淌在中国人血脉中的“落叶归根”念头和拳拳爱国之心，进一步呼唤出“愿山河无恙，家国永安”的共同心愿。同时，“出逃”并不是文物选择的回家之路，因此，“小玉壶”最终选择了暂时返回大英博物馆。她相信：“纵然江湖风浪急，万里归舟终有期，总有一天终会风风光光、堂堂正正地回家！”

短剧不仅是对历史的反思，也是对未来的激励与期盼，其既有暗含深厚文化底蕴的主脉络，又充分发挥了微短剧的优势，因此大受好评。

问题：

（1）微短剧《逃出大英博物馆》为何火爆？

---

① 短剧东风乍起，文化故事迎来新讲法．光明日报，2021－09－23.

② 3.8 亿播放，被央视盛赞！中国人期待看到的国产短剧，终于有了．凤凰新闻，2023－09－27.

（2）结合案例，探讨微短剧营销的新趋势。

资料来源：

［1］3.8亿播放，被央视盛赞！中国人期待看到的国产短剧，终于有了．凤凰新闻，2023-09-27.

［2］微短剧："小体量"中展现"大格局"．文艺报，2023-12-22.

本章小结

本章梳理了泛娱乐营销的概念、兴起与现状，明确了泛娱乐营销的特征，详细介绍了网络游戏营销、微短剧营销两种新兴的泛娱乐营销方式，同时提供了丰富的泛娱乐营销案例，有助于学习者深入了解泛娱乐营销，并且拟定适宜的泛娱乐营销策略。

概念和术语

泛娱乐营销　网络游戏营销　微短剧营销

思考题

1. 阐述泛娱乐营销的兴起与现状。
2. 阐述泛娱乐营销的特征。
3. 拟定适宜的网络游戏营销策略。
4. 拟定适宜的微短剧营销策略。

延伸阅读

1. 2022年中国泛娱乐市场规模及其细分市场规模预测分析（图）．中商产业研究院，2022-08-10.

2. 押注500亿市场，短剧成为IP和品牌营销阵地．蓝鲸财经，2024-03-12.

参考文献

赵瑾．跨越式发展：数字时代中国服务贸易发展战略与政策．财贸经济，2023（3）：103-116.

第11章 数字营销伦理

教学目标

1. 了解数字营销过程中出现的伦理问题。
2. 认识加强数字营销伦理教育和研究的重要性。
3. 掌握数字营销伦理问题的治理措施。

重点与难点

数字营销伦理的基本概念、基本理论和基本技能；数字营销伦理的相关法律法规。

素养目标

让学生了解侵权问题的严重性，以及如何在制作营销方案时避免侵权；提高学生的法治意识并加强数字素养建设。

引导案例

大数据杀熟第一案

2020年7月，某平台上享受8.5折优惠价的钻石贵宾客户胡女士像往常一样，通过某APP订购了舟山希尔顿酒店的一间豪华湖景大床房，支付价款2 889元。离开酒店时，胡女士发现酒店的实挂牌价仅为1 377.63元。胡女士不仅没有享受到优惠，反而多支付了一倍多的房价。胡女士与APP运营方某商务有限公司沟通，对方以其系平台方，并非涉案订单的合同相对方等为由，仅退还了部分差价。胡女士起诉至人民法院，要求(1)退还因欺诈销售而多支出的酒店预订款；(2)三倍赔付；(3)赔礼道歉；(4)判令该公司在其开发的携程 APP 上增加选项，使客户在不同意其《服务协议》和《隐私条款》时仍能使用该 APP。

绍兴市柯桥区人民法院在判决中释明：由于住宿消费，消费者业已消费完毕，不存在实体商品的退款退货，故“退一”时该院只判退差价，而非退 2 889 元全额房费。“赔三”则可按 2 889 元全额房费三倍支付。绍兴市中级人民法院二审支持了退一赔三的诉请但驳回了胡女士的其他诉讼请求。

随着新一代信息技术的迅速发展，人类已经进入数字经济时代。消费者在数字经济中的弱势地位主要表现在其与经营者在交易信息获取上的不对称地位。为此，法律从保障消费者知情权、课以经营者告知义务等方式来平衡消费者在交易信息获取上的天然弱势地位。例如，要求网络服务提供者对平台内经营者利用其平台的经营行为进行监管。再如，规定平台经营者未履行法定义务使消费者陷入错误认识并做出不真实意思表示将构成欺诈，承担惩罚性赔偿责任；平台经营者以捆绑服务、强制停止使用等不正当手段变相胁迫、强制用户提供具体范围不够明确的行为，以及将信息分享给平台经营者可随意界定的关联公司、业务合作伙伴进行数据分析和商业利用的行为如果符合侵权行为构成要件，将承担侵权责任。

但考虑到必要的信息收集、积累和数据加工是数字经济发展的关键要素和核心竞争力，法律在设定和适用时也始终坚持促进发展与保护权利相统一，寻找发展利益和个人利益之间的最佳平衡点，平衡信息提供者利益、数据平台使用者利益和公共利益。如坚持民事责任的承担方式应与侵权行为相适应，不苛责。

资料来源：百度文库。

11.1 数字营销伦理的概念

尽管数字营销伦理是伴随着媒体技术和互联网的发展而产生的新概念，但长期以来，营销本身早已蕴含着丰富的伦理思想，比如“客户至上”经营理念实际上是企业营销伦理原则的体现。营销活动不仅要用产品或服务为目标客户提供物质价值，也要重视这一过程所附带的精神和心理价值，这就要求企业在实现营销价值时要坚守道德底线。

11.1.1 伦理的概念

美国《韦氏大辞典》将伦理学定义为一门探讨如何界定什么是好、什么是坏的学科。伦理一词在中国最早见于《礼记》：“凡音者，生于人心者也；乐者，通伦理者也。”其中，“伦”指的是人伦，强调人与人之间的关系，而“理”则具有治理、整理的意思，其所描述的是特定的条理、原理和规则。一般来说，伦理指一系列指导行为的观念，是从概念角度对道德现象的哲学思考。它不仅包含可用于处理人与人、人与社会和人与自然之间关系的行为规范，而且蕴含着依照一定原则来规范行为的深刻道理。

11.1.2 营销伦理的概念

市场营销是在变化的市场环境中，旨在满足消费需要、实现企业目标的商务活动过程，包括市场调研、选择目标市场、产品开发、产品促销等一系列与市场有关的企业业务经营活动。营销活动反映了企业的营销理念，而营销理念是企业在营销策划、营销执行、营销目标实现和营销价值塑造过程中所遵循的价值观和指导观念，即蕴含了营销伦理意识。营销伦理既是社会伦理标准在消费市场中的内化表现，也是普遍社会伦理的组成部分，对市场参与主体的行为活动及其关系产生规约作用。企业营销活动通常以市场利益为导向，其营销行为通常具有明显的趋利性特征。在复杂的市场竞争中，市场参与者在营销活动中所遵循的道德标准必须符合社会规范，才能更好地促进市场竞争的健康发展。营销伦理作为营销主体在营销活动中遵循的行为准则，是在营销过程中调整各种市场参与者关系的基础，对企业和消费市场的发展具有重要意义。

1. 营销伦理的起源

营销伦理是商业伦理学的一个应用分支，它涉及对营销策略、营销行为及机构道德的判断标准。营销伦理的起源可以追溯到我国传统商业道德思想和西方道德评价理论。

我国传统商业道德思想中的“义利观”可以看作营销伦理的起源之一。“义利观”是指如何认识和妥善处理义与利之间的关系或矛盾，在商业领域体现为“见利思义”的商业经营理念、“取之有义”的商业行为准则、“先义后利”的经商战略和“重义轻利”的价值判断。这种传统商业道德思想强调诚实守信的顾客观，讲究货真价实、买卖公平、一诺千金；主张勤俭敬业的自律观，讲究勤奋节俭、敬业自律；以和为贵的竞争观，讲究和气生财、办事不成仁义在；推崇乐善好施的社会责任观，讲究乐善好施、济困。

西方道德评价的一般理论以及西方三大营销道德判定理论，包括显要义务理论、相称理论和社会公正理论，也是营销伦理的起源之一。所谓显要义务，是指在一定时间内、一定环境中人们自认为适宜的行为，主要包括六条根本的显要义务，即老实、感恩、公正、行善、自我完善、不作恶。相称理论认为应从目的、手段和后果三方面综合判断营销行为是否道德。目的指从什么出发点来行事；手段指使目的得以实现的过程及在此过程中所采用的方法；后果指行为所引起的结果，既包括行为人意欲到达的结果，也包括不为行为人所期望但能被行为人预料到的结果。社会公正理论从一种称作起始位置的状态出发，来构建一个理想的社会公正系统，这一系统所适用的伦理标准使弱者利益得到增进，或至少不会因强者的剥夺而使弱者变得越来越弱，该理论还认为正当的行为就是重视和尊重人的各种根本权利或与自由的正义相一致的行为。

这些理论为现代商业伦理提供了重要的参考和启示。

2. 应用伦理学视角下的营销伦理

应用伦理学视角下的营销伦理，主要关注在营销过程中如何将道德标准应用于决策、行为和机构。这种视角强调了营销行为对利益相关者（如消费者、员工、股东、社会等）的道德责任。

以下是应用伦理学视角下的营销伦理的主要关注点：

（1）消费者权益保护。营销活动应当尊重消费者的权益，不得欺骗或误导消费者。例如，企业应真实地披露产品信息、合理定价、不进行虚假广告宣传等。

（2）公平竞争。营销活动应当遵循公平竞争的原则，不进行不正当竞争，不侵犯他人的商业秘密，不诋毁竞争对手等。

（3）社会责任。企业应当承担社会责任，通过营销活动对社会做出积极贡献，如推广环保产品、支持公益事业等。

（4）诚信经营。营销活动应当以诚信为本，履行承诺，不进行虚假宣传，不隐瞒信息，不误导消费者等。

（5）尊重隐私权。营销活动应当尊重消费者的隐私权，未经消费者同意不得收集、使用或泄露消费者的个人信息。

（6）跨国营销中的伦理问题。跨国营销可能涉及不同国家和地区的文化差异、法律制度差异等，因此需要尊重当地的文化、法律规定和道德规范。

在应用伦理学视角下，营销伦理不仅是一种道德规范，还是一种社会责任和义务。企业应当在追求经济利益的同时充分考虑和平衡利益相关者的利益和需求，以实现可持续发展和社会和谐。

11.1.3　数字营销伦理的概念

数字营销伦理是指在数字营销活动中，营销者应当遵循的道德规范和伦理准则。数字营销伦理关注的是在数字营销过程中如何将道德标准应用于决策、行为和机构，以保障消费者的权益、公平竞争、诚信经营和社会责任等方面的要求。

1. 关于消费者的数字营销伦理研究

关于消费者的数字营销伦理研究，主要包括尊重消费者隐私、保障消费者知情权和保障消费者自主选择权三个方面。

首先，企业在收集、使用消费者个人信息时，应遵循合法、正当、必要的原则，并明确告知消费者相关信息的使用目的、方式和范围。同时，企业应采取有效措施保护消费者个人信息安全，防止信息泄露和滥用。

其次，企业在开展数字营销活动时，应确保消费者能够充分了解产品或服务的真实情况，包括功能、性能、价格、售后服务等；避免虚假宣传、误导性广告等行为，确保消费者能够做出明智的购买决策。

最后，企业应尊重消费者的自主选择权，不得通过技术手段强制消费者接受产品或服务。同时，企业还应为消费者提供多样化的选择，满足不同消费者的个性化需求。

2. 关于企业的数字营销伦理研究

关于企业的数字营销伦理研究，主要关注的是企业在数字营销过程中应当遵循的道德准则和伦理规范。

首先，企业应当遵循诚信经营原则。企业在开展数字营销活动时，应遵循诚信原则，确保营销信息的真实性、准确性和完整性。避免夸大宣传、虚假承诺等行为，维护企业的良好形象和信誉。

其次，企业应当遵循公平竞争原则。企业应遵循市场竞争规则，不得通过恶意诋毁、排挤竞争对手等不正当手段获取市场份额。同时，企业还应积极倡导公平竞争，推动数字营销行业的健康发展。

最后，企业应有保护知识产权意识。企业在数字营销过程中，应尊重他人的知识产权，不得擅自使用他人的商标、专利、著作权等知识产权成果。同时，企业还应加强自身的知识产权保护，防止侵权行为的发生。

3. 关于数字营销中介的营销伦理研究

首先，数字营销中介需要确保信息真实性。数字营销中介作为连接企业和消费者的桥梁，应确保所传递的营销信息的真实性、准确性和完整性。避免夸大宣传、误导性广告等行为，维护消费者的合法权益。

其次，数字营销中介需要保护数据安全。数字营销中介在收集、处理消费者个人信息时，应采取严格的安全措施，确保数据的安全性和保密性。同时，还应遵守相关法律法规的规定，不得将消费者个人信息用于非法用途。

最后，数字营销中介需要提供优质服务。数字营销中介应为企业提供专业、高效的服务，帮助企业制定科学合理的数字营销策略，提高营销效果。同时，还应积极为消费者提供优质的购物体验，提升消费者的满意度和忠诚度。

4. 关于数字媒体的营销伦理研究

数字媒体是营销传播活动及营销目标实现不可或缺的渠道，相较于传统的营销方式，数字营销呈现出多元化的媒介形态、多样化的媒介选择和多维度的交互传播的模式特征，数字营销伦理概念范围也更为丰富。围绕数字媒体的营销伦理内涵的探讨主要涉及营销内容的真实性、对其他主体尤其是消费者隐私权的侵害、数据伪造、非正当交易、媒体资源交易的透明化和客观化等。伴随着数字技术的快速发展，数字媒体形态及传播方式日益丰富，关于数字媒体的营销伦理研究也处于不断丰富之中。

11.2 数字营销伦理问题

数字营销伦理问题主要包括以下几个方面：

1. 隐私泄露问题

隐私泄露是数字营销中的一个重要伦理问题。在数字营销过程中，企业可能会收集并使用消费者的个人信息，如姓名、地址、电话号码、浏览记录等。这些信息可能被不当使用或泄露，导致消费者隐私受到侵犯。

隐私泄露的原因有很多，例如：(1) 数据安全漏洞。数字营销涉及大量的数据传输和存储，这些数据可能存在安全漏洞和隐患，如黑客攻击、数据泄露等，导致消费者隐私泄露。(2) 内部人员泄露。企业内部人员可能会非法获取或泄露消费者的个人信息，例如将信息出售给第三方或利用信息进行非法活动。(3) 第三方泄露。企业将消费者信息共享给第三方时，如果第三方没有保护好信息，也可能导致消费者隐私泄露。

隐私泄露可能会对消费者造成严重的损害，例如：(1) 垃圾短信、骚扰电话、垃圾邮件源源不断，影响个人的生活和工作。(2) 冒名办卡透支欠款，甚至被犯罪分子用来进行违法活动。(3) 账户钱款不翼而飞，造成个人财产损失。(4) 个人名誉无端受毁，影响个人的信用和社会评价。

2. 误导宣传问题

在数字营销过程中，企业可能会利用虚假宣传或误导性广告来吸引消费者，以提高销售量或点击率。这些广告可能会夸大产品效果、隐瞒信息或欺骗消费者，导致消费者权益受损。

误导宣传的原因有很多，例如：(1) 企业为了追求短期利益，故意进行误导宣传来吸引消费者。(2) 企业对产品或服务的宣传不够充分或准确，导致消费者误解。(3) 行业竞争激烈，企业为了在竞争中获得优势而进行误导宣传。

误导宣传可能会对消费者和其他经营者造成严重的损害，例如：(1) 消费者购买了虚假宣传的产品或服务，导致财产损失或人身安全受到威胁。(2) 消费者因为误导宣传而做出了错误的决策，影响了自己的生活和工作。(3) 误导宣传破坏了市场秩序和公平竞争，损害了其他合法经营者的利益。

3. 不公平竞争问题

一些数字营销手段可能涉及不公平竞争行为，如利用搜索引擎优化技术进行恶意排名、刷单等，这些行为会破坏市场秩序，损害竞争对手的利益。

不公平竞争的原因有很多，例如：(1) 企业为了在竞争中获得优势，采用不正当手段进行恶意竞争。(2) 行业内存在信息不对称，企业利用信息优势进行不公平竞争。(3) 行业规则和标准不清晰，企业利用模糊的规则和标准进行不公平竞争。

不公平竞争可能会对竞争对手和消费者造成严重的损害，例如：(1) 竞争对手因为不公平竞争而失去了市场份额和利润，导致经营困难。(2) 竞争对手因为不公平竞争而被迫采取同样的不正当手段进行竞争，导致行业内恶性竞争加剧。(3) 不公平竞争破坏了市场秩序和公平竞争，影响了消费者的利益和权益。

4. 侵犯权益问题

在数字营销中，企业可能会侵犯消费者的知情权、隐私权等权益，如未经消费者同意收集和使用个人信息，或利用信息进行不当推销等。这些行为不仅损害了消费者的利益和权益，也破坏了市场秩序和社会信任。

侵犯权益的原因有很多，例如：(1) 企业为了追求短期利益，忽视消费者的权益保护。(2) 企业内部管理制度不完善，导致员工滥用职权或违规操作。(3) 行业监管不足，导致一些企业肆意侵犯消费者权益。

侵犯权益可能会对消费者和企业造成严重的损害，例如：(1) 消费者因为被泄露个人信息而收到骚扰电话、垃圾短信等，个人生活和工作受到影响。(2) 消费者因为被不当推销而浪费时间和精力，消费体验和服务质量受到影响。(3) 消费者因为被侵权而失去信任和信心，不再选择该企业的产品和服务。

5. 大数据“杀熟”问题

大数据“杀熟”是指在大数据分析的基础上，针对特定消费者群体制定差异化价格策略的行为。一些企业利用消费者的个人信息、购买历史等数据，针对不同的人群设定不同的价格，以获得更高的利润。这种行为可能会给消费者造成经济损失，引起公众的不满和争议。

大数据“杀熟”的本质是差异化定价策略，这种行为在市场中较为常见。例如，航空公司的差异化定价策略是根据旅客的购票时间、出发时间、旅客类型等信息制定不同的票价，以最大化收益。保险公司也会根据投保人的个人信息、保险需求等因素制定不同的保费。

虽然这些差异化定价策略与大数据“杀熟”有所不同，但它们都是基于客户的个人信息和行为数据制定的，旨在通过差异化定价来获得更高的收益。

针对大数据“杀熟”问题，国家已经出台了一系列法规和政策进行规范。例如，《在线旅游经营服务管理暂行规定》明确规定，在线旅游经营者不得滥用大数据分析等技术手段，侵犯旅游者合法权益。此外，国家市场监督管理总局也发布了相关指南和规定，明确提出禁止大数据“杀熟”，并对相关违法行为进行惩处。

为了解决这些伦理问题，需要数字营销从业者、企业、监管机构共同努力。从从业者角度出发，要提高道德意识和社会责任感，遵循法律法规和行业规范；从企业角度出发，要建立完善的内部管理制度和伦理规范，保障消费者权益和信息安全；从监管机构角度出发，要加大监管力度和处罚力度，维护市场秩序和公平竞争。

11.3 数字营销伦理体系构建

11.3.1 数字营销伦理体系构建的意义

数字营销伦理体系是指在数字营销活动中，制定和遵守一套道德原则和规范，以保护消费者、企业和社会的利益。构建数字营销伦理体系不但是时代发展的必然要求，也是企业可持续发展、建立健康有序市场秩序的必然选择。

1. 建立良好的数字营销市场秩序

市场秩序有狭义和广义之分。狭义的市场秩序是指市场生产经营主体的合法交易行为与违法交易行为及其客观后果的总和；广义的市场秩序是指市场管理主体的管理行为、市场经营主体的交易行为、市场消费主体的购买行为及市场交换客体的数量与质量对市场的作用及其客观后果的总和。只有具备公平、公正的市场秩序，形成统一、开放、竞争、有序的现代市场体系，市场才能合理配置资源。良好的市场秩序依赖于市场规则来维护。

（1）提升企业伦理责任意识。

提升企业伦理责任意识是建立良好的数字营销市场秩序的重要一环。企业需要认识到数字营销中的伦理问题对消费者、竞争对手和市场秩序的负面影响，并采取积极的措施来履行伦理责任。

企业伦理责任意识反映了企业伦理价值观，在一定程度上决定了企业营销意图的边界。因此，提升企业伦理责任意识会使企业在内部形成一个相对稳定的道德信息，明确自己的社会责任，由他律转向自律，实现企业、社会与用户利益的和谐统一，从而促进良好的数字营销市场秩序的建立。

（2）自觉遵守公平竞争原则。

企业在数字营销中自觉遵守公平竞争原则的意义重大。公平竞争是市场经济的基础，是企业良性发展的保障。在数字营销中，企业应该遵守公平竞争原则，不得采取不正当手段进行恶意竞争，不得侵犯竞争对手的合法权益。

营销道德一旦内化为企业伦理责任，企业就会自觉遵守公平竞争原则，其数字营销行为就有了边界，知道什么方式可以使用，什么方式不能使用；企业会注重品牌形象的维护，自觉约束数字营销行为，实现社会成本最小化及交易和谐化，减少信息不对称，营造公平竞争的市场环境。

2. 保障消费者的合法权益

消费者是数字营销的主体，他们的权益直接关系到数字营销的效果和市场秩序的稳定。因此，企业应该采取积极措施，保障消费者的合法权益。

（1）保护消费者隐私。

营销人员非常喜欢数据。数据使个性化营销活动成为可能，营销人员可以为每个独特的客户量身定制内容，这对于想要在网上产生影响的企业来说是必需的。然而，企业在利用数据提供个性化营销服务的同时，可能会侵犯消费者的隐私权。消费者隐私关系到消费者的个人信息安全和人格尊严，如果得不到有效保护，就可能给消费者带来经济损失和精神伤害。

（2）满足消费者需求。

企业应该通过深入了解消费者的需求和偏好来提供符合消费者需求的产品和服务，从而提高消费者的满意度和忠诚度。利用数据库，企业可以根据目标受众的特征、需求和行为，了解目标受众的属性范围，包括年龄、性别、职业等，以及其对产品或服务的需求和消费心理，从而制定出满足客户期望的营销策略。

（3）降低成本。

企业可以通过多种方式降低消费者的购买成本，提高消费者的购买效益，从而更好地满足消费者的需求。数字营销技术的发展为企业降低营销成本提供了更多的机会和选择。利用数字营销技术，企业可以通过在线渠道与消费者进行更直接的沟通，将资源集中在目标受众身上，提高市场营销效率，降低营销成本。

3. 促进数字营销市场健康发展

在数字营销中，提升企业伦理责任意识对于促进数字营销市场的健康发展具有重要意义。

首先，提升企业伦理责任意识可以帮助企业更好地遵守相关法律法规和伦理规范，避免因违规行为而遭受处罚或损害声誉，从而在市场中树立良好的形象。

其次，提升企业伦理责任意识可以促进企业与消费者之间的信任关系。企业尊重消费者的权益和隐私，提供真实、准确、完整的信息，保护消费者的利益，可以提高消费者的信任感和忠诚度，从而促进数字营销市场的良性发展。

再次，提升企业伦理责任意识可以推动行业的创新和发展。在公平竞争的环境下，企业需要不断提高自身的技术水平、管理能力和服务质量，以获得竞争优势。这有助于推动整个行业的创新和发展，为数字营销市场注入新的活力。

最后，提升企业伦理责任意识可以增强企业的社会责任感和公信力。企业自觉遵守公平竞争原则，积极参与公益事业和行业自律活动，可以树立良好的社会形象和公信力，吸引更多的合作伙伴和消费者，从而促进数字营销市场的持续发展。

因此，提升企业伦理责任意识是促进数字营销市场健康发展的重要手段之一。政府、行业组织和企业自身都应该加强伦理责任意识的培养，推动数字营销市场的良性发展。

11.3.2 数字营销伦理体系构建的原则

数字营销伦理体系构建是一个复杂的系统性工程。数字经济本质上是共享经济，数字营销伦理体系应充分体现这一特点，并助力公平竞争的营销环境形成，推动数字经济健康发展。综合考量这些因素，数字营销伦理体系构建的原则包括诚实守信原则、公平合理原则和合乎道德原则。

1. 诚实守信原则

诚实守信原则是法律规范的基本原则之一，也是市场经济活动中的道德准则。它要求所有市场参加者在不损害他人利益和社会公益的前提下，追求自己的利益。诚信是我国传统道德中最重要的规范之一，是社会主义市场条件下，企业在生产、经营、管理活动中处理各种关系的基本准则。诚信要求企业在市场经济的一切活动中遵纪守法、诚实守信、诚恳待人、以信取人。诺贝尔经济学奖得主诺斯（North）说过："自由市场经济制度本身并不能保证效率，一个有效率的自由市场制度，除了需要有效的产权和法律制度相配合之外，还需要在诚实、公正、正义等方面有良好道德的人去操作这个市场。"美国学者福山（Fukuyama）在《信任》（*Trust*）一书中曾预言，21 世纪是信誉的世纪，哪个国家的信誉度最高，它就会赢得更广阔的市场。因此，企业开展诚信营销具有重要价值。诚信是市场的黄金规则，市场经济越发达越要讲求诚信，这是市场经济的内在要求，也是文明的基石和标志。因此，企业经营者为了自身的生存和长远利益，要坚持诚实守信原则。

2. 公平合理原则

公平合理原则强调在市场经济中，任何经营者都只能以市场交易规则为准则，享受公平合理的待遇，既不享有任何特权，也不履行任何不公平的义务，权利与义务相一致。

在数字营销中，公平合理原则主要体现在以下几个方面：(1) 平等对待。数字营销人员应该平等对待所有的消费者，不歧视任何群体或个人。无论消费者的性别、年龄、种族、宗教或其他个人特征如何，他们都应该得到同等的待遇和尊重。(2) 透明公开。数字营销人员应该提供透明公开的信息，让消费者了解产品或服务的真实情况，不应该隐瞒或歪曲事实，误导消费者做出决策。(3) 合理定价。数字营销人员应该根据产品或服务的实际价值和质量，制定合理的价格。不应该通过欺诈或虚假宣传来抬高价格，损害消费者的利益。(4) 尊重隐私。数字营销人员应该尊重消费者的隐私权，不收集、使用或泄露消费者的个人信息。如果需要使用消费者的个人信息，必须得到消费者的明确同意，并采取相应的安全措施保障信息安全。(5) 公平竞争。数字营销人员应该在竞争中保持公平和诚实，不采用不正当手段进行竞争。应该遵守市场规则和法律法规，以合法合规的方式展示自己的产品和服务。

通过遵循这些原则，数字营销人员可以确保他们的行为符合道德和法律标准，建立和维护消费者的信任和忠诚，并推动行业的健康发展。总之，在数字营销中遵循公平合理原则，对于建立良好的商业声誉、提高消费者满意度和忠诚度、促进企业的长期发展具有重要意义。同时，这也有助于维护整个数字营销行业的形象和声誉，推动行业的健康发展。

3. 合乎道德原则

企业作为社会的一份子，在赚取合理利润的同时也承担着推动社会经济发展的使命。企业不仅要追求经济效益，还应该关注社会长远利益。企业应该积极履行社会责任，推动可持续发展，关注消费者的健康和安全，保护环境资源，回馈社会。通过践行社会责任，企业不仅可以树立良好的企业形象，还可以为企业发展获得更多的机会和支持。企业的社会责任要求它必须超越把利润作为唯一目标的传统理念，强调在生产过程中对人的价值的关注，强调对环境、消费者和社会的贡献。

11.3.3 数字营销伦理体系

伴随着数字经济的飞速发展，在数字营销过程中确实出现了信用缺失、侵犯权益、恶意营销等现象，主要原因在于社会道德规范建设没有跟上数字技术的发展速度，新技术条件下产生了新的行为，却未能及时出现新的道德约束予以规范，因此数字营销伦理失范必然发生。对数字营销伦理的规范，除了制定相关法律法规之外，还需要企业将道德建设内化成伦理责任意识，形成自律。具体体系构建如图 11－1 所示。

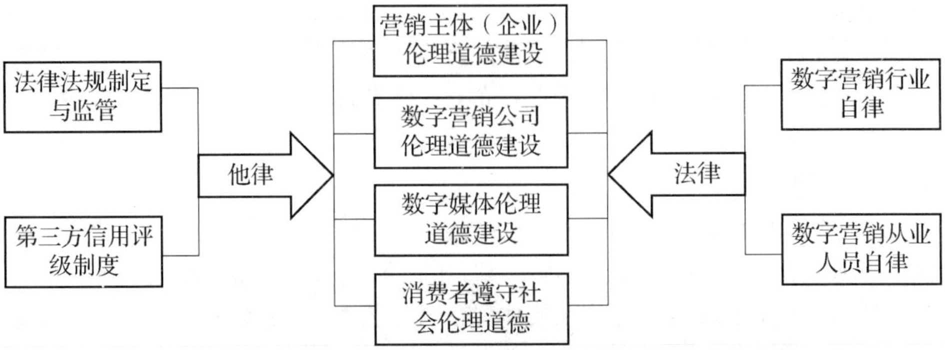

图 11-1　数字营销伦理体系

企业作为数字营销的需求方和发起者，决定着数字营销伦理发展的方向，其伦理责任意识和伦理道德水平直接决定着数字营销活动的伦理走向。因此，企业作为营销主体是数字营销伦理的第一责任人，是防范数字营销伦理失范的基础。加强营销主体的伦理道德建设，规范营销行为，提高广告质量和信誉，促进营销行业的健康发展，也有助于建立一个更加公正、透明、可信的营销环境，保护消费者权益和社会公共利益。

数字营销公司是数字营销的实施者，它们掌握着数字营销的技术和手段，因而其是否具备伦理道德素养将对整个营销活动产生重要影响。数字营销公司通过加强自身的伦理道德建设，提升企业的形象和声誉，增强员工的诚信意识和责任感，促进企业的可持续发展。数字营销公司遵循伦理规范，具体表现为尊重用户隐私、自觉抵制不道德的行为和树立社会公德意识等。

数字营销活动通过数字媒体传播和实现，相较于传统媒体传播，数字媒体传播更加精准且成本更低、效率更高。然而，这些优势也增加了数字营销伦理失范的风险和机会。数字媒体在激烈的竞争中容易忽视自身伦理规范，成为数字营销伦理失范的推手。因此，数字媒体应当加强自律，严格把关传播内容和来源，重视自身社会舆论的导向作用，科学引导消费者消费观。

与数字经济时代同时到来的还有自媒体时代，当下人人都是媒体人，消费者的身份发生了多样性变化，他们既是产品的购买者、消费者，也是宣传者，商家为了在竞争中获得优势地位，会想方设法利用或引导消费者为其产品宣传。因此，消费者如果不提高自身伦理道德规范水平，就很容易沦为企业的“水军”，形成虚假口碑，错误引导后来消费者的消费行为。

构建数字营销伦理体系是一项系统工程，从构建主体来看，包括企业、数字营销公司、数字媒体和消费者；从构建手段来看，既包括他律，也包括自律。具体来说，应当从以下四个方面入手：

第一，加强数字营销行业自律。

加强数字营销行业自律，需要从以下几个方面进行：（1）建立行业规范。数字营销行业应该建立一套符合法律法规和道德准则的行业规范，明确数字营销活动的标准和要求，规范从业人员的行为和操作流程。（2）加强内部管理。数字营销公司应该加强内部管理，建立健全的内部控制体系，确保公司员工遵守法律法规和行业规范，提高公司的诚信度和自律能力。(3) 提高从业人员素质。数字营销行业应该加强对从业人员的培训和教育，提高他们的专业素养和道德素质。从业人员应该具备数字营销的专业知识和技能，同时应该遵守法律法规和行业规范，做到诚信守法、勤勉尽责。(4) 建立行业协会和自律组织。数字营销行业可以建立行业协会和自律组织，加强行业内部的沟通和协作，共同维护行业秩序和规范市场行为。行业协会可以制定自律准则和处罚措施，对违规行为进行惩戒和处罚。(5) 接受社会监督。数字营销行业应该接受社会各界的监督和批评，及时改进自己的工作和完善自律机制。社会各界可以通过举报、媒体曝光等方式对数字营销行业的违规行为进行监督和纠正。

以上措施可以加强数字营销行业的自律能力，提升行业的形象和声誉，促进数字营销行业的健康发展。同时，这也有助于建立一个更加公正、透明、可信的数字营销环境，保护消费者权益和社会公共利益。

第二，提升数字营销从业人员良知。

良知是指天生本然，意思是顺应道德而被赋予（不学而得）的智慧。良知是阳明心学的核心理念："知痛，必已自痛了方知痛；知寒，必已自寒了；知饥，必已自饥了；知行如何分得开?"在王阳明看来，良知是天生的，是对自己和外界的良好判断能力，良知即至善，即天理。数字营销人员只有在内心深处树立良知的道德信念，才能从根本上杜绝营销失范行为。

提升数字营销从业人员的良知，可以从以下几个方面着手：(1) 强化道德意识。数字营销从业人员应该明确自己的社会责任和职业道德，强化道德意识，遵守法律法规和商业道德规范。他们应该认识到自己的行为不仅关乎个人利益，还关乎社会公共利益和消费者权益。(2) 坚守诚信原则。数字营销从业人员应该坚守诚信原则，不进行虚假宣传、误导消费者或侵犯消费者隐私等行为。他们应该注重建立和维护企业的良好声誉和信誉，做到言行一致，遵守承诺。(3) 培养职业素养。数字营销从业人员应该具备专业的数字营销知识和技能，不断提升自己的职业素养。他们应该了解市场动态和消费者需求，提供有价值的信息和服务，推动行业的健康发展。(4) 关注社会影响。数字营销从业人员应该关注自己的行为对社会的影响，积极参与公益事业和社会活动。他们应该倡导绿色环保、公平竞争等理念，推动可持续发展，为社会做出贡献。(5) 建立良好的企业文化。数字营销公司应该建立良好的企业文化，注重员工的道德培养和职业发展。通过营造积极向上、团结协作的工作氛围，激发员工的积极性和创造力，提升员工的良知和责任感。(6) 加强自我约束。数字营销从业人员应该加强自我约束，时刻保持清醒的头脑和良好的职业操守。他们应该对自己的行为进行反思和审视，及时纠正错误行为，做到自律自省。(7) 接受行业培训和指导。数字营销从业人员可以积极参与行业培训和指导，学习行业最佳实践和成功案例，提高自身的专业素养和道德水平；还可以与同行交流合作，共同推动行业的进步和发展。

以上措施可以提升数字营销从业人员的良知和职业道德水平，规范他们的行为，提升行业的形象和声誉。同时，这也有助于建立良好的数字营销环境，维护各方利益。

第三，完善相关法律与监管体制。

社会的发展和技术的进步要求相关法律法规不断更新和完善，去规范新的行为和事务。我国广告法律法规虽然有了长足的进步，但仍然难以跟上数字营销市场发展的速度。要想减少数字营销伦理失范的出现，就必须完善相关法律与监管体系。

完善数字营销相关法律与监管体制，可以从以下几个方面着手：(1) 制定和完善法律法规。国家应该制定和完善数字营销相关的法律法规，明确数字营销活动的合法性和合规性，规范数字营销主体的行为。这些法律法规应该覆盖数字广告的发布、传播、内容、隐私保护等方面，为数字营销行业提供明确的法律指引。(2) 建立监管机制。政府应该建立专门的监管机构或部门，负责对数字营销活动进行监督和管理。这些机构或部门应该具备独立的执法权和处罚权，能够及时发现和处理违规行为，保护消费者权益和社会公共利益。(3) 加大执法力度。政府应该加大对数字营销行业的执法力度，对违法违规行为进行严厉打击和处罚。通过加大处罚力度和提高违法成本，有效遏制不法分子的违法行为，维护市场秩序和公平竞争。(4) 推动行业自律。政府应该鼓励和支持数字营销行业建立自律机制，制定行业规范和自律准则。通过建立行业协会和自律组织，加强行业内部的自我约束和管理，提高行业的整体素质和形象。(5) 强化跨境合作。针对跨境数字营销活动，政府应该加强与其他国家（和地区）的合作和交流，共同打击跨境违规行为。通过建立国际合作机制和信息共享机制，提高对跨境数字营销活动的监管效能，保护全球消费者权益。(6) 提高公众意识。政府和社会组织应该加强对公众的数字营销教育和宣传，提高公众对数字营销活动的认知和防范意识。通过举办公益活动、发布消费警示等方式，引导公众理性对待数字营销活动，增强自我保护能力。(7) 建立投诉处理机制。政府应该建立数字营销投诉处理机制，为消费者提供便捷的投诉渠道和处理方式。通过及时处理消费者的投诉和纠纷，保护消费者的合法权益，维护市场的稳定。

第四，建立第三方信用评级系统。

建立第三方信用评级系统可以有效地规范数字营销行业的发展，提升数字营销从业人员的良知和职业道德水平，保护消费者权益和社会公共利益。以下是建立第三方信用评级系统的几点建议：(1) 确定评级标准和指标。第三方信用评级系统应该根据数字营销行业的特点和法律法规要求，确定评级标准和指标，如合规性、真实性、透明度、用户满意度等。这些标准和指标应该能够全面评估数字营销公司的信用状况和道德水平。(2) 建立评级机构。政府可以引导和支持建立独立的第三方信用评级机构，这些机构应该具备专业的评估能力和公正的评估态度。评级机构可以对数字营销公司的信用状况进行评估和评级，并为消费者提供参考和建议。(3) 实施动态监测。第三方信用评级系统应该对数字营销公司的信用状况进行动态监测和评估，及时发现和纠正违规行为。同时，评级系统应该根据市场变化和法律法规要求，调整评估标准和指标，确保评级系统的有效性和适应性。(4) 公开透明。第三方信用评级系统应该公开透明，向社会公众和消费者公开评估结果和评级信息。这样可以提高数字营销公司的信用透明度，保障消费者的知情权和选择权，促进市场的公平竞争。(5) 接受监督和批评。第三方信用评级系统应该接受社会各界的监督和批评，及时改进自己的工作和完善评级机制。社会各界可以通过举报、媒体曝光等方式对第三方信用评级系统的违规行为进行监督和纠正。

(6) 建立奖惩机制。政府可以建立奖惩机制，对优秀的数字营销公司进行奖励和激励，对违规行为进行处罚。这样可以激励数字营销公司加强自身信用建设和自律管理，推动行业的健康发展。

11.4 数字营销市场监管

数字营销市场中的参与者包括广告主、数字营销公司、数字媒体平台等。为了规范数字营销市场秩序，提升数字营销伦理道德水平，预防伦理失范行为的发生，必须建立起对数字营销市场的监管体系，对相关各参与方进行全方位监管。

11.4.1 对广告主的监管

数字营销时代的广告主身份发生了重大转变，从过去的广告需求方变成了数字营销实施方，通过各种媒体渠道，搭建数字营销平台，自主进行数字营销活动，塑造企业形象、传播品牌文化、促进产品销售。在这一过程中，由于有些广告主伦理水平偏低及监管缺失，出现了一些伦理失范行为。

1. 广告主数字营销失范行为

广告主在运营自己的官方网站、APP、微博、微信公众号等媒体平台的营销活动中，存在以下失范行为。

(1) 虚假广告行为。虚假广告是指广告内容是虚假的或者容易引人误解的，一方面是指商品宣传的内容与所提供的商品或者服务的实际质量不符，另一方面是指广告可能使宣传对象或受宣传影响的人对商品的真实情况产生错误的联想，从而影响其购买决策。这类广告的内容往往夸大事实、语意模糊、令人误解。虚假广告行为在法律上表现为作为和不作为两种形式。作为是指故意发布虚假广告；不作为是指广告发布者有义务说明或者警告而没有这样做。

(2) 网络失信行为。由于消费者缺乏对网络信息真实性的判断能力，因此他们容易成为网络失信行为的受害者。广告主的网络失信行为包括：通过网站出售假冒伪劣产品；利用山寨网站，混淆视听；虚假标注商品价格和优惠幅度，造成价格欺诈；雇用“水军”刷评论，错误引导消费者；等等。

(3) 不规范宣传行为。不规范宣传行为指在商业宣传中采用虚假、夸大、误导等方法，对商品或服务的性能、质量、价格、销售状况等进行不实宣传的行为。比如：对商品或服务的性能、质量、功能等进行虚假描述，误导消费者做出错误的购买决策；过分夸大商品或服务的优点和效果，隐瞒或淡化其缺点，使消费者对商品或服务产生过高的期望；采用模糊的语言或图像，使消费者对商品或服务产生误解，从而达到误导消费者的目的；通过与其他商品或服务进行不公正的比较，贬低其他商品或服务，抬高自己的商品或服务，误导消费者做出选择；对商品或服务的性能、质量、价格等进行违规承诺，如无法保证的退款、无效的保修等，损害消费者的权益。

（4）创意低俗，传播不恰当的价值观。2021 年 10 月 18 日，“抖音快手宣扬过度消费被罚 20 万”话题登上热搜前三名，两者均因在旗下平台发布某金融视频广告、宣扬过度消费等不正确导向、存在严重价值观问题被罚。其中，快手被处罚 20 万元，没收违法所得 74 202 元；抖音被处罚 20 万元，没收违法所得 39 436 元。近年来，监管部门和行业自律组织多次发声，强调不得诱导消费者过度消费。银保监会发布《关于服务煤电行业正常生产和商品市场有序流通保障经济平稳运行有关事项的通知》，强调不得诱导金融消费者盲目借贷、过度超前消费，不得通过诱导“过度分期”等方式侵害金融消费者权益，不得提供显著高于市场利率的消费信贷产品，不得开发违反公序良俗、助长社会陋习和不良风气的消费信贷产品。

（5）数据泄露，侵犯消费者隐私权。数据作为数字经济的核心生产要素，已成为国家基础性和战略性资源，对推动经济增长的作用日益显现。中商产业研究院发布的《2024—2029 年中国数据要素市场前景及投资机会研究报告》显示，2022 年中国数据要素市场规模达到 1 018.8 亿元，其中数据存储、数据分析、数据加工、数据交易等环节的市场规模超过百亿元。在数字营销时代，用户为了获取更精准、高效的服务，不得不让渡部分个人信息，因此数据泄露、大数据“杀熟”、倒卖个人信息等问题频频发生。同时，还存在商家强制授权、过度收集个人信息等问题。

（6）骚扰广告。骚扰广告通常指在不适当的时间、地点，以不适当的方式出现的广告，对消费者造成不必要的干扰和困扰。在数字营销领域，骚扰广告通常表现为弹出广告、插页广告、横幅广告等形式，这些广告常常打断用户的浏览或使用体验，甚至造成用户的反感和不满。骚扰广告的出现可能是数字营销行业的一些不规范行为所导致的。例如，一些广告主为了追求点击率和转化率，采用过度投放、强制展示等方式来推送广告，忽视了用户的体验和感受。此外，一些数字营销平台也可能存在审核不严、投放不当等问题，导致骚扰广告的出现。

2. 对广告主失范行为的监管

广告主的失范行为不仅会损害企业形象，更会扰乱市场秩序，侵犯用户的利益，因此，借助法律手段加强对广告主数字营销行为的监管势在必行。

首先，应加强对企业官方网站的立法规范。目前关于企业官方网站发布数字营销信息的规定仍不明确，相关职能部门应该根据现实状况，不断修改、细化相关法规，为基层执法提供法律依据，增强法律法规的约束力，更好地规范企业的营销行为。

其次，应加强数字广告审查力度。针对数字广告的内容特性和传播特征，构建起专门的数字营销监管体系，提高监管效率。改变过去我国广告监管体系过多依赖行政监管的方式，充分发挥行业协会的自律作用，落实事前审查制度。数字营销依托于互联网技术的发展，这对监管人员提出了更高的技术要求。相关部门应定期组织对监管人员开展技术性培训，与时俱进提高监管人员的专业素养，打造高质量的审查队伍。

再次，用法律手段监管企业自营微博、微信和 APP 平台上的数字营销行为。微博、微信、APP 等平台诞生于蓬勃发展的互联网时代，为企业带来了新的营销手段和渠道，但它们也缺少相应的监管手段。数字营销信息的传播和影响早已打破地域的界限，而对其监管和执法还局限于传统的地域与职责划分。应以原有法律框架为基础，对原有法律、法规和规章增补网络条款。如已有规定，需要增加、修改和完善现有规定，可确立先法律、后法规、再规章的顺序，增加网络监管要素。在同一个法律层级上，可以同时进行讨论。如对几个行政法规都要增补网络管理规定，可以一并提请审议，这样既可提高效率，又可增强法与法的关联度。对法律、法规和规章尚未规定的，应予以明确。如对《中华人民共和国消费者权益保护法》中消费者的隐私权在网上予以延伸，对互联网游戏中存在于服务器上的电磁记录“游戏币”是否为财产等做出明确界定。

最后，建立投诉举报制度，提供合法投诉途径。互联网上的数字营销内容隐蔽而分散，仅仅靠执法部门对企业营销者的违法失范行为进行监管是不够的，还应该发动广大用户对营销者的行为进行监督。相关部门应建立完善的举报制度，为用户提供及时有效的投诉渠道，使用户能够维护自身的合法权益，真正聚合社会与公众监督的力量。

11.4.2　对数字营销公司的监管

数字营销公司掌握着数字营销的核心技术，用户、数据、点击率是其核心竞争力，然而在实际运用和操作过程中，由于伦理规范缺失，数字营销公司会产生一些伦理失范行为。

1. 数字营销公司的伦理失范行为

数字营销公司通过数字工具和媒介，掌握更多、更精准的数据，就可以为用户提供更高效的营销服务，因此用户信息搜集量、用户点击率、用户评价等信息成为它们追求的目标，在这一过程中出现了以下伦理失范行为。

（1）侵犯用户个人隐私。包括：未经授权对个人私密信息和行为数据的收集、使用、泄露甚至交易；在未与用户确认的情况下，使用 Cookie 跟踪用户何时何地访问何种内容，监测用户在某网站或网页停留的时间，甚至窥探用户进行的交易；在未通知用户的情况下，分析用户的私人信息，并从中获得与用户消费模式、购物行为和偏好相关的结论；未征得用户同意即将其私人信息泄露给其他企业；等等。

（2）数据造假。数字营销公司若想要树立自身的形象和口碑，必须借助漂亮的数据来吸引广告主。数字营销公司选择与第三方监测机构合谋，制造虚假的用户数据、运营商数据与媒体平台数据，将长尾流量粉饰成头部流量，蒙骗坑害广告主。

数字营销公司的这些伦理失范行为严重扰乱了营销市场秩序，侵害了广告主的利益，更侵犯了消费者权益，必须建立监管体系予以规范。

2. 对数字营销公司的监管

对数字营销公司的监管应着重从保护消费者隐私、严惩数据造假行为入手加强立法和监管。

第一，要规范数据获取的流程，包括数据允许、数据访问及数据聚焦。第一步是数据允许，企业需要征得用户的同意，使用户自愿勾选允许收集数据的选项。第二步是数据访问，具体指用户的被遗忘权，用户有权要求企业将其过时或不准确的个人数据删除。目前谷歌等公司已经在实施数据访问，用户有权删除其在谷歌网站上的浏览记录。营销人员有责任确保用户轻松访问他们的数据并取消数据的使用许可。第三步是数据聚焦，公司要根据需要适当地收集用户信息，避免收集不必要的数据。

第二，以法规形式规范数据采集规则，要求数据采集方建立隐私保护的备忘录。数字营销公司应当严格判定审计联系人列表，杜绝买卖用户联系方式、从网站上刮取用户地址的行为，确保用户自愿选择加入营销活动并同意以各种通信形式被联系；规范收集用户信息的途径，禁止通过非法途径买卖或储存个人信息；对于数字营销公司自建的数据库则要加强保护力度，避免黑客攻击导致用户隐私泄露。

第三，针对数据造假行为，国家应当加快相关立法，对伪造数据、夸大数据等问题制定相应条款，明确惩罚方案，对配合数据造假行为的当事人也要一并予以处置。

11.4.3 对数字媒体平台的监管

伴随着互联网和信息技术的快速发展，以报刊、广播、电视为代表的传统媒体正面临着以微博、微信、今日头条等为代表的数字媒体的强烈冲击。就媒体特性而言，数字媒体传播信息速度之快、传播信息范围之广、传播信息形式之多、传受双方互动性之强，是传统媒体无法比拟的。然而，数字广告在蓬勃发展的同时，也造成了数字媒体行业的诸多乱象，这些乱象大多与数字媒体平台有关。

1. 数字媒体行业的乱象

在传统媒体中，广告只能以“硬性”方式出现，让消费者产生较强的排斥心理。然而，在数字媒体的加持下，广告转换思路，以软文的方式向用户推送。软文方式广告的隐蔽性，导致用户难以区分广告和正常信息，容易造成用户误解，误导其产生错误的购买行为。

另外，数字媒体掌握着海量的用户数据，通过对这些数据进行分析、比对、加工，可以形成较为准确的用户画像，推断用户行为偏好，为营销活动提供方向和依据。然而，不是所有的数字媒体公司都能把握好数据应用和用户隐私保护之间的平衡，侵犯用户隐私权的事件时有发生。

2. 对数字媒体平台的监管措施

针对数字媒体行业乱象，政府应当出台相应管理条例，完善监管范围，明晰监管职责。

首先，制定针对软文广告的相关管理条例。相关管理部门应当明确软文广告的界定和特征，将软文广告纳入监管范围，要求数字媒体平台在发布软文广告时予以明确标注。

其次，完善数据安全与用户隐私保护条款。数字媒体应该明确自身的数据安全与隐私保护责任，制定和执行相应的政策和措施，确保用户数据的安全与隐私性。同时，应该加强数据安全防护，采用先进的技术和管理措施，防止用户数据泄露、篡改或损坏。

对于存储和传输的数据，应该采用加密技术，确保数据的机密性和完整性。对于需要与第三方共享的数据，应该采取必要的安全措施和隐私保护措施。对于用户提出的隐私保护要求，应该及时响应和处理。

章末案例

技术与隐私权之争：中国“人脸识别第一案”

在杭州野生动物世界（以下简称“动物世界”）的检票通道的一侧，在两台入园闸机上竖立着人脸识别机器。正是这两台机器，在近期引起了舆论争议。

2019 年 4 月，家住杭州的郭某办理了动物世界年卡，每次入园，他须在闸机上同时验证年卡和指纹。10 月 17 日，他收到一条园区发来的短信：“园区年卡系统已升级为人脸识别入园，原指纹识别已取消，即日起，未注册人脸识别的用户将无法正常入园。”

10 月 26 日，郭某到动物世界和工作人员协商，要求退还年卡费用。协商无果后，他将动物世界诉至法院。2019 年 11 月 1 日，杭州市富阳区人民法院受理此案。此案被称为中国“人脸识别第一案”，引起广泛关注。

2020 年 11 月 20 日，杭州市富阳区人民法院做出一审判决，判令动物世界赔偿郭某合同利益损失及交通费共计 1 038 元；删除郭某办理指纹年卡时提交的包括照片在内的面部特征信息；驳回郭某要求确认店堂告示、短信通知中相关内容无效等其他诉讼请求。郭某与动物世界均不服，向杭州中院提起上诉。2020 年 12 月 11 日，杭州市中级人民法院（简称“杭州中院”）立案受理该案，并于同年 12 月 29 日公开开庭进行审理。

杭州中院经审理认为，郭某在知悉动物世界指纹识别店堂告示内容的情况下，自主做出办理年卡的决定并提供相关个人信息，该店堂告示对双方均具约束力，且不符合格式条款无效的法定情形；而人脸识别店堂告示并非双方的合同条款，对郭某不发生效力。动物世界为游客游览提供了不同入园方式的选择，郭某知情同意后办理指纹年卡，其选择权未受到侵害。动物世界亦不存在欺诈行为。但动物世界单方变更入园方式构成违约，应承担违约责任。一审法院判决动物世界赔偿郭某合同利益损失 678 元、交通费 360 元均属适当。动物世界欲将其已收集的照片激活处理为人脸识别信息，超出事前收集目的，违反了正当性原则，故应当删除郭某办卡时提交的包括照片在内的面部特征信息。鉴于动物世界停止使用指纹识别闸机，致使原约定的入园服务方式无法实现，亦应当删除郭某的指纹识别信息。据此，二审在原判决的基础上增判动物世界删除郭某办理指纹年卡时提交的指纹识别信息。

本案乃私益诉讼，却追求公益上的效果，探求经营者采集生物识别信息和消费者选择权的边界，进而追问在何种范围内个人可以抵抗数字时代的裹挟。在权衡中要考虑：传统的身份识别方式应当在多大范围内、何种程度上予以保留和并存？现行的“合法、正当、必要”原则应否场景化地落实？

本案服务合同履行方式涉及指纹和人脸信息的收集、使用，二审法院在判决中强调了生物识别信息作为敏感个人信息应当引起重视和受到保护。生物识别信息因其不可更改性和直接识别性等特点，其使用关系到人身、财产的核心利益，相比于一般的个人信息，更应该被谨慎对待。二审法院确认了一审法院关于生物识别信息保护的判决，正体现了这种谨慎与重视。

在信息社会的时代背景下，公民在日常民事行为中常常涉及个人信息的收集和使用。本案中，动物世界准备将为办理年卡而收集的郭某的照片用于入园人脸识别，这一使用行为超过了之前收集的目的，违反了目的限制原则。因此，二审法院判决删除郭某的面部特征信息和指纹识别信息，是严格依照法律做出的判决，体现了法院严格适用现行法律关于个人信息保护规定的决心和能力，表现了重视生物识别信息等个人信息的态度。

我国2021年生效的《中华人民共和国民法典》（人格权编）确立了我国民事法律制度对个人信息权益的保护，《中华人民共和国个人信息保护法》更是从公私法混合的角度对个人信息进行全方位保护。

资料来源：“以案普法 | 人脸识别第一案”：生物识别信息应当更加谨慎处理和严格保护．法眼乾坤，2024-03-21.

本章小结

本章对数字营销领域出现的伦理失范问题进行了梳理，明确了数字营销伦理的概念、数字营销伦理问题，提出了数字营销伦理体系的构建，明确了数字营销活动中各个参与方的失范行为及监管内容。

概念和术语

伦理	数字营销伦理	数字营销伦理失范
诚实守信原则	公平合理原则	合乎道德原则

思考题

1. 什么是数字营销伦理？
2. 数字营销领域都有哪些伦理失范问题？
3. 数字营销伦理体系的构建原则是什么？

延伸阅读

[1] 乔治．企业伦理学：第7版．北京：机械工业出版社，2012.
[2] 蔡立媛，龚智伟．人工智能时代广告的“时空侵犯”．新闻与传播评论，2020（2）：

70－76.

［3］晁罡，邹安欣，张树旺，等．传统文化践履型企业的领导-员工伦理互动机制研究．管理学报，2021（3）：317－327.

［4］陈昌凤，雅畅帕．颠覆与重构：数字时代的新闻伦理．新闻记者，2021（8）：39－47.

［5］高童非．数字时代司法责任伦理之守正．法制与社会发展，2022（1）：151－172.

［6］张立国，刘晓琳，常家硕．人工智能教育伦理问题及其规约．电化教育研究，2021（8）：5－11.

［7］张兆翔，张吉豫，谭铁牛．人工智能伦理问题的现状分析与对策．中国科学院院刊，2021（11）：1270－1277.

［8］周瑛．网络电商"悲情营销"的伦理追问与消解：基于十四篇新闻报道的内容分析．西北师大学报（社会科学版），2020（1）：71－78.

参考文献

［1］Kirkpatrick，J.，"A Philosophic Defense of Advertising，" *Journal of Advertising*，1986（2）：42－48，64.

［2］Drumwright，M. E.，"Ethical Issues in Advertising and Sales Promotion，" in *Ethics in Marketing*，N. Craig Smith and John A. Quelch，eds.，Homewood，IL：Irwin，1993：607－625.

［3］Hyman，M. R.，Tansley，R.，and Clark，W. J.，"Research on Advertising Ethics：Past，Present，and Future，" *Journal of Advertising*，1994（3）：5－15.

［4］Cunningham，P. H.，"Ethics of Advertising，" in *The Advertising Business*，John Philip Jones，ed. London：Sage，1999：499－513.

［5］Drumwright，M. E.，and Patrick E. M.，"How Advertising Practitioners View Ethics：Moral Muteness，Moral Myopia，and Moral Imagination，" *Journal of Advertising*，2004（2）：7－24.

［6］Kirkpatrick，J. *In Defense of Advertising*：*Arguments from Reason*，*Ethical Egoism*，*and Laissez-Faire Capitalism*. 2nd ed. Claremont，CA：TLJ Books，2007.

［7］金光凤．广告及其伦理问题探析．贵州财经学院学报，2000（5）：79－82.

［8］郑根成．论广告道德及其建设．株洲工学院学报，2004（3）：45－47.

［9］王香茶．数字经济时代网络营销伦理失当及对策研究．电子商务评论，2024（2）：1701－1705.

教学支持说明

1. 教辅资源获取方式

为秉承中国人民大学出版社对教材类产品一贯的教学支持，我们将向采纳本书作为教材的教师免费提供丰富的教辅资源。您可直接到中国人民大学出版社官网的教师服务中心注册下载——http://www.crup.com.cn/Teacher。

如遇到注册、搜索等技术问题，可咨询网页右下角在线 QQ 客服，周一到周五工作时间有专人负责处理。

注册成为我社教师会员后，您可长期根据您所属的课程类别申请纸质样书、电子样书和教辅资源，自行完成免费下载。您也可登录我社官网的"教师服务中心"，我们经常举办赠送纸质样书、赠送电子样书、线上直播、资源下载、全国各专业培训及会议信息共享等网上教材进校园活动，期待您的积极参与！

2. 高校教师可加入下述学科教师 QQ 交流群，获取更多教学服务

经济类教师交流群：809471792

财政金融教师交流群：766895628

国际贸易教师交流群：162921240

税收教师交流群：119667851

3. 购书联系方式

网上书店咨询电话：010－82501766

邮购咨询电话：010－62515351

团购咨询电话：010－62513136

中国人民大学出版社经济分社

地址：北京市海淀区中关村大街甲 59 号文化大厦 1506 室　100872

电话：010－62515803　010－62516948

传真：010－62514775

E-mail：jjfs@crup.com.cn

图书在版编目（CIP）数据

数字营销 / 方慧，刘璐主编 ；张晓莹等副主编.
北京 ：中国人民大学出版社，2025. 4. --（高等学校新文科教材）. -- ISBN 978-7-300-33563-6

Ⅰ. F713.365.2

中国国家版本馆 CIP 数据核字第 2025T4E130 号

高等学校新文科教材·数字经济系列

数字营销

主　编　方　慧　刘　璐

副主编　张晓莹　李　贞　赖元薇　房　甄

Shuzi Yingxiao

出版发行	中国人民大学出版社		
社　　址	北京中关村大街 31 号	**邮政编码**	100080
电　　话	010－62511242（总编室）		010－62511770（质管部）
	010－82501766（邮购部）		010－62514148（门市部）
	010－62511173（发行公司）		010－62515275（盗版举报）
网　　址	http://www.crup.com.cn		
经　　销	新华书店		
印　　刷	天津鑫丰华印务有限公司		
开　　本	787 mm×1092 mm　1/16	**版　　次**	2025 年 4 月第 1 版
印　　张	18.5 插页 1	**印　　次**	2025 年 4 月第 1 次印刷
字　　数	409 000	**定　　价**	48.00 元